도암집

이 책은 2016 · 2017년도 정부(교육부)의 재원으로 한국고전번역원의 지원을 받아
수행된 '권역별거점연구소협동번역사업'의 결과물임.

This work was supported by Institute for the Translation of Korean Classics - Grant funded by the Korean Government.

한국고전번역원 한국문집번역총서/단국대학교 동양학연구원

도암집 6

陶菴集

이재 지음
李縡

최예심 옮김
장유승
권진옥
이승용

일러두기

1. 이 책의 번역은 한국고전번역원에서 간행한 한국문집총간 194집 소재 《도암집(陶菴集)》을 대본으로 하였다. 번역 대본의 원문 텍스트와 원문 이미지는 한국고전종합DB(http://db.itkc.or.kr)에서 확인할 수 있다.
2. 내용이 간단한 역주는 간주(間註)로, 긴 역주는 각주(脚註)로 처리하였다.
3. 대본의 본문과 원주의 구분이 명확하지 않은 경우는 역자가 임의로 조정하였다.
4. 한자는 필요한 경우 이해를 돕기 위하여 넣었으며, 운문(韻文)은 원문을 병기하였다.
5. 맞춤법과 띄어쓰기는 한글 맞춤법과 표준어 규정을 따랐다.
6. 이 책에서 사용한 부호는 다음과 같다.

   ( ) : 번역문과 음이 같은 한자를 묶는다.
   〔 〕 : 번역문과 뜻은 같으나 음이 다른 한자를 묶는다.
   " " : 대화 등의 인용문을 묶는다.
   ' ' : " " 안의 재인용 또는 강조 문구를 묶는다.
   「 」 : ' ' 안의 재인용을 묶는다.
   『 』 : 「 」 안의 재인용을 묶는다.
   《 》 : 책명 및 각주의 전거(典據)를 묶는다.
   〈 〉 : 책의 편명 및 운문·산문의 제목을 묶는다.

차례

도암집 제20권

서書

도암집 제21권

서書

도암집 제22권

서書

도암집 제23권

서書

도암집 제24권

서序

기記

발跋

도암집 제25권

잡저雜著

도암집

제20권

書서

유사정[1] 언집 에게 답하다 계축년(1733, 영조9)

答兪士精 彦鏶○癸丑

이별할 때 발걸음이 떨어지지 않는 듯 연연해 하길래 그대가 어쩌다 이러한 지경에 이르렀는지 매우 괴이하였는데, 또한 마음이 약해서 그런 것이 아니겠는가. 위문하는 또 편지를 받으니 매우 감사하고, 돌아가 부모님을 모시는 형편이 평안하다는 소식에 더욱 기쁘네. 이 몸은 눈이 날로 더욱 어두워져 절로 책과는 멀어지고 오직 소나무 그늘 사이에서 긴긴 날 배회하니 장차 어떤 사람이 되겠는가. 편지에서 말한 네 글자는 절실하니 학문하는 방법은 모름지기 힘쓸 곳이 있어야 효과를 볼 수 있는 법이네. 훗날 만나게 되면 그대의 얼굴에서 볼 수 있겠지.

1 유사정 : 유언집(兪彦鏶, 1714~1783)이다. 본관은 기계(杞溪), 자는 사정(士精), 호는 대재(大齋)이다. 부친은 한성부 우윤 직기(直基)이며, 정조 때 영돈녕부사에 오르고 정조 묘정에 배향된 언호(彦鎬)는 그의 동생이다. 저자의 문인이다. 세자시강원자의, 경연관, 이조 참의 등을 역임하였다. 편서(編書)로 《오복명의(五服名義)》가 있다.

유사정의 문목에 답하다 갑인년(1734, 영조10)
答兪士精問目 甲寅

《의례문해(疑禮問解)》는 일찍이 보았지만 잠깐 사이에도 기억하지 못하였는데 그대의 가르침을 받으니 매우 기쁘네. 다시 생각해보니 잠시 동안 상복을 바꾸어 입는 것은 이전의 상(喪)을 마치는 데에 중요한 의미가 있는 것이네. 종망건(鬃網巾) 또한 문제될 게 없지만 만약 마음에 편안하지 않다면 착용하고 있는 포망건(布網巾) 위에 백립(白笠)을 덧붙이는 것 또한 괜찮겠네. 백포건(白布巾)은 거의 자의적인 해석에 가까운데, 사옹(沙翁 김장생(金長生))의 말에서 또 징험할 수 있네.[2] 그러므로 이미 상중의 이(李) 아무개에게 두 가지 가운데 선택하도록 하였네.

2 사옹(沙翁)의……있네 : 김장생(金長生)의 《의례문해(疑禮問解)》 〈대상(大祥)〉 조목에 다음과 같은 내용이 보인다. 송준길(宋浚吉)이 묻기를 "대상이 지난 뒤에 착용하는 검은색의 망건은 소호(素縞)의 빛깔과는 전혀 맞지 않습니다. 그러나 백포(白布)로 망건을 만들어 착용하는 것은 세속 사람들을 놀라게 하는 데에 이르지 않겠습니까? ……"라고 하니, 김장생은 "검은색과 흰색의 거친 말총을 섞어서 만들어 쓰는 것이 어떻겠는가? 백포로 만들어 쓰는 것은 역시 고례가 아니네." 하였다.

유사정에게 주다 병진년(1736, 영조12)

與兪士精 丙辰

어제 숙부 어른께 인사하러 갔다가 앓던 병이 자못 나아졌다고 들었네. 아마도 하거(河車)[3]의 효력 때문이겠지. 그러나 근래 필시 과거 공부에 골몰하고 있을 것이니 이는 무슨 약으로 고치겠는가. 모름지기 깊이 생각하여 자애하길 바라네.

3 하거(河車) : 도가에서 연단(煉丹)을 만드는 원료 중 하나인 납을 가리키기도 하고, 약재로 쓰이는 태반을 가리키기도 한다.

유사정의 문목에 답하다
答兪士精問目

칠거지악(七去之惡)의 '자식이 없음〔無子〕'에 대한 주(註)[4]에 "의로써 처리한다."라고 말한 것은 후대를 계승하고 종사(宗事)를 받드는 일에 있어서 방편적으로 처리하는 도리가 있다는 것이니, 이처럼 하는 것이 옳다고 반드시 확실하게 지적할 필요는 없고, 다만 내쫓지 않는다는 뜻으로 보는 것이 옳네.

선왕(先王)의 제도에 내쫓는 경우가 있고 내쫓지 않는 경우가 있네. 사람이 불행하게도 내쫓을 만한 일을 당하게 되면 내쫓지 않는 뜻에 나아가 피차의 경중을 비교하여 처리하네. 시부모에게 순종하지 않는 경우는 그 악(惡)이 본디 크지만 순종하지 않는 일에도 차이의 정도가 있으니 국한하여 정해서는 안 될 듯하네.

주수창(朱壽昌)[5]이 모친을 편히 봉양했던 일에 대해선 정확하게 알지 못하는 점이 있으니, 과연 모친을 관아로 모셔와 봉양했다면 집에서

4 칠거지악(七去之惡)의……주(註) : 《소학집주(小學集註)》 〈명륜(明倫)〉의 칠거지악에 대한 주에 "자식이 없음과 나쁜 질병이 있음은 천명(天命)인데 내쫓음은 의리에 온당하지 못하다. 그러나 반드시 내쫓지 않는다고 하면 종사(宗事)를 받들지 못하고 후대를 계승시키지 못하니, 처리하기를 또한 마땅히 의로써 해야 한다. 어찌 내쫓음에 이르겠는가. 이것은 모두 의심할 만하다." 하였다.

5 주수창(朱壽昌) : 송(宋)나라 천장(天長) 사람으로 자는 강숙(康叔)이다.

쫓겨난 모친은 맞이할 수 없다는 의리에 크게 어긋나네. 별실(別室)을 만들거나 그 집에 가서 편히 봉양하는 도리를 지극히 했다면 정과 의리에 있어서 둘 다 옳은 것이네. 그러나 수창(壽昌)의 일[6]이 《소학(小學)》에 실린 이유는 다만 지극한 정성으로 모친을 찾은 일 때문이니 반드시 선왕의 예법을 모두 요구할 필요는 없지만 도리는 이와 같네.

6 수창(壽昌)의 일 : 《소학집주(小學集註)》 〈실명륜(實明倫)〉에 관련 내용이 보인다. 주수창(朱壽昌)이 아버지에게 버림을 받고 내쫓긴 어머니와 어려서 헤어져 종적을 모르고 지낸 50여 년 동안 하루도 어머니를 생각하지 않은 적이 없고 술과 고기를 먹지 않았으며 남과 이야기할 적에는 항상 눈물을 흘렸다. 그러다가 끝내는 벼슬을 버리고 어머니를 찾아 나서 동주(同州) 지방에서 어머니 유씨(劉氏)를 찾았다. 이때 어머니는 70여 세였고, 당씨(黨氏) 집안으로 재가하여 몇 명의 자녀를 두고 있었다. 주수창은 어머니와 그 형제들을 모두 데리고 와서 효도와 우애를 극진히 하였다고 한다.

유사정에게 답하다 정사년(1737, 영조13)

答兪士精 丁巳

이별한 지 한 해가 지났으니 그리움을 이루다 말하겠는가. 그러던 차에 편지를 받으니 얼굴을 직접 보는 듯하네. 새해의 소망은 오직 병은 날로 물러나고 학문은 날로 진보하는 것이네. 이 몸은 60세에 가까운 나이로 헛되이 밥만 축내는 것을 문득 깨달았으니 이것이 부끄러울 따름이네. 감히 단정할 수 없는 심설(心說)에 대하여 또한 차분히 스스로 생각하고자 하네. 바라건대 새로 깨닫는 게 있으면 나를 소원하게 생각하지 말고 견해가 생기는 대로 알려주어 고루한 나를 그대의 훌륭한 의견으로 푹 적셔주게.

유사정에게 답하다

答兪士精

어제 손수 쓴 편지를 받으니 만나지 못해 그리워하던 마음이 많이 위로가 되었네. 과거 공부에 분주한 지 이미 오래되어 의리(義理)에 대한 생각을 끊어버린 지경에는 이르지 않았겠지? 급제하고 낙제하는 즈음에 마음에 스스로 시험해 볼 수 있을 것이네. 여기에서 동요되지 않을 수 없다면 지금 또 '해치고 탐내는〔忮求〕'[7] 두 글자의 병통을 보태게 될 듯하니 매우 두려워할 만하네. 어떻게 생각하는가?

7 해치고 탐내는 : 원문의 기구(忮求)는 《시경》 〈웅치(雄雉)〉에 "그대 모든 군자들이여, 덕행을 모르는가. 해치지 않고 탐내지 않는다면 어찌 선하지 않으리오.〔百爾君子, 不知德行, 不忮不求, 何用不臧?〕"라고 한 데서 나온 말이다.

유사정의 문목에 답하다

答兪士精問目

문 노애(嫪毐)의 변란[8]에 대해 시황(始皇)이 의리(義理)로 처리하고자 했다면 어떻게 했어야 합니까?

답 별지(別紙)에서 말한 것은 옳은 질문이 아닌 듯하네. 유자들을 구덩이에 묻어 죽이는 세상에선 의리를 요구할 수 없네. 비록 의리에 나아가 논하더라도 무후(武后)를 참수해야 한다는 호씨(胡氏)의 설[9]이 혼조(昏朝)의 구실이 되었으니, 이와 같은 문제를 어찌 경솔하게 단정할 수 있겠는가. 깊이 생각해보기 바라네.

8 노애(嫪毐)의 변란 : 진시황(秦始皇)의 모후(母后)가 노애(嫪毐)와 사통(私通)하여 두 아들을 낳았는데, 노애가 방자하게 권세를 휘두르며 난동을 부리자, 시황이 그를 잡아 거열형(車裂刑)에 처하고 모후를 부양궁(萯陽宮)으로 옮기고 나서, 태후(太后)의 일을 거론하는 자는 죽이겠다고 선포하였다. 그런데 그 이후로 간언을 올렸다가 죽임을 당한 사람이 이미 27인이나 되는 상태에서, 모초(茅焦)가 죽음을 무릅쓰고 간언을 올린 다음 옷을 벗고 죽음을 기다리자, 시황이 비로소 깨닫고는 태후를 다시 감천궁(甘泉宮)으로 모셔 오는 동시에 모초를 상경(上卿)으로 삼았다. 《史記 卷6 秦始皇本紀》《說苑 正諫》

9 호씨(胡氏)의 설 : 호씨(胡氏)는 북송(北宋)의 학자 호인(胡寅)을 가리킨다. 당 중종(唐中宗)이 모후(母后) 측천무후(則天武后)에 의해 유폐되어 황제 구실을 못하였는데, 유폐된 지 21년 만에 충신 적인걸(狄仁傑), 장간지(張柬之) 등에 의해 복위되고 측천무후는 폐위되었다. 중종이 측천무후를 살려 둔 것에 대해 호인이 논하기를, "중종에게 있어 측천무후는 자신을 길러 준 은혜가 있기는 하나 대의의 측면에서 보면 용서할 수 없다."라고 하면서, 측천무후를 참수했어야 《춘추》의 의리에 부합되었을 것이라고 하였다. 이에 대한 내용은 그의 저서인 《독사관견(讀史管見)》에 자세하다.

유사정의 문목에 답하다

答兪士精問目

상(殤)[10]에는 세 가지 등급이 있고 제복(制服)에는 두 가지 등급이 있네.[11] 세 가지 등급은 무엇인가? 상상(上殤), 중상(中殤), 하상(下殤)을 가리키네. 두 가지 등급은 무엇인가? 강복(降服)이 한 등급이고 위를 따르거나 아래를 따르는 것이 한 등급이네.

대개 대공복(大功服)을 입어야 하는 상(殤)에 등급을 내리면 상상은 5개월, 중상은 3개월이고 하상은 복이 없네. 성인(聖人)이 복이 없는 것 때문에 중상은 상상을 따르게 해서 똑같이 5개월로 하였으니 하상은 3개월이 되네. 소공복(小功服)을 입어야 하는 상(殤)에 등급을 내리면 3개월이 되니 상상에만 복이 있고 중상은 하상을 따라 복이 없는 것은 그 은의(恩誼)가 가볍기 때문이네. 자최복(齊衰服)을 입어야 하는 상(喪)에 등급을 내릴 경우, 정복(正服)으로 논하면 상상은 9개월, 중상은 5개월, 하상은 3개월이지만, 그 은의가 무겁기 때문에 중상은 7개월, 하상은 5개월을 입으니 7개월 또한 상상을 따르는 의리라네.

10 상(殤) : 20세 이전에 죽는 단명자(短命者)를 상이라 하는데, 19세~16세 사이에 죽는 것을 상상(上殤) 혹은 장상(長殤), 15세~12세 사이에 죽는 것을 중상(中殤), 11세~8세 사이에 죽는 것을 하상(下殤)이라고 하고, 7세 이하를 무복상(無服殤)이라 한다. 《儀禮 喪服傳》

11 상(殤)에는……있네 : 《의례(儀禮)》〈상복(喪服)〉 대공장(大功章) 조목에 "아들과 딸의 장상과 중상을 위해서 입는다.〔子女子子之長殤中殤〕"라는 내용이 보인다. 그 아래 소(疏)에 "상(殤)에는 세 가지 등급이 있고 제복(制服)에는 오직 두 가지 등급이 있다.〔殤有三等, 制服惟有二等.〕" 하였다.

유사정에게 답하다 경신년(1740, 영조16)

答兪士精 庚申

며칠 전에 어떤 사람이 와서 훌륭한 고시관(考試官)이 그대를 가리켜 경학(經學)과 문장(文章)에 뛰어난 선비라고 대단히 칭찬했다고 전하였네. 명실(名實)이 상부하는 것이 본디 매우 어려운 일이지만, 이익을 바라는 마음이 생기면 기뻐하는 마음이 생기고, 기뻐하는 마음이 자라면 선(善)한 마음이 없어지니 이 또한 크게 두려워할 만하네. 선과 이익, 얻고 잃음, 기뻐하고 근심하는 사이에서 깊이 스스로 징험해 보길 바라네. 평중(平仲 김시준(金時準))은 이미 서울에 도착했는가? 또한 이 말을 전해주었으면 하네.

유사정에게 답하다 임술년(1742, 영조18)

答兪士精 壬戌

요사이 그대의 잇따른 문안편지로 신년에 편안히 지낸다는 소식을 알게 되어 기쁘네. 추운 날씨가 누그러지지 않는데 부모님을 모시고 학문하는 체후가 더욱 평안한가? 이 몸은 중병을 앓은 이후로 근력과 정신이 크게 예전만 못하네. 다음 달 초부터 다시 글을 강론하여 《심경(心經)》과 《근사록(近思錄)》, 사서(四書)와 오경(五經)으로 순서를 삼아 옛것 속에서 새로움을 구하고 싶지만, 이처럼 쇠약하고 병들었으니 아침에 도를 듣고 저녁에 죽고 싶은 소원을 끝내 이룰 수 있겠는가. 지금 곁에 있는 자들이 적지 않지만 발원(發願)하여 시종을 함께 하는 자는 드무네. 이 때문에 더욱 그대가 생각나지만 함께 할 수가 없네.

얼핏 듣자니 겨울 동안 《주역》을 읽고 있다고 하는데 그것이 필시 초학자의 급선무인지는 모르겠다만 눈을 감고〔合目〕[12] 면벽공부(面壁工夫)을 전일하게 하면 그 속에서 새로 체득하는 것이 있을 것이라 생각되네. 이미 그 수준을 헤아릴 수 없는데 함부로 나이가 조금 많다는 이유로 가르침을 구하는 그대의 뜻에 부응하는 것은 또한 뒤바뀐 것이 아니겠는가. 이 때문에 머뭇거리며 감히 말하지 않겠으니, 훗날

12 눈을 감고 : 합목(合目)은 《주자어류(朱子語類)》 권12에 "경과 의는 한 가지 일일 뿐이다. 두 다리를 똑바로 세우는 것이 경이라면 걸음을 옮기는 것이 바로 의요, 눈을 감는 것이 경이라면 눈을 뜨고 보는 것이 바로 의이다.〔敬義只是一事, 如兩脚立定是敬, 纔行是義, 合目是敬, 開眼見物便是義.〕"라고 한 데서 나온 말이다.

그대의 얼굴에서 징험한 뒤에야 말할지 잠자코 있을지 결단할 수 있을 것이네. 어떻게 생각하는가?

유사정에게 답하다 계해년(1743, 영조19)

答兪士精 癸亥

소지(小紙)에서 물은 것은 잘 알겠네. 일찍이 '무익(無益)' 두 글자를 슬픔을 덜어주는 방도로 생각하여, 이것을 대부(大府)[13] 좌하(座下)에게 삼가 권한 적이 있는데, 세월이 점점 오래되었으니 어찌 이처럼 빨리 지나가버렸는가. 삼년상 안에 궤연(几筵)에 곡하지 않는 것이 비록 예서(禮書)에 의거할 만한 것이 없지만 중한 바가 따로 있으니, 한때 임시로 그만두더라도 산 자나 죽은 자의 정의가 모두 편안하니 또한 무슨 해가 되겠는가. 이 문제를 자리에 있는 벗들에게 시험삼아 물어보니, 어떤 이가 말하기를,

> "묻는 자는 다만 응당 그 경중을 헤아려서 처리해야지, 예법을 잘 아는 자에게 물을 필요는 없으며, 대답하는 자는 또한 경솔하게 허여하여 훗날의 폐단을 열어서는 안 됩니다. 이른바 훗날의 폐단이라는 것은 이(李) 재상 집안의 고사가 이미 유씨(兪氏) 집안의 근가가 되었으니, 유씨 집안의 고사가 또 다른 집안의 근거가 되지 않는다고 어찌 장담하겠습니까. 오늘날 상제(喪制)가 크게 무너져 습속을 이루었으니 이는 염려하지 않을 수 없습니다."

라고 하였네. 이 말 또한 일리가 있으므로 그에게 사례하였네. 아울러 이 말을 전하니 오직 그대가 결정하는 데 달려 있네.

13 대부(大府) : 남의 부친에 대한 존칭으로, 여기서는 유언집의 부친 유직기(兪直基, 1694~?)를 가리킨다.

유사정에게 답하다 갑자년(1744, 영조20)

答兪士精 甲子

섣달 전에 보낸 편지를 이미 받았는데 잇달아 편지가 오니 매우 감사하네. 부모님을 모시고 학문하는 체후가 평안하다니 얼굴에 기쁨이 가득함을 또한 알 만하네. 이 몸은 봄 이후로 더욱 건강이 나빠져 오랫동안 앓고 있네. 백익(伯翼)[14]의 얼굴이 묻힌 땅 위에 또 새 풀이 자랐을 것이니, 생각할 때마다 마음이 아프네.

도봉서원(道峯書院)의 강안(講案)에서 계속해서 그대의 이름을 보았네. 얼마 전 강안에 기록된 십수 명 중에 참석한 자가 오직 그대 한 사람 뿐이니, 이와 같이 해서 무슨 일을 하겠는가. 선(善)을 좋아하는 그대의 정성이 사람을 감탄하게 만드네. 얼핏 듣자니 미호(渼湖 유척기(兪拓基))에게 불려가 《율곡집(栗谷集)》을 검토한다고 하였네. 이 또한 좋은 일이니 어찌 기쁜 일이 아니겠는가. 다만 괴망(槐忙)[15]이 코앞에 닥쳐 오래 머물지 못할까 걱정이네.

14 백익(伯翼) : 유언흠(兪彦欽)을 가리키는데, 저자의 사위이다. 그는 1743년(영조19) 세상을 떠났다.

15 괴망(槐忙) : '괴화황 거자망(槐花黃擧子忙)'의 준말로, 과시(科試) 준비에 여념이 없이 바쁘다는 말인데, 과거 시험 자체를 지칭하기도 한다. 당(唐)나라 때 과거에 실패한 응시생들이 6월 이후 계속 장안(長安)에 머물러 공부하면서 서로들 개인적으로 시험 문제를 출제하여 실력을 점검한 뒤 홰나무 꽃이 노랗게 될 즈음에 해당 관원에게 새로 지은 글을 작성하여 천거되기를 원했으므로 "홰나무 꽃이 노래지면 수험생들이 바빠진다.〔槐花黃, 擧子忙.〕"라는 말이 유행했던 데에서 유래한 것이다. 《南部新書 卷乙》

유사정에게 답하다 병인년(1746, 영조22)

答兪士精 丙寅

《검신록(檢身錄)》[16]을 오랫동안 보면서 첨삭한 부분이 많았는데 이제 막 정본(定本)을 완성했기에 정사(淨寫)하여 보내네. 바라건대 이전 본(本)에 하나하나 올바로 고치고 혹 다른 사람이 가져간 것이 있으면 각기 전하여 베껴 쓰게 하여 오류가 생기지 않도록 하는 것이 어떻겠는가?

일찍이 듣건대 제대(濟大 김용겸(金用謙))가 스스로 이름을 삭제한 일[17]은 그대들이 강사(講事)에 한 번도 참석하지 않아 실로 노해서라고 하네. 이후로 힘써 나아가기 어려운 병이나 일이 생기지 않는 한 매번 강석에 참석하여 다른 선비들의 모범이 되게. 그렇지 않으면 다시는 보고 싶지 않으니 이는 자네가 나를 끊은 것이지 내가 자네를 끊은 것이 아니네. 헤아리기 바라네.

16 검신록(檢身錄) : 저자의 저술이다. 책명 그대로 자신의 몸가짐을 검속하기 위한 실천적인 지침서인데, 주요 항목을 선정한 다음 이와 관련된 적실한 주석을 병기하였다. 참고한 서적으로는 사서 외에도 설선(薛瑄)의 《독서록(讀書錄)》, 이이(李珥)의 《성학집요(聖學輯要)》 등 다양하였다.

17 제대(濟大)가……일 : 이 해 김용겸(金用謙)이 서원에서 이름을 삭제하고 물러났다는 내용의 편지가 본서 제14권에 〈김제대에게 답하다〔答金濟大〕〉라는 제목으로 실려 있다.

이태화[18] 순보 에게 답하다 경술년(1730, 영조6)

答李太和 醇甫○庚戌

《소학》은 과연 몇 번이나 읽었나? 이미 깊이 체득하여 힘써 행하겠지? 《대학》을 읽는 것 또한 별다른 방법이 없으니 주자가 혈맥이 관통하는 곳을 논하여 익숙히 읽고 자세히 음미하면 시간이 경과됨에 따라 응당 볼 수 있다고 하지 않았는가.[19] 방만하고 나태한 병통은 그대가 말한 '마음을 불러 일깨우는〔喚醒〕' 두 글자가 이미 알맞은 해법이네. 율곡 선생(栗谷先生)의 〈정사의 여러 서생에게 주다〔與精舍諸生書〕〉에 "학문의 공부는 다만 마음가짐이 구차하지 않아 올바름으로 일에 응대하는 데 달려 있다. 이 마음이 성실하여 의리(義理)에 있다면 종일토록 세속에 응해도 그 올바름을 잃지 않을 수 있다. 이 마음이 성실하지 않아 있는 듯 없는 듯하면 비록 종일토록 앉아 책을 보더라도 무익하다."라고 하였네. 이 말은 의당 가슴에 새겨 잃어버리지 말아야 하네. 훗날 만났을 때 이 졸렬한 사람으로 하여금 괄목상대할 수 있게 해 준다면 다행이겠네.

18 이태화 : 이순보(李醇甫, 1714~1781)이다. 본관은 전주(全州), 자는 대순(大醇), 여시(汝施), 태화(太和), 호는 유심재(有心齋)이다. 초명은 이제보(李濟甫)이고 다음이 이순보(李醇甫)이고 뒤에 이화보(李和甫)로 고쳤다. 저자의 문인이다. 여러 번 참봉에 제수되었으나 나아가지 않았다.

19 주자(朱子)가……않았는가 : 《대학장구》 경 1장의 해설 말미에 "글의 문리가 접속되고 혈맥이 관통하여 천심과 시종 모두가 지극히 정밀하기만 하다. 따라서 충분히 읽고 상세히 음미하면 시간이 경과함에 따라 자연히 볼 수 있게 될 것이니, 지금 내가 완전히 해석하지는 않는 바이다.〔文理接續, 血脈貫通, 深淺始終, 至爲精密. 熟讀詳味, 久當見之, 今不盡釋也.〕" 하였다.

이태화에게 답하다 갑인년(1734, 영조10)

答李太和 甲寅

지난 가을에 대심(大心 이유(李維))이 돌아와 자신이 사는 곳의 흥취를 말하는 것을 들었는데 이 몸에 그 사이에 가서 봉래산(蓬萊山) 일만이천 봉의 승경을 함께 이야기하지 못한 것이 안타까웠네. 그때에 편지를 잘 받았는데 답장을 보낼 인편이 없었고, 선달 전에 온 심부름꾼도 허투루 돌려보내게 되었네. 슬프고 그리워하는 마음이 날로 쌓여가는 차에 잇달아 편지를 받으니 매우 감사하네. 봄날 부모님 모시고 학문하는 체후는 평안한가? 이 몸은 해마다 노쇠함이 심해져 끝내 알려지지 않고 죽을 듯하네.

오랫동안 보지 못했는데 삼여(三餘)의 공부[20]는 어떠한가? 그대가 과루하면서도 이렇게 혼자 떨어져 지내는 것이 늘 근심스러우니, 독학(獨學)이 어찌 쉽게 진전되겠는가. 대부(大府)의 편지 가운데 혼례를 치르고서 찾아온다는 말이 있는데 혼례 날짜가 가깝다면야 본디 이처럼 해야겠지만, 멀리 가을과 겨울에 있는데 어찌 이에 구애될 수 있겠는가. 또 반드시 교외에서 혼례를 행하고자 한다고 들었는데, 만약 시장 아이들의 조소가 싫어서 자취를 끊으려 마음먹으면 고집부리는 것이 심하다고 하겠으니 견식이 나아지지 않았음을 알 수 있네. 이는 대사(大事)이니 의당 생각을 바꾸어야 하네. 이 말을 한갓 노망이라 여기지 말게.

20 삼여(三餘)의 공부 : 세 차례의 여가를 이용해 공부한다는 말로, 1년 중의 여가인 겨울과 하루 중의 여가인 밤과 계절의 여가인 장맛비가 내리는 때를 가리킨다.

이태화에게 답하다

答李太和

만나지 못한 지가 이미 한 해가 되었네. 중도에 세월은 이미 많이 흘러 기대 또한 적지 않은데 천하의 일은 진보하지 않으면 곧 퇴보하는 법이니, 그대가 터득한 것이 과연 어떠한지 모르겠네. 대부(大府) 어른이 항상 혼사를 걱정하시는데, 내 생각에는 학문해야 하는 시기를 놓치는 것이 더욱 걱정이니 부디 깊이 생각하여 분발할 바를 절실하게 생각하게. 그대가 말한 하등의 사람은 다만 한번 발을 헛딛는 사이의 일일 뿐이네. 억지로 편지를 쓰느라 손이 떨려 뜻을 다 말하지 못하니 부디 묵묵히 헤아리길 바라네.

이태화에게 답하다

答李太和

만나지 못한 지 이미 한 해가 되었으니 이별할 때 이처럼 될지 어찌 생각했겠는가. 편지가 도착하여 그리워하는 마음이 조금 위로가 되었네. 요사이 날씨가 추워졌는데 부모님을 모시고 학문하는 체후가 더욱 평안한가? 이 몸은 예전의 병이 이미 나아 지금 옛 책을 수습하였는데, 산속이 고요하다 보니 날마다 공부하는 맛을 깨닫네. 대심(大心)은 그대 집의 빼어난 경치를 대체로 인간 세계가 아니라고 항상 말하네.

지금 듣자니 횡역을 만나 장차 몸을 보존하지 못할 것 같다고 하는데, 어찌 사람이 미워하고 귀신이 시기하여 이 지경에 이른 것이 아니겠는가. 한탄스럽네. 그러나 바라건대 일이 뜻대로 되지 않으면 돌이켜 스스로를 반성하는[21] 것과 '분할 때는 어려움을 생각한다〔忿思難〕'[22]는 세 글자를 가슴에 새겨 잊지 말게. 그렇다면 혹 끝맺음을 신중히 하는 도리가 될 수 있을 것이네. 이 일의 곡절은 알 수 없지만 대체가 이와 같네.

21 일이……반성하는 : 《맹자》 〈이루 상(離婁上)〉에 보인다.

22 분할……생각한다 : 《논어》 〈계씨(季氏)〉에, 밝게 보기를 생각하고〔視思明〕, 밝게 듣기를 생각하고〔聽思聰〕, 안색을 온화하게 하기를 생각하고〔色思溫〕, 용모를 공손하게 하기를 생각하고〔貌思恭〕, 진실하게 말하기를 생각하고〔言思忠〕, 공경히 일할 것을 생각하고〔事思敬〕, 의심나면 묻기를 생각하고〔疑思問〕, 화나면 어려움을 생각하고〔忿思難〕, 얻을 것을 보면 의리를 생각하는 것〔見得思義〕 등을 군자가 생각하는 아홉 가지 일이라 하였다. 《論語 季氏》

그대가 말한 사설(師說)은 그대의 말이 본디 옳네. 혹자가 "삼대 이후로 군사(君師)가 비로소 두 개의 도가 되었다."라고 말한 것은 참으로 좋네. 사(師)가 오륜(五倫)에 열거되지 않은 것은 이 때문일 것이네. 혼사가 또 틀려버렸구나. 고인은 30세에 비로소 아내를 맞이하였으니, 아내를 맞이하기 전에는 스승을 따르고 벗을 사귀어야 하지 않겠는가.

이태화에게 답하다 갑인년(1741, 영조17)

答李太和 辛酉

근래 생업에 매우 골몰한다고 하니 위로가 되기도 하고 안타깝기도 하네. 그러나 일념으로 도를 향해 나아간다면 지금 얼마간 세속에 힘쓰는 일 또한 모두 학문이니, 어찌 인사(人事)를 끊은 후에야 학문을 할 수 있을 리 있겠는가. 높은 산봉우리 정상에 앉아 나무아미 염불한다고 운운한 것은 현자(賢者)의 입에서 나와서는 안 되네. 그대가 본래 정(靜)에 치우쳐 있음을 알고 있으나 이러한 생각을 없애지 않으면 끝내 이단(異端)에 빠질 듯하니 부디 신중하길 바라네. 가을과 겨울 사이 다시 예전의 강학하는 즐거움을 이어갈 수 있다면 얼마나 다행이겠나.

이도삼[23] 사병 에게 답하다 을묘년(1735, 영조11)

答李道三 師炳○乙卯

조용하게 한 번 만나보고 지금까지 잊을 수 없었는데 또 편지를 받으니 매우 감사하네. 모진 추위에 학문하는 체후는 더욱 평안한가? 오늘날 과거 공부가 인재를 망치고 있네. 이 일은 떨쳐버리기가 매우 쉽지 않은데, 그대는 능히 해내었으니 참으로 가상하고 감탄스럽네. 부디 원대한 사업을 힘써 도모하여 가학(家學)을 빛내시게.

23 이도삼 : 이사병(李師炳, 1714~1782)이다. 본관은 예안(禮安), 자는 도삼(道三)이다. 부친은 외암(巍巖) 이간(李柬)이다. 저자의 문인이다.

이도삼에게 답하다 계해년(1743, 영조19)

答李道三 癸亥

이별하자마자 매우 서글프던 차에 편지가 도착하여, 그대가 모진 바람을 헤치고 돌아가면서 병치레를 면했다고 하니 걱정과 염려가 조금 풀리네. 강안(講案)은 받아보았네. 이전에는 적다가 지금은 많아지는 것을 어찌 짧은 시간에 쉽게 바랄 수 있겠나. 바라는 것은 그대들이 스스로 공부에 힘쓰고 아울러 남들에게까지 미쳐 자주 가는 수고로움을 마다하지 않아 필시 두 가지 공효를 거두는 것 뿐이네. 의문(疑問)에 대한 답을 보내니 다 보고서 여고(汝固 이현정(李鉉貞))에게 보여주게.

별지 別紙

문 선생님과 옥계(玉溪) 어른[24]이 심(心)을 논한 편지 두 통을 보았습니다. 담일(湛一)한 본체를 성인과 범인이 똑같이 가지고 있다는 것에 대해서 의심할 바 없다고 단언하여 그 오류를 바로잡았습니다. 의리(義理)가 이에 이르러 거의 유감이 없었습니다. 다만 저의 미혹한 견식으로는 여전히 다 이해되지 않는 점이 조금 있어 이에 감히 대략 여쭙니다.

24 옥계(玉溪) 어른 : 윤봉구(尹鳳九, 1683~1767)를 가리킨다. 본관은 파평(坡平), 자는 서응(瑞膺), 호는 병계(屛溪)·옥계(玉溪)·구암(久菴)이다. 한원진(韓元震)·이간(李柬)·현상벽(玄尙壁)·채지홍(蔡之洪) 등과 더불어 권상하(權尙夏)의 문하에서 수학한 강문팔학사(江門八學士)의 한 사람이다. 이른바 호락논쟁(湖洛論爭)에서 저자는 낙론(洛論)이었고, 윤봉구는 호론(湖論)이었다.

답 하늘과 사람은 하나이네. 그 이(理)를 말하면 성(誠)일 따름이고 그 기를 말하면 또한 담일(湛一)일 따름이네. 그러나 하늘은 진실한 것 외에는 애초에 일물(一物)도 뒤섞여 있은 적이 없기 때문에 소리도, 냄새도, 생각도, 행위도 없으면서 춘하추동, 새벽과 저녁, 밤과 낮이 순환하면서 백만 년, 천만 년 동안 일찍이 잠시라도 멈춘 적이 없네. 사람이 태어남에 그 성(性)은 천지의 이(理)이고 그 기(氣)는 천지의 기이다. 이(理)와 기(氣)가 애초에 하나가 아닌 적이 없었지만 다만 품부 받은 기질(氣質)의 치우침과 호오(好惡)의 사사로움, 이목구비(耳目口鼻)와 사지(四肢)의 욕심으로 모두 가려버리네. 그러므로 그 근본을 궁구하면 그 이(理)는 항상 실질적이고 기(氣) 또한 올바르고 통하거늘 그 성(性)을 온전히 하는 경우가 드무네. 이것은 다른 것이 아니라 주자(朱子)의 이른바 천지는 마음이 없고 사람은 욕심이 있다[25]는 한 마디 말로 총괄할 수 있고, 설명하는 자의 말 또한 그러하네.

'이(理)가 기(氣)의 주인이다〔理爲氣主〕'라는 네 글자는 사람에게 더욱 긴요하고 절실하네. 이(理)가 기(氣)에 따라 변하는 것은 사람은 본디 그러하네. 천지 사이에 올바르지 못한 추위와 더위, 재앙과 상서로움이 또한 어찌 일찍이 기(氣)에 따라 변한 것이 아니겠는가. 참찬(參贊)하고 위육(位育)하는[26] 공효를 궁구한다면 모두 성인의 마음으

25 천지는……있다 : 주자(朱子)의 〈진동보에게 답하다〔答陳同甫〕〉에 "대개 삼재(三才)가 삼재가 되는 까닭은 실로 일찍이 두 가지 도리가 있는 것이 아닙니다. 그러나 천지는 마음이 없고 사람은 욕심이 있으므로, 천지의 운행이 다함이 없으나, 사람에게 있어서는 천지의 운행과 서로 같지 않은 때가 있습니다.〔夫三才之所以爲三才者, 固未嘗有二道也. 然天地無心而人有欲, 是以天地之運行無窮, 而在人者有時而不相似.〕"라고 한 데서 나온 말이다.

로 귀결될 것이니, 성인의 마음이야말로 천지의 덕과 합치되는 것이네.

선유(先儒)가 명덕(明德)을 논한 것이 많지만 옥계 노씨(玉溪盧氏)[27]의 본심지설(本心之說)을 율옹(栗翁)이 취하여 《성학집요(聖學輯要)》 안에 넣었네. 이른바 본심(本心)이라는 것은 무엇인가? 인의(仁義)의 마음이네. 이로 보건대, 그것이 응당 이(理)와 기(氣說)를 합하여 말하는데에 의심할 게 없네. 지금 그대가 말한 세 가지 설은 모두 병통이 있는데, 그 가운데 전적으로 기(氣)를 위주로 말한 것은 바로 호중(湖中)의 유폐라네. 아! 사람이 품부 받은 기(氣)는 바르고 통하지 않은 것이 없는데 심(心)은 또 이 기(氣)의 정화(精華)이니, 심(心)의 본질은 지극히 허령(虛靈)하고 지극히 밝네. 이(理)를 막지 않고 그 발휘하는 것을 돕는다면 비록 기(氣)라고 말하더라도 또한 이(理)가 주인이 될 뿐이네.

무릇 야기(夜氣)가 청명(淸明)하지 않은 것은 아니지만 맹자(孟子)가 말한 양기(養氣)는 이 야기를 기르는 것을 이르는 것이 아니라 한밤의 청명한 때로 인하여 그 인의(仁義)의 마음을 기르는 것이네. 지금

26 참찬(參贊)하고 위육(位育)하는 : 참찬(參贊)은 하늘과 땅에 참여하여 돕는 것이며, 위육(位育)은 하늘과 땅이 자리를 편안히 하고 만물이 길러지는 것으로, 《중용장구》에 "오직 천하에 지극히 성실한 사람이라야 본성을 다할 수 있으니, 본성을 다하면 사람의 본성을 다하게 할 수 있고, 사람의 본성을 다하면 물건의 본성을 다하게 할 수 있고, 물건의 본성을 다하면 천지의 화육(化育)을 도울 수 있고, 천지의 화육을 도우면 천지에 참여할 수 있다." 하였다.

27 옥계 노씨(玉溪盧氏) : 송(宋)나라 학자 노효손(盧孝孫)을 가리키는데, 그의 호가 옥계(玉溪)이다.

명덕(明德)을 말하는 자가 이(理)를 버리고 기(氣)를 위주로 한다면 어찌 성인의 뜻에 크게 어긋나지 않겠는가. 근래 호중에서 심(心)에 대해서는 기(氣)의 설을 단언하면서 명덕에 대해서는 오히려 감히 분수(分數)가 있다[28]고 말하지 못하여 그 말이 또한 군색한데, 그대들은 또 명덕마저도 더럽히려 하는가. 내가 명덕에 대해 논한 것이 이미 상단에 상세하니 굳이 다시 말하지 않겠네. 비록 심(心)만을 전적으로 말하더라도 심지어 미발(未發)에 기질(氣質)이 붙어 있다고 말하는 것은 어찌 크게 이(理)에 해가 되지 않겠는가. 미발은 성(性)이고 기질(氣質)은 선과 악이 있네. 그 설과 같다면 곧 '섞여 있다〔混〕'는 글자에 가깝게 되니, 비록 명덕을 분수(分數)가 있다고 말하지 않으려 해도 명덕은 그 자체로 명덕을 이루지 못하네.

무릇 품부 받은 것으로 말하자면 심(心)은 곧 기(氣)이네. 이미 기(氣)라고 했으니 성인과 중인(衆人)의 심(心)이 어찌 똑같은 이(理)가 있겠는가. 그러나 이것을 싫어하여 말하지 않고자 하는 자는 마침내 "이른바 기품(氣稟)이란 모두 사지백해(四肢百骸)이고 심(心)은 거기에 포함되지 않는다."고 말하네. 이는 비록 허물을 줄이고자 하지만 또한 말이 통하지 않을 듯하니 이와 같다면 기질을 바로잡는 공효를 심(心)에 베풀지 않고 어디에 쓰겠는가. 저들 가운데 이 설을 배척하여

28 명덕(明德)을……있다 : 본서 제21권 〈어떤 이의 문목에 답하다〔答或人問目〕〉에 다음과 같은 내용이 보인다. 어떤 이가 묻기를, "혹자가 말하기를 '명덕(明德)에는 비록 분수가 없으나 심(心)에는 분수가 있다.'라고 합니다."라고 하자, 저자가 대답하기를, "기질(氣質)을 겸한 마음을 가지고 말하면 분수가 있고, 본연지심(本然之心)에는 분수가 없습니다. 명덕에 이미 분수가 없으니, 본심에 분수가 있다는 것은 의리(義理)에 맞지 않습니다."라고 하였다.

군색하게 만들려고 하는 자는 필시 허령불매(虛靈不昧)한 마음에 한 개 악한 씨앗을 심고야 말 것이니, 그 마음씀씀이가 또한 인(仁)하지 않네. 그렇다면 맹자가 성선(性善)을 말한 공효는 귀중함이 되기에 부족할 것이네. 이는 감히 알 수 없네.

지금 심(心)이 미발한 때에 기질을 갖다 붙이는 것은 불가하지만 또한 기(氣)라고 이르지 않을 수 없네. 기(氣)의 본체가 본디 바르고 통하지만 바르고 통하는 가운데 또한 청탁수박(淸濁粹駁)이 있는 것이네. 생각이 싹트지 않고 이성(二性)[29]이 밝은 때에 이르면 본연의 담일(湛一)한 본체가 저절로 처음으로 회복되어 탁한 것이 맑아지고 박잡한 것이 순수해져 흠결이라 이를 만한 것이 절로 없어지네. 그렇다면 비록 이것은 기(氣)이지만 곧 기(氣)가 없는 것과 비슷하네. 그러므로 정자(程子)가 미발의 때는 요순(堯舜)과 길 가는 사람이 똑같다고 여긴 것[30]이네. 비록 심(心)을 전적으로 기(氣)만을 가리켜 말하더라도 또한 절로 이와 같은데, 더군다나 우리들이 논한 것이 애초부터 이(理)와 기(氣)를 함께 말함에 있어서랴.

29 이성(二性) : 자사(子思)가 말한 '천명의 성〔天命之性〕'과 맹자가 말한 '성선의 성〔性善之性〕'을 가리킨다.

30 정자(程子)가……것 : 《맹자》〈고자 상(告子上)〉 6장의 주에 "정자가 말하기를 '성은 바로 이이니, 이는 요순으로부터 도인에 이르기까지 똑같은 것이고, 재질은 기에서 받은 것이니, 기에는 청탁이 있어 청한 기를 받은 자는 현인이 되고, 탁한 기를 받은 자는 우인이 된다.' 하였다.〔程子曰, 性卽理也, 理則堯舜至於塗人, 一也, 才稟於氣, 氣有淸濁, 稟其淸者爲賢, 稟其濁者爲愚.〕"라고 하였는데, 정자가 말한 이(理)가 바로 미발의 때를 가리킨다.

이백심[31] 기경 에게 주다 기미년(1739, 영조15)

與李伯心 基敬○己未

그대가 어려움 없이 급제하리라 진작부터 알고는 있었다만 또한 이렇게 빨리 장원급제할 줄은 생각하지 못했네. 매우 기쁘지 않은 것은 아니지만 걱정이 또 기쁨보다 크네. 젊은이가 높은 성적으로 급제하는 것은 세상 사람들이 말하는 큰 행복이지만 이천(伊川)은 불행이라고 했으니[32] 어째서이겠는가? 이 뜻을 의당 깊이 생각해야 하네. 모진 추운 날씨에 객지 생활은 평안한가? 창방(唱榜)[33]은 언제인가? 숙배(肅拜)하고 곧장 영화롭게 고향으로 돌아가는가? 근래 서울의 인편이 없어 이제야 편지를 보내니, 어디서든 자중하길 바라네.

31 이백심 : 이기경(李基敬, 1713~1787)이다. 본관은 전의(全義), 자는 백심(伯心), 호는 목산(木山)이다. 저자의 문인이다. 1738년(영조14) 진사시에 급제하고, 1757년(영조33) 문과에 급제하였다.

32 이천(伊川)은 불행이라고 했으니 : 이천 정이(程頤)가 이르기를 "사람에게 세 가지 불행한 일이 있으니, 소년으로 장원급제하는 것이 한 가지 불행한 일이요, 부형의 세력을 힘입어 좋은 벼슬에 오르는 것이 두 가지 불행한 일이요, 높은 재주가 있어 문장을 잘하는 것이 세 가지 불행한 일이다.〔人有三不幸, 少年登高科, 一不幸, 席父兄之勢爲美官, 二不幸, 有高才能文章, 三不幸也.〕"라고 한 데서 나온 말이다. 《小學集註 卷5》

33 창방(唱榜) : 과거에 급제한 자에게 증서를 주는 일을 말한다. 대과(大科)에는 홍패(紅牌)를, 소과(小科)에는 백패(白牌)를 주었는데, 방방(放榜)이라고도 한다.

이백심의 문목에 답하다 갑자년(1744, 영조20)
答李伯心問目 甲子

문 인가에서 부친을 계승한 종자(宗子)가 그의 백부가 약관의 나이에 요절하여 부묘(祔廟)[34]하려니, 반차(班次)가 아니고, 대종(大宗)의 집안이 또 멀리 떨어져 있어 형세상 가서 부묘하기 어렵습니다. 모르겠습니다만, 우선 부묘(父廟)에 봉안하여 형제의 손자까지 봉사(奉祀)하는 도리로 삼는 것이 또 불가하진 않겠지요? 다만 그 아우가 이미 종통(宗統)을 이은 적장자(嫡長子)로 정위(正位)에 있는 만큼 그 형이 도리어 아우 아래 서면(西面)의 위차(位次)에 있게 되니, 온당치 못한 듯합니다. 어떻게 하는 것이 좋겠습니까?

답 대종(大宗)의 집안이 비록 멀리 떨어져 있더라도 가서 부묘할 수 있다면 본디 좋네. 그렇지 않다면 형제의 손자까지 봉사하더라도 비록 불가할 게 없지만, 형제의 위차 순서는 끝내 크게 온당치 못하니, 우선 별실에 봉안하여 피차간에 난처한 일을 면하는 것만 못할 듯하네.

문 부모가 모두 돌아가신 사람이 자신의 생일에 차마 즐겁게 지낼 수 없으나 그 자제로서는 또 이 날을 그냥 지낼 수 없습니다. 이와 같은 일의 처리는 어떻게 해야 합니까?

답 이것은 또한 부모의 뜻을 살펴서 할 뿐이네. 주자(朱子)의 문인이

34 부묘(祔廟) : 삼년상이 지난 뒤 신주를 사당에 모셔 한 군데서 제사지내는 것을 말한다.

정자(程子)의 말을 들어 주자에게 묻기를 "대부인 생신 때 헌수(獻壽)한 일을 어떻게 생각하십니까?"라고 하자, 주자가 말하기를 "이는 나의 역량이 부족한 곳이다."[35]라고 하였네. 주자의 뜻은 대개 "나 또한 이러한 도리가 있는 줄 알지만 다만 자식된 마음으로 차마 그냥 지낼 수 없었으니 이는 나의 역량이 부족해서이다."라는 것이네. 또 같은 부모이지만 모친을 섬기는 도는 부친을 섬기는 것과 조금 차이가 있으니, 위재(韋齋)[36]가 청을 들어주지 않았다면 주자도 필시 억지로 하진 않았을 것이네. 대부인의 경우는 주자가 혹 억지로 청하여 대부인이 자식을 따르는 뜻으로 그가 정을 펼 수 있도록 허락했기에 이런 헌수(獻壽)의 일이 있었던 듯하지만 이 또한 알 수 없는 일이네. 대부인이 끝내 청을 들어주지 않았다면 주자 또한 어찌 감히 그렇게 했겠는가.

문 생신 때 다례(茶禮)를 행하는 것은 어떻게 생각하십니까?

35 주자(朱子)의……곳이다 : 주자의 〈진안경에 답하다〔答陳安卿〕〉에 관련 내용이 보인다. 진안경이 주자에게 물기를 "정자(程子)가 '사람이 부모가 돌아가시면 생일에 곱절이나 비통한 법이다'고 말했습니다. 선생도 예전에 모친의 생신에 축수한 일이 있고, 예전에 고씨(高氏) 수령을 축하한 시는 선생의 친필이 아닌 듯한데, 또 무슨 까닭인지 모르겠습니다. 어찌 사람의 자식이 자기 입장에서 말하면 마땅한 바가 아니지만 부모를 위하거나 친구를 대할 경우에는 그 정이 또 그만두지 못할 곳이 있어서가 아니겠습니까? 그러나 아마도 이렇게 하면 이는 사람의 자식이 예(禮)로써 자신을 다스린 반면 비례(非禮)로써 그 어버이를 섬기고 비례로써 남을 대한 셈이니, 그 뜻이 어떻습니까?"라고 하였다. 이에 주자가 답하기를 "이러한 일은 나의 역량이 부족하여 그냥 놓쳐 버린 곳입니다.〔此等事, 是力量不足放過了處.〕 그러나 또한 부득이한 경우도 있으니 그 정이 각각 같지 않습니다." 하였다.

36 위재(韋齋) : 주자의 부친 주송(朱松, 1097~1143)이다.

답 이는 올바른 예법이 아니니 명(明)나라 사람들이 대부분 이를 행하네. 생신과 기일이라는 명분으로 별도로 의절(儀節)을 세우는 것은 예의(禮儀)에 부합하지 않네. 오직 삼년상 이내라면 자식의 정리로 차마 그냥 지낼 수 없어 조금 은전(殷奠)과 같이 진설해도 무방하네.

이백심에게 답하다 병인년(1746, 숙종22)

答李伯心 丙寅

병조(兵曹)의 본래 임무 이외에 사국(史局)의 입직을 겸하느라 빈 날이 없으리라 생각되네. 모르겠다만 지금도 입직하고 있는가? 고인이 태평무사한 시절을 읊조려 "기성의 낭관이 밤에 책을 읽노라〔騎省郎官夜讀書〕"[37]라는 시구를 남겼네. 사관의 직임이 하번(下番)은 괴롭지만 상번(上番)은 마치 산림에 있는 것처럼 여유롭다는 것을 일찍이 잘 알고 있었네. 과연 여가에 틈틈이 서적을 점검하고 있는가? 계속해서 사관으로 입대하다 보면 필시 성상과 직접 토론할 일이 많을 것이네.

37 기성의……읽노라 : 신응시(辛應時, 1532~1585)의 〈기성에서 한밤에 읊조리다〔騎省夜吟〕〉 시에 "태평한 시대라 군대와 나라에 걱정할 일 없으니, 기성의 낭관이 밤에 책을 읽노라.〔時平軍國無虞事, 騎省郎官夜讀書.〕" 하였다.

이백심에게 답하다
答李伯心

대궐에서 입직하느라 약수(弱水)[38]처럼 바라보기만 하는 처지인데, 이러한 때에 편지를 받아보고 벼슬살이하는 체후가 평안함을 알게 되니 매우 기쁘네. 야대(夜對)에서 은수(恩數)를 입었다니 감탄스럽네. 미천한 내가 외람되이 사우(士友)에 끼어 성상의 귀에까지 이르렀으니, 은혜를 저버리는 부끄러움에 이르지 않으면 다행이겠네. 나는 내 병증은 한결같이 그대로인데 상소는 또 좀처럼 윤허를 받지 못하고 있네. 문학에 대한 칭찬은 또 뜻밖이네. 혹자가 학문의 연원이 초래한 것이라 하는데 과연 그러한지 모르겠네.

38 약수(弱水) : 중국의 서쪽에 있는 강 이름으로, 3000리나 멀리 떨어져 있다고 한다. 멀어서 갈 수 없는 지역을 상징적으로 표현한 말이다.

이백심에게 주다

與李伯心

낭관의 신분으로 지방 수령에 나가는 것[39]은 예전부터 있던 일이네. 동서남북으로 오직 왕명을 따를 뿐이니 무슨 위로의 말이 필요하겠나. 다만 평안남도는 부모를 뵈러 가기엔 편하겠지만 우리들이 만나서 회포를 풀기엔 틀렸네. 30년 전에 암행어사로 그 지역을 두루 돌아다녔는데,[40] 비록 변방의 모퉁이지만 실로 산수가 아름다운 지역이었네. 소나무와 계수나무 아래에서 독서하는 것이 나의 바람에 흡족하였으니, 지금도 생각하면 여전히 그리움이 남아 있네.

다만 다른 사람이라면 좋다고 여기겠지만 그대라면 편치 않네. 그러나 근래 벼슬아치들이 어느 한 사람 빠짐없이 편하고 좋은 곳을 차지하고 쉽고 어려운 일을 가리는데, 오는 직분대로 소임을 맡는 경우는 유독 그대에게서 보았으니 기뻐할 만하네. 훗날에 어떤 직분을 맡든 모두 이러한 법도를 잃지 않는 것이 좋겠네. 그러나 세상에는 공론이 있어 필시 그대를 위해 억울한 사정을 말하는 사람이 있을 것이니, 역마를 타고 조정으로 징소되는 날이 또한 어찌 멀겠는가. 모름지기 이 뜻으로 걱정하는 부모의 마음을 풀어드리고 부임하여 과거시험이

39 낭관의……것 : 이기경(李基敬)은 1742년(영조18) 정랑의 신분으로 평안 도사(平安都事)에 제수되었다.

40 30년……돌아다녔는데 : 저자는 1708년(숙종34) 관서 암행어사(關西暗行御史)가 되었다.

끝난 뒤 곧장 말미를 얻어 올라오는 것이 마땅하겠네. 병든 나만큼 그대를 깊이 생각해주는 사람이 없는데, 가지 말라는 논의를 통렬히 물리쳤으니 과감하게 나아가고 의심하지 말게. 소년 시절의 왕역(往役)도 그리 나쁜 일만은 아니네.

이백심에게 답하다

答李伯心

평소 정술(政術)에 어두웠지만 다만 정자(程子)가 다친 사람을 보듯 백성을 가엾게 여기는 가르침[41]에 부끄러워했다는 말은 들었네. 청북(淸北 청천강 이북) 지역에는 문사가 많지만 유배객에게 학문을 배우기 때문에 한갓 과거 공부를 익히네. 바라건대 우선《격몽요결(擊蒙要訣)》을 가르쳐 친상사장(親上死長)의 의리[42]를 알게 해주게.

41 다친……가르침 :《맹자》〈이루 하(離婁下)〉에 "문왕은 다친 사람을 보듯 백성을 가엾게 여겼다.〔文王, 視民如傷.〕"라는 말이 나온다.

42 친상사장(親上死長)의 의리 : 임금을 친애하고 윗사람을 위해 몸을 바치려는 마음을 말한다.《맹자》〈양혜왕 하(梁惠王下)〉에 "임금께서 어진 정치를 행하기만 한다면 이 백성들이 그 윗사람을 친근하게 여겨 어른을 위해서 자신의 목숨을 기꺼이 바칠 것이다.〔君行仁政, 斯民親其上, 死其長矣.〕"라는 말이 나온다.

최숙고 석 의 문목에 답하다 경신년(1739, 영조15)
答崔叔固 祏 問目 庚申

문 어떤 사람의 집에 부친, 조부, 증조부, 고조부가 돌아가시고 5대 조부모가 살아계시는데, 이분들이 돌아가시면 5대손이 승중(承重)해야 합니까? 승중한다면 상을 마치고 신주(神主)는 곧장 체천(遞遷)하거나 땅속에 묻어야 합니까? 아니면 죽을 때까지 제사를 받들어야 합니까?

답 5대조는 예법상 사당을 헐어야 하네. 사당을 이미 헐었다면 비록 적자에서 적자로 계승한 종자(宗子)일지라도 다시 의거하여 종조(宗祖)로 모실 의리는 없어 그저 중자(衆子)와 다름없으니 대번에 승중하여 삼년복을 입어서는 안 될 듯하네. 내 생각에는 인가에 선조가 이처럼 오래 사는 경우는 형세상 필시 매우 드문 일이고 내외가 모두 살아있기는 더욱 어렵네. 5대 조부나 조모 가운데 한 분이 먼저 돌아가시면 그 신주는 최장방(最長房)에게 옮겨 받들게 하고 그때 살아있는 선조는 친속 가운데 조금 가까운 자손에게 옮겨 봉양하는 것이 정리(情理)에 문제될 게 없을 듯하네. 이분들이 천수로 돌아가실 때까지 봉양한 뒤에는 종자와 중자 모두 3개월 동안 자최복(齊衰服)을 입고-《주자어류》에 말하기를 "4대 이상은 생시에 섬겼으면 또한 응당 3개월 동안 자최복을 입는다." 하였다.-, 그 상례는 최장방이 주관하여 3년상을 마치며 그 상복은 본복(本服)을 입으면 될 뿐이네. 만약 다른 장방(長房)이 없고 종자만 있다면 또한 3개월 동안 자최복을 입고 3년상을 주관한 뒤에는 신주를 모셔 땅속에 묻어야 하네. 어떻게 생각하는가?

문 5대조 이상의 묘를 이장할 때 종손(宗孫)이 비록 친진(親盡)[43]이 되었더라도 승중의 의리로 응당 3개월 동안 상복을 입어야 합니까?
답 이장할 때 시마복(緦麻服)을 입는 문제는 또한 승중의 여부에서 결정되네. 이미 승중하지 않았다면 다만 응당 조복(弔服)에 마질(麻絰)을 덧붙이면 그만이네.

문 3대를 계승한 종손이 죽고 조부가 살아 계신다면, 그 부친은 적자(嫡子)의 상으로 간주하여 3년을 입어서는 안 되는 것입니까?
답 예문(禮文)에는 적자만 있으며 적손(嫡孫)은 없네. 지금 죽은 사람이 비록 종통을 계승한 아들이지만 조부가 살아계신다면 다만 장손(長孫)일 뿐이니 적손이라 말할 수 없네. 이미 적손이 되지 못했다면 그 부친 또한 응당 적자의 상복을 입어서는 안 되네.

문 영연(靈筵)에 사용한 소장(素帳)을 장례가 마친 후에 청색으로 물들이는 것은 어떻습니까?
답 장례를 마친 후에 색장(色帳)으로 쓰는 것은 세속에 이러한 경우가 많지만 예법이 아니네. 《예기(禮記)》에 이르길 "전(奠)은 장식이 없는 그릇에 담아 올리니, 살아있는 사람에게 애통하여 꾸밈이 없는 마음이 있어서이다."[44]라고 하였네. 이 뜻이 천리와 인정에 꼭 부합하니 상탁

43 친진(親盡) : 조상에게 제사지내는 대수(代數)가 다 된 것을 말한다. 임금은 5대까지, 평민은 4대까지 제사지내는 것이 통례(通例)이다.

44 전(奠)은……있어서이다 : 《예기》 〈단궁 하(檀弓下)〉에 보이는데, 이에 대한 정현(鄭玄)의 주에 "애소(哀素)는 애통하여 꾸밈이 없는 것을 말한다. 물건에 꾸밈이 없는 것을 소(素)라고 한다." 하였다.

(床卓)이나 유장(帷帳) 등속도 아울러 응당 장식이 없는 것을 사용해야 하네.

최숙고에게 답하다 임술년(1742, 영조18)

答崔叔固 壬戌

그대의 종제가 방문하여 그대의 안부 편지를 받으니 몹시 위로가 되었네. 다만 듣자니 과거 시험에 대해 또 의심을 품고 결정하지 못했다는데, 이처럼 점차 학업에 게을러진다면 결국 두 가지 모두 이루지 못하는 데 가깝지 않겠는가. 그대의 종제를 다행히 만나서 그대의 바람에 부응하였으나, 예를 좋아하는 선비를 병들어 누워서 만나보게 되어 무례하기 짝이 없었으니 어찌 보고 감동할 만한 점이 있었겠는가. 사람의 자질이 비록 좋더라도 만약 학식이 없으면 선(善)을 행하고자 해도 선을 행할 수 없고, 불선(不善)을 행하려 하지 않아도 또 불선을 행하게 되니 이것이 두려워할 만하네. 이에 독서하도록 권면하여 그대가 정성스레 부탁한 뜻에 부응하였네. 성선(性善)과 '성인을 배울 수 있는〔聖可學〕' 실제에 대해선 그대가 필시 이미 충분히 알려주었기에 다시 췌언하지 않았네.

최숙고에게 답하다 계해년(1743, 영조19)

答崔叔固 癸亥

그대가 말한 허망한 비방은 그 본말을 알지 못하여 대번에 그 득실을 말하지 못하겠지만, 이와 반대라면 진실되고 망녕됨이 없는 것이네. 그대가 근래 얼마만큼 성장했는지 모르겠지만 혹 이러한 지위에 이르지 않았다면 혹자의 말이 타산지석(他山之石)이 되기에 문제가 없을 것이네. 어떻게 생각하는가? 원임(院任)을 사임한 것은 일체 재중(齋中)의 공의에 맡겼거늘 또 나에게 번거롭게 말하는가.

별지의 내용은 잘 알겠네. 근래 사림의 시비는 다만 묘향(廟享)의 문제일 뿐인데 그대는 문묘(文廟)까지 언급하니 또한 일을 크게 벌인 것이 아닌가. 두 분 선생의 위차(位次)의 선후에 대한 설[45]은 내가 벗들과 주고받으며 상의한 것이라 모르는 사람이 거의 없는데 그대만 유독 듣지 못했는가? 바라건대 내게 정론(定論)이 없다고 걱정하지 말고 또 두 선정(先正)에 대해 함부로 그 고하를 판단하지 말게. 다만 속히 두 분 선생의 문집과 연보 등을 구하여 우암(尤庵)과 동춘당(同春堂)이 우암과 동춘당이 되는 이유를 깊이 궁구한 이후에야 훌륭한 의론을 낼 수 있네.

45 선후에 대한 설 : 송시열과 송준길의 문묘배향 선후 문제를 가리킨다. 본서 제12권에 수록된 〈윤경휴에게 답하다〔答尹景孺〕〉는 1743년(영조19) 쓴 것인데, 이와 관련된 내용이 보인다.

강중홍 규 에게 답하다 무오년(1738, 영조14)

答康仲鴻 逵○戊午

이별한 후로 어느 날이든 그리워하지 않았겠는가. 지난 겨울에 보낸 편지가 어제서야 도착했는데 다시 만난 것만 같았네. 어느덧 봄이 무르익었는데 부모님을 모시고 학문하는 체후는 더욱 평안한가? 《대학(大學)》은 몇 번이나 읽었는가? 편지에 경솔하고 거친 게 병통이라고 하니 기질(氣質)이 치우친 것은 제거하기 매우 어렵네. 반드시 《중용(中庸)》에서 다섯 가지를 그만두지 않는다[46]고 말한 것처럼 한 이후에야 그 공효가 있을 것이네. 바라건대 계속 노력해서 잠시도 멈추지 않고 하루 사이에 대번에 효과를 바라지 않아야 하네.

46 다섯……않는다 : 《중용장구》 제20장에 "배우지 않을지언정 배우면 능하지 못하거든 그만두지 말며, 묻지 않을지언정 물으면 알지 못하거든 그만두지 말며, 생각하지 않을지언정 생각하면 터득하지 못하거든 그만두지 말며, 분변하지 않을지언정 분변하면 분명하지 못하거든 그만두지 말며, 행하지 않을지언정 행하면 독실하지 못하거든 그만두지 말아야 한다.〔有弗學, 學之, 弗能弗措也; 有弗問, 問之, 弗知弗措也; 有弗思, 思之, 弗得弗措也; 有弗辨, 辨之, 弗明弗措也; 有弗行, 行之, 弗篤弗措也.〕"라고 한 다섯 가지를 가리킨다.

강중홍에게 답하다 신유년(1741, 영조17)

答康仲鴻 辛酉

듣자니 묘향산(妙香山)에 들어가 반년 동안 독서했다고 하니 그 독서한 공부가 과연 어떠한가? 더욱 그리워하게 만드니 봄날 부모님을 모시고 학문하는 체후는 평안한가? 이 몸은 쇠락함이 날로 심해져 어느덧 62세의 노인이라네. 새로 아는 것은 끊어지고 옛날에 익힌 것도 모두 황폐해져 끝내 알려지지 않고 죽을 듯하니 어찌겠는가.

그대들에게 기대하는 것이 참으로 적지 않다네. 보지 못한 지 이미 몇 해가 흘렀으니 모르겠지만 얼마만큼 병통을 제거하고 얼마만큼 공부가 쌓였는가? 위기지학(爲己之學)이 전부 착실하지 않다고 말한 것이 만약 지나친 겸손의 말이 아니라면, 다른 모든 일은 말할 만한 게 없으니 도를 탐구하는 그대의 뜻이 어찌 이와 같은가. 그러나 바라건대 심술(心術)의 은미한 곳에 나아가 통렬하게 깎아내어 위인지학(爲人之學)에 대한 생각을 한 점도, 반 점도 가슴 속에 남겨두지 않도록 하게.

북방 변새로 왕역(往役)을 갔던 아이가 한겨울에 이미 잘 돌아와[47] 함께 지내며 날을 보내고 있네. 종종 왕래하는 벗들이 그 숫자가 무상하지만 끝내 진실한 마음으로 이 학문을 짊어지고 갈 사람을 쉽게 얻기 어려우니. 걱정하고 한탄한들 어찌겠는가.

47 북방……돌아와 : 저자의 아들 이제원(李濟遠)이 1740년(영조16) 북평사(北評事)로 다녀온 것을 말한다.

최화중 육 에게 답하다 계해년(1743, 영조19)

答崔和仲 䄅○癸亥

발분하여 맹세하기를 장차 황천(皇天)이 맡긴 뜻과 사우(士友)의 원대한 기대를 저버리지 않겠다고 하니, 이 뜻이 매우 좋네. 한 점의 의기(意氣)에만 그치지 않는다면 다행이겠네. 지난 30년의 세월이 짧은 시간이 아닌데 어째서 대번에 이렇게 슬프고 처량한 말을 하는가.

편지에서 말한 당(唐)나라 사람의 시구(詩句)는 기상이 매우 좋지 않네. 나는 일찍이 명도(明道) 선생의 "해 저물었다 시름할 필요 없으니, 하늘가에 있는 건 엷은 구름일 뿐이네.〔未須愁日暮, 天際是輕陰.〕"[48] 라는 시를 즐겨 암송했는데 기상이 온화하고 뜻이 원대하네. 배우는 자는 응당 이와 같아야만 덕(德)에 나아가는 터전이 있게 되니, 간절히 바라는 바이네.

48 해……뿐이네 : 명도(明道) 정호(程顥)의 〈진공이원 수계사석상부〔陳公廙園修禊事席上賦〕〉시 마지막 구절이다. 송나라 원풍(元豐) 2년에 제현(諸賢)들이 낙원(洛園)에서 계(契)를 맺었는데 명도(明道)가 그 자리에서 "해 저물었다 시름할 필요 없으니, 하늘가에 있는 건 엷은 구름일 뿐이네.〔未須愁日暮, 天際是輕陰.〕"라고 하니, 양시(楊時)가 그 온유하고 충후함에 경탄하였다.

안중모 봉윤 에게 답하다 기미년(1739, 영조15)

答安仲毛 鳳胤○己未

그대의 편지에서 착실하게 공부한 부분을 알 수 있네. 안락(安樂)의 경계를 어찌 초학자가 쉽게 말하겠는가. 다만 응당 느슨하지도 급박하지도 않게 맹자가 말한 양기(養氣)의 절도(節度)[49]처럼 하여 오랜 시간이 흐른 뒤에야 비로소 이 의미를 알게 된다네. '여유롭게 가슴속에 새기고 과정을 엄히 세운다.〔寬着心胸嚴立課程〕'라는 여덟 글자가 가장 요긴한 방법이니 유념해야 하네. 겨울 동안 배우러 오는 것을 과연 계획대로 할 수 있겠는가? 급제자가 그대 집안에서 새로 배출되었으니, 더욱 과거공부에 시달리게 되지는 않겠지?

49 느슨하지도……절도(節度) : 《맹자》 〈공손추 상(公孫丑上)〉에 맹자가 사람이 의리를 쌓는 데 있어 급하게 서두르지 말고 하나하나 차근차근 쌓아가라는 뜻에서, "반드시 하는 일이 있어야 하되, 결과를 미리 기약하지 말아서, 마음에 잊지도 말고 빨리 자라도록 돕지도 말라.〔必有事焉而勿正, 心勿忘勿助長也.〕"라고 하였는데, 이에 대한 주자의 주(註)에서 "혹시라도 충만 되지 못하면 다만 마땅히 종사함이 있음을 잊지 말 것이요, 억지로 작위 하여 자라도록 돕지 말아야 하니, 이것이 바로 의로운 일을 많이 축적하여 호연지기를 기르는 절도이다.〔其或未充, 則但當勿忘其所有事, 而不可作爲以助其長, 乃集義養氣之節度也.〕" 하였다.

안중모의 문목에 답하다 경신년(1740, 영조16)

答安仲毛問目 庚申

문 〈상례(喪禮)〉 역복(易服)[50] 조목의 주(註)에 "복이 있는 사람은 모두 화려한 장식을 없앤다."라고 했습니다. 복이 없는 사람은 고복(皐復)[51] 후에 들어가서 곡을 할 때 순수한 길복(吉)의 의대(衣帶) 차림으로 곡을 합니까? 동성(同姓)은 타인과 자별하니 응당 소의(素衣)와 소대(素帶) 차림을 해야 하고 단문친(袒免親)[52]의 경우는 복이 있는 반열에 있어야 될 듯합니다. 어떻게 생각하십니까?

답 아직 소렴(小斂)을 하지 않았을 때는 석구(裼裘)[53] 차림으로 조문하니, 증자(曾子)가 이미 자유(子游)가 예를 안다고 인정하였네.[54] 복

50 역복(易服) : 초상(初喪)에 성복(成服)하기 전에 평상시 입던 옷을 바꾸어 입는 것을 말한다.

51 고복(皐復) : 상을 당하였을 때 죽은 이의 이름을 부르면서 초혼(招魂)하는 것을 말한다.

52 단문친(袒免親) : 단문(袒免)은 참최(斬衰), 재최(齊衰), 대공(大功), 소공(小功), 시마(緦麻) 등 오복(五服) 이외의 친척에 해당하는 상복 제도로서 두루마기의 오른쪽 소매를 벗고 사각건(四角巾)을 쓰는 아주 가벼운 복제이다. 단문친(袒免親)은 이에 해당하는 먼 친척을 가리킨다.

53 석구(裼裘) : 갖옷 위에 석의(裼衣)만 입고 그 위에 겉옷을 덮어 입지 않는 것이다.

54 증자(曾子)가……인정하였네 : 《예기》 〈단궁 상(檀弓上)〉에 "증자(曾子)는 습구(襲裘)차림으로 조문하였고, 자유(子游)는 석구(裼裘)차림으로 조문하였다. 증자가 말하기를 '저 사람은 예에 익숙한 사람인데, 어찌하여 석구 차림으로 조문하는가?'라고 했다. 주인이 이미 소렴을 마치고 윗옷의 어깨를 드러내고 삼끈으로 머리카락을 묶으니, 자유가 빠른 걸음으로 나가서 습구(襲裘)에 대질(帶絰)을 하고 들어왔다. 증자가 말하

이 없는 사람은 동성과 타인을 막론하고 길복의 의대(衣帶) 차림으로 들어가 곡을 하는 것이 무방할 듯하네. 단문친(袒免親)에 대해선 복이 있다고 말할 수 없지만 아마도 또한 타인과는 조금 차이가 있을 것이네.

문 조문하는 날에는 술을 마시지 않고 고기를 먹지 않는 것이 또한 예법입니다. 그런데 혹자는 "조문한 이후에 상가(喪家)에 있지 않다면 그럴 필요는 없다."라고 합니다. 또 조문한 이후에 여러 날을 상가 상주(喪主) 곁에 머물러 있는 자는 또한 응당 오랫동안 술을 마시지 않고 고기를 먹지 않아야 합니까? 조문할 때 주인이 재배(再拜)한 이후에 조문하는 자가 답으로 재배하는데, 세속에서는 모두 주인이 일배(一拜)를 하면 조문하는 자가 일배를 하고, 주인이 또 일배를 하면 조문하는 자가 또 일배를 하니, 또한 무방합니까?
답 조문한 이후에 술을 마시지 않고 고기를 먹지 않는 것은 그 사람이 상가에 있다면 본디 의당 이러해야 하고, 혹 여러 날인 경우에는 또한 쉽지는 않을 듯하네. 그러나 상주 곁에서는 하지 않아야 하네. 조문할 때 주인이 재배한 뒤에야 조문하는 자가 답배할 수 있으니, 세속의 법식을 쓸 필요는 없네.

문 《가례(家禮)》의 "이 날은 술을 마시지 않는다" 이하 단락[55]에 대해

기를, '내가 잘못했다. 저 사람이 옳다.'고 했다."라고 한 내용이 보인다. 증자는 다만 상사가 흉한 줄만 알았고 사망한 처음의 때는 오히려 길함을 따른다는 것을 몰랐다. 이 때문에 처음에는 자유를 비난하다가 끝에 가서는 좋다고 한 것이다.

서 주인 이하 제사에 참여하는 사람을 아울러 가리키는 것입니까?
답 "이 날은 술을 마시지 않고 고기를 먹지 않는다" 단락에 대해서 제사에 참여하는 사람의 원근과 친소가 본디 또한 똑같지 않네. 그러나 이미 제사에 참여하여 제사지내는 곳에 있다면 비록 관계가 먼 사람이라도 주인과 함께 하는 것이 어찌 문제가 되겠는가.

55 가례(家禮)의……단락 : 《가례》 권7 〈제례 기일(忌日)〉에 "이날은 술을 마시지 않고, 고기를 먹지 않고, 음악을 듣지 않는다."라고 시작하는 단락을 가리킨다.

홍자용 기해 에게 답하다 임술년(1742, 영조18)

答洪子容 器海○壬戌

뜻밖에 답장이 도착하였네. 예전 그대의 병을 걱정하던 때에 다시 이렇게 손수 쓴 편지를 보리라 생각이나 했겠나. 기특하고 기쁜 마음을 다 말할 수 없네. 이 몸은 봄 이후로 하루도 건강한 날이 없어서 곁에 있는 벗들은 십수 명인데도 강업(講業)은 매우 착실하지 못하였네. 이와 같은데 무슨 수로 길이 진보하겠는가. 숙부라 부르든 선생이라 부르든 오직 그대가 스스로 하기 나름인데 어째서 물어보는 것인가. 일찍이 듣건대 율옹(栗翁)의 생질이 구봉(龜峰 송익필(宋翼弼))의 말을 듣고 스스로를 조카가 아니라 문인이라 일컫자 율옹은 그가 문인으로서 책임을 다하지 못할까 걱정하였으니, 이것이 지금 나의 심정이네. 그러나 만에 하나라도 이 일을 계기로 진실로 분발하여 앞으로 나아가려는 뜻이 생긴다면 이만한 기쁨이 있겠는가.

송백강[56] 집중 에게 답하다 임자년(1732, 영조8)

答宋伯剛 集中○壬子

이번 겨울에 업으로 삼은 것은 무슨 일인가? 그대처럼 젊고 훌륭한 자질로 의당 미치지 못할 듯이 급급해야 하는데, 위로 부형의 가르침이 없고 아래로 처자에 대한 얽매임만 있으니, 뜻을 확립한 것이 굳세지 않으면 결국 나태하게 안주하지 않는 경우가 드무네. 한 해가 저물어 가는데 나이만 많아지고 학문이 진보하지 않으니 나는 그대를 위해 매우 걱정하네. 바라건대 분발하고 노력하여 대석인(大碩人)[57]께서 그대에게 기대하는 뜻을 저버리지 말게.

56 송백강 : 송집중(宋集中, ?~?)을 가리키는데, 사적은 자세하지 않다. 저자의 문인이다.

57 대석인(大碩人) : 석인(碩人)은 《시경》 〈위풍(衛風)〉의 편명으로, 위(衛)나라 장공(莊公)의 부인이 시집올 때의 정경을 읊은 노래이다. 여기서는 상대방의 모친을 칭송하여 말한 것이다.

송백강에게 주다 병진년(1736, 영조12)

與宋伯剛 丙辰

만나지 못한 지 한 해가 다 되어 가는데 근래 무슨 공부를 하고 있는가? 혹 진전된 바가 있는가? 지난번에 그대를 만났던 어떤 사람이 있어 그대가 집에서 어떻게 지내고 있는지 자세히 물어보았더니 곁에 박희(博戲)[58] 도구들이 있다고 하였네. 비록 그대가 사용하지는 않겠지만 어린 아우들이 차례로 성장할 터인데 양정(養正)[59]의 책임이 그대가 아니고 누구에게 있길래 이토록 허술한 것인가. 대석인께서 여러 아들에게 기대한 것이 어떠한가. 참으로 슬프고 한탄스럽네. 바라건대 이를 유추하여 경계할 바를 알게나.

58 박희(博戲) : 목제(木製)의 투자(骰子) 다섯 개를 가지고 하는 놀이라고 하는데, 여기서는 바둑이나 장기 따위를 가리키는 듯하다.

59 양정(養正) : 몽매한 사람을 올바르게 가르치는 것을 뜻한다. 《주역》 〈몽괘(蒙卦) 단(彖)〉에 "몽매한 이를 바름으로 기르는 것이 성인으로 만드는 일이다.〔蒙以養正, 聖功也.〕"라고 한 데서 나온 말이다.

송백강에게 답하다 계해년(1743, 영조19)

答宋伯剛 癸亥

지난번 보낸 편지는 신년에 직접 만난 것만 같았네. 어느새 늦봄이 되었는데 부모님을 모시는 체후가 평안한가? 나는 사람을 만나면 번번이 학문을 권하는데, 사람들이 믿지 않아도 그만두지 않으니 참으로 우활하여 스스로 비웃을 따름이네. 더군다나 깊이 사랑하고 간절히 기대하는 그대 형제들이야 말할 나위가 있겠는가. 예전에 말한 것은 분발시켜 진전되기를 바라서였네. 그래서 혹 칭찬이 실정에 지나치면 억눌러 허물을 뉘우치게 하였네. 이 때문에 말이 억측에 가까웠으니 나는 실로 부끄럽고 두렵네.

그대 동생의 대답은 말하기 어려운 상황에서 잘 말했다고 할 만하네. 그중 '구능(苟能)' 두 글자는 지극히 의미가 있으니 그 형이 된 자가 두려워하지 않을 수 있겠는가. 그대의 이전 편지를 곁에 있는 벗에게 보여주고 그에게 묻기를 "이 사람의 학문하는 뜻이 어떠한가?" 하니, 그는 "말이 매우 앞뒤가 맞지 않습니다."라고 대답하였네. 내가 "진실로 그렇네. 말은 마음의 소리이네." 하였네. 이 문답이 어떠한가? 시험삼아 다시 생각해 보게. 〈소완(小宛)〉 시에 "내 날로 매진하거든 너도 날로 매진하라. 일찍 일어나고 밤늦게 자서 너를 낳아주신 분을 욕되게 하지 말라."[60]라고 하였네. 그대들을 위해 외워보

60 내……말라 : 이 시는 형제가 부지런히 학문을 연마하며, 난세에는 항상 두려워하고 조심하여 화를 면하기를 경계하는 뜻을 노래한 것이다.

네. 내가 비록 편협하고 비루하지만 또한 함께 선(善)으로 나아갈 뜻이 없겠는가.

송중흥[61] 재중 에게 답하다 임술년(1742, 영조18)

與宋仲興 載中○壬戌

그대의 형이 올 때 비록 함께 오진 못했지만 편지로 문안하였으니 또한 기특한 일이네. 편지 내용 중에 내가 한탄하기도 하고 웃기도 했다고 하는데, 꿈속이 아니면 그대가 어떻게 나를 볼 수 있겠는가. 그러나 그대는 나를 보았고 나는 그대를 보지 못했으니 이는 꿈속이 진짜만 못한 것이네. 지난날의 버릇을 여전히 없애지 못했다면 굳이 다시 올 것 없네. 비록 나를 찾아온들 또한 무슨 유익함이 있겠는가. 그대의 형이 이번에 왔을 때 묵은 버릇을 통렬하게 없애려고 개연히 '당인(當仁)'[62]을 일삼았는데, 돌아간 후에 이 마음을 잃지 않았다면 그대의 조롱을 면치 못할 듯하지만 도리는 이와 같지 않으니 의당 경계해야 하네.

61 송중흥 : 송재중(宋載中, ?~?)을 가리키는데, 사적이 자세하지 않다. 저자의 문인이다.

62 당인(當仁) : 《논어》 〈위령공(衛靈公)〉에 "인에 당해서는 스승에게도 사양하지 않는다.〔當仁不讓於師〕"라고 한 데서 나온 말이다.

송중흥에게 답하다 갑자년(1744, 영조20)

與宋仲輿 甲子

그대의 형이 왔을 때 편지를 받게 되어 먼 곳에 있는 사정을 이미 알게 되었네. 그 가운데 도봉서원(道峯書院)에 대해 논한 것은 모두 아끼고 도우려는 뜻에서 나왔으니 매우 감사하네. 강사(講事)의 득실은 우선 막론하고 그대처럼 젊고 자질이 훌륭한 자가 무관한 사람으로 자처하며 편안히 앉아 말만 한다면 그곳은 오히려 누구를 믿겠는가. 유독 그대만이 아니라 서울과 지방에 살고 있는 그대 집안 사람들이 어찌 한정이 있겠는가마는 두 번의 강회(講會)에 모두 한 번도 가지 않았네. 우러러 생각건대 그대 부친 도위(都尉)께서 선(善)을 즐기고 선비를 좋아하는 정성이 어떠하셨는데 그대들은 모두 부친을 닮지 못했으니 한탄할 따름이네. 편지에서 원성(元城 유안세(劉安世))의 공부[63]에 마음을 두고 있다고 하는데, 함부로 말하지 않는 것으로 급선무를 삼을 수 있겠는가. 반드시 이전의 거친 마음과 객기(客氣)를 제거한 이후에야 이룰 수 있으니, 노인네의 말이라 하여 소홀히 여기지 말게.

63 원성(元城)의 공부 : 유안세(劉安世)가 사마광(司馬光)에게 처신의 요점으로 평생토록 행할 만한 것이 무엇이냐고 묻자 사마광이 '성(誠)'이라고 대답하였는데, 성을 행하려면 무엇부터 시작해야 하느냐고 또 물었다. 사마광이 "말을 함부로 하지 않는 것〔不妄語〕부터 시작해야 한다."라고 대답하자, 유안세가 이 말을 7년 동안 실천하여 언행일치(言行一致)를 이루었다.

조정보 정세 에게 답하다 병진년(1736, 영조12)

答趙正甫 靖世○丙辰

남쪽에서 돌아올[64] 때 그대가 웃으며 맞이해 주리라 생각했는데, 돌아와 보니 그대는 이미 돌아간 지 오래였네. 그대가 이미 구습을 통렬하게 혁파하여 성심으로 학문에 매진하지 못했으니 비록 억지로 머물더라도 무익할 것인데, 더군다나 쉽게 돌아오지 않은 자임에랴. 그간에 내가 했던 말은 모두 진심어린 마음에서 나온 것인데 교만하고 냉랭하게 내 말을 무시하는 결과를 면치 못하였네. 이제는 더 이상 할 말이 없으니 믿는 것은 오직 그대 부친의 정령(精靈)이 지하에서 깨우쳐 주는 것일 뿐이네. 말이 이에 미치니 눈물이 편지지를 적시네.

64 남쪽에서 돌아올 : 저자는 1736년(영조12) 2월 영남을 다녀온 일이 있다.

조정보에게 답하다 기미년(1739, 영조15)
答趙正甫 己未

편지를 읽어보니 거의 눈물이 나올 지경이네. 내가 그대를 사랑하는 것이 얕지 않은데, 나의 성의가 감동시키지 못했으니 경책한 말이 몇 년 전에 부친의 영령이 보살펴 주기를 바라는 데에 이르러 극에 달하였네.[65] 이 또한 이미 몇 년이 흘러버렸는 데도 너의 마음을 인도하여 선(善)에 나아가는 공효는 볼 수 없으니 이후로는 나 또한 어찌할 수가 없었네. 이번 편지에 스스로 자책하는 것이 이와 같으니 오히려 혹 가망이 있을까. 내가 스스로 한스러워하는 것은 훗날 구천에 갔을 때 그대 부친을 볼 면목이 없다는 점이네. 나는 늙어서 죽을 날이 얼마 남지 않았는데 내가 죽은 이후에 누가 다시 그대에게 이 말을 해주려고 하겠는가. 부디 통렬하게 생각해 보길 바라네.

사흘 동안 독서하지 않으면 곧 면목이 가증스러움을 깨닫는다[66]는 이 말은 매우 통절하네. 박(朴) 군이 돌아갈 때 이것을 써서 그대에게

65 경책한……달하였네 : 1736년(영조12) 답한 〈조정보에게 답하다〔答趙正甫〕〉에 "그간에 내가 했던 말은 모두 진심어린 마음에서 나온 것인데 교만하고 냉랭하게 내 말을 무시하는 결과를 면치 못하였다. 이제는 더 이상 할 말이 없으니 믿는 것은 오직 그대 부친의 정령이 지하에서 깨우쳐 주는 것일 뿐이다." 하였다.

66 사흘……깨닫는다 : 황정견(黃庭堅)이 했던 말로 《송패유초(宋稗類鈔)》 권23 〈격언(格言)〉에 "황태사 노직이 이르기를 '사대부가 삼일 동안 독서하지 않으면 의리가 흉중에 통하지 않아 곧 면모가 가증스럽고 말이 무의미함을 깨닫는다.'라고 하였다.〔黃太史魯直云, '士大夫三日不讀書, 則理義不交於胸中, 便覺面貌可憎, 語言無味.'〕"라고 한 말이 보인다.

주려고 했지만 이내 무익한 듯해서 그만두었네. 《상서(尙書)》를 읽는다고 하니 이 또한 애초에 기대한 바가 아니어서 진실로 기쁘게 생각하네. 그러나 이 책이 끝내 위기지학(爲己之學)에 절실한 사서(四書)만 못한데, 그대는 위기지학을 하려는 마음이 없기 때문에 사서를 내버려 두고 이 책을 읽는 것 뿐이니, 이 또한 몰라서는 안 될 것이네.

최시용 잠 에게 주다 임술년(1742, 영조18)

與崔時用 潛○壬戌

듣자니 강군(康君 강규(康逵))이 어제 이미 땀을 내었다고 하는데, 병세가 과연 현격히 약해졌는가? 이와 같다면 그대는 응당 질병을 피해 나가야하겠기에 아침에 말을 전했는데도 수긍하는 뜻이 없으니 깊이 생각을 하지 못한 듯하네. 병이 들었을 때 들어가 구제하는 것도 본디 의리이고, 병세가 꺾인 후에 질병을 피해 나가는 것도 의리이네. 이 병이 비록 필시 의심할 만한지는 알지 못하겠지만 의심할 만한 단서가 있다면 그대 또한 노친이 계시고 천리 밖에 객지생활을 하고 있으니 어찌 스스로 조심하지 않아서야 되겠는가. 강군이 병을 앓은 후에 조섭하는 것 또한 어려우니, 음식을 비롯한 여러 일들은 내 말을 견식이 조금 나은 승려에게 부탁하여 그로 하여금 잘 간호하게 하게. 그대는 예전에 살던 곳으로 나와 살면서 주인으로 하여금 자주 가서 살피게 하고 승려로 하여금 종종 알리게 하되, 병이 악화될 조짐이 있다면 비록 다시 들어가더라도 불가할 게 없네. 이 말을 따라 곧장 나오는 것이 어떻겠는가?

최시용에게 주다 을축년(1745, 영조21)

與崔時用 乙丑

기성(箕城 평양)으로 떠난 후부터 인편이 있어도 편지를 받지 못하니 아득히 소식을 주고받을 길이 없어졌네. 무더운 장마철에 객지생활의 형편은 어떠한가? 혼자 외로이 지낸다고 해서 학업을 혹 폐하지는 않았겠지? 매번 생각건대 먼 곳의 인사 가운데 오랜 이별 뒤에 만났을 때 학문의 진전이 있음을 깨닫는 경우는 오직 그대를 만났을 때였네. 얼핏 듣자니 곤궁함이 더욱 심해져 배우러 올 방법이 없다고 하니, 아마도 다시 돌아올 기약이 없을 듯하네. 그러나 만일 다시 만난다면 예전보다 크게 진보해 있어야 할 것이니, 다만 바라건대 공부에 매진하여 늙은이가 괄목상대할 수 있게 하게.

조달부 대현 에게 답하다 계해년(1743, 영조19)

答曹達夫 大顯○癸亥

못난 자식이 새로 부임하여[67] 익숙하지 않은 터라 그대가 사는 곳의 백성들에게 죄를 지을까 깊이 걱정이네. 그래서 멀리서 편양(便養)을 누리는 것을 다행으로 여길 겨를이 없네. 그러나 그대의 편지에서 말한 강학(講學)과 수비(樹碑 비석을 세움) 두 가지 일은 또한 시험하여 증험을 본 칭찬이라 할 만하니, 나 또한 마음으로 기쁘게 생각한다. 얼핏 듣자니 그대가 시골에 있는 것이 드물다고 하네. 서울은 사람의 마음을 무너뜨리기 쉬운데, 어찌 군이 이렇게 하는가. 오랫동안 과거 공부에 골몰하여도 반드시 합격하는 것이 아닌데 마침내 어떻게 사람 노릇을 하겠는가. 바라건대 깊이 생각하여 잘 수습하게.

67 못난……부임하여 : 1742년(영조18) 저자의 아들 이제원(李濟遠)은 금천 현감(衿川縣監)이 되었다.

박계소 종진 에게 답하다 경신년(1740, 영조16)

答朴季昭 宗晉○庚申

그대와 오랫동안 만나지 못한 것은 단지 병 때문만은 아니고 혹 빨리 물러날[68] 조짐이 있어서 그런 듯하네. 지금 그대의 편지에서 부끄러워하고 뉘우치며 분발하는 것이 이와 같으니, 평소에 그대를 깊이 알지 못한 듯하네. 뉘우치는 것을 귀하게 여기는 이유는 능히 고치기 때문이니, 그저 뉘우치기만 하고 능히 고치지 못한다면 뉘우칠 줄 모르는 자와 무엇이 다르겠는가. 부끄러워할 만한 한 가지 생각이나 한 가지 일을 알게 되면 곧 없애서 인순하여 자라나지 못하게 하게. 마음을 기르는 것과 병을 다스리는 것은 본래 두 가지가 아니니, 만약 학문을 절실히 하다가 제 몸을 손상하면 또한 효자가 제 몸을 소중히 하는 의리가 아닌 듯하네. 편지 끝에서 물은 것은 《맹자》에 "명(命)이나, 본성(本性)에 있다."[69]라고 한 장구(章句)를 살펴보면 되니, 이외에 어찌 다른 말이 있겠는가. 부디 마음을 누그러뜨리고 자중자애하게.

68 빨리 물러날 : 마음을 너무 지나치게 써서 끈기가 없음을 말한다. 《맹자》 〈진심 상(盡心上)〉에 "나아가기를 빨리 하는 자는 물러나기가 빠르다.〔其進銳者, 其退速.〕"라고 하였는데, 주자의 주석에 "나아가기를 빨리 하는 자는 마음을 너무 지나치게 써서 기운이 쉽게 쇠잔해진다. 그러므로 물러남이 빠른 것이다."라고 하였다.

69 명(命)이나 본성(本性)에 있다 : 《맹자》 〈진심 하(盡心下)〉에 "인(仁)이 부자간에 있어서와 의(義)가 군신간에 있어서와 예(禮)가 빈주간에 있어서와 지(智)가 현자에 있어서와 성인이 천도(天道)에 있어서는 명(命)이나, 본성(本性)에 있다. 그러므로 군자는 명(命)이라 이르지 않는다."라고 한 것을 가리킨다.

박계소에게 답하다
答朴季昭

인(仁), 의(義), 예(禮), 지(智)라는 명목이 원래 사람에게 속하지만 동물도 이러한 이(理)를 똑같이 지니고 있다. 사람과 동물이 생겨날 때 그 기질(氣質)을 따라 치우치고 온전한 차이는 있지만 그 이치는 하나이니, 동물이라고 이러한 본성이 없다고 한다면 옳겠는가. 만약 혹자의 말과 같다면 주자가 어째서 "범과 이리의 인(仁), 벌과 개미의 의(義), 승냥이나 수달의 예(禮), 물수리의 지(智)"[70]를 말했겠는가. 〈심잠(心箴)〉의 이른바 "누가 이 마음이 없겠는가."[71]라는 것은 곧 본연(本然)의 마음을 가리키니, 이 본연의 마음은 성인과 보통 사람이 차이가 없네. 그러나 만약 품부 받은 기(氣)로 말하자면 또한 같지 않은 것이 존재하니, 육신과 혈기에만 전적으로 귀결시킨 혹자의 설은 말이 이치에 통하지 않은 듯하네.

70 범과……지(智) : 《중용혹문(中庸或問)》에 다음과 같은 주자의 말이 보인다. "범과 이리의 부자(父子) 관계, 벌과 개미의 군신(君臣) 관계, 승냥이나 수달이 어버이의 은혜를 갚는 것, 물수리의 부부유별한 모습을 생각해볼 때, 비록 이들은 태어날 때 치우친 형기(形氣)를 타고났지만 도리어 하늘로부터 얻은 의리(義理)를 보존하고 있는 것이다.〔至於虎狼之父子, 蜂蟻之君臣, 豺獺之報本, 雎鳩之有別, 則其形氣之所偏, 又反有以存其義理之所得.〕"

71 누가……없겠는가 : 범준(范浚)의 〈심잠(心箴)〉에 "예로부터 지금까지 누가 이 마음이 없겠는가마는, 마음이 형체(形體)에 부림을 당해 마침내 금수(禽獸)가 되는 것이다.〔往古來今, 孰無此心? 心爲形役, 乃獸乃禽.〕" 하였다.

박계소에게 답하다 임술년(1742, 영조18)

答朴季昭 壬戌

연이어 그대의 편지를 받으니 멀리서 생각해주는 후의에 매우 감사하네. 혹한에 부모님을 모시는 형편이 평안한가? 다만 듣자니 도둑놈이 집에 들어와 《심경(心經)》 등 여러 책을 그놈이 좋아해서 가져갔다고 하는데, 양상군자(梁上君子)[72]라는 호칭이 또한 헛된 말이 아니구나. 잃어버린 자는 응당 이를 계기로 부끄러워할 줄 알아야 할 듯하니, 근심과 잡다한 일에 골몰하여 스스로 분발하지 못한다면 단지 책을 잃었을 뿐만 아니라 그 마음도 함께 잃은 것이니, 매우 두려워할 만하네.

72 양상군자(梁上君子) : 후한(後漢) 진식(陳寔)이 태구장(太丘長)으로 있을 적에 밤에 도적이 그 실내에 들어가 들보 위에 숨어 있었다. 진식은 가만히 보고서 자손을 훈계하기를, “무릇 사람이 스스로 힘쓰지 않아서는 안 된다. 착하지 못한 사람도 본시 악한 것이 아니고 버릇이 습성화되어서 마침내 그렇게 된 것이니, 저 양상(樑上)의 군자도 이와 같다.” 하니 도둑이 듣고 놀라서 땅에 떨어졌다. 이에 진식은 비단 2필을 주면서 그가 개과천선하도록 설득하였다. 《後漢書 卷62 陳寔列傳》

이자구 사범 의 문목에 답하다 경신년(1740, 영조16)

答李子求問目 師範○庚申

문 사람이 살아있을 때의 식성(食性)에 혹 먹지 않는 음식이 있으면, 그가 죽은 후에도 제수(祭需)로 사용해서는 안 됩니까?

답 천지 사이에 원래 먹지 못하는 음식이 없는데, 사람이 살아있을 때 먹지 않는 것이 있다면 이는 기질이 치우친 것이네. 그가 죽었을 때 어찌 제수로 사용하지 못할 이치가 있겠는가. 효자의 마음에 비록 차마 하지 못하는 점이 있는 듯하지만 정도를 따르는 것이 효가 되는데 해가 되지 않네.

이선경 덕상 에게 답하다 신유년(1741, 영조17)

答李善卿 德祥○辛酉

누누이 책망하고 뉘우치는 말은 감탄스럽네. 사람이 큰 병을 앓고 나면 물욕(物欲)은 사라지고 선심(善心)이 드러나는 법이니, 이를 계기로 확충해 나간다면 무슨 일인들 하지 못하겠는가. 부디 분발하고 노력하여 새로워져 훗날 만났을 때 괄목상대할 수 있도록 하게.

외조부와 외조모의 상(喪)은 여타 공복(功服)을 입는 상보다 중하니 과거를 보러 가지 않는 것이 옳지만, 강회(講會)의 경우는 과거에 응시하는 것과 다르니 비록 장례를 치르기 전이라도 혐의될 게 없을 듯하네. 어떻게 생각하는가?

이공리 행상 에게 답하다 을축년(1745, 영조21)

答李公履 行祥○辛酉

사람이 양 손을 잃고서 살아갈 자가 있겠는가. 내가 그대를 그리워하는 마음이 매우 간절하지만 그대는 꼭 그렇지 않을 것이네. 그 중에 와서 만나보려는 마음은 오히려 좋은 생각이지만, 부형과 처자식에 여러 가지로 구애되는 상황이니 어찌하겠는가. 지금 편지를 받고서 또한 그 후의에 감사하네. 신씨(申氏)가 지은 약은 이미 일곱 첩(貼)을 복용하여 분명히 효과를 보았지만 오직 '해어(解語)'[73]라는 뜻에 아무런 효력이 없으니 어찌하겠는가.

73 해어(解語) : 해어탕(解語湯)이라고도 하는데, 말을 하지 못하는 증상을 치료하는데 쓰이는 약이다.

이공리의 문목에 답하다

答李公履問目

《중용》에 "대덕(大德)이 있는 자는 반드시 천명(天命)을 받는다."[74]라고 하고, 또 "중(中)과 화(和)를 지극히 하면 천지가 제자리를 편안히 하고, 만물(萬物)이 잘 생육(生育)될 것이다."[75]라고 한 것은 하늘이 성인을 낼 때 반드시 이와 같은 덕을 부여한 이후에 비로소 큰 임무를 내려 천지가 제자리를 편안히 하고 만물이 잘 생육하는 공을 지극함을 말한 것이네. 그러므로 《서경》 〈우서(虞書)〉의 첫머리에 요(堯)임금의 대덕(大德)이 천명(天命)을 받은 이유를 서술한 것이네.

그 "공경하고 밝으며 문채롭고 생각함이" 이하 몇 구절은 안팎과 크고 작음에 있어서 하나의 사물도 다하지 않음이 없으니 중(中)과 화(和)를 지극히 하는 것이 그 속에 절로 있다. 공경하고〔欽〕 정중하며〔敬〕 공손하고〔恭〕 겸양하는〔讓〕 것은 모두 똑같은 덕(德)인데, 또 '윤(允)'과 '극(克)' 두 자를 덧붙여 실로 이러한 덕이 있음을 밝힌 것이네.[76] 자신에게 쌓여서 정사에 드러나는 것을 모두 공경하고 정중함을

74 대덕(大德)이……받는다 : 《중용장구》 제17장에 나오는 말이다.

75 중(中)과……것이다 : 《중용장구》 제1장에 나오는 말이다.

76 그……것이네 : 《서경》 〈우서(虞書) 요전(堯典)〉의 첫머리에 다음과 같은 말이 보인다. "옛 제요(帝堯)를 상고하건대 방훈(放勳)이시니, 공경하고 밝고 문채롭고 생각함이 편안하고 편안하시며 진실로 공손하고 능히 겸양하시어 광채가 사표(四表)에 입혀지시며 상하(上下)에 이르셨다.〔曰若稽古帝堯, 曰放勳, 欽明文思安安, 允恭克讓, 光被四表, 格于上下.〕"

위주로 하니, 어찌 〈우서〉 한 권을 시작하는 첫 번째 뜻이 아니겠는가.

그 아래에서 공화(功化)가 사물에 미치는 것들을 나누어 말한 것은 절로 선후의 차례가 있어, 《대학》의 명덕(明德)과 신민(新民)의 조목과 함께 하나하나 꼭 들어맞으니, 이른바 천지가 제자리를 편안히 하고 만물이 잘 생육하는 지극한 공을 절로 알 수 있네. 무릇 성인이 성인이 되는 이유는 천지와 더불어 화육에 참여하기 때문이기에 성인의 정사는 삼재(三才)를 벗어나지 않네. 공경히 따르고〔欽若〕 공경히 주는〔敬授〕 것[77]은 하늘과 사람의 일을 통괄하여 말한 것이고, 해와 달과 별을 기록하고 관찰하는 것에서부터 희씨(羲氏)와 화씨(和氏)를 나누어 머물게 하고[78] 기(朞)는 삼백이라고 한 것[79]은 모두 하늘을 따르는 일이며, 곤(鯀)에게 명한 한 부분[80]은 곧 땅을 다스리는 공이고, 등용(登庸)

77 공경히……것 : 《서경》 〈우서(虞書) 요전(堯典)〉에 "이에 희씨(羲氏)·화씨(和氏)에게 명하여 호천(昊天)을 공경히 따라서 해와 달과 별을 관찰하여 인시(人時)를 공경히 주게 하셨다.〔乃命羲和, 欽若昊天, 曆象日月星辰, 敬授人時.〕"라고 한 말을 가리킨다.

78 희씨(羲氏)와……하고 : 《서경》 〈우서 요전〉에서 요(堯)임금이 각각 명하기를, 희중(羲仲)은 우이(嵎夷)에 머물게 하고, 희숙(羲叔)은 남교(南交)에 머물게 하고, 화중(和仲)은 서쪽에 머물게 하고, 화숙(和叔)은 삭방(朔方)에 머물게 하였다.

79 기(朞)는……것 : 《서경》 〈우서 요전〉에서 요임금이 말하기를, "아! 너희 희씨(羲氏)와 화씨(和氏)야. 기(朞)는 366일이니, 윤달을 사용하여야 사시(四時)를 정하여 해를 이루어 진실로 백공(百工)을 다스려서 모든 공적이 다 넓혀질 것이다.〔咨汝羲暨和! 朞, 三百有六旬有六日, 以閏月, 定四時成歲, 允釐百工, 庶績咸熙.〕"라고 한 것을 가리킨다.

80 곤(鯀)에게……부분 : 《서경》 〈우서 요전〉에서 요임금이 "아, 사악(四岳)아! 넘실대는 홍수가 한창 피해를 끼쳐 거침없이 산을 감싸고 언덕을 넘어 도도하게 하늘까지 넘실댄다. 백성들이 한탄하고 있으니, 능히 다스릴만한 자가 있으면 다스리게 하리라."

하는 것[81]에서부터 마지막 장(章)에 이르기까지는 곧 천하를 위해 사람을 등용하는 일이니, 성왕(聖王)이 천하를 다스리는 대경(大經)과 대법(大法)이 이와 같네. 후세 사람들이 이 뜻을 알지 못하고서 그저 말단적인 정령(政令)이나 법제(法制)에 얽매이는 것이야 어찌 말할 게 있겠는가.

주공(周公)의 덕이 있으면 절로 바람이 거꾸로 부는 상서로움이 있다.[82] 그런데 성인은 항상 있지 않으니 이러한 일이 항상 있지 않는 것이 당연하다. 선인에게 복을 내리고 악인에게 화를 내리는 것이 천리이니, 천리는 고금의 차이가 없거늘 오늘날 의심하는 자가 많은 것은 그저 일시의 눈앞에 것만을 보고 멀리 내다보지 않기 때문이네. 군자는 한때에 불우하지만 만세토록 이름이 전해지고 소인은 한때에 영화롭지만 만세토록 치욕을 받으니, 이 이치는 본디 그러하네. 지금 주공이 살아있다면 재앙과 상서로움의 응보가 필시 다시 옛 시대 사람과 같아질 것이니, 옛 것을 믿고 지금을 의심하지 않는 것이 좋겠네.

라고 하자, 모두들 "아, 곤(鯀)입니다."라고 하였다. 요임금이 "아, 그렇지 않다. 그는 명을 거역하며 족류들을 무너뜨릴 것이다."라고 하니, 사악이 "흡족하지 않더라도 시험해 본 뒤에 그만두소서."라고 하기에, 요임금이 곤에게 "가서 공경히 수행하라."라고 하였는데, 9년 동안에 공적이 이루어지지 않았다.

81 등용(登庸)하는 것 : 《서경》 〈우서 요전〉에서 요임금이 말하기를, "누가 때를 순히 할 사람을 두루 물어서 등용할 수 있는가?〔疇咨若時, 登庸?〕"라고 한 것을 가리킨다.

82 주공(周公)의……있다 : 주공(周公)이 반역할 것이라는 유언비어가 나돌자 주공이 책임을 지고 물러났다. 그러자 가을 추수할 무렵에 큰바람이 불어 벼가 모두 쓰러졌다. 성왕(成王)이 두려워하여 주공이 전에 한 일을 조사하니 아무런 혐의가 없음이 판명되었다. 성왕이 개운한 마음으로 교외에 나가 주공을 맞이하니 바람이 거꾸로 불어 쓰러졌던 벼가 전부 도로 세워졌다. 《書經 周書 金縢》

이신백 계 에게 주다 임술년(1742, 영조18)

與李信伯 棨○壬戌

그대 부친 종장(宗丈)의 어진 마음과 후한 덕성이면 의당 그 후손이 번창하리라 매번 생각했는데, 그대들은 재주가 있고 없든 간에 전혀 학문에 매진할 뜻이 없이 자포자기해 버리니 하늘이 흥성시키고자 한들 어찌 될 수 있겠는가. 이 때문에 통탄하네. 지금부터라도 학문에 분발하여 스스로 새로워지려는 뜻이 있는가?

정군범 주 에게 답하다 계해년(1743, 영조19)

答鄭君範 鑄○癸亥

편지에서 언급한 연석에서의 이야기[83]는, 대현(大賢)의 종사(宗事)가 이제 올바르게 되었으니, 어찌 그대 집안의 다행일 뿐이겠는가. 연석의 하교[84]가 곧 하나의 입안(立案)이 되지만 처음에 효주(爻周)[85]한 것이 도로 나와야 할 듯하고, 도로 나온 후에는 이 일의 연유를 갖추어, 선생의 위(位)에는 문장(門長)이 고하고 종부(宗婦)의 궤연에는 그 집안의 가까운 친속이 고해야 하네. 남의 후사로 나갔다가 본종(本宗)으로 돌아온 자의 부인은 본복(本服)으로 바꾸어 입어야 하고, 도로 대종(大宗)이 된 자의 부인은 분상(奔喪)해야 하지만 집에 도착한 뒤 나흘째라야 성복(成服)할 수 있으니 상복을 다시 만들어 기다려야 하네. 이외에는 다른 절목이 없는 듯하네. 종중에서 적사(嫡嗣)를 함께 의논하여 정한 후에는 사당과 궤연에도 다시 고하는 말이 있어야 하네.

83 연석에서의 이야기 : 정몽주(鄭夢周)의 봉사손 정호(鄭鎬)가 죽자 정도제(鄭道濟), 정하제(鄭夏濟) 형제 가운데 누구를 정호의 종자(宗子)로 정할지 논의하였다. 《承政院日記 英祖 19年 9月 25日》

84 연석의 하교 : 영조는 처음에 동생인 정하제를 정호의 종자로 삼으라 했다가 뒤에 다시 형 정도제를 종자로 삼으라고 하교하였다. 《承政院日記 英祖 19年 9月 25日》

85 효주(爻周) : 문서나 장부에서 효(爻)자 모양의 부호를 그려서 지워버리는 것을 뜻한다.

홍연지 낙연 에게 답하다 갑자년(1744, 영조20)

答洪淵之 樂淵○甲子

근세에 상제(喪制)가 크게 무너지고 세도(世道)가 한심스러운데, 그대가 어린 나이에 예를 지키는 것이 매우 견실하다고 하니 마음속으로 매우 가상히 여기네. 다행히 제 몸도 잘 간수하고 예도 잘 지킨다면 참으로 좋은 일이나, 만에 하나라도 감당하지 못하는 근심이 생긴다면 도리어 불효가 되네. 질병이 생긴다면 이미 어찌할 도리가 없으니, 질병이 생기기 전에는 오직 부친의 명을 들어야 하네. 《가례(家禮)》의 상례장(喪禮章) 가운데 '여위고 파리하여 병이 들까 염려스러운 자는 입맛을 돋운다'는 한 단락은 《소학》 〈가언(嘉言)〉에도 실려 있으니,[86] 어찌 의롭지 않은 일을 주자가 말했겠는가. 깊이 생각해야 하네.

86 여위고……있으니 : 《소학집주》 〈가언(嘉言) 광명륜(廣明倫)〉에 "무릇 부모의 상중에 있는 자는 대상(大祥) 전에 모두 술을 마시거나 고기를 먹어서는 안 된다.……만일 소식(素食)이 목으로 잘 넘어가지 않아 오래되어 여위고 파리하여 병이 될까 염려되는 자는 고기즙과 포와 젓갈 혹은 고기 조금으로 그 입맛을 돋울지언정 마음대로 진수성찬을 먹거나 남과 잔치하며 즐겨서는 안 된다."라고 한 말이 보인다.

최선초 수복 에게 답하다 임술년(1742, 영조19)

答崔善初 受復○壬戌

나는 여전히 조섭하고 있고 아이들은 며칠 전에 이미 땀을 내어 여러 증세가 점점 호전되고 있으니 매우 기쁘게 생각하네. 수당(垂堂)의 경계[87]에 힘쓰라고 한 말이 어찌 그대가 깊이 생각한 뜻임을 모르겠는가. 다만 비유하자면 큰 바다에서 바람을 만나면 배의 키를 잡은 사람은 응당 차분하게 진정시켜서 그 가운데 뱃멀미를 하는 자는 잘 치료해 주고 뱃멀미를 하지 않는 자는 잘 보호해 주어야 할 뿐이네. 앞서서 겁을 먹고 경거망동하는 사람치고 실패하지 않는 경우가 드문데, 더군다나 이 일은 피해서 면할 일이 아닌 듯하니 편안히 앉아서 천명에 맡기는 것 외에는 다른 도리가 없네. 어떻게 생각하는가?

87 수당(垂堂)의 경계 : 항상 자중하여 위험한 곳에는 가지 말라는 뜻이다. 한 문제(漢文帝)가 패릉(霸陵)에 올라갔다가 험한 비탈길을 말을 타고서 질주해 내려오려 하자, 원앙(爰盎)이 "천금의 재산이 있는 귀한 집의 자식은 혹시라도 기왓장이 떨어져서 다칠까 염려해서 처마 밑에 앉히지도 않는다.〔千金之子, 坐不垂堂.〕"라는 말을 인용하며 만류했던 고사가 있다. 《史記 卷101 袁盎列傳》

최선초에게 답하면서 아울러 김생 시탁 에게도 보여주다
答崔善初兼示金生 時鐸

상가(喪家)[88]에서 어젯밤에 염습(殮襲)을 마쳤다고 하니 그나마 다행이지만 이처럼 좋은 사람을 이젠 다시 볼 수 없구나. 하늘은 이미 그를 조금도 아까워하지 않았는데 세상을 떠난 후에는 도리어 그를 꽁꽁 묶어 산에 매장하는 것을 빨리 하지 못할까 걱정이니, 이는 무슨 일인가. 염습하는 제구(祭具)가 때맞춰 왔더라도 그대들이 힘을 합쳐 일을 주관하지 않았다면 어찌 때에 맞게 행할 수 있었겠는가. 관목(棺木)이 지금까지 도착하지 않은 것은 궁벽한 시골의 형편이 미치지 못해서이니 진실로 어찌할 수가 없는 일이지만 그대들은 객 중의 객이 되어 절로 여러 날을 보내고 있으니 또한 수고롭네.

그러나 현인군자가 불행한 시대를 만나 종신토록 불우하게 지내며 재주와 덕을 품은 채 울적하게 뜻을 펴보지 못하고서 끝내 텅 빈 산의 황량하고 적막한 곳에서 죽어, 거의 남들이 그가 언제 죽었는지 알지 못하게 하였으니, 이것이 우리 당(黨)의 식견 있는 자들이 함께 통렬히 마음 아파하는 점이네. 그렇다면 그의 상례에 바칠 수 있는 힘이 있다면 어찌 수고로움을 마다하겠는가. 그래서 그대들이 개탄스럽게 여겨 갔던 것이네.

나는 실로 형제를 잃은 것과 똑같은 애통한 심정이 있어서 비록 지금 병상에 몸을 맡기고 있지만 여기서 거리가 그리 멀지 않으니 힘을 내어

88 상가(喪家) : 민통수(閔通洙, 1696~1742)의 상례인 듯하다.

한 번 조문하러 가는 것이 또한 어찌 불가능했겠는가. 그렇지만 죽은 자가 나의 병을 걱정한 것이 매우 지극하였기에 차마 그의 뜻을 저버릴 수 없으니, 나의 애통한 심정을 펼 길이 없었네. 그대들의 깊은 후의를 받으니 교금(絞衾)[89]을 직접 잡는 것과 거의 다를 바 없네. 노년의 온갖 일을 모두 남에게 힘입는 것이 이와 같다네. 사원(士元 민우수(閔遇洙))의 편지 가운데 참으로 다행이라고 하였으니 고자(孤子)의 마음을 알 수 있다네. 그러나 그대들의 이번 일이 어찌 살아 있는 자의 슬픔 때문이겠는가. 성복(成服)의 시기는 남에게 달려있고 우리에게 달려있지 않은 것이니 날짜수를 따지지 말고 응당 장례가 마치고서 돌아와야 하네.

두 책은 어제 이미 돌려보냈는데, 사원에게 답한 편지도 보았는가? 승중(承重)하여 대신 복(服)을 입는 문제는 예전에 다른 이에게 답해 준 것이 한두 번이 아니었으니, 참으로 이미 태재(汰哉)의 죄[90]를 범했네. 이제 우옹(尤翁)의 설을 보고서, 성복하는 시기가 지난 후 삭망전(朔望奠)에 뒤늦게 복을 입는 것이 온당하지 않음을 비로소 알게 되었으니, 상례는 하루라도 상주가 없어서는 안 되기 때문이네. 그대들이 잘못 헤아린 것은 참으로 이른바 여산(廬山) 속에 앉아 있기[91] 때문이

89 교금(絞衾) : 염습할 때 시체를 묶는 속대(束帶)와 이불을 가리킨다.

90 태재(汰哉)의 죄 : 예(禮)에 근거하지 않고 자기 마음대로 예를 정하는 것을 가리킨다. 공자의 제자 자유(子游)에게 사사분(司士賁)이 묻기를 "시신을 침상 위에 두고 습(襲)을 해야 될 듯합니다."라고 하니, 자유가 "그렇게 하라." 하였다. 현자(縣子)가 이 말을 듣고는 "지나치구나, 숙씨여. 예를 제 마음대로 남에게 허여하도다.〔汰哉叔氏! 專以禮許人.〕" 하였다. 《禮記 檀弓上》

91 여산(廬山)……있기 : 산속에 있으면 산의 진면목을 모르듯이 절박한 문제점을

고, 시탁(時鐸)이 너무 허술한 점도 탄식할 만하네. 양(楊)에게 답한 편지가 돌아온 후에 다시 비교하여 바로잡아야 할 것이네.

제대로 보지 못한다는 뜻이다. 소식(蘇軾)의 〈제서림벽(題西林壁)〉에 "옆으로 보면 잿마루요 비스듬히 보면 봉우리라, 원근과 고저에 따라 모습이 같지 않구나. 여산의 진면목을 알 수 없으니, 이 몸이 이 산 속에 있기 때문이로세.〔橫看成嶺側成峯, 遠近高低各不同. 不識廬山眞面目, 只緣身在此山中.〕"라고 한 데서 나온 말이다.

김생[92] 시탁 에게 답하다 병진년(1736, 영조12)

答金生 時鐸○丙辰

편지에서 말한 내용[93]은 잘 알겠네. 근심해야 할 것을 근심하는 것은 본래 천리(天理)의 당연함이니 어찌 얽매인다고 말할 게 있겠는가. 도리어 얽매이는 것을 근심하는 것이 바로 얽매인 병통이네.

빗질하지 않고 활개 치지 않는다는 한 장(章)[94]이 본디 부모의 병환을 봉양하는 사람을 위한 법도이지만, 이외 상황에서의 언동도 여기에 하나하나 비추어 점검하여 과실을 면해야 하네.

《대학》의 사유(四有)[95] 중에 있는 우환(憂患)이 반드시 근심할 필요

92 김생 : 김시탁(金時鐸, 1713~1751)을 가리킨다. 본관은 덕수(德水), 자는 자목(子木), 호는 이호(梨湖)이다. 저자의 문인이다.

93 편지에서 말한 내용 : 김시탁이 저자에게 보낸 〈도암 선생에게 올리다〔上陶菴先生〕〉에 "요사이 스스로를 점검해보니, 언동에 있어서 과실이 매우 많습니다. 그 이유를 살펴보니 모두 근심에 얽매여서입니다. 그 얽매이는 것을 병통으로 여겨 근심하지 않는다면 곧 근심을 잊는 것이라 또한 도리의 당연함이 아니니 이 사이에서 마음을 쓰는 것이 참으로 어렵습니다. 어찌하면 천리의 당연함에 어긋나지 않을 수 있겠습니까?"라고 한 내용이 보인다.

94 빗질하지……장(章) : 《소학》 〈명륜(明倫)〉에 《예기》 〈곡례 상(曲禮上)〉의 내용을 인용하며 "부모가 병환이 있으시거든 관을 쓴 자는 머리를 빗지 않으며, 다님에 활개 치지 않으며, 말함에 게을리 하지 않으며, 거문고와 비파를 타지 않으며, 고기를 먹되 입맛이 변함에 이르지 않으며, 술을 마시되 얼굴빛이 변함에 이르지 않으며, 웃되 잇몸이 보이는데 이르지 않으며, 노하되 꾸짖는데 이르지 않아야 하니, 병이 그치시거든 옛날로 돌아간다.〔父母有疾, 冠者不櫛, 行不翔, 言不惰, 琴瑟不御, 食肉不至變味, 飮酒不至變貌, 笑不至矧, 怒不至詈, 疾止, 復故.〕"라고 한 것을 가리킨다.

가 없는 근심은 아니지만 그 병통이 되는 것은 마찬가지이네. 바라건대 이 점에 대해 통렬히 반성하여 속히 고치게.

95 대학의 사유(四有) : 《대학장구》 전 7장에, "마음에 성내는 바가 있으면 바름을 얻지 못하고, 두려워하는 바가 있으면 바름을 얻지 못하며, 좋아하는 바가 있으면 바름을 얻지 못하고, 근심하는 바가 있으면 바름을 얻지 못한다.〔心有所忿懥, 則不得其正; 有所恐懼, 則不得其正; 有所好樂, 則不得其正; 有所憂患, 則不得其正.〕"라는 말에 보이는 네 가지 유소(有所)를 가리킨다.

김생에게 답하다

答金生

듣자니 부모님의 병환이 차도가 있다고 하는데 공부를 그만두지는 않았겠지? 뜻이 없는 자는 매번 자신의 자질에 허물을 돌리는데 그대라면 어찌 이렇겠는가. 교만하고 망령됨을 스스로 깨달았다니 자신을 반성하는 데 절실함을 알 수 있어서 매우 기쁘네. 병통의 뿌리를 뽑아 없애는 것은 본디 짧은 시간에 기약하기 쉽지 않지만, 부디 '이치를 밝히고 사욕을 이긴다.〔明理克私〕'[96]는 네 자에 대해 끊임없이 노력한다면 응당 효과를 보아 사욕이 줄어들어 결국 없는 데[97] 이를 것이네. 어떻게 생각하는가?

96 이치를 밝히고 사욕을 이긴다 : 《근사록》 권5 〈극치(克治)〉에 "사욕을 이겨야 노여움을 다스릴 수 있고, 이치를 밝혀야 두려움을 다스릴 수 있다.〔克己, 可以治怒; 明理, 可以治懼.〕"라고 한 말을 가리킨다.

97 사욕이……데 : 주돈이(周敦頤)의 〈태극도설(太極圖說)〉에 "군자는 이것을 수양하기 때문에 길하고, 소인은 이것을 어기기 때문에 흉하다.〔君子修之吉, 小人悖之凶.〕"라고 한 것에 대해 주희가 다음과 같이 해설하였다. "'경'을 행하면 사욕이 줄고 이치가 밝아지니, 줄이고 또 줄여 없는 경지에 이르면 고요할 때에는 텅 비고 움직일 때에는 곧아서 성인을 배울 수 있을 것이다.〔敬則欲寡而理明, 寡之又寡, 以至於無, 則靜虛動直, 而聖可學矣.〕" 하였다. 《性理大全 卷1 太極圖》

김생에게 답하다 무오년(1738, 영조14)

答金生 戊午

보여준 도자(圖子)[98]에 대해 대략 평을 달아 돌려보내니, 조만간 방문할 때 다시 가지고 오도록 하게. 만나지 않으면 그 뜻을 다 말해줄 수 없어서라네. 대저 사람은 하루 동안에 움직이지 않으면 곧 고요하니, 고요할 때 본성을 보존하고 움직일 때 자신을 살피네. 보존하고 살피는 것은 다른 차원의 것이 아니고 다만 터럭만큼의 미세함과 순간의 사이를 다툴 따름인데, 이를 도획(圖畫)에 드러내었으니 느슨하지 않겠는가. 다만 바라건대 마음에 돌이켜보아 몸소 인식하고 증험하여 잠깐 동안이라도 끊어지지 않도록 하게.

98 보여준 도자(圖子) : 김시탁(金時鐸)이 저자에게 보낸 〈도암 선생에게 올리다〔上陶菴先生〕〉에 "근래 선현의 존양성찰(存養省察) 설을 따라 망령되이 한 도자(圖子)를 만들어 항상 반성하고 경계하고자 했습니다만 그것이 긴요한지를 모르겠기에 지금 함장(函丈)께 우러러 질정합니다. 삼가 바라건대 번다한 것은 산삭하고 긴요한 것을 보태어 주신다면 천만다행이겠습니다."라고 한 내용이 보인다.

김생에게 답하다 신유년(1741, 영조17)

答金生 辛酉

보여준 강록(講錄)은 보고서 돌려보내네. 참여하는 인원이 이전보다 많아졌으니 이로 인해 차츰 인재를 양성하는 공효가 있다면 어찌 기특하고 다행한 일이 아니겠는가.

다만 독서의 방법은 한 책을 온전히 이해한 다음에 다시 한 책을 시작한다네. 그대의 독서 과정을 보자면 두 책 사이를 일정함 없이 옮겨 다니며 아래에서 위로 올라가기도 하고 위에서 아래로 내려가기도 하며 중간을 빼먹기도 하고 앞부분과 뒷부분을 잘라버려 전혀 두서를 이루지 못하고 있네. 이와 같이 하고서 독서의 실효를 바랄 수 있겠는가. 심지어는 20일 사이에 한 번은 《소학》을 읽고 한 번은 《춘추》를 읽으니 뒤죽박죽되어 선후와 시종의 차례가 없네. 바라건대 이를 가지고 스스로 경계하고 또 남들에게도 경계시켜 주게.

김생에게 답하면서 아울러 임생 덕리 에게도 보여주다

계해년(1743, 영조19)

答金生兼示林生 德履○癸亥

보낸 편지에서 말한 공부 과정은 잘 알겠네. 동학들이 이처럼 부지런하고 독실하니 실로 기쁜 소식이네. 또 이른바 담당하여 앞으로 나아가는 뜻을 지닌 자가 있다고 한 것[99]은 과연 누구인가? 일찍이 면식이 없던 사람이라면 그 이름을 들었으면 하네. 선비의 당연한 직임이라는 말[100]은 설령 그 말과 같더라도 대소와 경중의 차례를 따지지 않고 눈앞에 다만 과거 한 가지 일만을 본 것이라 말한 것이 이와 같은 것이네. 이 또한 미혹됨이 심하네. 우선 속세를 따르는 벗과 과거에 욕심이 있는 사람을 끊어낸다는 것[101]은 그대가 아니면 누가 이

99 이른바……것 : 김시탁(金時鐸)이 저자에게 보낸 〈도암 선생에게 올리다〔上陶菴先生〕〉에 "서당에 함께 있는 자들은 십여 명인데, 간혹 머뭇거리며 서로 의심하는 병통이 조금 있긴 하지만 담당하여 앞으로 나아가는 뜻을 지는 자가 있으니 이는 본디 우리에게 좋은 소식입니다. 함께 강습하여 서로 좋은 점을 본받는 유익함이 많아진다면 매우 다행이겠습니다.〔書堂相守者十餘人, 而間有少瞻顧互疑之病, 有擔當直前底意思者, 此固吾黨好消息處. 與之講習, 却多相觀之益, 深以爲幸.〕"라고 한 내용이 보인다.

100 선비의……말 : 김시탁이 저자에게 보낸 앞의 편지글에 "또 왕왕 과거에 나가는 것이 선비의 당연한 직임이라는 말로 우리 유자들이 경서를 지키고 옛 것을 믿는 뜻을 어지럽히고 있으니, 그 불미스러움이 일이 또한 작은 일이 아닙니다.〔又往往出科擧爲士子當職之說, 以亂吾儒守經信古之志, 其爲不美, 亦非細矣.〕"라고 한 내용이 보인다.

101 우선…… 것 : 김시탁이 저자에게 보낸 앞의 편지글에 "매번 동지들에게 말하기를, '우리들이 만약 이러한 뜻이 있다면 우선 속세를 따르는 부류와 과거에 욕심이 있는

런 말을 할 수 있겠는가. 이 두 가지 병통은 온 세상이 다 그러하기 때문에 여럿이 모인 자리에서 그대의 편지를 본 자들이 강한 이는 성을 내고 약한 이는 비웃으며 절교당하는 것을 부끄러워하지 않았네. 이로써 미루어 보건대, 그대가 사는 온 고을 사람들 또한 필시 같을 것이네. 뜻은 좋지만 말은 이처럼 기필해서는 안 되네. 하물며 사람의 견해가 각기 다르니 어찌 반드시 자신과 같아지기를 강요할 수 있겠는가. 그저 묵묵히 더욱 공부하여 기질이 치우친 부분을 점차적으로 사라지게 하여 남들로 하여금 진실한 학문의 공효가 이와 같음을 알게 한다면, 자연스레 감동받아 따르기에 겨를이 없을 것이네. 어떻게 생각하는가?

사람을 끊어낸 이후에야 함께 천덕과 왕도에 관한 허다한 공부와 사업을 말할 수 있다.' 라고 하였습니다.〔每謂同志曰, 吾輩苟有此邊意思, 則先絶其流俗類科欲人, 然後可與語天德王道底許多工夫事業也.〕"라고 한 내용이 보인다.

이생 원배 에게 답하다 병오년(1726, 영조2)

答李生 元培○丙午

물어 본 것에 대해선 어리석은 내가 어찌 논의에 참여할 수 있겠는가. 다만《예기》에 "순장(殉葬)하는 것은 예가 아닌데 하물며 또 관 속에 함께 있게 하겠는가."[102]라고 하였네. 책과 사람이 비록 다르지만 땅에 함께 묻는 것은 마찬가지라네. 당(唐)나라 태종(太宗)이 귀엣말로 태자에게 명하기를, "죽은 후에도 나의 〈난정첩(蘭亭帖)〉과 함께 가리니 옥갑에 넣어 부장하라."[103]라고 하였는데, 마침내 식자들에게 기롱을 받았네. 이 경우는 애호하는 바가 본디 올바르긴 하지만 성인의 책은 존엄하여 한 사람이 사적으로 소유할 수 있는 것이 아니네. 더군다나 평소에 함부로 다루는 것도 감히 해서는 안 되는데, 감히 책에 흙을 묻힐 수 있겠는가. 더럽히고 손상시키는 데 대한 경계[104]가 또한《소

102 순장(殉葬)하는……하겠는가 : 진간석(陳乾昔)이 병들어 눕게 되자 그 형제들을 모아놓고 아들인 존기(尊己)에게 명하기를, "만일 내가 죽거든 반드시 나의 관을 크게 만들어 나의 두 계집종으로 하여금 양쪽에서 나를 껴안게 하라."고 했다. 진간석이 죽자, 그 아들이 말하기를, "순장하는 것은 예가 아닌데 하물며 관 속에 함께 있게 할 수 있겠는가."라고 하고, 이에 끝내 그 계집종을 죽이지 않았다.《禮記 檀弓下》

103 당(唐)……부장하라 : 평소 왕희지(王羲之)의 〈난정첩(蘭亭帖)〉을 애완한 당 태종(唐太宗)이 하루는 귀엣말로 고종(高宗)에게 말하기를, "나는 죽은 후에도 나의 〈난정첩〉과 함께 가리니, 내가 죽거든 옥갑(玉匣)에 넣어 무덤에 부장하라."고 하였다. 태종이 세상을 떠나자 고종은 〈난정첩〉을 옥갑에 넣어 태종의 능인 소릉(昭陵)에 부장하였다.《太平廣記 卷209 雜編》

104 더럽히고……경계 :《소학집주》〈가언(嘉言)〉에 "혹은 책상에 어지러이 깔려 있

학》에 보이네. 이 말이 본디 효자의 마음을 상하게 함을 알지만 끝내 예의 올바름은 아니니, 선불리 따라서는 안 될 듯하네. 오직 널리 자문하여 신중하게 처리하는 데 달렸네.

으며 책질(冊帙)을 나누어 흩어놓아 어린이와 부녀자들에게 더럽힘을 당하기도 하며, 비바람과 벌레와 쥐에게 손상을 당하는 경우가 많으니, 이는 실로 덕(德)에 누가 된다. 〔或有狼藉案, 分散部秩, 多爲童幼婢妾所點汚, 風雨蟲鼠所毁傷, 實爲累德.〕"라고 한 것을 가리킨다.

이생에게 답하다 경술년(1730, 영조6)

答李生 庚戌

《예기》에 "부모의 상을 동시에 당하면 먼저 장례를 지내는 상은 우제(虞祭)와 부제(祔祭)를 지내지 않고 뒤의 장례를 기다린다."[105]라고 하였는데, 그 주(註)에 이르기를 "모친의 장례를 지낸 다음 날 즉시 부친의 장례를 치르고, 부친의 장례가 끝나 우제와 부제를 지낸 이후에 모친을 위하여 우제와 부제를 지낸다.……"라고 하였다. 조모와 부친의 장례가 같은 날이면 예법상 응당 가벼운 쪽을 먼저 해야 하니, 부친의 장례를 먼저 지내고 우제와 부제는 위에서 인용한 부모의 상을 동시에 당했을 경우의 예법을 참고하여 미루어 행하면 되네. 우제는 혼령을 안정시키는 것이니 늦출 수 없는 것인데, 같은 날에 장례를 지냈다면 전(奠)은 응당 무거운 상을 먼저 해야 하고, 다소 늦추어 같은 날 부친의 우제를 지내는 것 또한 문제가 없을 듯하네. 그러나 그 일에 증거 댈 바가 없으니 어찌 태재(汰哉)의 죄[106]를 경솔히 범할 수 있겠는가.

105 부모의……기다린다 : 《예기》 〈상복소기(喪服小記)〉에 보인다. 여기서 먼저 장례를 지내는 대상은 모친이고, 뒤에 장례를 지내는 대상은 부친이다.

106 태재(汰哉)의 죄 : 98쪽 주90 참조.

서생[107] 종해 에게 답하다 을묘년(1735, 영조11)

答徐生 宗海○乙卯

한 해가 지나도록 만나지 못하여 매번 배 안에서 강설하던 즐거움이 참으로 쉽게 얻을 수 없는 것이라고 생각하였는데, 문득 그대의 편지를 받으니 나와 같은 마음이었네. 이어서 봄에 부모님을 모시는 체후가 더욱 평안함을 알겠네. 이 몸은 날로 쇠약해져 지난 세월을 돌아보면 아득하니 장차 어떻게 생을 마감할지 모르겠네.

인심(人心)과 도심(道心)은 모두 이발(已發)에 속하네. 이에 대해선 주자에게 이미 정론이 있으니, 자세히 생각하면 끝내 때려도 깨지지 않는 논의이네. 《중용》의 서문에서 "도심은 성명(性命)의 올바른 것에서 근원한다."[108]라고 말하지 않았는가. 율곡(栗谷)이 소리나 냄새가 없이 은미하여 보기 어렵다는 말[109] 바로 성명의 차원에서 말한 것인데,

107 서생 : 서종해(徐宗海, 1704~1762)를 가리킨다. 본관은 달성(達城), 자는 사함(士涵), 호는 경은(經隱)이다. 저자의 문인이다.

108 성명(性命)의……근원한다 : 주희의 〈중용장구서(中庸章句序)〉에 "심(心)의 허령지각(虛靈知覺)은 하나일 뿐인데 인심(人心)과 도심(道心)의 다름이 있다고 한 것은, 혹은 형기(形氣)의 사(私)에서 나오고, 혹은 성명(性命)의 올바른 것에서 근원하여, 지각(知覺)을 한 것이 똑같지 않기 때문이다. 이러므로 혹은 위태로워 편안치 못하고, 혹은 미묘하여 보기가 어렵다."라고 한 말을 가리킨다.

109 율곡(栗谷)이……말 : 《율곡전서(栗谷全書)》 〈어록(語錄)〉에 다음과 같은 내용이 보인다. "김희원(金希元)이 묻기를, '도심(道心)은 은미하다는 데에 대하여 주자가 말하기를, 미묘하여 보기 어려운 것이라고 하였습니다.' 하니, 율곡이 이르기를, '오직 이(理)는 소리나 냄새가 있다고 말할 수 없어 은미하여 보기 어렵기 때문에 은미하

지금 '근원하다〔原〕' 글자를 무시하고 곧장 이를 근거로 도심이 미발(未發)에 속한다는 증거로 삼는 것은 또한 잘못되지 않았는가. 바라건대 다시 깊이 생각해 보게나.

다고 한 것이다. 비유하여 말하면, 여기 먼 산이 있는데 원래는 은미하여 보기 어렵다. 그런데 눈이 어두운 사람이 보면 은미한 것이 더욱 은미하지만, 눈이 밝은 이가 보면 은미한 것이 뚜렷해지는 것과 같다.'〔金希元問, '道心惟微, 朱子曰, 微妙而難見.' 栗谷云, '惟理無聲臭可言, 微而難見, 故曰微. 譬如此遠山, 本微而難見, 目暗人見之則微者愈微, 明者見之則微者著.〕"

이생[110] 언유 의 《소학》 문목에 답하다 경신년(1740, 영조16)

答李生小學問目 彥愈○庚申

문　스무 살에 갖옷과 비단옷을 입는다는 것[111]은 맹자가 쉰 살에 비단옷을 입는다고 한 것[112]과 어긋나는 듯합니다.

답　관례(冠禮)를 행하면 성인으로서의 책무가 있으니 비단옷을 입지 않는 나이[113]와는 다르네. '가이(可以)' 두 자는 비단옷을 입어도 된다고 허여한 것일 뿐, 반드시 입으라고 하는 말이 아니네. 맹자의 말은 곧 왕도정치에서 등급을 나누는 도이니 이것과는 다르네.

문　향(鄕)에서의 세 가지 일[114] 가운데 육덕(六德)과 육행(六行)은

110　이생 : 이언유(李彥愈, 1711~?)를 가리킨다. 본관은 덕수(德水), 자는 퇴지(退之)이다. 저자의 문인이다.

111　스무……것 : 《소학》 〈입교(立敎)〉에 "스무 살이 되거든 관례(冠禮)를 하여 비로소 예(禮)를 배우며, 갖옷과 비단옷을 입는다.〔二十而冠, 始學禮, 可以衣裘帛.〕"라고 한 말을 가리킨다.

112　쉰……것 : 《맹자》 〈양혜왕 상(梁惠王上)〉에 "오묘의 집터에 뽕나무를 심으면 쉰 살이 된 사람이 비단옷을 입을 수 있다."라고 한 말을 가리킨다.

113　비단옷을……나이 : 《소학》 〈입교(立敎)〉에 "열 살이 되거든 바깥 스승에게 나아가 바깥에서 거처하고 잠자며, 육서(六書)와 계산을 배우며, 옷은 비단옷을 입지 않는다." 하였다.

114　향(鄕)에서의 세 가지 일 : 《소학》 〈입교(立敎)〉에 "대사도(大司徒)가 향(鄕)에서의 세 가지 일로써 모든 백성들을 가르쳐서 우수한 자를 빈객으로 삼아 들어 썼다. 첫째는 육덕(六德)이니, 지(智)와 인(仁)과 성(聖)과 의(義)와 충(忠)과 화(和)이다. 둘째는 육행(六行)이니, 효(孝)와 우애와 친족과의 화목과 외척과의 화목과 믿음과

근본이고 문예(文藝)는 말단입니다. 그런데 공자의 문인 칠십 명이 몸으로 육예(六藝)를 통달했다고 말한 것[115]은 어째서입니까? 또 수(數)는 사물의 변화를 다한 것으로 지극한 이치가 담겨 있으니 소자(邵子 소옹(邵雍))의 학문이 반드시 올바르지 않은 것은 아닙니다. 그런데 정자(程子)가 수(數)에 대해 한 마디도 언급하지 않은 것은 어째서입니까?

답 공자 또한 "예에 노닌다〔游於藝〕"고 말씀하셨으니, 육예에 통달한 칠십 명의 제자들 또한 어찌 도에 뜻을 두고 덕에 의거함[116]을 도외시하고서 그러한 것이겠는가. 소자(邵子)의 학문은 결국 수학(數學)이니 정자가 이를 말하지 않은 것은 그것이 치우쳐있기 때문이네. 그러나 육예의 수(數)는 단지 산수(筭數)로만 간주해야 하고 소자의 상수학(象數學)과 비교하여 말할 필요는 없네.

문 "부모가 계집종의 자식을〔父母有婢子〕[117]……"이라는 구절에 대해 여쭙니다. 부모가 사랑하는 자를 사랑하고 부모가 공경하는 자를 공경

구휼함이다. 셋째는 육예(六藝)이니, 예(禮)와 악(樂)과 사(射)와 어(御)와 서(書)와 수(數)이다."라고 한 것을 가리킨다.

115 공자(孔子)의……것 : 《사기(史記)》 권47 〈공자세가(孔子世家)〉에 "공자가 시서예악으로써 가르친 제자가 약 3천 명이었으며, 그중에서 몸으로 육예에 통달한 자가 72인이었다."라고 하였다.

116 도에……의거함 : 《논어》 〈술이(述而)〉에 "도에 뜻을 두고, 덕에 의거하고, 인에 의지하고, 예에 노닐어야 한다."라고 한 데서 나온 말이다.

117 부모가 계집종의 자식을 : 《소학》 〈명륜(明倫)〉에 "부모가 계집종의 자식 및 서자와 서손을 매우 사랑하시거든 비록 부모가 돌아가시더라도 종신토록 그들을 공경하여 쇠하지 않아야 한다."라고 한 것을 가리킨다.

하니, 그렇다면 지금 부모가 사랑하는 사람을 종신토록 사랑하는 것이 본디 당연한데, 그 사람을 공경하라고 말한 것은 어째서입니까?
답 미천한 사람을 능히 공경한다면 사랑함이 깊은 것이네.

문 과부의 아들에 대한 장(章)[118]은 응당 '붕우지교(朋友之交)'에 들어가야 하는데, 어째서 '부부지별(夫婦之別)'에 들어가 있습니까? 주(註)에서 "혐의를 멀리하기 위해서이다."[119]라고 했는데, 대의가 이와 같습니까?
답 말단에서 인용한 부분은 그 대지(大旨)를 얻었으니 여기에 나아가 자세히 풀이한다면 응당 '부부지별'에 들어가야 함을 알 수 있네.-'부부(夫婦)' 두 자를 '남녀(男女)'로 만들어 본다면 그 뜻이 더욱 분명하다.-

문 "부모가 병환이 있으시면 관을 쓴 자는 머리를 빗지 않는다.〔父母有疾, 冠者不櫛.〕"는 장에서 말을 게을리 하고 술을 마셔 얼굴빛이 변하며 잇몸이 보이게 웃고 꾸짖어가며 노하는 것[120]은 다만 부모의 병환

118 과부의……장(章) : 《소학》 〈명륜(明倫)〉 가운데 '명부부지별(明夫婦之別)'은 총 9장으로 이루어져 있다. 처음 5장은 혼인의 예절을 밝혔고, 다음 2장은 남녀의 구별을 밝혔고, 다음 1장은 버리고 취하는 뜻을 밝혔고, 끝에는 과부의 자식에 대한 것으로 끝을 맺고 있다.

119 주(註)에서……위해서이다 : "〈곡례(曲禮)〉에 '과부의 아들이 재주가 드러남이 있지 않거든 친구를 삼지 않는다.'라고 하였다."라고 말한 것에 대해서 주(註)에 이르기를, "만약 덕(德)을 좋아하는 실상이 없으면 여색을 좋아한다는 혐의를 피하기가 어렵다. 그러므로 벗을 취하는 자가 삼가는 것이다." 하였다.

120 부모가……것 : 100쪽 주94 참조.

을 간호하는 자가 하지 않는 것일 뿐만이 아니라 또한 배우는 자가 경계하는 일인데, 여기서 부모의 병이 나으면 이전처럼 돌아간다고 말한 것은 어째서입니까?

답 이는 전적으로 부모의 병환을 간호하는 자가 근심하고 정신이 없어 평소와 달리 행하는 일을 말한 것이니, 굳이 이처럼 확대해석할 필요는 없네.

이생에게 답하다
答李生

회혼례(回婚禮)는 예법에 근거할 만한 출처가 없는데 세속에서 행하는 것은 잘못을 답습하는 것에 불과하네. 식견 있는 집안에서는 모두 혼례 의식을 행하지 않고 단지 자손과 친척이 한데 모여서 헌수(獻壽)할 따름이네. 이것은 그래도 따를 만하지만 세속을 따르는 것은 불가하네.

이생 양춘 에게 답하다 계해년(1743, 영조19)

答李生 瀁春○癸亥

김군(金君)이 와서 전해준 그대의 편지를 받고서 평안하게 지내는 근황을 알았으니 기쁘다네. 과문(科文)만 짓느라 경전 공부를 완전히 폐기했다고 말했는데, 이런 말이 어째서 내 귀에 들리는 것인가? 그대가 사는 곳은 바로 세상에서 일컫는 시정(市井)의 고을이니, 이러한 곳에서 능히 분발하여 학문을 하는 자가 어찌 호걸이 아니겠는가. 그대가 책상을 지고 찾아오는 수고로움을 마다하지 않고 내가 그대를 문인으로 받은 것은 모두 '학(學)' 한 글자 덕분이네. 그런데 지금 방자하게 학문을 완전히 폐기했다고 말하니 어찌 이렇게도 무엄한 것인가. 이후로 안부 편지일지라도 다신 보내지 말고, 혹 보내게 되더라도 편지 말미에 자신을 칭하는 두 글자는 지우도록 하게. 비록 조만간 다시 오더라도 나는 실로 그대를 만나볼 낯이 없을 것이네. 편지를 쓰다 나도 모르게 그만 이렇게 토로하였으니 헤아려주게나.

이생 규복 에게 답하다 기미년(1739, 영조15)

答李生 圭復○己未

가을 이후에 그대가 필시 다시 오리라고 생각하여 오랫동안 몹시 기다렸지만 지금까지 오질 않아 다른 일이 생겨서 그런 것이라 여겼다네. 그런데 갑자기 편지가 도착하여 심상치 않은 횡액을 만난 것을 알게 되니 놀랍고 한탄스러움을 이루다 말할 수 없네. 죄가 아닌 일로 옥에 갇힌 것은 본디 외부로부터 이른 일이니 또한 다시 어찌하겠는가. 그러나 지금의 정리가 절박하고 앞으로의 결말이 또 어떠할지 모르겠으니, 걱정스런 마음이 더욱 깊어지네. 그대가 필시 의리가 아닌 일을 하지 않았음을 알지만 방백(方伯)과 본관(本官)은 이미 나처럼 그대를 잘 알지 못하니, 이처럼 의심하는 것이 이상할 게 없다네. 무슨 수로 그 본심을 밝히겠는가. 그저 상황에 따라 변고에 대처하여 마음에 부끄러움이 없기를 바랄 뿐이네.

이생 건 에게 답하다 갑자년(1744, 영조20)

答李生 健○甲子

양우(楊友)[121]가 와서 그대의 편지를 받아보니 기일대로 고향에 잘 도착하였고 온 집안 사람도 평안하다는 것을 알았으니 얼마나 기쁘고 위로가 되는지 모르겠네. 나는 예전처럼 조섭하고 있지만 강학(講學)은 그다지 착실하지 못하네. 그대가 곧장 고향으로 돌아간 것이 실로 옳은 계책인데 또 어찌 이처럼 자책하고 탄식하는가. 편지에서 말한 공부 계획에서 참으로 근실한 공력을 알 수 있네.

도통도(道統圖) 족자는 아직 보지 못했으니 어찌 그 득실을 말할 수 있겠는가. 다만 그 말단에 나의 소시(小詩)가 끼어있는 것은 매우 외람되니 다신 그렇게 하지 말게나. 《검신록(檢身錄)》[122]은 그대가 돌아간 후로 한두 구도 추가하지 못하고 있네. 서역(書役)에 대해서는 이곳의 인사(人事)가 시끄러운 것을 그대가 목도한 바이니, 어찌 헤아려주지 않겠는가.

121 양우(楊友) : 양응수(楊應秀, 1700~1767)를 가리키는 듯하다. 본관은 남원(南原), 자는 계달(季達), 호는 백수(白水)이다.

122 검신록(檢身錄) : 저자의 저술이다. 책명 그대로 자신의 몸가짐을 검속하기 위한 실천적인 지침서인데, 주요 항목을 선정한 다음 이와 관련된 적실한 주석을 병기하였다. 참고한 서적으로는 사서(四書) 이외에도 설선(薛瑄)의 《독서록(讀書錄)》, 이이(李珥)의 《성학집요(聖學輯要)》 등 다양하였다.

허생[123] 증 에게 답하다 계해년(1743, 영조19)

答許生 增○癸亥

편지에서 말한 뜻은 잘 알겠네. 열흘 동안 과거 공부를 하라는 정자(程子)의 가르침[124]은 또한 세상 사람들이 과거에 매달리는 것이 고금에 차이가 없어서 형세상 과거 공부를 일체 그만두게 하여 억지로 도에 나아가도록 몰아붙이기 어렵기 때문에 부득이하게 이런 말을 한 것이네. 그리하여 과거 공부를 하는 자로 하여금 또한 학문을 병행하여도 어긋나지 않을 수 있음을 알게 한 것이네. 그 주된 뜻을 따져본다면 실로 이십일 동안 학문하는 데 중점이 있으니 어찌 반드시 열흘 동안 과거 공부를 하라는 것이겠는가. 그러나 왕도(王道)는 천리이고 패도(覇道)는 인욕이네. 한 달 가운데 천리가 절반이 넘는데 인욕이 거기에 참여한다고 한다면 과연 도리가 되겠는가.

스스로 천거하는 것과 스스로 굽히는 것에 대한 그대의 말이 반드시 틀렸다고는 할 수는 없지만, 이를 왕도와 패도로 구분하여 말한 것은

123 허생 : 허증(許增, 1724~?)을 가리킨다. 본관은 하양(河陽), 자는 천여(川如)이다. 부친은 허휘(許煇)이고, 저자의 문인이다.

124 열흘……가르침 : 형편상 과거 공부를 하더라도 나머지 시간에 충분히 학문에 매진할 수 있음을 말한 것이다. 이천(伊川) 정이(程頤)가 말하기를, "혹자는 과거 공부와 사업이 사람의 공부를 빼앗는다고 말하니, 이는 옳지 않다. 우선 한 달 가운데 열흘은 과거 공부를 하고 나머지 날짜만 가지고도 충분히 학문을 할 수 있다. 그러나 사람들은 여기에 뜻을 두지 않으면 반드시 저기에 뜻을 둔다. 이 때문에 과거 공부가 서로 방해되는 것을 걱정하지 말고 오직 뜻을 빼앗김을 걱정해야 하는 것이다." 하였다. 《二程全書 外書》

끝내 정도에 지나친 듯하네. 정암(靜菴 조광조(趙光祖))이 천거를 사양하고 과거에 나아간 것은 단지 천거로 진출하면 체모가 무겁고 과거로 진출하면 체모가 가볍기 때문일 따름이네. 똑같이 도를 행하는 일이지만 그 취사는 겸손한 덕성에서 나온 것인데, 이를 두고 혐의를 피한 것이라고 하니, 정암을 아는 것이 어찌 이리 얕은가.

그대가 고집하는 것이 대체는 맞지만, 《소학》의 이른바 "곧장 뜻을 펼치다." "순하지 못하다."[125] 등의 말을 또한 신중하게 생각하지 않아서는 안 되네. 그러나 이로 인하여 삼가 그대 부친에게 말씀드릴 것이 있네. 북방의 이 징사(李徵士) 집안 묘문(墓文)을 살펴보면 아버지로서 모범이 되는 것이 다른 데 있지 않다는 것을 알 수 있을 것이니, 곡진하게 말씀드릴 때 혹 보탬이 될 것이네. 부디 더욱 힘쓰기 바라네.

125 곧장……못하다 : 부모의 명령이 옳지 않다고 자신의 뜻대로 행하여 순종적이지 못한 자식이 되는 것을 뜻한다. 《소학》 〈가언(嘉言)〉에 "만일 부모의 명령을 그르다 하여 곧바로 자기의 뜻을 행한다면, 비록 고집하는 바가 모두 옳더라도 오히려 순하지 못한 자식이 되니 하물며 반드시 옳지는 않음에 있어서랴.〔若以父母之命爲非, 而直行己志, 雖所執皆是, 猶爲不順之子, 況未必是乎?〕"라고 한 것을 가리킨다.

백생 사굉 에게 답하다 임술년(1742, 영조18)

答白生 師宏○壬戌

묵은 병은 본디 뿌리째 없애기가 쉽지 않으니 잠깐 나아졌다가 악화되는 것 또한 자연스런 형세라네. 오직 이 마음을 확고히 하여 동요되지 않는다면 아무 것도 근심할 게 없다네. 병이 오래되면 번민하게 되고 학업이 황폐해지면 괴로우니 이는 모두 동요되는 것이네.

보낸 편지에서 "사욕이 줄어들어 마음이 맑아진다.〔慾寡心淸〕" 이하의 이러저러한 말들은 요컨대 대체를 잃지 않았네. 이미 안다면 곧장 실행에 옮겨야 하니 어찌 별도로 다른 방도를 구할 필요가 있겠는가. 두 다리를 뻗고 앉아 있으면서 마음이 태만하지 않을 이치는 본디 없지만, 병들었을 때에는 어찌 편안히 앉거나 누워 조리하는 바탕으로 삼지 않을 수 있겠는가.

장경부(張敬夫 장식(張栻))의 말에 "날이 어두워지면 들어가 편히 쉬는 것이 경(敬)이니, 날이 어두워져 편히 쉬는 것이 태만한 것이 아니라는 것을 알아야 경(敬)의 이치를 논할 수 있다."[126]라고 하였네. 병들어 누워있는 것과 날이 어두워져 편히 쉬는 것은 같은 이치이니, '경(敬)' 자의 뜻이 그 속에서 실제로 행해질 것이네. 어떻게 생각하는가?

126 날이……있다 : 진덕수(眞德秀)의 《서산독서기(西山讀書記)》 〈경(敬)〉에 장식(張栻)의 이 말이 보인다.

백생에게 답하다 신유년(1741, 영조17)

答白生 辛酉

그대가 구하는 병폐를 치료할 방도는 또한 별다른 것이 없는 듯하네. 주자가 이르기를 "존심(存心)과 독서(讀書)는 같은 일이다."[127]라고 하였으니, 이에 나아가 맹렬히 반성하여 힘써 행한다면 오랜 시간이 흐른 뒤에 자연스레 독서의 즐거움이 생길 것이네. 《혹문》은 바로 경전을 상세히 풀이한 것이니, 《대학》을 수백 번 읽은 이후에 비로소 《대학혹문》을 읽어서 익숙히 보고 흡족하게 이해한 후에 경전을 다시 본다면 소견이 높아지는 증험을 기대할 수 있을 것이네. 어떻게 생각하는가? 그러나 배우는 자는 미리 실효를 거두려는 마음이 있어서는 안 되니, 실효를 거두지 못하게 되면 반드시 차츰차츰 나태해지기 때문이라네, 이 점을 몰라서는 안 되네.

127 존심(存心)과……일이다 : 《주자어류(朱子語類)》 〈독서법 하(讀書法下)〉에 보인다.

김 동자 희윤 에게 답하다 임술년(1742, 영조18)

答金童子 希尹○壬戌

지난 번에 장례를 무사히 마쳤다는 말을 들었는데, 나는 노병(老病)이 날로 심해지는 데다 감기마저 걸려 끝내 몸소 무덤에 가서 통곡하지 못했으니 멀리서 바라보며 슬퍼하는 마음을 어찌 말로 다할 수 있겠는가. 방금 인편을 통해 답장을 받고서 근래 그대가 노친을 봉양하는 형편이 평안하다는 것을 알게 되니 위로가 되고 기뻐하는 마음이 한량이 없네.

보내준 과실과 제사 음식은 특별히 선친의 뜻을 받든 것이니 어린 나이로 이러한 뜻을 지닌 것이 실로 찬탄할 만하네. 다만 근래 얼마나 몸이 쇠약해지고 상했는지 모르겠네만, 사우들의 전하는 말로는 아침 저녁 사이에도 생명을 보존하기 어려운 형세가 있는 듯하다고 하였네. 그대 스스로 선친의 뜻을 생각해보건대, 그대가 지나치게 슬퍼하다 생명을 해쳐 후사가 끊어지기를 바라겠는가, 독서하며 행동을 단속하여 완수하지 못한 일을 마치기를 바라겠는가. 독서하며 행동을 단속하는 것 또한 반드시 생명을 보존한 후에야 말할 수 있다네. 그대는 이것을 생각하지 않고 줄곧 고집한다면 형세상 반드시 죽고 말 것이네.

고인이 거상(居喪) 때의 여러 일 가운데 음식을 가장 가볍게 여겼지만 또한 아무 일 없이 마음대로 음식을 먹어도 된다는 것은 아니네. 여위고 상하여 병이 생길까 염려스러운 경우 고기즙을 먹어도 된다는 것[128]은 온공(溫公)의 말인데, 주자도 허여하였네. 그대는 《소학》을 읽어보지 않았는가?

홍합과 해삼을 각각 조금씩 빈 그릇에 담아 보내니 도착하는 즉시 억지로 먹도록 하게. 이어서 계속 생강이나 계피 따위로 입맛을 돋우어 반드시 생명을 연장시켜 예전처럼 보낸 음식을 헛되이 만들지 말게나. 이 두 가지 음식은 위장을 보양하는 데 도움이 되기 때문에 이처럼 하였을 뿐이네. 이후로는 매사에 반드시 선친의 뜻을 미루어 생각하여 행동하게나.

128 여위고……것 : 《소학》 〈가언(嘉言)〉에 사마광(司馬光)의 《온공서의(溫公書儀)》를 인용하며 이르기를, "반드시 만일 소식(素食)이 목으로 잘 넘어가지 않아 오래되어 여위고 파리하여 병이 될까 염려되는 자는 고기즙과 포와 젓갈 혹은 고기 조금으로 그 입맛을 돋울지언정 마음대로 진수성찬을 먹거나 남과 잔치하며 즐겨서는 안 된다."라고 하였다.

김 동자에게 답하다 계해년(1743, 영조19)
答金童子 癸亥

누누이 괴로워하고 탄식한 말은 어찌 꼭 그렇겠는가. 부친의 손때가 묻은 책은 단지 차마 읽지 못하는 마음을 보존해야할 뿐 어찌 읽지 못하는 지경까지 이르는가. 만약 차마 읽지 못하는 마음으로 선친의 뜻을 추념하여 혹 실추시킬까 걱정한다면, 장차 밤낮으로 부지런히 힘쓰고 감히 마음대로 해서는 안 될 것이네. 《예기》에 "형체가 없는 데서도 보는 듯이 하며, 소리가 없는 데서도 듣는 듯이 한다."[129]라고 하였으니, 이 말은 단지 살아계시는 부모를 섬기는 당연한 도리일 뿐만이 아니네. 그러하니 부모의 엄한 가르침이 이미 멀어졌다고 말하지 말게나.

129 형체가……한다 : 《예기(禮記)》 〈곡례 상(曲禮上)〉에 보인다. 이 말은 부모의 뜻에 앞서 뜻을 받드는 것으로 항상 마음속에 상상하여 마치 부모의 모습을 보는 듯이 하며 부모의 목소리를 듣는 듯이 하는 것을 가리킨다.

김 동자 낙원 에게 답하다 병진년(1736, 영조12)

答金童子 樂源○丙辰

새해에 안부 편지를 보내주니 마치 그대의 모습을 보는 듯하네. 이어 부모를 모시는 형편이 평안함을 알았네. 나는 호남에 갔다가 무사히 대보름날에 맞추어 돌아왔네. 고풍(古風)은 몇 수를 지었는가? 겸하여 《소학》의 대문(大文)을 한 구절씩 공부하여 비록 하나의 의리를 조금 알더라도 곧장 그 하나의 의리를 실천하는 것이 좋네.

그대는 이미 장성한 나이가 되었네. 아직 관례를 행하진 않았지만 어린 생각은 모두 없애버리고 '부지런하고 삼간다〔勤謹〕'는 두 글자에 힘쓰기를 희망하네. 바빠 쓰느라 일일이 다 말하지 못하네.

도암집

제21권

書서

어떤 이의 문목에 답하다
答或人問目

문 심(心)은 기(氣)입니까, 이(理)입니까?

답 심(心)은 본래 기(氣)이지만, 성(性)과 기를 합쳐야 말해야 그 뜻이 갖추어집니다. 주자(朱子)는 형이상(形而上)과 형이하(形而下)의 물음에 답할 때 한쪽에만 소속시킨 적이 없습니다.

문 성인과 일반 사람의 마음이 같습니까, 다릅니까?

답 그 본심은 동일하지만, 기질지심(氣質之心)에 얽매이게 되면 차이가 있습니다.

문 성인의 마음은 어찌하여 기질에 얽매임이 없고, 일반 사람의 마음은 어찌 유독 기질에 얽매이는 것입니까?

답 성인은 기질이 청명하고 본체가 훤하므로 본래 내외의 차이가 없지만, 일반 사람은 기질이 흐리고 박잡하여 마음이 여기에 가려지기 때문입니다.

문 명덕(明德)은 성(聖)과 범(凡), 우(優)와 열(劣)의 분수(分數)가 있습니까?

답 명덕이 바로 본심이니, 본래 분수가 없습니다.

문 사람과 물(物)은 모두 오행(五行)의 기운이 있습니까?

답 오행의 기운이 갖추어지지 않으면 조화(造化)를 이룰 수 없으니, 사람과 물이 비록 편정(偏正)과 다과(多寡)의 차이가 있기는 하지만, 어찌 사람만 오행을 얻고 물은 오행을 얻지 못하는 이(理)가 있겠습니까. 주자는 "일물(一物)에 각기 오행의 이치가 갖추어져 있다."라고 하였습니다.

문 사람은 본래 오상(五常)의 덕을 소유하는데 물(物)도 오상의 이치가 있습니까?
답 사람과 물이 동일하게 건순오상(健順五常)[1]의 이치를 얻지만, 그 기운이 치우치고 막히기 때문에 물은 온전함을 얻지 못할 따름입니다.

문 심(心)과 성(性)은 그 본체가 모두 선하니, 그렇다면 심성(心性)의 구별이 없을 듯한데, 어떻습니까?
답 허령한 것은 심(心)이고 그 알맹이는 성(性)이니, 본래 형상의 차이가 존재합니다.

문 성(性)과 기(氣)가 합하여 심(心)이 되니, 성이 비록 본래 선하다 하더라도 기는 차이가 있는 듯한데, 어찌 성인과 일반 사람이 동일하게 선한 것입니까?
답 이(理)와 상대하여 말하면 기(氣)는 본래 두 가지이지만, 그 근본은 담일(湛一)[2] 뿐입니다. 담일한 상태에서 어찌 불선이 있겠습니까?

1 건순오상(健順五常) : 《중용장구(中庸章句)》 제1장의 주석에 나오는 말로, 건순은 곧 음양(陰陽)을 가리키고, 오상은 바로 인의예지신(仁義禮智信)을 가리킨다.

기(氣)가 요동친 뒤에야 선악의 차이가 있게 됩니다.

문 요(堯)임금과 순(舜)임금으로부터 전해진 전통이 바로 심법(心法)인데, 요임금과 순임금의 시절에 어찌 성인과 일반 사람의 마음이 같은지 다른지에 대한 논의가 없었습니까?

답 인심(人心)과 도심(道心)을 말했을 때에 이미 이러한 논의가 있었으니, 도심은 성인과 일반사람이 동일하게 지닌 본심으로, 성명(性命)에 근원을 둔 것이며, 인심은 성인과 일반 사람에게 차이가 있는 마음으로, 형기(形氣)에서 생겨난 것입니다. 성명에 근원한 심(心)은 바로 심의 본체로, 정자(程子)가 말한 '심은 본래 선하다.〔心本善〕'의 심이고, 형기에서 생겨난 것은 기질을 겸한 심으로, 주자가 말한 '기질에 가려진 부분이 있는 심〔氣質有蔽之心〕'입니다. 심이 진실로 본래 선하다는 것은 천명지성(天命之性)[3]과 비슷한 점이 있고, 흘러서 선하기도 하고 불선하기도 하다는 것은 기질지성(氣質之性)과 비슷한 점이 있습니다. 기질지성을 군자는 성(性)이라고 하지 않으니, 심이 기질에 의해 가려져 불선한 상태가 되는 것도 군자는 심이라 하지 않습니다. 이는 기(氣)가 본래 변화하여 본체의 밝음을 회복할 수 있기 때문입니다.

2 담일(湛一) : 장재(張載)가 "담일(湛一)은 기(氣)의 근본이고, 공취(攻取)는 기의 욕구이다."라고 하였는데, 주자가 해석하기를, "담일이란 외물에 감촉하기 전의 담연(湛然)하고 순일(純一)한 상태이니, 이것이 기의 근본이다."라고 하였다. 《正蒙 誠明》

3 천명지성(天命之性) : 《중용장구》 제1장에 나오는 천명지위성(天命之謂性)을 말한다. 주자의 주석에는 "성(性)은 곧 이(理)이다."라고 하였다.

문 혹자가 심(心)이 미발(未發) 상태에서 역시 불선한 단서가 있다고 하는데, 이 설에 대해 어떻게 생각하십니까?

답 심(心)의 미발상태는 바로 성(性)이니, 성 안에 어찌 불선이 있겠습니까? 불선은 움직일 때부터 말한 것이니, 움직이자마자 곧 '정(情)'이라고 하지, 심이라고는 할 수 없습니다. 모든 움직이는 것은 기(氣)이니, 기가 만약 일에 운용된다면 이는 기질을 겸한 마음이니 본연지심(本然之心)이 아닙니다.

문 기는 하나인데, 어찌 미발상태에서는 선하고, 이발(已發) 상태에서는 불선합니까?

답 이 기라는 것은 신묘하여 헤아리기가 어렵고 변동이 무궁하니, 시험 삼아 천지 사이의 기를 보면 갑자기 맑아졌다가 갑자기 흐려집니다. 이것이 바로 묘처이니, 도(道)를 아는 자는 묵묵히 기억하는 것이 옳습니다.

문 하교하신 "만약 단지 기(氣)만을 가리켜 말한다면 성인과 일반 사람의 심(心)이 혹 같지 않다."는 것은 무슨 의미입니까? 만약 분명하게 설파하지 않는다면 후학들에게 폐해가 있을 듯합니다.

답 심(心)은 성(性)과 기(氣)를 합하여 말한 것으로, 예로부터 성현들은 오로지 기 한쪽으로만 소속시킨 적이 없으니, 기 하나만을 가리켜 말한다면 진실로 심(心)이 될 수 없습니다. 그러나 이(理)는 하나이고, 기(氣)는 둘이니, 가령 그 사이에 나아가 다만 일개의 기만을 가리켜 말한다면 성인과 일반 사람들이 부여받은 심(心)이 꼭 동일하다는 이치는 없으니, 여기에서 말하는 심(心)은 바로 저들이 말한 기한 가지만을 말한 심(心)이지, 제가 말하는 심이 아닙니다. 심(心)자를 융통성 있게 보지 못한다면 폐단이 생길 듯하니, 이 점을 살피지 않아서는 안 됩니다.

문 혹자가 "성인과 일반 사람의 심(心)이 본래 같지 않다."고 하니, 그 폐단이 후학들로 하여금 학문을 폐하게 하고 말 것입니다. 어떻게 생각하십니까?

답 본연지심이 만약 차이가 있다면 일반 사람이 비록 성인이 되고자 하더라도 이른바 '그 처음을 회복한다.〔乃復其初〕'는 것은 일반 사람의 구구한 마음을 회복하는 것에 불과하니, 어찌 밝고 찬란하여 한 점의 허물도 없는 상태에 이를 수 있겠습니까. '그 처음을 회복한다.'의 '처음〔初〕'은 본래 성인과 일반 사람을 구분하지 않고 말한 것이니, 처음은 바로 '명덕(明德)'[4]이고, 명덕은 본심이니, 본심이 이미 우열의 분수가 있다면 비록 일반 사람으로 하여금 밝게 다스리는 공을 지극하게 하도록 하더라도 성인은 절로 성인이고, 일반 사람은 절로 일반 사람이니, 일반 사람이 어찌 성인이 될 수 있겠습니까.

문 혹자가 말하기를 "명덕에는 비록 분수가 없으나 심(心)에는 분수가 있다."라고 합니다.

4 명덕(明德) : 《대학》의 맨 처음에 나오는 말이다. 《대학장구》 경(經) 1장에 "대학의 도는 명덕을 밝히는 데 있으며 백성을 새롭게 하는 데 있으며 지선에 이르는 데 있다.〔大學之道, 在明明德, 在新民, 在止於至善.〕"라고 하였는데, 주희의 주에 "명덕은 사람이 하늘에서 얻은 바로, 허령(虛靈)하고 어둡지 않아서 온갖 이치를 갖추고 만사(萬事)에 응한다." 하였다.

답 기질(氣質)을 겸한 마음을 가지고 말하면 분수가 있고, 본연지심에는 분수가 없습니다. 명덕에 이미 분수가 없으니, 본심에 분수가 있다는 것은 의리에 맞지 않습니다. 만약 심(心)에는 분수가 있다고 말하고자 한다면 명덕 역시 분수가 있다고 말한 뒤에야 그 설이 궁하지 않을 것입니다.

문 그렇다면 심(心)은 온전히 선하다고 말할 수 있습니까?
답 범범하게 심(心)이라고 하면서 온전히 선하다고 말하는 것은 불가하니, "본연지심을 가리키면 진실로 성인과 일반사람의 차이가 없고, 기질을 겸하여 발용되는 심(心)을 가리키면 같지 않음이 있다. 같지 않기 때문에 변화시키는 공을 쓸 수 있고, 그 근본이 본래 선하기 때문에 결국 처음을 회복할 수 있다."라고 말하는 것만 같지 못합니다. 그러나 '겸기질(兼氣質)' 세 글자는 그 뜻이 심오하니, 정밀히 생각하고 내버려 두어서는 안 됩니다.

문 지난 해 문인에게 말씀하시기를 "일반 사람 중에 성인이 되기를 기약하는 사람이 징험할 수 있는 곳이 있으니, 초학자가 비록 밝고 찬란한 기상을 지닐 수는 없지만 맑은 아침 사물과 접하지 않았을 때에 이 심(心)이 상쾌하고 깨끗할 때가 있다면, 이것이 성인의 심(心)이다. 일에 응하는 때에 비록 성인처럼 이치에 부합할 수는 없지만 혹여 한 가지 일이 절도에 맞으면 이 역시 성인의 일이다. 만약 이 심(心)을 함양하고 이 일을 익숙히 하면 이 역시 성인일 뿐이니, 성인의 영역을 끊어짐이 없이 익숙히 한다면 초학자가 여기에서 성인이 되는 기본을 세울 수 있을 것이다."라고 하셨다는데, 이것으로 미루어 보면 일반 사람의 마음이 성인의 마음과 같음을 생각할 수 있겠습니다.

답 이 설이 가장 좋습니다.

문 귀신(鬼神)과 심(心)이 어떤 분별이 있습니까?

답 심(心)의 허령한 곳이 바로 귀신이니, 성정(性情)을 통틀어서 말하면 심이라고 하고, 묘용(妙用)을 가지고 말하면 귀신이라 하는 것입니다.

문 귀신은 이(理)입니까? 기(氣)입니까?

답 귀신은 이(理)와 기(氣)의 묘합처이지만, 결국은 이(理)의 작용입니다.

어떤 이에게 답하다

答或人

대심(大心)[5]이 죽은 지 사십일이 되어 장사를 지냈는데, 혹자가 말하기를, "《예기》 〈상복소기(喪服小記)〉에 '부장(報葬)[6]하는 경우에는 우제(虞祭)도 빨리 지낸다. 그러나 석 달이 지난 뒤에 졸곡제를 지낸다.' 라고 하였는데, 그 주(註)에 '부(報)'는 '부(赴)'로 읽으니, 다급하고 빨리한다는 뜻이다.'라고 하였습니다. 대심의 장례는 부장(赴葬)에 해당하는 듯하니, 졸곡(卒哭)을 천천히 석 달을 기다려서 되겠습니까?" 라고 하였습니다.

제가 대답하기를 "근래 풍속에는 귀천에 관계없이 모두 석 달이 지나 장사를 지내는데, 고례(古禮)에는 오직 대부만이 석 달이 지나 장사를 지내고 사(士)는 달을 넘겨 장사를 지냈습니다. 대심은 사(士)이니, 달을 넘겨 장사를 지내는 것이 예에 어긋나지 않는데 어찌 부장으로 논할 수 있겠습니까? 가령 어떤 사람이 그믐 사이에 죽었는데, 다음 달 열흘 전에 장사를 지낸다면 그것을 두고 달을 넘겨 장사를 지낸다고 하는 것은 구차합니다. 이와 같은 경우는 석 달이 지난 뒤에 마땅히 곡을 해야 합니다. 일반적으로 달을 넘긴다고 하는 것은 반드시 삼십일이 지나야 되는 것입니다."라고 하였습니다.

5 대심(大心) : 이만견(李晩堅)의 아들이자 저자의 사촌 동생 이유(李維)를 말한다.

6 부장(報葬) : 가난이나 기타 사정으로 인하여 빨리 지내는 장사를 말한다. 본디 사(士)는 죽은 뒤 3개월이 지나서 매장하고, 매장한 뒤 곧바로 우제를 지내며, 우제를 지낸 뒤 곧바로 졸곡제를 지내는 것이 예인데, 다른 사정이 있을 때에는 부장으로 치른다.

어떤 이의 문목에 답하다

答或人問目

문 첩의 자식 중에 승중(承重)한 사람은 본생모를 위해서는 시마복만 입는데, 승중한 사람의 아들은 상복이 없는 것입니까? 아니면 장자(長子)는 입어야 할 상복이 없고, 중자(衆子)는 입어야 할 상복이 있습니까?

답 아버지가 이미 승중이 되었으니, 그 자식에게는 서조모(庶祖母)가 되니, 서조모에게 입을 상복이 없는 것은 의심할 바가 아닌 듯합니다. 또 《의례》〈상복전(喪服傳)〉에 "적자(嫡子)가 있는 경우에는 적손(嫡孫)이 없다."고 하였으니 복의 유무에 어찌 장자와 중자의 구별이 있겠습니까?

문 첩의 자식은 그 어머니를 위해 고례(古禮)에는 기년복을 입는 것으로 되어있고, 《가례》에는 삼년복을 입는 것으로 되어 있으며, 《개원례(開元禮)》[7]에는 적모(嫡母)가 없다면 정의(情義)를 펼 수 있다고 되어 있습니다. 그런데 지금 어떤 서자가 어머니의 상을 당했는데, 적모(嫡母)가 생존해 있어 어떤 상복을 입어야 할지 의문이 드니, 밝은 가르침

7 개원례(開元禮) : 당(唐)나라 개원(開元) 20년에 중서령(中書令) 소숭(蕭嵩) 등이 칙명(勅命)을 받아 만든 《대당개원례(大唐開元禮)》를 말한다. 150권이며, 길례(吉禮), 빈례(賓禮), 군례(軍禮), 가례(嘉禮), 흉례(凶禮) 등에 관한 내용으로 이루어져 있다. 《舊唐書 卷21 禮儀志1》《新唐書 卷11 禮樂志1》

을 주시기 바랍니다.

답 비록 고례와 《개원례》에 있다고 하더라도 주자가 《가례》에서 이미 '자최삼년조(齊衰三年條)'로 이었고, 그 아래에 '아버지의 후사가 되면 강복한다.〔爲父後則降〕'라고 하였지, '적모가 생존해 있다면 강복한다.〔嫡母在則降〕'라고 말하지 않았으니, 제 생각에는 마땅히 《가례》를 정식으로 삼아야 합니다.

문 외손이 제사를 받드는 일은 크게 예의 뜻에 어긋나니, 실로 흠향하지 않을까 두려운데, 하물며 전하여 이 대 삼 대에 이를 수 있겠습니까.

답 사대부가의 조묘(祧廟)는 장방(長房)의 신변에 이상이 생기면 신주를 옮기기도 하고 묻기도 하니, 망자의 아내가 비록 생존해 있다고 하더라도 관여할 수 없는데, 하물며 이 일이야 말할 나위가 있겠습니까.

문 일우(一虞)의 삼헌(三獻)과 사신(辭神)에 모두 거애(擧哀)하지 않는 것은 상우(喪虞)보다 줄이는 뜻인데, 삼년 내에 개장하면 그 예가 상우와 같아야 할 듯합니다. 윤이화(尹爾和 윤채(尹宷))의 질문은 삼년 안에 개장하는 것을 말한 것인데, 우옹(尤翁 송시열)의 답변은 곡을 하지 않는 것이 옳다고 한듯하니, 모르겠습니다만 어떻습니까?

답 이미 삼년 내에 천장하는 것이니, 한결같이 상우의 예를 쓰는 것도 해가 될 것이 없습니다.

문 남의 후사가 된 자가 본종(本宗)을 위해 강복(降服)을 하는 것은 예에 이미 자세히 드러나 있지만, 남의 후사가 된 자의 아들이 그 아버지의 본종을 위해 상복을 어떻게 입느냐에 대해서는 논한 내용이 없으니, 아마도 절로 마땅히 남의 후사가 된 자가 본종을 위해 강복했던 예를 따라야 하기 때문인 듯합니다.

갑(甲)은 "아버지가 남의 후사를 이은 것이 자기가 남의 후사를 이은 것과 동일하니, 어찌 굳이 구별해서 논하겠는가?" 하였으니, 이는 마땅히 남의 후사가 된 사람이 본종을 위해 강복을 예를 따라야 한다는 설입니다. 을(乙)은 "아버지가 남의 후사를 이은 것이 자기가 남의 후사를 이은 것과는 다르다. 아버지가 이미 남의 후사가 되었으니, 후사로 들어간 집의 멀고 가까운 관계를 따지지 않고, 아버지의 생부를 위해서는 백부와 숙부에게 입는 상복을 입는데, 아버지의 백부와 숙부는 자신에게는 종조부가 되니, 이에 따라 강복을 해야 한다."라고 하며, 병(丙)은 "아버지가 남의 후사가 된 경우, 비록 본생(本生)의 은혜로 단지 한 등급을 내려야 하지만, 그 아들에 이르러서는 본생으로 논할 수 없으니, 다만 마땅히 아버지가 후사가 된 집안사람의 친족의 자격으로 상복을 입어야 한다."라고 하였습니다.

병의 주장과 같다면 가령 아버지가 족부(族父)의 후사가 된 경우에 곧 아버지의 생부에게는 입을 수 있는 상복이 없게 되니, 이는 반드시 그렇지 않습니다. 갑과 을의 두 설과 같다면 주장하는 바가 차이가 있지만, 그 상복에는 큰 차이가 없으니, 갑의 의견대로라면 대공복을 입고, 을의 의견대로라면 소공복을 입을 따름입니다. 이 경우에는 어느 주장을 따라야 합니까? 우암 선생(尤菴先生)이 여양부원군(驪陽府院君 민유중(閔維重))에게 답하는 편지에 혹자의 말을 끌어 말씀하신 것[8]은

8 우암 선생(尤菴先生)이……것 : 《송자대전(宋子大全)》 권63 〈답민지숙(答閔持叔)〉에 자세한 내용이 보인다.

바로 을의 주장이니, 이 한마디 말을 따르는 것이 옳겠습니까?

답 말씀하신 갑과 을의 두 주장에 대한 저의 주장은, 본복에서 한 등급 강복하는 것을 따라야 한다고 생각할 뿐이니, 이는 갑의 주장과 동일합니다. 우옹의 편지에서 '친조부가 종조부(從祖父)가 된다.'는 한 구절은 비록 을의 주장과 비슷한 듯하지만, 그 귀결점을 궁구하면 바로 갑의 주장이니, 이로써 보잘 것 없는 저의 견해가 그다지 이치에 어긋나지 않은 것을 다행스럽게 여깁니다.

문 《가례》〈소공(小功)〉의 주(註)에 "여자가 형제의 처와 조카의 처를 위하여 상복을 입을 때, 시집가도 강복하지 않는다." 하였습니다. 형제의 처를 위해서는 시집가지 않았을 때도 소공복을 입고, 시집을 가도 소공복을 입어 진실로 강복을 하지 않습니다. 그러나 조카의 처를 위해서는 시집을 가지 않았을 때는 마땅히 대공복을 입어야 하는데 시집을 간 뒤에 만약 소공복을 입는다면 이는 바로 강복이니, 강복을 하지 않는다는 것이 어디에 있습니까?

답 여자가 형제의 처와 조카의 처를 위하여 상복을 입을 때 "시집가지 않았을 때에는 대공복을 입는다."는 한 구절은 《가례》를 상고하면 본래 대공의 조목에 보이지 않기 때문에 《상례비요》와 〈오복도(五服圖)〉[9]에서 역시 소공에 속하도록 한 것입니다. 말씀하신 내용은 대공조의 '형제의 며느리'라는 것을 남녀의 공통된 예법으로 보려고 한 듯

9 오복도(五服圖) : 참최(斬衰) 3년, 자최(齊衰) 3년, 대공(大功) 9월, 소공(小功) 5월, 시마(緦麻) 3월의 다섯 등급의 상복 정식을, 자신과의 관계를 기준으로 친소(親疏)에 따라 적용하는 절차에 대해 기록한 도표를 말한다. 《家禮 本宗五服之圖》

한데, 만일 그렇다면 소공조에서는 무엇 때문에 '여자〔女〕' 한 글자를 별도로 끄집어내었겠습니까? 이는 의심을 품을 만하니, 다시 생각해 보시기 바랍니다.

문 전처와 후처가 있는 어떤 사람이 남의 자식을 취하여 후사를 삼은 경우에 전처가 죽고 후처가 생존해 있을 때라면, 후처를 어머니로 삼아 그 당(黨)을 위해 상복을 입어야 합니다. 만약 전처와 후처가 모두 죽은 뒤라면 마땅히 전처를 어머니로 삼고 그 족속을 위해 상복을 입어야 하니, 우옹의 논의가 이와 같습니다. 근래에 어떤 사람이 "후모(後母)의 집안을 외가로 삼아야 한다."라고 하는데, 모르겠습니다만 그의 말이 증명한 곳이 있어서 그런 것입니까?

답 남의 후사가 된 자가 양 아버지의 전처와 후처가 모두 죽은 뒤에 후사로 들어갔다면 외가는 마땅히 양 아버지의 전처 쪽을 따라야 사리가 마땅할 듯합니다. 제 견해 역시 이와 같지만, 우리 집안의 귀락당(歸樂堂 이만성(李晩成)) 중부(仲父)는 후사로 들어간 집의 외가로 동복오씨(同福吳氏)를 따랐으니, 이는 양아버지의 후처입니다. 그 당시에 무엇을 고찰하여 그렇게 하였는지는 감히 알 수 없으나, 집안에서 따랐던 것은 이와 같기에 비록 의심이 가지만 감히 단정하여 말하지 못하겠습니다.

시집갔는데 남편과 자식이 없는 자에 대해서는 본친(本親)이 도로 본복(本服)을 입는 것은 나를 대신하여 후하게 해줄 자가 없기 때문에[10]

10 나를……때문에 : 《예기》 〈단궁(檀弓)〉에, "고모나 자매에 대해 박한 복(服)을

복을 중하게 하여 강복하지 않는 것입니다. 이 때문에 단지 고모, 자매, 여자라고 칭하는 것입니다. 제 생각에는 경복(輕服)으로 미루어 볼 필요는 없을 듯합니다.

입는 것은 중한 복(服)을 나를 대신하여 후하게 입어 줄 남편이 있기 때문이다."라고 하였는데, 고모나 자매가 시집가기 전에 죽으면 기년복을 입고, 시집간 뒤에 죽으면 그 남편이 대신 기년복을 입기 때문에 형제는 강등하여 대공복(大功服)을 입는다.

어떤 이의 문목에 답하다

答或人問目

문 묻습니다. "어떤 신인(新人) 최주팔(崔柱八)의 증조인 우정(遇貞)이 아내를 잃어 첩을 얻고는 그 후에 혼서(婚書)를 작성하였고, 노인직(老人職)으로 동지중추부사에 제수됨에 이르러서는 부인첩(夫人帖)을 받아서 후처에게 주었답니다. 다만 자녀에게 남긴 분깃문서에는 '이 어미가 죽거든 상복을 입지 말거라.'라고 하였답니다. 그 후에 우정이 죽고 주팔의 아버지인 운부(雲溥)가 장손으로 승중(承重)이 되었는데, 어떤 사람이 말하기를 '훗날 서조모(庶祖母)가 죽을 때에는 역시 삼년복을 입어야 한다.'라고 하였답니다. 운부가 드디어 예를 아는 집안에 두루 물었는데, 수암(遂菴) 권 선생(權先生 권상하)과 동향인 이자의(李諮議)가 경서와 예서를 인용하여 아주 엄하게 배척하였다고 합니다. 서조모가 죽자 상복을 입지 않았기 때문에 첩의 아들인 재한(載漢)이 북을 치고 큰 송사를 일으키기까지 하였는데, 어사와 감사가 법에 의거하여 결정하여 재한을 물리쳐 배척하였답니다. 그런데 지금 또 그 어미를 종가의 가묘(家廟)에 부묘(祔廟)하려 한다고 합니다."

답 아버지가 내린 명을 자식이 감히 따르지 않을 수 없는 것은 경(經)입니다. 그러나 치명(治命)이 있고, 난명(亂命)이 있으니, 난명을 따르는 것은 아버지의 과오를 이루는 것이니, 큰 불효입니다. 첩을 처로 삼고 그 후에 혼서(婚書)를 작성한 것은 진실로 크게 이치에 어긋났지만, '이 어미가 죽거든 상복을 입지 말거라.'라고 한 유언은 오히려 미복(迷復)[11]에서 빠져나온 양심이니 이는 마땅히 따라야 할 것이 치명입니다. 그 첩의 자식은 다만 마땅히 치명을 따라야 하지 난명을 따라야 한다고 여겨서는 안 됩니다. 또 부인첩을 받은 것은 더욱 국가를 속인 죄를 드러낸 것인데, 자식 된 자가 이를 중요한 근거와 권위로 제시하였으니, 무엄하다고 하겠습니다. 더구나 이는 선생과 장자(長者)가 논정해 놓은 일이고, 어사와 감사가 물리치고 배척한 일이니, 시비가 이미 판가름났습니다. 그가 비록 무식하더라도 어찌 감히 다시 '부묘' 두 글자를 입 밖에 낸단 말입니까. 그 종손이 만약 그의 말에 흔들린다면 곧 그 집안의 자손이 아닙니다.

11 미복(迷復) : 혼미하여 정도로 돌아올 줄 모른다는 뜻으로, 《주역》 〈복괘(復卦)〉에 "상육은 돌아옴에 혼미하므로 흉하다.〔上六, 迷復, 凶.〕"에서 유래한다.

어떤 이의 문목에 답하다

答或人問目

문 무극이태극(無極而太極)을 주자는 "무극이태극(無極而太極)은 함이 없으면서도 한다는 말과 같다."[12] 하였고, 또 '이(而)'라는 글자는 가벼우니, 이 한 구절은 차례가 없다."[13] 하였습니다. 이 내용으로 보면 '이(而)'자는 다만 위아래 구의 맥락을 이어주는 것이지, 구절을 풀이하는데 도움이 있는 뜻이 아닙니다. 퇴계 선생(退溪先生)이 어떤 이의 질문에 답을 하면서 "비록 그 극(極)이 없다 하더라도 도리어 교극(較極)의 극이 있다."라고 하였는데, 율곡(栗谷)의 뜻이 역시 이와 같았습니다.[14] 그렇다면 '이(而)' 자를 '연(然)' 자로 보아야 하는데, 주자의

12 무극이태극(無極而太極)은……같다 : 《주자대전》 권36 〈답육자정(答陸子靜)〉에, "무극이면서 태극이라는 것은 '하지 않아도 저절로 되고, 이르게 하지 않아도 저절로 이르는 것과 같다.〔無極而太極, 猶曰莫之爲而爲, 莫之致而至.〕'" 하였다.

13 이(而)라는……없다 : 《주자어류》 권94에 보이는 내용으로, 본문과는 차이가 있는데, 다음과 같다. "무극이태극(無極而太極)이라는 말은 태극 이외에 별도로 무극이 있다는 것이 아니라, '무(無)' 속에 절로 이 이치가 있다는 뜻이며, 또 무극을 바로 태극이라고 할 수는 없으니, 무극이태극에서 이 '이(而)'자는 가벼우니, 차례가 없기 때문이다.〔無極而太極, 不是太極之外別有無極, 無中自有此理, 又不可將無極便做太極, 無極而太極, 此而字輕, 無次序故也.〕"

14 율곡(栗谷)의……같았습니다 : 무극이태극에 대한 율곡의 견해로, 《율곡전서》 권32 〈우계집(牛溪集)〉에 "무극이태극이라는 대목에 대해서, 율곡의 해석이 제일 분명한데 그 의견은 비록 그 극은 없지만 실은 큰 극이 있다고 말하였다.〔無極而太極, 惟栗谷之釋, 最爲分明, 其意蓋曰, 雖無其極, 而實有大煞之極云爾.〕" 하였다.

뜻과는 차이가 있는 듯합니다.

답 ‘이(而)’자에 대해서는 퇴계와 율곡의 해석이 매우 분명합니다. 주자의 설은 비교적 가볍고 더욱 흔적이 없으니, 비록 조금 차이가 있는 듯하지만, 큰 뜻은 진실로 달랐던 적이 없습니다.

문 정추(精粗)와 본말(本末)에 대해서 웅씨(熊氏)는 정(精)과 본(本)으로 태극을 삼고, 추(粗)와 말(末)로 음양을 삼았는데,[15] 율곡 선생은 그 주장을 비난하여 “정추와 본말은 기(氣)를 가지고 말한 것이니, 하나의 이치가 정추와 본말의 사이에 통하는 것이다.” 하고, 이어 주자의 “기의 정추를 막론하고 이 이치를 가지지 않은 것이 없다.”는 말로 증거를 들었는데,[16]이 설은 그렇지 않은 듯합니다.

《태극도해(太極圖解)》의 이 구절은 “오수(五殊)와 이실(二實)[17]이 남거나 부족함이 없다”는 한 구절 에 상대하여 말한 것입니다. 위의 한 구절은 오행(五行)의 수(殊)가 남음이 되지 않고 이기(二氣)의 실(實)이 부족함이 되지 않음을 말한 것이니, ‘오행은 하나의 음양이다.〔五行一陰陽〕’를 풀이한 것이고, 이 한 구절은 태극 정본(精本)의 이치가 저쪽에 있지 않고, 음양 정추의 도가 이쪽에 있지도 않음을 말한 것이니, ‘음양이 하나의 태극이다.〔陰陽一太極〕’를 풀이한 것입니다.

15 웅씨(熊氏)는……삼았는데 : 웅씨는 《성리군서구해(性理群書句解)》의 주를 단 중국 송나라의 학자 웅강대(熊剛大)를 가리킨다. 《성리군서구해》에서는 ‘정추본말’에 대한 주석으로 “태극이 정교함〔精〕이 되고 음양이 거침〔粗〕이 되며, 태극이 근본〔本〕이 되고 오행이 말단〔末〕이 된다.”라고 하였다. 《性理群書句解 卷11 太極圖》

16 율곡……들었는데 : 《율곡전서》 권32 〈우계집(牛溪集)〉에 나오는 내용이다.

17 오수(五殊)와 이실(二實) : 오수는 오행(五行)을 가리키고, 이실은 음양(陰陽)을 가리킨다. 《近思錄 卷1 道體類》

만일 정추와 본말을 기라고 한다면 문의(文義)가 으레 위의 구절과 전혀 맞지 않을 뿐만 아니라, 또 '무피차(無彼此)' 세 글자 위에 결국 하나의 '이(理)' 자를 빠트린 것이 되니, 문자와 의리가 아울러 결점이 있음을 면하지 못합니다. 웅씨의 주설(註說)이 천착한 점이 많지만 이 말은 꼭 병통이 있지는 않습니다. 주자가 말한 것은 별도의 하나의 뜻이니, 이것을 증명할 수 있는 것이 아닌 듯합니다. 어떻게 생각하십니까?

답 '정추와 본말이 피차가 없다〔精粗本末無彼此〕'는 것에 대해서는 저 역시 율옹의 설을 따라왔습니다. 그런데 근래에 다시 생각해보니, 의심이 생겨남을 면할 수 가 없어 다시 웅씨의 설을 따르고 싶지만 오히려 감히 자신하지 못하겠습니다. 말씀하신 내용이 저의 뜻과 대략 동일하지만, '저쪽에 있지 않고 이쪽에도 있지 않다.'라는 말은 혹여 병통이 있지 않겠습니까?

문 '양의가 세워진다〔兩儀立焉〕'라고 한 것은 천지가 형태를 이루는 것을 가리켜 말한 것이고, '수화목금토를 생한다〔生水火木金土〕'라고 한 것은 오행이 바탕을 이루는 것을 가지고 말한 것입니다. 그런데 독자들이 대부분 양의(兩儀)를 단지 음양으로 간주하여 아직 형태를 이루지 않은 천지라고 여기고, 수화목금토를 생하는 것을 오기(五氣)가 생겨나오는 것으로 여기는 것은 염계(濂溪 주돈이)가 말한 "천지오행(天地五行)"이 조화가 이루어진 뒤에 나아가 논한 것이지, 오기가 생겨나오는 처음을 가리켜 말한 것이 아님을 전혀 모르기 때문입니다.

답 《태극도설》은 본원을 철저하게 궁구하지만, 이 양단에서 양의가 세워지는 까닭과 오행이 생겨나는 이유를 나누어 말한 것은 선후로 갈라서 보는 것이 아닙니다. 혹인이 양의를 두고 형태를 이루기 전의 천지로 여긴 것이 진실로 옳지 않지만, 말씀하신 내용 중에 "오기가 생겨 나오는 처음을 가리켜 말한 것이 아니다."라는 것도 병통이 있는 듯합니다.

문 "오행이 생겨날 적에 각각 하나의 성(性)을 가진다."[18]에서 이 성(性)자를 독자들은 대부분 기질지성으로 간주하는데, 염계와 주자의 뜻을 자세히 고찰하면 기질로 논해서는 안 될 듯합니다. 모르겠습니다만 어떻게 생각하십니까?

답 기질은 이미 '각(各)'자 속에 포함되어 있으니, '성(性)'은 태극의 전체로 보아야 합니다.

문 위에서 이미 "오상(五常)의 성이 외물에 감응하여 발동한다."라고 하고서 그 아래에 이어서 "오성(五性)의 차이가 흩어져 만사(萬事)가 된다."라고 하였으니, 이는 오성이 발동한 뒤의 면모가 각기 다름을 가리켜 말한 듯합니다. 미발시에 오성의 조리가 찬연하고 의사(意思)의 차이가 없는 것은 아니지만, 여기에서 말하는 것은 이를 말하는 것이 아닙니다. 혹자는 이를 미발에 소속시키니, 주자의 뜻이 아닌 듯합니다. 어떻게 생각하십니까?

답 "오성의 차이가 흩어져 만사가 된다.〔五性之殊, 散爲萬事〕"에 대해

18 오행(五行)이……가진다 : 주돈이(周敦頤)의 〈태극도설(太極圖說)〉에 "오행이 생겨날 때 각기 그 성을 하나씩 간직한다.〔五行之生也, 各一其性.〕"라고 한 내용이 보인다.

서는 혹자의 설이 옳지 않습니다.

문 "중정인의로 정한다〔定之以中正仁義〕"[19]에서 정(定)은 성인이 스스로 정하는 것입니까? 아니면 사람들을 위해 정한다는 말입니까? 주설(註說)을 참고하면 스스로 정하는 것으로 봐야 될 듯하지만 사람을 위해 정한다는 뜻도 그 속에 있습니다. 제 생각에는 성인이 스스로 정하여 사람들의 극(極)을 세워주는 것은 실로 사람들을 위해 정하는 것이니, 모르겠습니다만 어떻게 생각하십니까?

답 정(定)은 성인 스스로 정하는 것이니, 스스로 정한 뒤에 남을 위해 정할 수 있습니다. 그러나 말씀하신 "실제 사람들을 위해 정하는 것이다."라는 것은 말뜻이 너무 성급합니다.

19 중정인의(中正仁義)로 정한다 : 〈태극도설〉에 "성인이 중정인의(中正仁義)로 정하되 정을 주장하셨다.〔聖人定之以中正仁義而主靜〕"라고 한 내용을 가리킨다.

화양서원[20]의 원유(院儒)에게 주다 계묘년(1723, 경종3)

與華陽院儒 癸卯

삼가 생각건대 봄추위에 여러 원유의 체후가 편안하리라 생각됩니다. 저는 파곡(巴谷)[21] 암천(巖泉)의 좋은 경치를 너무 사랑하는 데다 노선생(老先生 송시열)께서 거닐던 곳이라 풍류가 크고도 원대하기에 거의 후학(저자 자신을 가리킴)이 귀의할 곳으로 삼았습니다. 작년에 중들을 모아 바위 사이에 몇 칸짜리 집을 지어 노선생의 높은 덕행을 사모하는 마음을 붙였는데, 건물이 거의 완성될 무렵 불행히도 재앙을 만나 설악산(雪嶽山) 아래로 옮겨가는 바람에[22] 이 계획이 틀어졌습니다.

삼가 생각건대 주자의 무이시(武夷詩)에 "어느덧 나의 천석이 되었네.〔居然我泉石〕"[23]라는 구절이 있는데, 곧바로 이어 또 "하나의 '나

20 화양서원(華陽書院) : 1695년(숙종21) 송시열을 제향하기 위해 권상하(權尙夏)·정호(鄭澔) 등 노론인사가 주도해 설립한 서원. 송시열이 학문을 닦고 제자들을 가르친 연고지이고, 일찍이 명나라 의종의 '비례부동(非禮不動)' 4자의 친필을 얻어 암벽에 새기고 암자를 세웠던 곳이며, 1717년에는 만동묘(萬東廟)가 세워졌던 곳이다.

21 파곡(巴谷) : 파곶(葩串)이라고도 한다. 지금의 충북 괴산에 있는 화양동(華陽洞) 구곡(九曲) 중의 제9곡을 말하는데, 송시열이 은거해 머물던 곳이다.

22 불행히도……바람에 : 저자의 중부 이만성(李晩成)이 무옥(誣獄)에 연루되어 부안(扶安)에 유배되었다가 죽자, 가솔들을 이끌고 강원도 인제(麟蹄) 가덕산촌(佳德山村)으로 들어가 살던 때를 말한다.

23 어느덧……되었네 : 《주자대전》 권9 〈무이정사잡영(武夷精舍雜詠)〉 중 〈정사(精舍)〉시에 "거문고와 책을 벗한 지 사십 년, 몇 번이나 산속의 객이 되었나. 하루 만에 띳집을 지어, 어느덧 나도 천석을 좋아하는 사람이 되었네.〔琴書四十年, 幾作山中客?

〔我〕' 자가 무한한 병폐를 일으킨다."고 하였습니다. 제가 일찍이 이것을 가슴에 새겼으니, 감히 평천(平泉)의 초목으로 여길 수 없습니다.[24] 더구나 남북으로 멀리 떨어져 있어 관리할 힘도 없습니다.

바라건대 이 집을 서원에 돌려주어 제 작은 정성을 보이고 싶은데, 구구한 제 뜻이 주자의 법문(法門)에 죄를 얻지는 않을 듯합니다. 이어 기억하기로 선조께서 경상도 관찰사로 계실 때[25], 궁박한 처지에 놓인 노선생을 구휼하려고 하였으니, 사창(社倉)을 설치한 것은 실로 이로 말미암아 시작된 것입니다. 지금 작은 집으로 서원의 부족함을 보충하여 고을의 여러 군자들과 산수의 즐거움을 함께 한다면 혹 조상의 선대의 미덕에 누를 끼침이 없을 듯합니다. 훗날 다하지 못한 인연을 실현하게 된다면 주자가 남긴 책을 끼고서 그 사이를 거닐 것인데, 혹 주인 노릇하더라도 무방하겠지요? 그대들이 잘 헤아려 주기 바랍니다.

一日茅棟成, 居然我泉石.〕" 하였다.

24 평천(平泉)의……없습니다 : 이곳을 개인 별장으로 삼지 못하겠다는 의미이다. 평천은 평천장(平泉莊)으로, 당(唐)나라 때의 정승 이덕유(李德裕)의 별장이다. 하남성(河南省) 낙양현(洛陽縣)의 남쪽에 있었는데, 기이한 화초와 수석이 많기로 유명하였다.《舊唐書 卷174 李德裕列傳》

25 선조께서……때 : 저자의 조부인 이숙(李䎘, 1625~1690)이 경상도 관찰사로 있을 때를 말한다.

석담서원[26]의 원유(院儒)에게 답하다 병진년(1736, 영조12)

答石潭院儒 丙辰

인편에 그대의 편지를 받고 삼가 가을 제사에 이성(利成)[27]을 고했다고 들었으니, 이는 사림의 다행입니다. 요사이 맑은 가을 날씨에 서원 여러 원유의 체후가 편안하리라 생각됩니다. 저는 쇠퇴함과 졸렬함이 날마다 심해져 사방으로 나설 뜻이 이미 나태해졌습니다. 서원의 사우(祠宇)를 한번 배알하고, 이어 여러 현인들과 옛 책을 강독하고자 생각했으나 결국 힘을 낼 수 없었으니, 안타까움과 탄식이 어떻겠습니까. 번육(膰肉)을 또 멀리에서 보내주셨으니, 너무나 송구하고 부끄럽습니다. 《시경》 〈벌단(伐檀)〉에 "저 군자여, 하는 일 없이 얻어먹지 않는다."라고 하였는데, 제가 하는 일 없이 얻어먹기만 한 지 이미 오래인지라, 이로 인해 한 말씀을 드리고자 합니다.

오직 우리 문성(文成) 노선생(老先生 이이(李珥))께서 선현(先賢)의 학통을 잇고 후학의 길을 열어 우뚝하게 우리 동방 이학(理學)의 종통(宗統)이 되셨습니다. 사림의 모든 사람들이 균등하게 큰 은택을 입었

26 석담서원(石潭書院) : 황해도 해주(海州) 석담(石潭)의 소현서원(紹賢書院)을 말하는 것으로 보인다. 원래 율곡이 해주에 은거할 적에 제자들을 가르치던 은병정사(隱屛精舍)로, 1610년(광해군2) 사액을 받았다. 주희, 조광조, 이황, 이이, 성혼, 김장생, 송시열의 위패를 봉안하였다.

27 이성(利成) : 제례를 마치고 제례가 끝났음을 신에게 고하는 의식을 말한다. 《예기》 〈증자문(曾子問)〉의 주에, "이(利)는 기른다는 뜻인 양(養)과 같다. 공양(共養)하는 예가 이미 이루어졌음을 이르는 것이다."라고 한 내용이 보인다.

지만, 서토(西土)는 더욱 큰 은혜를 입어 친히 그 풍모를 가까이 하고 그 은택에 목욕을 하였으니, 마땅히 집집마다 현가(絃歌) 소리가 들리고 시서(詩書)를 읽는 소리가 들려 중국의 추(鄒), 노(魯) 지역과 나란해야 할 터인데, 어찌하여 지금까지 아무 소리도 들리지 않는 것입니까. 이는 오도(吾道)의 불행일 뿐만 아니라, 실로 역시 여러 군자들이 부끄러워해야 할 일입니다.

그러나 아직도 다행히 선생을 제사지내는 곳이 있어 유풍(遺風)이 옛날과 같고, 더구나 이른바 〈학교모범(學校模範)〉과 〈은병학규〔隱屛約束〕〉[28]는 선생이 백세에 베푼 아름다운 은택이 아닌 것이 없어, 그 고심혈성(苦心血誠)을 분명히 볼 수 있으니, 모두 들어서 시행해야 합니다. 전(傳)에 이르기를 "그러한 사람이 없으면 그 정사가 그치고, 그러한 사람이 있으면 그 정사가 거행된다."[29]라고 하였으니, 이것이 여러 군자들의 책무가 아니고 무엇이겠습니까.

간절히 바라건대 속히 이것으로 고을의 부로(父老) 및 뜻 있는 선비들과 모의하여 선생의 옛 법을 모두 취하여 거듭 밝혀 이로써 세속의 비루함을 씻고 풍속을 새롭게 교화한다면 어찌 다만 한 고을의 다행일

28 은병학규〔隱屛約束〕: 은병학규(隱屛學規)를 말한다. 율곡 이이가 해주 석담천(石潭川)에 은거하면서, 주희가 무이산(武夷山) 아홉 굽이의 다섯째 굽이에 무이정사(武夷精舍)를 짓고 살았던 것을 본떠서, 1576년(선조9) 석담천 아홉 굽이의 다섯째 굽이에 은병정사(隱屛精舍)를 짓고 학생들을 가르치면서 만든 규약을 말한다. 《輿地圖書 黃海道 海州》

29 그러한……거행된다: 공자가 말하기를 "문왕과 무왕의 정사가 방책에 펼쳐져 있으니, 그러한 사람이 있으면 그러한 정사가 거행되고 그러한 사람이 없으면 그러한 정사가 그치게 된다.〔文武之政, 布在方策, 其人存則其政擧, 其人亡則其政息.〕" 하였다. 《中庸章句 第20章》

뿐이겠습니까. 이는 그 대략이 이와 같으니, 만일 시행할 수 있다면 제가 비록 우둔하고 식견이 얕지만, 오히려 이를 이어서 보탬이 될 수 있을 것입니다. 혹시 이 말이 너무나 오활하여 시행할 수 없다고 여긴다면 감히 오랫동안 분수에 맞지 않는 직임을 맡아 멀리 떨어진 곳에서 그저 성대한 예를 앉아서 받을 수 없습니다. 여러 현인들이 비록 갑자기 그만두기를 바라지 않는다 하더라도 저는 스스로 처신할 바를 알고 있으니, 부디 깊이 헤아려 처리하기를 바랍니다.

별지 別紙

독서는 이미 《소학》을 시초로 삼았으니, 거재유생(居齋儒生)이건 재가유생(在家儒生)이건 늘 강회(講會)에서 반드시 먼저 보름에 읽어야 할 장수(章數)를 정하여 아무 장부터 아무 장까지 읽고, 다음 번 강회에서는 그 중 한 장을 뽑아 강송(講誦)을 하고 재임(齋任)이 생(栍)을 내어주어 그 고하를 정합니다. 늘 강(講)을 할 때마다 유생안(儒生案)에 사람의 성명을 나열해 기록하고, 그 이름 아래에 강을 한 범위와 통략조불(通略粗不)[30] 따위를 기록하여 한 건은 서원에 두고 한 건은 여기로 보내어 각각 그 근만(勤慢)을 고찰하게 하고, 한편으로 문의상(文義上)에 나아가 재임과 재생이 반복해서 토론하여 만일 의심이 생겨 질정할 부분이 있으면 기록을 하여 보여주는 것도 좋습니다. 이 중에 만일 구애되거나 어려운 부분이 있다면 역시 회답해 주십시오.

30 통략조불(通略粗不) : 통 · 약통 · 조통 · 불통 등 4등급의 평가기준을 말한다.

석담서원의 원유(院儒)에게 답하다 정사년(1737, 영조13)
答石潭院儒 丁巳

번육(膰肉)을 또 이렇게 받았으니, 아무 하는 일 없이 받아먹기만 하는 부끄러움이 오래될수록 더욱 깊어집니다. 이미 회강(會講)의 의식을 거행하였다고 하는데, 선비들의 기풍이 무너진 뒤라 이처럼 진작이 될 줄은 생각지도 못했으니, 제 말이 무시당하지 않은 것이 기쁩니다.

서원에서 생활할 때 마땅히 따라서 행해야 할 일은 이미 〈학교모범(學校模範)〉과 〈은병학규〔隱屛約束〕〉의 여러 교훈이 있는 만큼 하나하나 존숭하여 믿고서 어기지 않도록 할 뿐, 진실로 다른 말을 기다릴 필요가 없습니다. 그러나 '공사(供士)'에 관한 일은 매우 난처합니다. 지금 원예(院隸)의 말을 들어보니, 봄 이후로 수십 명의 선비들을 일률적으로 먹여 주었다고 합니다. 이것이 어찌 좋지 않겠습니까마는 우려가 되는 것은 서원의 역량으로 공급하지 못할까 하는 것입니다.

여러 군자들이 선생의 제사를 바라보고 의지하며, 함께 성현의 유서(遺書)를 읽는 일이 아주 영광스럽고 다행한 일이니, 만일 각자 위기지학(爲己之學)으로 마음을 삼는다면 양식이 없는 것을 걱정하지 않아 서원에서 공급해 주는 역량에 온전히 기대지 않을 것입니다. 하물며 다른 곳에서 독서하는 사람들은 이것을 쉽게 얻기 어려운 데야 말할 나위가 있겠습니까.

그러나 서원의 사체로 말을 하자면 선비들을 먹이는 일은 비축한 재력을 넉넉히 비축하고 앞날을 멀리 내다보아야 비로소 시행하여 폐단이 없을 것이니, 이는 천천히 의논해야지 급히 해서는 안 됩니다.

서원을 위해 재력을 아끼는 것 역시 어찌 여러분의 책무가 아니겠습니까. 부디 더불어 상의하여 잘 처리하시기 바랍니다.

이어 별도로 말할 내용이 있습니다. 서원의 직임은 각각 맡은 일이 있으니, 사론(士論)을 주장하고 학정(學政)을 창도하여 밝히는 것은 장의(掌議)의 책임이며, 재물과 곡식의 출입을 절약하여 신중히 하고, 흠이 생기고 무너진 당우(堂宇)를 수리하는 것은 유사(有司)의 직무입니다. 요컨대 모두 적임자를 얻어 오래 임무를 맡기는 것을 위주로 삼아야 하니, 여러분은 먼저 이 일을 스스로 자기에게 면려하고, 이후로 기한이 차거나 일이 생겨 교체해야 될 때에 반드시 선(善)을 좋아하고 학문에 마음을 쏟는 자와 식견이 있고 사무에 익숙한 자를 살펴서 선발하여 각각 그 임무를 건네주고 세세한 일로 서로 흠을 들추지 말고, 작은 혐의로 갑자기 스스로 인책하여 떠나가지 않게 하여, 세월이 쌓여 효과를 이루기를 구하는 것이 어떻습니까.

대체로 모든 일은 전일하게 오래도록 해야지 공효를 이루고, 두세 번 틈이 생기고 끊기면 실패를 하기 마련입니다. 이 점을 조심하지 않아서는 안 되니, 반드시 이 두 가지를 먼저 한 뒤에 다른 일을 의논할 수 있습니다. 저는 늙어서 사방으로 나설 뜻이 진실로 이미 나태해졌지만, 혹여 서원을 한번 배알하여 성대한 현가 소리를 듣는다면 역시 영광스러운 일일 터이니, 여러분은 할 수 있겠습니까?

지난 달에 그대가 찾아주었을 때, 현재 재임을 맡고 있는지 몰라서 얼굴을 보고 상세히 상의하지 못했으니, 이 점이 한스럽습니다. 그러나 중요한 뜻이 모두 여기에서 벗어나지 않으니, 오직 바라건대 장로와 모의하여 여러 공론을 상고하여 성공을 거두고 실패가 없도록 하십시오.

석담서원의 원유(院儒)에게 답하다

答石潭院儒

다소 말씀하신 내용을 잘 알았습니다. 이때 이 일을 갑자기 시행하는 것이 몹시 어려운 일인 줄 잘 알고 있으니, 저 역시 그 오활함에 스스로 웃습니다. 그러나 이미 서원의 일을 참여하여 들은 만큼 여러분에게 깊이 바라지 않을 수 없습니다. 저는 본디 말할 것도 없는 사람이지만 그래도 선정(先正)이 남기신 규범이 깨우쳐서 성취시키기를 바랐습니다. 그런데 지금까지 1년 동안 거의 시행하여 알려온 일이 하나도 없으니 그 실효가 없음을 알 수 있습니다. 제가 무슨 낯으로 다시 산장(山長 원장(院長))의 자리에 자처하겠습니까. 번육(膰肉)은 시위소찬(尸位素餐)의 부끄러움만 참으로 절실한지라 감히 헛되이 성례(盛禮)를 받을 수 없기에 삼가 보내온 심부름꾼에게 도로 보내니, 부디 당세에 명덕(名德)이 중한 자에게 다시 주어 사문(斯文)을 중히 하시기 바랍니다.

그러나 보내신 편지에 부끄러워하고 자책하는 뜻이 몹시 간절하니, 만일 혹 이로 인해 미루어 확충한다면 오히려 바랄 수 있을 것입니다. 제가 죽기 전에 추로(鄒魯)의 풍속[31]을 다시 볼 수 있다면 이보다 큰 기쁨이 무엇이겠습니까. 너그러이 헤아리시기를 바랍니다.

편지를 쓴 뒤 다시 생각하니, 번육을 돌려보내는 행동은 진실로 신의 은혜를 설만히 하는 두려움이 있어 받아 두지 않을 수 없습니다. 이후

31 추로(鄒魯)의 풍속 : 추(鄒)는 맹자의 출생지이고 노(魯)는 공자의 출생지인데, 곧 유학(儒學) 또는 문교(文敎)가 흥성한 곳을 뜻한다.

로는 이미 산장(山長)으로 자처하지 않는 만큼 다시 받을 만한 의리가 없으니, 헤아려 주십시오.

석담서원의 원유(院儒)에게 답하다 무오년(1738, 영조14)

答石潭院儒 戊午

보내주신 편지에서 간곡한 뜻을 잘 알았습니다. 이 일의 발단이 오활하고 우둔함에서 나온 것임을 모르는 것이 아니지만, 노선생의 남은 훈령에 의지하여 깨우쳐서 흥기하고 진작되기를 바랐습니다. 그런데 몇 년 동안 논할 만한 두서가 전혀 없으니, 이는 실로 저의 성의가 감발시키기에 부족하고, 제 역량이 일을 담당하기에 부족한 탓이라, 스스로 돌아봄에 부끄러워 인향(仁鄕 상대방이 있는 고을)의 사우를 볼 수가 없습니다.

작년 가을에 '염치와 의리상 그만둘 수 없다.'라고 말한 것은 여러분이 나를 멀리 버려두지 않으려 한 덕분에 옛 것을 버리고 새로운 것을 도모하는 영역에 함께 들어가기를 바랐기 때문입니다. 제가 비록 오활하고 우둔하지만, 역시 어찌 감히 이로 인해 스스로 거리를 두어 만에 하나라도 우러러 도움이 되기를 생각하지 않겠습니까. 오직 아비가 아들에게 명하고 형이 동생에게 명하여 우리 선생의 유교(遺敎)를 한결같이 따르는 것이야 말로 향당(鄕黨)의 부로들에게 바라는 점입니다. 기타의 자세한 곡절은 모두 두 친구가 다 말해줄 것입니다.

석담서원의 원유(院儒)에게 답하다 경신년(1740, 영조16)

答石潭院儒 庚申

본 서원을 건립한 것은 오로지 우리 노선생을 존숭하고 받들기 위함이니, 만일 우리 노선생의 도를 배반하고 헐뜯는 자가 있다면 마땅히 서원에 발을 들이는 것을 용납하지 않는 것이 분명합니다. 지금 재임(齋任)이 편지로 알려온 내용을 보니, 너무나 놀랍습니다. 최활(崔活)의 무리[32]가 감히 낯을 쳐들고 노선생의 묘정(廟庭)을 출입할 수 있단 말입니까. 그들이 무릅쓰고 제사에 참여하여 외람되이 재열(齋列)을 욕보인 것이 본디 너무나 무엄한데, 그 당시 재임이 공개적으로 성토하는 의리를 생각하지 않아 수십 년간 배척하고 단절한 뒤에 갑자기 뒤섞여 한 무리가 되었으니, 우리 노선생을 존숭하고 받드는 뜻이 도대체 어디에 있습니까. 그 당시 재임과 제사에 참여한 그 무리들 가운데 재임이 된 자는 모두 서원의 명부에서 삭제하여 선비들의 추향(趨向)을 바로잡는 것이 마땅합니다.

32 최활(崔活)의 무리 : 당시에 이이(李珥)를 비난한 인물들이다. 《승정원일기(承政院日記)》 영조 1년 4월 11일 기사에, "최활(崔活)과 이태익(李泰翼)이란 자는 혹은 이이의 방계 후손이고 혹은 문생의 후손으로, 이이가 머물렀던 고장에서 성장하여 함께 공맹(孔孟)의 교화를 입었습니다. 그런데 도리어 권간에게 빌붙어 거꾸로 사문에 창을 겨누었으며, 윤선거와 윤증이 있는 것만 알고 이이가 있는 것은 알지 못하였습니다. 불령한 무리를 불러 모아 바른 사람을 해치는 상소를 올렸는데, 이이를 무함하고 모욕한 윤선거와 윤증은 유현(儒賢)이라고 부르며 존숭하고 이이를 변론한 많은 선비들은 사악한 무리라고 부르며 배척하였습니다."라고 한 내용이 보인다.

석담서원의 원유(院儒)에게 답하다
答石潭院儒

근래에 서원의 사우(祠宇)가 무너진 것은 실로 사문(斯文)의 곤액이니, 한탄스러움을 어찌 다 말하겠습니까. 그러나 다시 건립하는 것과 관련하여 요청한 몇 가지 일은 시의(時義)로 헤아려볼 때, 마땅히 우선 천천히 기다려야 할 듯합니다. 이로 인해 할 말이 있습니다.

전(傳)에 이르기를 "집안은 스스로 무너뜨린 뒤에 남이 무너뜨리고, 사람은 업신여긴 뒤에 남이 업신여긴다."[33]라고 하였습니다. 지금 조정에서 다시 구별을 하지 않고 한결같은 법을 적용하니, 이는 진실로 세상의 운수와 크게 관련된 것인데, 그 원인을 궁구한다면 사림 역시 균등하게 책임이 있습니다.

'서원'의 명칭은 바로 독서를 위하여 만들어진 것인데, 서원에 있으면서 독서를 하지 않는다면 이미 스스로 그 실상을 상실한 것이니, 업신여김과 무너짐을 누가 금지할 수 있겠습니까. 이 점에 대해 반성하여 스스로 면려하기를 간절히 바랍니다.

지난해 강학에 대한 의론은 저 역시 오활하여 이 세상에서 실행하기 어렵다는 것을 잘 알고 있었지만, 노선생이 머물던 고장에서조차 믿음을 얻지 못할 줄은 생각지 못했습니다. 마침 서원에 일이 있어 결단하여 떠나지 못하고 지금까지 구차히 자리를 지키고 있지만, 이 일은

33 집안은……업신여긴다 : 모든 재앙의 원인은 내부에서 비롯된다는 뜻으로, 《맹자》 〈이루 상(離婁上)〉에 보이는 내용이다.

끝내 이정도로 끝나서는 안 됩니다. 만일 할 수가 없다면 제가 어찌 산장(山長)으로 자처할 수 있겠으며, 여러분이 역시 무슨 낯으로 산장을 대우하겠습니까.

학정(學政)의 절목은 이미 노선생의 문집 속에 갖추어져 있으니, 스스로 살펴 행해야 하지만 또한 때를 따라 통변하는 도(道)가 없을 수 없습니다. 《소학》을 처음 공부해야 하는데, 서원에 소장된 청금록(靑衿錄)을 취하여 사십 세 이하의 인원을 뽑아 그 중 스스로 이 책을 읽기를 원하는 자들은 그 이름 아래에 기록하고, 비록 사십 세 이상이라고 하더라도 만일 스스로 원하는 경우라면 들어주고, 비록 청금록에 기입되지 않은 사람이라 하더라도 스스로 원하면 들어 주십시오. 동몽(童蒙)으로 아직 청금록에 들어 있지 않는 자의 경우에는 역시 그들의 바람을 따라 함께 목록에 기입하고 조만간 알려주면 마땅히 계속 지시하겠습니다. 서원의 형편이 몹시 좋지 않고 거리가 또 멀리 있으니, 굳이 전인(專人)을 보낼 필요 없이 관편(官便)에 붙이고, 또 사우(士友)가 왕래할 때에 보내면 될 것입니다. 나머지 일에 대해서는 우선 자세히 말하지 않겠습니다. 협력하고 정성을 다하여 교학(敎學)을 진작하는 곳으로 만들기를 간절히 바랍니다.

석담서원의 원유(院儒)에게 답하다 임술년(1742, 영조18)

答石潭院儒 壬戌

다시 말씀해주신 내용은 잘 알겠습니다. 절목(節目)은 곧장 써서 보냅니다. 매달 두 차례 분향한 뒤에 바로 강(講)을 하는 것이 어찌 몹시 옳지 않겠습니까. 다만 일의 형세 상 불편한 점이 많아 영구히 준행하는데 어려움이 있을까 염려되니, 처음에 살피지 않아서는 안 됩니다. 그러므로 삭일(朔日)에 한 차례씩 하는 것으로 정하되, 이밖에 만일 행할 수 없는 때가 발생하거나 또 소홀히 하는 빌미가 생기면 부디 자세히 상의하여 자세히 가르쳐 주시기를 바랍니다.

모르겠습니다만, 서원의 형편이 선비들을 먹일 수 있고 각자 스스로 양식을 마련하는 지경에 이르지는 않았습니까? 이에 대해서도 알고 싶습니다. 강안(講案)에 추후에 온 사람들을 또 기록으로 남겨 참고의 자료로 삼는다면 이후로 계속해서 기입되기를 원하는 사람이 있지 않을는지요?

재임(齋任)이 자주 바뀌는 폐단을 엄히 단속하지 않아서는 안 됩니다. 이미 이전에 교체된 사람은 지금 어쩔 수 없지만, 절목이 완성되고 난 뒤에는 한결같이 이에 의거하여 시행해야 합니다. 여러분이 모두 이 일을 자기의 임무로 생각하여 선도하고 감발한다면 반드시 고을의 풍속을 크게 변화시키는데 이르러 우리 노선생의 아름다운 은혜의 성대한 덕을 저버리지 않게 되기를 기약할 수 있을 것입니다.

상현서원[34]의 원유(院儒)에게 답하다 무오년(1738, 영조14)
答象賢院儒 戊午

강회(承講)가 이미 시작되었다고 하니, 사림(士林)의 다행입니다. 근래 분쟁의 발단은 처음에는 고을 이웃 간의 싸움에 지나지 않아 이는 학궁(學宮)에 까지 번질 사항이 아니었는데, 토죄를 거론한 한 가지 일을 보니 결국 소란을 일으키는 뜻을 삼고 있는 것입니다. 이 때문에 지난번에 유생이 왔을 때 품목(稟目)과 통문(通文) 등의 글을 모두 취하여 보지 않고 전부 배척한 것입니다.

이 일의 옳고 그름은 알기가 어렵지 않습니다. 학궁의 건립은 강학을 위해서입니까? 싸움을 위해서입니까? 강학과 싸움은 몸과 마음에 어떤 것이 득이 되고 어떤 것이 실이 되며, 고을의 풍속에 어떤 것이 좋고 어떤 것이 나쁩니까? 만약 싸움을 그만둘 수 없고 강학을 할 수 없다고 여긴다면 그만이지만, 만일 그렇지 않다면 반드시 이것을 버리고 저것을 취하려 하는 것은 무엇 때문입니까? 지난 번에 이른바 '윗사람을 업신여긴 잘못'과 '선정(先正)올 헐뜯은 죄' 역시 고을에서 강학을 하지 않아 초래한 결과이니, 만일 깊이 미워하여 통렬히 끊어버릴 뜻이 있다면 더욱 강학을 급히 힘써서 고을의 풍속을 변화시켜야 합니다.

34 상현서원(象賢書院) : 충북 보은군 내속리면 서원리에 있는 서원이다. 1555년(명종10) 삼년성(三年城) 안에 서원을 창건해 김정(金淨)을 모시고, '삼년성서원'이라고 했다. 1610년(광해군2) 상현이라는 사액을 받았으며, 1672년(현종13) 성운(成運)을 추가 배향하였다. 1681년(숙종7) 성제원(成悌元)과 조헌(趙憲)을, 1695년 송시열(宋時烈)을 추가 배향하였다.

그런데 지금 그 근본을 바로 잡지 않고, 그 말단을 다스리려고 하다가 결국에는 서로 이끌고서 싸움판으로 빠져들었으니, 어찌 그리도 깊이 생각을 하지 않는 것입니까.

훈장(訓長)의 정단(呈單)은 전혀 생각하지 못했던 바입니다. 안행건(安行健)의 품목은 오히려 기억할 수 있지만, 김도명(金道明) 이외에는 여러 사람을 일찍이 신임흉당(辛壬凶黨)에 섞어 몰아넣지 않았으니, 여기에서 더욱 극심하게 어긋남을 볼 수 있습니다. 노성(老成)한 사람이 마음을 평안히 하고 충분히 헤아리면 스스로 마땅히 깨우칠 것이니, 만일 이렇게 마음을 돌린다면 젊은 사람들의 과격한 논의가 절로 가라앉을 것입니다. 바라건대 다시 이 뜻으로 권유하여 마음을 함께하여 강학하기를 바랍니다. 절목 한 조목을 기록하여 보냅니다.

강을 할 때에는 연장자와 연소자 모두 관을 바로 쓰고 손을 모으고서 똑바로 앉아 감히 고개를 돌리지 않고, 감히 떠들거나 웃지도 않으며, 감히 자주 들락날락하지도 않아서 한결같이 전심치지(專心致志)를 일삼아야 합니다. 문의(文義)를 토론하는 이외에 시비에 끼어들고 잡담을 하여 분위기를 흐리는 사람은 즉시 엄하게 질책하여 그 자리에서 내쫓고, 비록 서원의 사론(士論) 중에 마땅히 가부를 결정해야 하는 일이라도 역시 한가한 날이 많으니, 강학을 하는 날에는 일체 버려두고 그 사이에 혹시 드러나게 강학을 방해하는 단서가 있는 경우에는 그 사람을 적발하여 통렬히 엄중한 벌을 내려야 합니다.

홍현서원[35]의 원유(院儒)에게 답하다 무오년(1738, 영조14)
答興賢院儒 戊午

삼가 감사하게도 여러분이 저를 낮고 비루하게 생각지 않고, 산장(山長)의 직임을 맡겨 주셨습니다. 그러나 비루하고 졸렬하여 결코 감당할 수 없음을 스스로 알아서 먼 곳에서 생각해주신 간곡한 뜻을 거듭 저버렸으나, 또한 감히 선현을 존숭하고 받드는 곳을 스스로 멀리할 수는 없습니다. 삼가 이미 성대한 폐백까지 받들고 보니, 황공하고 부끄럽기 그지없습니다.

이어 생각건대, 서원의 건립은 다만 봄가을로 선현에게 제향을 올리는 일을 위해서 뿐만이 아닙니다. 장차 여기에서 연습하여 익히고 여기에서 학문에 전념하여 유학(儒學)의 가르침을 밝히며 세속의 관습을 크게 변화시켜야 합니다. 더군다나 두 분의 선정 선생(先正先生)[36]은 실로 동방(東方) 이학(理學)의 종통(宗統)이니, 그대 고을에서 존숭하고 받드는 뜻도 이 때문일 것입니다. 만일 여러분이 단지 과거공부에 얽매이지 않고 두 선생의 도(道)에 뜻을 둔다면, 제가 비록 고루하지만 또한 기꺼이 더불어 일을 함께 할 것이지만, 헛되이 원임(院任)에 얽매여 앉아서 번육(膰肉)을 받는 것이라면 사의(私義)로 감히 해서는 안 될 일입니다. 여러분은 다시 잘 헤아려서 결정하시기 바랍니다.

35 홍현서원(興賢書院) : 함경남도 영흥군 영흥읍 화산(華山) 아래에 있던 서원이다. 1612년(광해군4) 지방유림의 공의로 정몽주(鄭夢周)와 조광조(趙光祖)의 학문과 덕행을 추모하기 위하여 창건하고 위패를 모셨다. 1616년 '흥현(興賢)'이라고 사액되었으며, 1651년(효종2) 이계손(李繼孫)을 추가 배향하였다.

36 두 분의 선정 선생(先正先生) : 정몽주와 조광조를 가리킨다.

흥현서원의 원유(院儒)에게 답하다 갑자년(1744, 영조20)

答興賢院儒 甲子

번육(膰肉)은 이미 글을 갖추어 올려 사례하였습니다. 그 인편에 또 편지를 받았으니 어떤 위안이 이만하겠습니까. 주 강장(朱講長)은 비록 하루의 일면식도 없지만 명성을 들은 지는 오래되었습니다. 만난 적이 없는데 먼저 편지를 보내는 것은 옛날의 도인데, 진실로 두터운 후의를 감당할 수 없음이 부끄럽습니다.

나는 일 년이 넘도록 병을 앓아 점점 더 고질이 되어 예전에 배운 것마저 죄다 잊어버리니, 비록 아침에 도를 듣고자 하는 바람[37]이 있으나 이루지 못할까 두렵습니다. 지난 겨울의 유문(諭文)은 진실로 아끼는 마음에서 나온 것이지만 결국 믿지 못하여 한 말인데, 한 마디 말로 마음이 맞아 이처럼 신속하게 강사(講事)를 실행할지는 생각지도 못했습니다.

저는 일찍이 그대들 지방의 풍기(風氣)가 굳세고 강하여 한(漢)나라의 관중(關中)과 비슷하다고 생각했었는데, 과감하게 선(善)을 실행하는 것이 과연 이와 같습니다. 더군다나 강원(講員)이 육십 육 명으로, 이 이상은 없는 듯하지만 이보다 내려가도 또한 사오십 명 정도로 많으니, 이것이 어찌 다른 지역에서 미칠 수 있는 바이겠습니까. 감탄을 절로 그칠 수 없습니다.

37 아침에……바람 : 《논어》 〈이인(里仁)〉에 "아침에 도(道)를 들으면 저녁에 죽어도 괜찮다.〔朝聞道, 夕死可矣.〕"라고 한 말을 인용한 것이다.

편지에 "아는 것이 어려운 것이 아니라 실행하기가 어렵다."라는 한 마디 말은 진실로 절실하고 지극하니, 이를 따라서 서로 면려한다면 어찌 실제적인 효과가 없겠습니까. 더욱 다행스런 일입니다. 강당(講堂)을 건립하는 일은 아직 완공하지 못했다고 들었습니다. 새로 부임한 수령이 조금 친분이 있기에 편지를 써서 주니 그에게 전해주십시오.

신항서원[38]의 원유(院儒)에게 답하다 경신년(1740, 영조16)
答莘巷院儒 庚申

위차(位次)가 거듭 바로잡힌 것은 사림(士林)의 다행입니다. 그 사이에 비록 서로 다른 논의가 있었지만, 재임(齋任)을 선출하기를 권면하여 기한대로 일을 진행하였으니, 진실로 체모를 얻었습니다. 통문(通文)에 "위차를 옮겨 봉안하는 것은 반드시 일이 있기를 기다린 뒤에야 비로소 감히 바꿀 수 있다."라고 하였는데 이 일에서 논할 수 있는 바가 아닙니다. 이는 위차를 바로잡는 데 중요성이 있으니 일의 중대함이 이보다 더한 것이 없습니다. 어찌 다른 일이 있기를 기다린 뒤에 비로소 행할 수 있겠습니까. 더구나 봄 제향에 맞추어 거행하고자 이미 비루한 제가 말했으니, 기일이 되기 전에 옮겨 봉안한 것이 어찌 재임의 잘못이겠습니까.

'격판(隔板)' 두 글자는 우암 선생(尤菴先生)의 문집에 자주 보이니, 성원(星院)의 제도[39]를 본뜨기를 기다리지 않아도 알 수 있습니다. 길

38 신항서원(莘巷書院) : 충청북도 청주에 있는 서원이다. 1570년(선조3) 창건되어 경연・박훈・김정・송인수를 모시다가 1642년(인조20) 개건하면서 한충을 추향하고, 1650년(효종1) 송상현・이득윤을 추향하고 1656년(효종7) 이이・이색을 추향하여 현재 9분을 모시고 있다. 이때까지의 명칭은 유정서원(有定書院)이라 하였으며 1660년(현종1) 사액되면서 신항서원으로 개칭하였다.

39 성원(星院)의 제도 : 경상북도 성주(星州) 영봉서원(迎鳳書院)의 제도를 말하는 것으로 보인다. 영봉서원(迎鳳書院)은 이조년(李兆年), 이인복(李仁復), 김굉필(金宏弼)을 봉안하기 위해 경상도 성주(星州)에 세운 서원이다. 처음 건립할 때, 제생(諸生)들이 모두 김굉필만 독향(獨享)으로 하려 하였고, 이인복을 배향하려는 자는 10여 명밖

이와 넓이에 혹시 차이가 있더라도 이는 원래 작은 부분이니, 굳이 다시 논할 것이 없습니다. 이 일은 그저 사림의 공론에 맡겨야지, 자손들이 관여할 수 있는 일이 아닙니다. 그러나 여러 갈래 의견은 이미 상의하라고 말하였고, 역시 위차를 바꾸어 봉안하기 전에 있던 일이니, 역시 어찌 심하게 책망을 하겠습니까. 지금 이렇게 바로 잡은 것이 한결같이 묘비(廟碑)의 믿을 만한 글을 따른 것이니, 사론(士論)이 이미 정해지고 대례(大禮)가 이미 이루어진 뒤에 어찌 다시 분란을 일으킬 단서가 있겠습니까.

에 되지 않았으며, 이조년을 병향(幷享)하려고 하면 모든 선비는 들은 척도 하지 않았는데, 이는 이조년이 유상(遺像) 속에서 염주를 들고 있었기 때문이었다. 이에 대한 논의가 분분하자 이황(李滉)은 김굉필을 수위(首位)로, 이조년과 이인복을 차위(次位)로 하여 함께 배향하되, 부득이 위패 사이를 각각 칸막이로 막아 봉안하도록 하였다.

신항서원의 원유(院儒)의 품목에 답하다 신유년(1741, 영조17)

答莘巷院儒稟目 辛酉

문 본원(本院)의 위차(位次)는 선생이 실제 노선생(老先生 송시열)의 뜻을 따라 전부 묘정비(廟庭碑)에 실린 내용대로 하게 하여 예전과 같이 바로 잡았습니다. 그런데 혹자가 장암(丈巖 정호(鄭澔))에게 여쭤 보았는데, 동서(東西)로 나눈다고 말했다고 하자, 선생이 우암(尤庵)의 의견으로 장암의 의견을 바꾸는 것이 미안한 단서가 없을 듯하다고 하였으니, 이로부터 다시 시비가 없었습니다. 지금 화양서원 유생의 통문을 보니, 선생이 지난번에 화양서원에 들렀을 적에 "본원의 격판(隔板)의 제도가 끝내 구차함을 면할 수 없으니 실로 별도로 사우(祠宇)를 세우는 것만 못하다."라고 말씀하시어 율곡 선생(栗谷先生)을 오롯이 제향하는 뜻을 보이셨다고 합니다. 모르겠습니다만 과연 이처럼 분명히 말씀하셨습니까. 그렇다면 백 년 가까이 배향(配享)한 곳을 하루아침에 옮겨 봉안하는 일에 대해 사림들 간에 시비가 없을 것이라 어찌 장담할 수 있겠습니까. 이에 그 통문을 보시도록 보내드리고 감히 또 우러러 여쭙니다.

답 화양서원에서 주고받은 말은 대개 "율곡 선생을 별묘로 존봉(尊奉)하는 것이 어찌 정당한 도리가 아니겠는가. 그러나 이미 그렇게 할 수 없어 여러 현인들과 나란히 배향해야 한다면, 칸막이를 두는 제도가 비록 온당치는 못하나 이렇게라도 하지 않으면 오롯이 높이는 뜻을 드러낼 수가 없다. 작년에 예전대로 바로잡은 것은 그만 둘 수 없는 일이었다."는 것인데, 유생이 위 구절의 말에 의거하여 통문에 올리기까지 했으니, 실로 의외의 일입니다. 제 견해가 어찌 전후로 차이가 있겠습니까. 이 서원의 건립은 고을의 현인에서 시작되어 목은(牧隱)과 율곡이 그 후에 나란히 제향되었습니다. 그 당시에 별묘를 건립하여 율곡을 봉안했다면 합당한 일이 아니겠습니까마는 지금은 합하여 제향 하는 것으로 사액을 받아 거의 칠팔십 년이라는 오랜 세월이 지났고, 게다가 여러 노선생들이 결정한 내용이 모두 묘정비에 실려 있으니, 후학들은 다만 마땅히 예전대로 준수할 뿐입니다. 별묘를 건립하는 한 가지 일은 결코 다시 의논해서는 안 되니, 다만 지금의 시기와 형세가 그럴 뿐만이 아닙니다. 비록 이와 같은 의론이 있더라도 절대 그 시비를 따지지 말아야 하니, 오직 강학으로 서로 면려하여 학문에 전념하는 실제 공이 있도록 하는 것이 저의 바람입니다.

신향서원의 원유(院儒)에게 답하다 병인년(1746, 영조22)
答莘巷院儒 丙寅

본원(本院)의 격판(隔板)의 격식은 실로 영봉서원(迎鳳書院)의 제도[40]를 모방한 것인데, 두 선생이 의론하여 정한 것이 중간에 잘못 바뀌어 마음속으로 한탄스러워하였으니, 지난해에 전부 묘정비(廟庭碑)에 실린대로 바로잡은 것은 이 때문입니다. 그러나 격판이 결국 구차하게 되고, 쌍묘(雙廟)에 관한 설은 수옹(遂翁 권상하)이 직접 우옹(尤翁 송시열)에게 들었다고 이미 말한 만큼 변통하여 제도를 바꾸는 것 또한 선(善)을 다하는 방법이겠기에 다시 남김없이 공론을 문의하여 처리하려고 한 것이지, 본디 전후의 생각이 차이가 있어 그런 것은 아닙니다.

변생(卞生)이 말하기를, "한 고을의 공론은 모두 쌍묘(雙廟)를 좋게 여깁니다."라고 하였는데, 지금 대다수 선비들의 말은 이와 같으니, 어느 것이 공론인지 모르겠습니다. 게다가 지금은 바로잡은 뒤라 위차(位次)가 올바름을 얻은 것이 전날과는 크게 다릅니다. 하물며 물자와 힘이 넉넉하지 않고 고쳐 건립할 시기가 아니니, 향론(鄕論)이 하나로 귀결되기를 천천히 기다려 처리해도 늦지 않을 것입니다.

40 영봉서원(迎鳳書院)의 제도 : 171쪽 주39 참조.

누암서원[41] 원유(院儒)의 품목에 답하다 경신년(1740, 영조16)

答樓巖院儒稟目 庚申

문 서원의 춘추 향례(享禮)가 국기일(國忌日)과 상치되는 경우가 많은데, 선배들의 논의에 차이가 많습니다. 혹자는 "배향하는 제현(諸賢)은 대부분 아조(我朝)의 신하들이라, 유현(幽顯)은 비록 다르지만 온 나라가 함께 피하는 날에 제향을 올리는 것은 결국 온당치 못한 점이 있으니, 물려서 지내는 것이 옳은 것만 같지 못하다."라고 하며, 혹자는 "서원의 제향은 잔치의 예와는 다르며 게다가 국가의 사전(祀典)과 관계되어 이미 한 번 정해진 일자가 있으니, 어찌 매번 물려서 시행할 수 있겠는가."라고 합니다. 본원(本院)에서는 늘 중신일(中辛日)에 제향을 지내는데, 올해 가을 제향일이 바로 신덕왕후(神德王后)의 기일입니다. 이전부터 지내오던 것을 아직 하나로 결정하지 못했으니, 응당 의론을 여쭈어 규정을 정하는 방도를 두어 앞으로 따라서 시행하는 기준으로 삼아야 하겠기에 감히 이렇게 우러러 여쭙습니다.

답 향례를 물려서 지낼지 여부에 대한 제 소견은 뒤에 말씀하신 내용과 동일합니다. 국기일에 향례를 지내는 것이 비록 편안하지 못한 점이 있는 듯하지만, 신도(神道)가 이미 자별하고 사전은 지극히 중하

41 누암서원(樓巖書院) : 충청북도 충주에 있는 서원으로, 1695년(숙종21) 송시열(宋時烈)과 민정중(閔鼎重) 등의 학문과 덕행을 추모하기 위하여 가금면의 누암리에 창건하여 위패를 모셨으며, 그 뒤 권상하(權尙夏)·정호(鄭澔)를 추가 배향하였다. 1702년에 '누암'이라고 사액되어 사액서원으로 승격하였다.

니, 일정한 날짜를 두지 않고 바꾸는 것 또한 경계해야 할 바입니다. 마땅히 본래 정해진 날에 지내야할 듯하니, 어떻게 생각하십니까?

임강서원[42] 원유(院儒)에게 답하다 임술년(1742, 영조18)

答臨江院儒 壬戌

서원의 사우(祠宇)가 오랜 세월에 이처럼 퇴락하였으니, 수리를 하는 것이 마땅하지만, 지금의 시의(時義)로는 다만 임시변통하여 무너지지 않도록 해야지, 경솔히 큰 공역을 일으켜 스스로 낭패를 취해서는 안 됩니다. 편지를 보내 요청하는 것은 조정의 금령이 아주 엄정하니, 진신유사(縉紳有司)가 비록 새로 정해지더라도 그저 얼굴을 찡그리는 단서만 더할 뿐, 어찌 힘써줄 가망이 있겠습니까.

처음 저에게 산장(山長)을 맡아달라고 요청했을 적에 "서원의 힘을 부지하고 돕는 일은 조정에 있는 여러 공들에게 의지해야 하니, 만일 이에 대해서 힘을 얻으려 한다면 굳이 야인(野人)에게 와서 요청할 것 없네. 강(講)을 요청하는 일을 제외하고는 내가 감히 들을 내용이 아니네."라고 말하였습니다. 여러분이 이와 같은 사실을 알면서도 계속 요청하기에 애써 받아들였습니다. 지금 강학이 이미 실제가 없고 서원을 보수하는 일이 앞에 닥쳤는데도 도울 길이 없으니, 제가 스스로 후회될 뿐만 아니라, 여러분도 혹 후회할 터이니, 이 일을 어찌한단 말입니까.

42 임강서원(臨江書院) : 경기도 장단군 있던 서원으로, 1650년(효종1) 안유(安裕), 이색(李穡), 김안국(金安國), 김정국(金正國) 등의 학문과 덕행을 추모하기 위해 창건하였으며, 건립시에는 봉잠서원(鳳岑書院)이라고 하였다. 1694년(숙종20) '임강(臨江)'이라 사액되었다.

검담서원[43]의 원유(院儒)에게 답하다 계해년(1743, 영조19)
答黔潭院儒 癸亥

저의 본래 생각은 "서원이 있는 곳은 모두 독서를 해야 하니, 독서를 하지 않는 서원을 '사우(祠宇)'라고 하는 것은 괜찮지만, '서원'이라고 해서는 안 된다."라는 것입니다. 귀원(貴院)은 바로 우리 문정 선생(文正先生 송준길)께서 몹시 좋아하던 곳이고 그대로 영령을 모신 곳이니, 여러분이 그 유풍(遺風)에 교화를 입음은 일반적인 원우(院宇)와는 다릅니다. 그런데 선생의 글을 읽지도 선생의 도를 실천하지도 않으려 하고, 오직 춘추에 제향을 올리는 일을 원임(院任)의 직분으로 생각합니다. 저 역시 두려워하며 앉아서 산장(山長)의 명칭만 받고 매년 그저 번육(膰肉)을 나누어주는 성대한 예를 욕되게 받았으니, 아무 하는 일 없이 받아먹기만 한다는 시인(詩人)의 말로 참으로 자책해야 마땅하거니와 율옹(栗翁 이이)이 말한 "선생의 기대를 크게 저버렸으니, 무슨 낯으로 묘문(廟門)에 들어간단 말인가."라는 한마디 말을 여러분을 위해 말씀드립니다.

지금부터 새롭게 다시 계획하여 강학을 일삼는다면 자세한 절목은 절로 점차 강론하여 정할 것이고, 그렇지 않다면 저는 감히 더 이상

43 검담서원(黔潭書院) : 충청북도 청원군 부용면 검호리에 있는 서원으로, 1695년(숙종21) 송준길(宋浚吉)의 학문과 덕행을 추모하기 위해 창건하여 위패를 모셨다. 1695년에 '검담'이라고 사액되어 사액서원으로 승격되었다. 흥선대원군의 서원철폐령으로 1871년(고종8) 훼철된 뒤 복원하지 못하였으며, 지금은 보만정(保晩亭)이라는 건물과 유허비(遺墟碑)만 남아 있다.

산장(山長)으로 자처하지 않겠습니다. 진작부터 면려하고자 했으나 지금까지 입을 다물고 말하지 않았는데, 편지를 쓰다가 이처럼 토로하니, 이해하실 것입니다.

남계서원[44]의 원유(院儒)에게 답하다 계해년(1743, 영조19)
答灆溪院儒 癸亥

생각하건대 문헌 선생(文獻先生 정여창)의 아름다운 덕과 올바른 학문은 실제 백세의 종사(宗師)입니다. 후생이 몽매하여 일찍부터 흠모하고 존경하였으나, 영남 지역이 멀리 떨어져 있어 남계(灆溪)와 악성(岳城)[45]을 한번 방문할 길이 없었습니다. 그대들이 저를 비루하게 여기지 않아 멀리에서 유생들이 찾아와 산장(山長)을 맡아달라고 청하였습니다. 스스로를 돌아보건대 보잘 것 없고 비루하여 이 직책을 감당할 수가 없으나, 역시 감히 많은 선비들의 정성스러운 뜻을 저버릴 수가 없어 삼가 받들기를 허락하였습니다.

또 서원에 있는 여러분들께 말씀드릴 것이 있습니다. 서원의 건립은 바로 학문에 전념하여 독서하기 위해 만들어진 것인데, 지금은 그 이름만 있고 실제가 없으니, 이는 실로 원근의 공적인 근심입니다.

그대들이 선생의 서원에 있으면서 만일 그의 책을 읽지 않고 그의 도를 밝히지 않는다면 살아계시는 것처럼 정성스레 제향을 올릴 때 무슨 낯으로 선생을 뵙겠습니까. 지나간 일은 비록 어쩔 수 없으나

44 남계서원(灆溪書院) : 경상남도 함양군 수동면에 있는 서원이다. 1552년(명종7) 정여창(鄭汝昌)의 학문과 덕행을 추모하기 위해 창건되었으며, 1566년(명종21) '남계(藍溪)'라고 사액되었다.

45 악성(岳城) : 경남 하동(河東) 악양(岳陽)을 말하는 것으로 보인다. 하동은 정여창의 관향(貫鄕)이며 악양은 그가 은둔하던 곳으로, 후학들에게 강학을 하던 악양정(岳陽亭)이 현재 남아 있다.

앞으로의 일은 고칠 수 있으니, 과연 이 학문에 힘을 쏟을 수 있을는지요? 만일 그렇지 않다면 저는 감히 산장으로 자처하지 않겠습니다.

김생(金生)이 돌아갈 때에 이미 이런 뜻을 말해주었으나, 상세하게 이해하지 못했을까 염려되어 다시 이번 편에 말씀드립니다. 그대들의 뜻을 분명히 보여서 저로 하여금 사양해야 할지 받아야 할지 결정하도록 해 주기를 바랍니다.

남계서원의 원유(院儒)에게 답하다 을축년(1745, 영조21)
答濫溪院儒 乙丑

육덕(六德)[46]은 《서경(書經)》에서 말한 구덕(九德)[47]과 같으니, 그 조목에 나아가 선후의 순서를 논하면 시비를 분별하는 것이 가장 먼저 해야 할 뿐입니다. 그러므로 '지(知)'를 우선으로 삼았으니 사덕(四德)의 전체와는 본래 절로 차이가 있습니다. 게다가 이 '지' 자는 《중용》에서 말한 삼달(三達)[48]의 '지'와 《대학》에서 말한 격물치지(格物致知)의 '지'와 비교하면 그 깊이가 절로 구별되니, 똑같이 보아서는 안 됩니다.

46 육덕(六德) : 지(智), 인(仁), 성(聖), 의(義), 충(忠), 화(和)를 말한다. 《소학집주》〈입교(立敎)〉에, 《주례》〈지관사도(地官司徒) 대사도(大司徒)〉의 설을 인용하여 "지방에서 세 가지 일로써 모든 백성들을 가르쳐서 빈객으로 삼아 들어 썼다. 첫째는 육덕이니, 지, 인, 성, 의, 충, 화이다.〔以鄕三物敎萬民而賓興之, 一曰六德, 知仁聖義忠和.〕"라고 한데서 보인다.

47 구덕(九德) : 우(禹) 임금의 질문에 고요(皐陶)가 답변한 사람이 닦아야 할 아홉 가지 덕(德)이다. "너그러우면서도 씩씩하며, 부드러우면서도 꼿꼿하며, 삼가면서도 공손하며, 다스리면서도 공경하며, 익숙하면서도 굳세며, 곧으면서도 온화하며, 간략하면서도 모나며, 굳세면서도 독실하며, 강하면서도 의를 좋아한다.〔寬而栗, 柔而立, 愿而恭, 亂而敬, 擾而毅, 直而溫, 簡而廉, 剛而塞, 彊而義.〕"라는 아홉 가지를 가리킨다. 《書經 皐陶謨》

48 삼달(三達) : 세 가지 공통된 덕인 지(智), 인(仁), 용(勇)을 말한다. 《중용장구》 제11장에 "지, 인, 용의 삼달덕을 도에 들어가는 문으로 삼았다.〔以智仁勇, 三達德, 爲入道之門.〕"라고 한 데서 나온 말이다.

우저서원[49]의 원유(院儒)에게 답하다 을축년(1745, 영조21)
答牛渚院儒 乙丑

말씀하신 내용은 잘 알았습니다. 예전에 선배들의 말을 들으니, 국조(國朝)에서 종사(從祀)를 청한 분 중에 제향되지 못한 분은 오직 중봉(重峰 조헌(趙憲))과 모재(慕齋 김안국(金安國)) 두 현인뿐이라고 합니다. 그 사이에 여러 번 상소를 올렸다가 중단되었음을 알겠습니다. 지금 연대가 아득히 멀고, 후손들이 쇠락한 때에 이 의론이 거듭 발의 되었으니, 공론이 사라지지 않았음을 징험할 수 있습니다. 다만 우암(尤庵 송시열)과 동춘당(同春堂 송준길)의 제향을 청하는 상소가 또한 적당하지 않은 때에 함께 발의된 관계로 양쪽이 방해되어 모두 성사되기 어렵게 되었으니, 먼저 거론된 분들이 허락받기를 천천히 기다려 때를 보아 이어서 요청해도 늦지 않을 것입니다. 저의 소견이 말씀하신 내용과 서로 부합하니, 깊이 생각해보시기를 바랍니다.

49 우저서원(牛渚書院) : 경기도 김포시 감정동에 있는 서원으로, 조헌(趙憲)의 학문과 덕행을 추모하기 위해 건립되었다. 1669년경 김포유생이 청액소(請額疏)를 올려 사액을 청하였으나 한창 첩설(疊設)에 따른 폐단이 논의되던 때라 실현되지 못하였으며, 1675년(숙종1) '우저(牛渚)'라고 사액되었다.

기천서원[50]의 원유(院儒)에게 주다 을축년(1745, 영조21)
與沂川院儒 乙丑

가을 늦더위에 그대들은 모두 평안한지요? 생각하건대 서원의 건립은 본래 독서와 학문 수양을 위해서이니, 서원이 있으면 독서를 해야 합니다. 더구나 그대들이 있는 서원은 연래에 해괴한 소문이 많이 들렸는데, 그 말이 필시 다 사실은 아니겠지만 사습(士習)이 어그러졌음을 알 수 있습니다. 폐단의 근원을 궁구하면 독서를 하지 않은 데 원인이 있습니다. 강학을 권면하는 일이 비록 오활하지만 실로 절실합니다. 그러나 또한 그대들이 이 일에 마음을 두어 동지들을 수습하고, 선한 마음을 일으켜 한 고을의 치욕을 설욕하려 생각하기를 바라는 것이지, 현재 억지로 하게 시키는 것은 아닙니다.

지금 도유사(都有司)의 편지를 보니, "제생(諸生)이 막 힘써 실행하려고 하는 것은 다만 원장(院長)이 속히 시행하라고 독책하여 어쩔 수 없이 그런 것입니다."라고 하고는 행할 수 없는 상황을 자세히 진술했습니다. 참으로 이와 같다면 한 장의 품목(稟目)으로 일의 형세를 자세히 말할 수 있을 것이고, 만일 자세한 내용까지 전달되지 못할까 염려된다면 한번 말을 타고 직접 방문하여 얼굴을 보면서 모두 말해도

50 기천서원(沂川書院) : 경기도 여주군 금사면에 있는 서원으로, 1580년(선조13) 김안국(金安國)의 학문과 덕행을 추모하기 위해 건립되었다. 1611년(광해군3) 이언적(李彥迪)과 홍인우(洪仁祐)를 추가 배향하였으며, 1625년(인조3) '기천'이라고 사액되었다.

됩니다. 이로 보자면 아랫사람의 마음이 위 사람에 전달되기 어렵다고 한 것이 정말 그렇습니다. 먹을 양식을 싸서 강학을 하러 간다는 말은 결코 그런 도리는 없으니, 잘못 생각하신 것 같습니다. 지금부터는 다시 다그치지 말고, 다만 성심으로 강학하는 것을 자기의 임무로 삼아 고을에 이름난 선비들을 이끌어 인도하기를 바랍니다. 만일 도유사 역시 이미 강학의 모임에 나아가고 자신의 자질(子姪)을 강원(講員)에 충당한다면 다른 이름난 집안 역시 어찌 분발해서 일어나지 않겠습니까. 이처럼 권유하면 절로 점차 나아갈 방향을 알 수 있을 것입니다. 재용(財用)을 절약하여 서원의 힘으로 유생들에게 아침저녁 끼니를 제공할 수 있게 된 뒤에 영구히 시행하여 문제가 없기를 바랍니다.

창주서원[51]의 원유(院儒)에게 답하다 병인년(1746, 영조22)
答滄洲院儒 丙寅

궁벽한 골목으로 외람되이 먼 곳의 선비들이 찾아오고 이어 장문의 편지를 받고서 더위가 시작되는 이때에 여러 유생들의 안부가 편안한 줄 알았으니, 우러러 적지 않게 위로가 됩니다. 산장(山長)은 책임이 중하기에 전혀 비루한 제가 감당할 수 있는 일이 아닌데, 이미 그릇되게도 성대한 예를 받은 터라 감히 많은 선비들의 바람을 저버릴 수 없어 무릅쓰고 수락하였으니, 부끄러움을 이루 말할 수 있겠습니까.

지난번에 오명세(吳命世) 등 몇 명의 선비가 찾아와 별묘(別廟)에 관한 일을 말하였을 때 과연 제사(題辭)가 있었고, 이번에 보낸 편지에서 말씀하신 사실도 자세히 들은 바인데, 임금에게 고하지 않고 사적으로 건립하였다는 말은 어디에서 나온 말입니까. 제가 과거에 서원을 배알했을 때, 별묘가 우뚝하게 나란히 세워져 있는 것을 보았는데, 물어보고서 곽은(郭垠)의 사우(祠宇)임을 알고는 예를 표하지 않고 나오자, 여러 곽씨들이 크게 놀랐습니다. 백록동(白鹿洞)의 규약[52]은

51 창주서원(滄洲書院) : 충북 옥천군 이원면에 이원리에 있었던 서원으로, 조헌(趙憲), 김집(金集), 송시열(宋時烈), 송준길(宋浚吉), 곽은(郭垠)을 배향하였다. 조헌을 배향하던 표충사(表忠祠)가 퇴락하자, 1646년 송시열이 주동하여 이원면 원동리에 표충사를 세우고 사액을 청하였으나 받지 못하고 1657년 현 위치로 옮겨서 지었다. 1682년 '창주'라고 사액을 받았으며 현재에는 묘정비만 남아있다.

52 백록동(白鹿洞)의 규약 : 주희가 만든 백록동서원의 규약으로, 그 내용은 첫째는 부자유친 등 오륜의 조목, 둘째는 널리 배운다는 '박학지(博學之)' 등 학문하는 순서,

수옹(遂翁 권상하)이 인용한 것이 이와 차이가 있지만, 당시의 가르침이 어찌 하나하나 이와 같기를 바랐겠습니까. 제 소견으로는 끝내 마음에 편치 않으니, 속히 정리하여 바로잡지 않아서는 안 됩니다. 그러나 여러 사람의 논의가 만일 불가하다고 하지 않는다면 이전의 제사에 따라 힘을 모아서 거행하는 것이 마땅할 듯하니, 다시 생각해 보십시오. 그 당시 해당 관청에서 시행해도 좋다고 허락한 계사(啓辭)에 이미 '서원의 경내'라고 하였으니, 장내(墻內) 역시 불가할 이유가 없지만, 나란히 세워서는 안 되니, 헤아려 처리하시기 바랍니다.

셋째는 말을 충직하고 진실되게 하라는 '언충신(言忠信)' 등 수신(修身)의 요결, 넷째는 의리를 지키고 이익을 꾀하지 말라는 '정기의 불모기리(正其義不謀其利)' 등 사무 처리의 요결, 다섯째는 자신이 원치 않는 것을 남에게 베풀지 말라는 '기소불욕 물시어인(己所不欲勿施於人)' 등 대인 관계의 요결 등으로 구성되어 있다.《朱子大全 卷74 雜著 白鹿洞書院揭示》

고암서원[53]의 원유(院儒)에게 답하다
答考巖院儒

강학에 관하여 작년에 조금 발의하였는데, 곧바로 여러분이 오활하다고 생각하지 않은 덕에 뜻을 두어 과감히 실행하였으니, 이는 실제 지금 세상에서 보기가 쉽지 않은 일입니다. 다만 한 지역에 두루 알리는 일은 경솔한 행동인 듯하니, 먼저 실천하고 뒤에 소문이 나는 뜻이 전혀 아닙니다. 그래서 이정상(李正相) 군에게 답하는 편지에 이런 뜻을 약간 언급한 것입니다. 지금 이렇게 자세히 질문하는 것이 진실로 사리에 합당하니, 제가 비록 비루하지만, 역시 어찌 감히 감추고 말을 하지 않겠습니까.

서원이라는 명칭은 본래 많은 선비들의 학문 수양을 위해 건립된 것인데, 그 안에 선현의 위판(位版)과 영정을 봉안하는 것은 마치 엄한 스승이 위에 계시는 것처럼 의지하고 존숭하여 이로 인해 사특한 일을 금하고 선(善)을 확대하기를 바라서입니다. 근세에는 이런 뜻이 전혀 없어 서원을 출입하는 자들은 도무지 독서를 하지 않고, 그저 봄가을로 제향을 올리기만 일삼고 있으니, 이는 명칭은 비록 서원이지만 실상은 사우(祠宇)입니다. 이 때문에 온 나라에 서원이 두루 퍼져 있어도 학술이 밝지 못하고 선비들의 풍모가 더욱 무너져 단지 유속(流俗)의 비웃

53 고암서원(考巖書院) : 전라북도 정읍시 상평동에 있는 서원으로, 1695년(숙종21)에 송시열의 학문과 덕행을 추모하기 위해 건립되었으며, 같은 해 9월 '고암(考巖)'이라 사액되었다. 1785년(정조9) 송시열의 수제자 권상하(權尙夏)를 추가 배향하였다.

음거리만 되고 만 것입니다. 이 점이 제가 늘 마음으로 통탄하던 일인데, 이미 외람되이 원임(院任)을 맡았으니, 감히 동지들에게 받들어 고하지 않을 수 없습니다.

절목(節目)의 상세함에 이르러서는 알려줄 겨를이 없으니, 작은 종이에 기록한 것이 역시 그 대략입니다. 다만 그대들이 고을의 장로와 식견이 있는 선비들에게 널리 의견을 구하여 스스로 먼저 앞서 인도하여 고무하고 진작하기를 바랍니다. 만일 혹여 이 뒤로도 질문이 있다면 제가 감히 우둔한 견해를 다 말하여 만에 하나라도 도움이 되도록 하지 않겠습니까.

파주서원의 원유(院儒)에게 답하다

答坡州院儒

절효(節孝 성수종(成守琮))가 휴암(休菴 백인걸(白仁傑))에 대해서는 이미 동문(同門)이지만 나이로 보면 먼저이니, 그 윗자리에 놓는 것이 휴암의 마음을 편안하게 하는 것입니다. 그간의 분분한 의론이 무엇인지는 모르겠으나, 제 의견은 어찌 이전과 다르겠습니까. 그러나 다시 제향을 올리기 전에 굳이 경솔히 먼저 논의를 정할 것은 없으니, 그 때가 되어 다시 물어보는 것이 좋겠습니다.

도암집

제22권

書서

중부에게 올리다 갑신년(1704, 숙종30)

上仲父 甲申

어제 연석(筵席)에서 성상께서 "올해가 갑신년이라 황조(皇朝 명나라)를 돌이켜 생각하니 더욱 비통하게 느껴진다.[1] 근래에는 아무도 원통함을 품고 아픔을 참는 뜻이 없고, 상소에서도 복수설치(復讐雪恥) 등의 말을 볼 수 없으니, 참으로 개탄스럽다." 하였습니다. 이어서 신종(神宗)의 묘를 건립할지에 대해 물으셨는데, 신하들이 모두 구애되는 일이 많다며 난색을 표하자, 대신(大臣)으로 하여금 지방에 있는 유신(儒臣)과 대신에게 사적으로 논의하여 다시 여쭈라는 하교를 내리셨습니다.[2]

1 올해가……느껴진다 : 명나라가 갑신년(1644, 인조22) 3월에 멸망했기 때문에 말한 것이다.

2 어제……내리셨습니다 : 이에 대한 내용은 《숙종실록》 39권 숙종 30년 1월 10일 기사에 자세히 보인다. 얼마 후에 숙종이 명나라 신종황제의 은혜를 기려 창덕궁(昌德宮) 금원(禁苑)의 서쪽에 대보단(大報壇)을 세워 신종의 위패를 봉안하고 이듬해 3월에 친히 제사를 지냈다. 《肅宗實錄 30年 12月 21日·31年 3月 9日》

중부에게 올리다 을유년(1705, 숙종31)

上仲父 乙酉

지금의 시세는 말할 만한 것이 없으니, 나아가면 위태롭고 물러나면 편안하다는 것은 지혜로운 자가 아니라도 알 수 있습니다. 더구나 풍랑에 두려움이 쌓이고, 험한 길에서 마음이 놀라 실로 벼슬길에서 이가 시리다는 것을 알겠으니, 이제부터는 전야(田野)에서 여유롭게 지내며 '옛 한림〔舊翰林〕'이라고 일컬으면 충분합니다.

그러나 한 충헌공(韓忠獻公)이 "거취는 맹렬하여 흔적이 있어서는 안 된다."[3]라고 하였으니, 역시 어찌 한 마디 말로 단정할 필요가 있겠습니까. 다만 대각(臺閣)의 상소가 수습되기 전에는, 도성에 있든 지방에 있든 우선 상관이 없지만, 조만간에 과연 수습이 된다면 한림원(翰林院 예문관)에 변통할 인원이 없어 반드시 다시 이전처럼 독촉할 것이니, 감옥같은 곳을 집으로 삼는다면 역시 괴롭지 않겠습니까.

염치에 있어서나 도리에 있어서나 결코 다시 잠필(簪筆)의 자리[4]를 욕되게 할 가망이 없습니다. 결국에는 역시 변통하여 6품으로 오를

3 한……된다 : 한 충헌공은 송나라의 명신 한기(韓琦)를 말한다. 그가 말하기를 "부귀는 얻기 쉽지만 명절은 보존하기가 어렵다.〔富貴易得, 名節難保.〕"라고 하였으며, 또 말하기를 "거취를 드러내기 곤란한 상황에 처한 경우 맹렬하여 흔적이 있게 해서는 안 된다.〔處去就之難者, 不可猛而有跡.〕" 하였다. 《明本釋 卷下》

4 잠필(簪筆)의 자리 : 잠필은 관원이 관(冠)이나 홀(笏)에 붓을 꽂아서 서사(書寫)에 대비하는 것을 이르는 말로, 사관(史官)이나 시종신을 일컫는다. 예문관 검열이나 승정원 주서 등 사관을 잠필지신(簪筆之臣)이라고 한다.

것이니, 과연 그렇게 된다면 저의 진퇴는 여유로워질 것입니다. 그러나 6품으로 오르기 전에는 길이 매우 좁아 운신하기가 실로 어려우니, 단공(檀公)의 상책[5]을 쓰지 않을 수 없습니다. 부모 곁을 떠나 은둔하기가 정리상 근심스럽고 절박하여 제멋대로 온 식구를 데리고 떠나려 하는데, 옛 집이 황폐하여 거주할 수 없으면 먼저 계부(季父)의 집을 빌려 안주하고서 점차 옛집을 수습하는 것이 편하고 좋을 듯합니다.

어머님의 뜻 역시 힘써 따르려고 하지만 형세에 구애되어 계획대로 결행하지 못한다면 역시 휴정(休亭)[6]을 수습하여 홀로 조용한 곳으로 나가 있으면서 틈을 타 찾아뵙고 절반은 도성에, 절반은 고향집에 머무르면서 이렇게 세월을 보낼 계획입니다. 잘 헤아려 가르침을 내려주시는 것이 어떻습니까?

5 단공(檀公)의 상책 : 달아나 위기를 신속하게 면하는 것을 비유한 말이다. 단공은 남조(南朝) 송(宋)의 장군 단도제(檀道濟)이다. 그가 위(魏)나라와 싸우다 불리하자 퇴군(退軍)을 주동한 사실이 있었으므로, 왕경칙(王敬則)이 일찍이 말하기를 "단공의 삼십육계(三十六計) 가운데 주(走)가 상책이었다."고 한 데서 온 말이다. 《南齊書 王敬則傳》

6 휴정(休亭) : 경기도 고양 화전(花田)에 있던 작자의 일휴정(逸休亭)을 말하는 것으로 보인다. 홍직필(洪直弼)의 《매산집(梅山集)》 권2 〈납월배도암유상우화전지일휴정(臘月拜陶菴遺像于花田之逸休亭)〉을 통해 이 사실을 알 수 있다.

중부에게 올리다 병술년(1706, 숙종32)

上仲父 丙戌

호서(湖西)의 장계를 어제서야 등사해 왔는데, 결사(結辭)와 의율(擬律)을 보니, 비록 정식(鄭栻)으로 하여금 직접 쓰게 하더라도[7] 이밖에는 첨가하지 못할 듯합니다. 모르겠습니다만 "곡진히 위하였다."라고 한 것은 어디에 근거를 둔 것입니까? 전후의 모욕은 경중이 비록 같지 않지만 똑같이 여러 박씨(朴氏)의 손에서 나왔으니,[8] 놀랍고 통탄스러움을 말할 수 있겠습니까.

7 비록……하더라도 : 1706년(숙종32) 충청도 유생 임부(林溥)를 소두(疏頭)로 하여 22명이 연명하여 상소하였는데, 1701년(숙종27) 옥사를 담당한 대신(大臣)들이 국청(鞫廳)에서 공초(供招)의 무도(無道)한 말을 숨기고 아뢰지 않았다하여 처벌을 주장하였다. 1701년의 옥사는 흔히 무고(巫蠱)의 옥사라고도 칭한다. 이해 8월 인현왕후가 원인 모를 병으로 별세하였는데, 바로 뒤에 희빈(禧嬪) 장씨(張氏)가 취선당(就善堂) 서쪽에 신당(神堂)을 설치하고 인현왕후가 죽기를 기도한 일이 발각되어 일어난 옥사로, 이 일에 관련되어 희빈과 그의 오라비인 장희재(張希載)가 사사(賜死)되었다.《肅宗實錄 32年 5月 29日・6月 2日》 임부(林溥) 사건이 일어났을 당시 정식(鄭栻)이 지평으로 있었는데, 임부를 국청에서 심문할 것을 주장하였다.

8 여러……나왔으니 : 박태춘(朴泰春)과 그 일족을 말하는 것으로 보인다. 박태춘은 1706년(숙종32) 임부(林溥)와 '세자모해설'을 유포한 혐의로 조사를 받았다. 그 전에 장희재(張希載)가 윤순명(尹順命)에게 편지를 보내, 김춘택(金春澤)이 자신을 해치면 세자도 무사하지 못할 것이라는 말을 했다고 하였는데, 세자도 무사하지 못할 것이라는 '세자모해설'을 임부가 퍼뜨렸다는 것이다. 말의 출처를 조사하던 중에 박태춘이 출처로 지목되었다. 이 일로 인해 임부는 자백하지 않고 버티다가 죽고, 박태춘은 정배되었다.《肅宗實錄 32年 6月 23日・26日, 33年 1月 10日》

영의정(최석정(崔錫鼎))이 또 인혐하고 들어갔는데, 들으니 임부(林溥)가 그저께의 문목에 대해 너무 겁이 나 기색을 잃었다는 말을 듣고 단지 황서(黃書) 중에 언급한 내용으로만 대답하였으나, 결국 말이 되지 않습니다. 게다가 임부가 대신에게 진정(陳情)을 청하며 "집에 아흔 먹은 노모가 있는데 오래도록 이곳에 매여 있어 어미가 고생스레 자식을 기다릴까 두려우니, 속히 일을 끝내주시기 바랍니다."라고 하였으니, 미리 준비한 사실을 알 수 있습니다.

영상이 또 다시 공초를 받기로 의논하여 아뢰려고 하면서 아뢸 내용을 거의 다 썼다가 홀연히 "결국에는 혐의가 있음을 알겠으니, 추국에 참여할 수가 없습니다."라고 하고는 갑자기 완성된 초본을 태우고 일어나 나갔습니다. 예로부터 어찌 국청(鞫廳)에서 네 차례에 걸쳐 형추(刑推)하고서 형벌을 청하지 않은 이치가 있었습니까. 게다가 그가 곧바로 일어선 이유는 이후로 형벌을 청하는 것 이외에는 다른 방도가 없으니, 별도의 판하(判下)가 있을까 염려해서입니다. 영상이 돌아보고 안타까워한 뜻은 길 가는 사람도 아는 사실이며, 민심도 모두 놀라고 한탄스러워합니다.

중부에게 올리다 정해년(1707, 숙종33)

上仲父 丁亥

동상(東庠)에 의망된 것[9]이 이미 뜻밖의 일인데, 외람되이 성상의 낙점을 받았으니, 두려움과 부끄러움을 말로 다할 수 있겠습니까. 양사(兩司)의 관원으로 겸관(兼官)에 임명된 것이 이미 극히 드문 선발이라 감당할 수 없는 점이 있습니다.

몇 해 전 중부께서 역시 관각(館閣)의 직책을 거치기 이전에 서상(西庠)에 임명된 적이 있었는데,[10] 그 당시에는 이미 관록(館錄)[11]에 참여하였고 다만 도록(都錄)[12]만 마치지 않았을 뿐이니, 전례로 원용할 수는 없습니다. 이밖에는 끝내 가까운 전례의 유무를 기억하지 못하여 이조의 아전을 불러다 이전의 규례를 물어보려고 하였습니다. 과연 처음 있는 일이라면 상소를 올려 사직하려고 하였습니다. 그런데 숙직을 마치고 나가는 길에 황 참판(黃參判) 대감을 위로하다가 말이 이 일에 미치자, 황 참판이 크게 웃으며 "겸관(兼官)을 사직하는 일은 이전에는 없던 일이니, 부디 그러지 말게."라고 하였습니다. 호조 판서가

9 동상(東庠)에 의망된 것 : 1707년 저자가 겸동학교수(兼東學敎授)에 제수된 일을 말한다.

10 몇……있었는데 : 1704년 이만성(李晩成)이 겸서학교수(兼西學敎授)에 제수된 일을 말한다.

11 관록(館錄) : 홍문관의 교리·수찬을 임명하기 위한 제1차 추천 기록이다.

12 도록(都錄) : 의정부에서 홍문관의 교리·수찬을 선임하기 위한 제2차 추천 기록으로, 도당록(都堂錄)을 말한다.

마침 자리에 있었는데, 역시 그렇게 하지 말라고 권하였습니다. 이 일을 어떻게 해야 할지 모르겠으니, 잘 헤아리셔서 가르침을 내려주시기 바랍니다.

중부에게 올리다[13] 무자년(1708, 숙종34)

上仲父 戊子

서계(書啓)의 초안(草案)이 나와 지금 막 일을 시작함에 반드시 아무쪼록 10일에 맞추어 복명하려고 합니다만, 과연 계획처럼 될지는 모르겠습니다. 중웅(仲熊 홍우서(洪禹瑞)) 어른이 억울한 일을 통쾌하게 면하였으니,[14] 성상의 밝은 통촉이 사람을 감격하게 합니다. 모르겠습니다만 새로 언관의 직책을 맡아 성상의 은혜에 만에 하나라도 보답할 계획을 세울 수 있겠습니까.

서계(書啓)를 기초(起草)할 때에는 실마리를 찾지 못해 일일이 질정할 겨를이 없었습니다. 대저 선택된 고을이 모두 열 곳인데, 여섯 군데는 모두 폄제(貶題)[15]하여 낙과(落科)로 처리했으니, 함종(咸從)·성천(成川)의 전 수령과 덕천(德川)·희천(熙川)·의주(義州)·철산(鐵山)입니다. 강서(江西)와 가산(嘉山)은 포양(褒揚)하는 가운데 폄척(貶斥)이 있으며, 강계(江界)와 영유(永柔)는 과연 잘 다스렸으나

13 중부에게 올리다 : 1708년 저자가 관서 암행어사(關西暗行御史)로 나갔을 때의 편지이다.

14 중웅(仲熊)……면하였으니 : 홍우서가 주서로 있으면서 신하들의 상소 내용이 승정원에서 바뀌어 기록되는 잘못에 대해 상소하였는데, 이 때문에 의금부에서 문초를 당한 뒤에 풀려난 일을 말한다. 홍우서는 그 후 정언에 제수되었다. 《肅宗實錄 34年 4月 3日·5月 12日》

15 폄제(貶題) : 관찰사가 관할 지역 원(員)의 치적을 평가하여 중앙에 보고하는 세 등급 가운데 가장 낮은 등급으로, 해마다 두 차례씩 평가하여 중앙에 보고하였다.

모두 가까운 사이이거나 인척의 혐의가 있으니, 이것이 난처한 일입니다. 다만 사(私)로 공(公)을 가리는 것도 안 되니, 일체를 공(公)을 따라 할 뿐입니다. 별단에는 조건(條件)이 제법 많아 우선 바로잡지 못했으니, 이 글을 우선 비밀로 하여 남에게 보이지 않기를 바랍니다.

중부에게 올리다
上仲父

말씀하신 내용은 저는 그렇지 않다고 생각합니다. 거취의 절차는 진실로 쉽지 않으니, 반드시 떠날 수 있는 의리가 생긴 뒤에야 과감하게 결정해야 합니다. 비록 최문숙(崔文叔 최규서(崔奎瑞))이 남들보다 훨씬 훌륭한 인물이지만, 휴가를 받고 돌아오지 않은 것은 의의(意義)가 분명하지 않으니, 결국 온당한 도리가 아닙니다. 지금 만약 힘을 써도 일을 할 수 없다는 뜻[16]으로 누워서 일어나지 않는 것으로 일생을 단정하여 최(崔)와 정(鄭)[17]의 거취를 따른다면 사람들이 비록 너무 지나치다고 말을 하겠지만, 진실로 편안히 물러나는 미덕이 있습니다. 이후로 다시 상소를 올린다고 해도 채택되지 않고 호된 견책이 더해지지 않는 상황에서 독려하는 하교가 또 거듭해서 내려와 결국 힘써 받들지 않을 수 없게 된다면, 차라리 일찍 명을 받들어 강력히 버티지 않는

16 힘을……뜻 : 역량이 없어 직책을 그만둔다는 의미이다. 계씨가 전유(顓臾)를 치려하자 공자가 염구에게 책임을 물었다. 염구가 자신들은 전유를 칠 마음이 전혀 없다고 발뺌하자, 공자는 "구야! 주임(周任)이 이렇게 말한 일이 있다. '능력을 펴서 대열에 나아가 능히 할 수 없는 경우에는 그만두라.' 위태로운데도 붙잡지 못하며 넘어지는데도 부축하지 못한다면 장차 저 재상을 어디에다 쓰겠느냐?〔求周任有言曰, 陳力就列, 不能者止, 危而不持, 顚而不扶, 則將焉用彼相矣.〕" 하였다. 《論語 季氏》

17 최(崔)와 정(鄭) : 정확히 누구를 가리키는지 자세하지 않으나 최규서(崔奎瑞)와 정재희(鄭載禧)를 말하는 것으로 보인다. 정재희는 자가 자순(子純)이고, 호는 양촌(陽村)이다. 대사헌, 도승지 등을 거쳤으며, 노소 분열 초기부터 소론의 입장에 동조하다 노소 대립이 격화되자 관직을 버리고 귀향하였다.

편이 나을 것입니다. 이 한 가지 절차를 의론하여 결정한 뒤에 거취를 논할 수 있습니다.

엄한 하교가 이미 내려와 관직에 나오기를 독려하고 은혜로운 비답 역시 간곡하니, 만일 멀리 떠나 은거하려는 선비가 아니라면 시일을 끌며 물러나 있으면서 한갓 분의만 손상하는 것은 마땅하지 않으니, 끝내 역시 명을 받들 수밖에 없다면 더욱 사람들의 비웃음을 보탤 듯합니다. 조만간에 만일 이로 인해 처벌을 받아 파직된다면 진실로 다행스런 일일 것입니다.

성상께서 반드시 불러들이려 하시는 것은 처음 휴가를 받았을 때부터 이미 필시 버티고 나오지 않을 것을 알았기 때문입니다. 그러므로 전후로 별도의 엄한 견책을 내리셨으니, 이로 미루어 보면 필시 바라는 것처럼 순조롭게 해직될 리는 없으니, 마땅히 뜸을 뜨는 성상을 문안할 때에 들어와야 할 듯합니다. 만일 본직이 감내하기 어렵다면 다시 상소를 올려 힘껏 사양하고 단자(單子)를 올려 체직을 바라는 것이 역시 한 가지 방편이니, 어찌 이 일을 가지고 관직에 나아가기 어려운 단서로 삼아서야 되겠습니까. 자세히 헤아려 처리하시면 매우 다행이겠습니다.

중부에게 올리다
上仲父

상소의 초고는 삼가 살펴보았습니다. 대저 신하가 진언할 때는 각기 자신의 직분을 따르니, 대간(臺諫)은 말해야 하는 책임이 있기에 일의 크고 작음에 관계없이 모두 말할 수 있습니다. 만일 국가의 존망과 관련되고 일신의 진퇴를 결정해야 하는 중대한 관건이나 시비가 있다면 비록 하급 관원이라도 역시 말할 수 있습니다. 만약 그렇지 않은 경우에 자신의 지위를 넘어서 일을 말하는 것은 그만두어야 하는데 그만두지 않는 것인 듯합니다.

지금 이 상소는 대의가 모두 좋지만 말이 신기하지 않고, 임금의 덕과 시국의 폐단에 대해 대부분 범범하게 논하여 이미 시국을 구제하고 백성을 소생시키는 웅대하고 좋은 계책이 아니며, 또 잘못을 바로잡고 사악한 자를 규찰하는 과격한 말이나 심한 비평이 아니니, 지위를 넘어 말을 할 필요는 없을 듯합니다. 그 중 권익평(權益平)의 일[18]에 대해 논한 것이 가장 좋습니다.

다만 명호(名號)를 높이는 논의에 대해서는 세상 사람들이 반드시 우리 집안을 의심하지는 않을 것이지만, 이는 기치를 세우고 스스로 해명하는 혐의가 있습니다. 이 상소를 만약 올린다면 비록 성상의 마음

18 권익평(權益平)의 일 : 권익평은 이산(尼山)의 유학(幼學)으로, 상소하여 인현왕후(仁顯王后)에게 존호(尊號)를 올리는 일과 감사와 수령이 명예를 구하여 백성을 병들게 하는 폐단 등을 논하였다. 《肅宗實錄 31年 4月 30日》

에는 맞지 않겠지만 필시 의례적으로 온화한 비답을 내릴 것입니다. 그러나 거취와 관계가 없는 듯하니, 좀 더디게 십여 일이 지나 도성에 들어오는 정도에 불과합니다. 역시 무슨 도움이 있겠습니까.

상소를 올린 뒤에 사람들이 필시 성균관의 관원[19]으로서 시사를 논하였으니, 반드시 볼 만한 것이 있으리라 생각할 것입니다. 의견을 달리하는 자들은 두려워하고 의견을 함께 하는 자들은 눈을 비비고 바라보았는데, 상소를 등사해 오고 나서 사람들의 눈과 귀를 용동(聳動)시키지 못한다면, 여러 사람의 마음을 감복시킬 수 있겠습니까. 사람들이 우리에게 기대한 것이 원래 적지 않아 그런 것일 뿐입니다. 성상이 뜸을 뜰 때는 이미 지나버렸지만 지금 비록 늦었지만 '질병〔病〕' 한 글자로 충분히 사직할 수 있습니다. 성 밖으로 와서 즉시 명을 받들지 못한 연유를 거듭 아뢰어 그대로 본직을 사직하여 떠난다고 말할 수 없었던 뜻을 덧붙인다면 십분 도리에 부합할 것이니, 이 상소는 마땅히 중지해야 할 듯합니다.

삼가 바라건대 자세히 헤아리셔서 지나친 결과가 되지 않도록 것이 어떻습니까. 홍 숙부[20] 역시 그만두어야 된다고 말하여 소견이 다르지 않으니, 이것으로 다른 사람들의 의견을 미루어 짐작할 수 있습니다.

19 성균관의 관원 : 당시 이만성이 성균관 대사성이었기 때문에 말한 것이다.

20 홍 숙부 : 저자의 처숙부인 홍우전(洪禹傳, 1663～1728)이다. 본관은 남양(南陽), 자는 집중(執中), 호는 구만(龜灣)이다.

중부에게 올리다 경인년(1710, 숙종36)

上仲父 庚寅

드릴 말씀은 다음과 같습니다. 지평에 증직된 경성(鏡城)의 이붕수(李鵬壽)[21]는 바로 임진년에 정문부(鄭文孚)가 의병을 일으켰을 때 제일의 의사(義士)입니다. 큰 공을 세우고 길주(吉州)에서 전사하였는데, 조정에서 표창하여 증직하고 또 경성의 창렬사(彰烈祠)에 배향되어 있습니다. 몇 해 전에 길주의 유생이 상소하여 본주의 임명서원(臨溟書院)에 배향하도록 청하였는데, 이는 바로 조 중봉(趙重峰 조헌(趙憲))을 배향한 서원으로, 이붕수가 전사한 곳 역시 이곳이기 때문에 그런 것입니다.

이 일은 마땅히 시행을 허락하여 변방의 먼 지역을 격려할 수 있도록 해야 하는데, 여러 해가 지나도록 여전히 회계(回啓)를 하지 않고 있으니, 먼 지역 사람들이 많이 답답해합니다. 길주 사람들이 다시 이 일을 위해 일부러 도성으로 찾아왔으니, 그 정성을 저버려서는 안 됩니다. 판서에게 일이 있으면 참판 역시 회계할 수 있는 규례가 있으니, 이는

21 이붕수(李鵬壽) : 1548~1593. 본관은 공주(公州), 자는 중항(仲恒)이다. 임진왜란 때에 정문부의 별장으로 많은 전공을 세웠다. 길주 장평(長坪), 쌍포(雙浦)에서 대승을 거두었으며, 1593년(선조26) 1월 함경북도 단천(端川) 전투에서 승리하여 적병이 후퇴하자 이를 추격하여 옥탑평(玉塔坪)에서 싸우다가 적의 탄환에 맞아 전사하였다. 1665년(현종6) 함경도 관찰사 민정중(閔鼎重)이 임진왜란 때에 충절을 다한 이 지방 인물들에 대하여 포상할 것을 건의하여 1666년 사헌부 지평에 추증되고, 경성의 창렬사(彰烈祠)에 배향되었다.

어려운 일이 아니면서도 먼 지역 사람들에게는 큰 다행이 될 것입니다. 삼가 바라건대 조리(曹吏)에게서 그 상소를 가져다가 살펴보시고 난 뒤 곧바로 회계하여 시행하도록 하는 것이 어떻습니까?

중부에게 올리다

上仲父

이산(尼山)에 관한 일[22]은 진실로 말씀하신 것과 같습니다. 다만 홍생(洪生 홍주형(洪胄亨))이 이미 정거(停擧)를 당하였으니,[23] 도리상 구원하지 않고 좌시해서는 안 됩니다. 삼사(三司)를 막론하고 마땅히 한마디 말이 있어야 합니다. 우두머리를 제거하는 일로 말하자면 점점 더 격화되는 사이에 절로 결국 반드시 그렇게 될 것입니다. 그런데 이번에 곧장 근원을 거슬러 올라가 단정하면 점진적인 단계가 전혀 없을 듯합니다. 단지 그 일을 가지고 논하여 유벌(儒罰)을 풀어달라고 청하는 것이 마땅할 듯하니, 어떨지 모르겠습니다.

대간은 먼저 계사를 아뢰어 거두어 달라고 청하고 옥당은 형세를 보아 하는 것이 나을 듯합니다. 관료(館僚)가 만일 차자를 올리려고 한다면 역시 의견을 달리해서는 안 되고, 순장(淳丈)[24]이 필시 입을

22 이산(尼山)에 관한 일 : 이산은 충청도(忠淸道) 노성(魯城)의 별칭으로 윤증(尹拯)이 살던 곳인데, 여기서는 윤증을 지칭한다. 이산에 관한 일이란 홍주형(洪胄亨)이 상소를 올려 《예기유편》을 강확(講確)한 데에 윤증의 이름이 기록되어 있다고 하여 배척한 일을 말하는 것으로 보인다.

23 홍생(洪生)이……당하였으니 : 충청도의 유학(幼學) 홍주형(洪胄亨) 등 1백여 인이 상소하여 최석정(崔錫鼎)의 《예기유편(禮記類編)》의 일을 논핵하고, 윤증(尹拯)의 이름이 《예기유편》을 강확한 데 기록되어 있으나, 스스로 변명하지 않는 그릇됨을 배척한 일을 말한다. 이 일로 인해 홍주형은 정거되었다. 《肅宗實錄 36年 4月 20日》

24 순장(淳丈) : 정호(鄭澔)를 말한다. 정호는 이때에 임금이 홍주형을 정거하라는 명을 내리자 대사헌이었던 정호가 명을 거두어들이기를 계청하였는데, 임금이 삭출하

다물고 있지는 않을 것이니, 결국에는 과연 어떻게 될는지요. 이 일은 필시 하늘까지 이르는 풍랑을 야기할 것이라 어떻게 될지 모르겠으니, 염려가 됩니다.

라고 명하였고, 엄한 교지를 내려 정호를 귀양보냈다.

중부에게 올리다
上仲父

이조(吏曹)의 관직에 제수되어 번민과 불안이 더하시리라 생각되는데, 제가 새로 제수된 관직이 더욱 낭패이니,[25] 형세상 하유를 기다린 뒤에 상소를 올리려고 합니다. 하루의 정사(政事)에서 부자형제가 나란히 현관(顯官)과 요직(要職)에 오른 것은 지극히 성대한 일이니, 물러나지 않는다면 반드시 크게 후회할 일이 생길 것입니다. 두려움과 위태로움이 얼음을 밟은 것과 다름없어 관직에서 물러나기를 바라는 마음이 지금에 이르러 더욱 간절하니, 어떻게 해야 하겠습니까. 상소의 초고는 마땅히 가르쳐 주신대로 지어 올리겠습니다. 비록 간절한 마음으로 말을 만들고자 하나, 결국엔 의례적인 사양과 같으니, 결코 성상의 윤허를 받을 리가 없습니다.

25 이조(吏曹)의……낭패이니 : 1710년(숙종36) 중부 이만성(李晩成)이 이조 참판으로, 계부(季父) 이만견(李晩堅)이 응교로, 저자 자신이 헌납으로 제수되었기 때문에 한 말이다. 《肅宗實錄 36年 5月 19日》

중부에게 올리다
上仲父

말씀하신 내용은 잘 알겠습니다. 저의 정리가 남들과는 다르니, 자신이 몸을 남을 위해 바칠 수 없다는 섭정(攝政)의 뜻[26]을 어찌 감히 소홀히 여기겠습니까. 다만 부모 봉양을 위해 외직을 청한 일이 윤허를 받지 못하였습니다. 또 여러 해 벼슬을 하지 않아 벼슬길에 뜻을 접은 사람에 비할 바 아니니, 아직은 떼지어 나아가고 떼지어 물러나오는 사람의 모양새입니다. 그러나 이때에 예전에 없던 잘못된 조처를 그저 바라보면서 여러 관원들이 잇달아 쫓겨나는데도 입을 닫고서 한마디 말도 하지 않는다면 사방에서 오는 책망은 절로 외부에서 오는 일이라 원래 논할 것이 없지만, 부끄러운 마음에 편안하지 못할 것입니다. 더군다나 사태가 점점 나빠져 내일 또 무슨 일이 발생할지 모르니, 처신하기 어렵고 말하기 어려운 일의 기미가 지금보다 갑절이 되지 않을지 어찌 장담할 수 있겠습니까.

이 상소를 올리지 않을 수 없으니, 성상과 아주 가까운 곳에 있다가 며칠이 지난다면 이는 시기를 놓치는 것입니다. 염려할 만한 상황이 또 위에서 말한 바와 같습니다. 그러므로 반드시 오늘에 맞추어 현(縣)

26 자신이……뜻 : 부모가 살아계시면 남을 위해 함부로 목숨을 바치지 않는다는 뜻이다. 섭정은 전국 시대의 유명한 자객으로, 일찍이 살인을 하고 원수를 피해 제(齊)나라 저잣거리에 숨어 살았는데, 한(韓)나라의 엄수(嚴遂)가 원수를 갚아 줄 것을 요청하자 노모가 살아 있다는 이유로 거절하였다. 그 후 노모가 죽자 엄수를 위해 원수를 갚아주고는 자살하였다. 《史記 卷86 刺客列傳》

과 도(道)를 통해 상소를 보내 내일 성상께 전달되도록 했으면 합니다. 상소에서 지나치게 곧은 말은 역시 헤아려 산삭하기를 바라니, 비록 말이 공손하다는 비난을 면하지 못하겠지만 이는 그렇게 하지 않을 수 없습니다. 이처럼 하고서도 쫓겨남을 면하지 못한다면 이 역시 운명이니, 비록 아무 일 없이 앉아 있더라도 어찌 반드시 쫓겨남을 면한다고 보장하겠습니까.

중부에게 올리다 신묘년(1711, 숙종37)
上仲父 辛卯

이미 충주(忠州)와 제천(堤川) 여러 고을을 두루 순무하셨을 것으로 생각되니,[27] 언제쯤 도회로 돌아오십니까? 최문숙(崔文叔 최규서(崔奎瑞)) 대감이 잇따라 돈면(敦勉)을 받고 막 저도(楮島)에 이르러 상소를 올렸으니,[28] 만일 한 걸음 더 나아간다면 구층의 탑이 하루아침에 무너져버려 안타까울 것입니다. 듣기로 그 상소에서 결코 관직에 나아갈 수 없는 연유를 상세히 아뢰었는데, 다만 자신의 죄를 인책하는 한 부분에서 세자가 망극한 변고를 당하였을 때[29]에도 보호해야 한다는 청을 아뢰지 못하였으니 그 죄가 죽음으로도 용서받을 수 없다는 말을 하였다고 합니다. 모르겠습니다만 십 년간 편안히 물러나 추구한 것이 어떤 의리입니까? 비록 시종일관 나오지 않더라도 귀하게 여길 것이 없습니다.

27 충주(忠州)와……생각되니 : 이만성은 한해 전에 충청도 순무사(忠淸道巡撫使)에 임명되어 이 당시 충청도에 있었다. 《肅宗實錄 36年 11月 8日》

28 저도(楮島)에……이르렀으니 : 저도는 한강에 있었던 저자도(楮子島)를 말하는데 이 당시에는 광주(廣州)에 속했다. 이때에 최규서가 판의금부사에 제수되자 광주에 있으면서 체차해 주기를 청하며 상소를 올렸다. 《肅宗實錄 37年 2월 19일》

29 세자가……때 : 세자는 장희빈의 아들로 훗날 경종이 되는 윤(昀)을 말한다. 1701년에 세자의 생모인 장희빈이 무고죄로 사사된 일이 있었다.

중부에게 올리다 계사년(1713, 숙종39)

上仲父 癸巳

석자〔三字〕의 의론이 과연 나왔으니, 세도는 말할 만한 것이 없습니다. 그러나 연석(筵席)에서의 진언은 다만 한 시대의 청의(淸議)를 제기했을 뿐만 아니라 후세에 할 말이 있게 된 것이니 매우 다행입니다. 모여서 의논할 때에 상소의 내용은 또 어떠했습니까? 말을 모나지 않고 부드럽게 하기를 바랄 뿐입니다. 연례(宴禮)를 베풀지 말라는 하교는 성상의 덕을 빛내는 일이지만, 받들어 따르는 사람이 없을 듯하니, 한탄스럽습니다.

중부에게 올리다
上仲父

근래 조정의 일은 이보다 더 부끄러운 것이 없습니다. 주의(注擬)[30]에 관한 일로 말하자면 그 동안의 융숭한 대접이 필시 옆에서 보는 자들에게 비웃음을 사게 될 것입니다. 세도는 진실로 말할 것도 없고 벼슬에 나아갈 시기가 아닌 듯하니, 무슨 수로 전원으로 잘 돌아가 소광(疏廣)과 소수(疏受)의 고사[31]처럼 할 수 있겠습니까. 계부(季父 이만견(李晩堅))가 이때에 또 관직에 나오기를 재촉하는 명을 받았으니, 거취를 어떻게 해야 할지요? 매우 염려됩니다.

30 주의(注擬) : 전조에서 후보자를 전형하여 왕에게 천거하는 일을 이른다. 1명을 천거하는 경우를 단망(單望), 3명을 천거하는 경우를 비삼망(備三望), 4명 이상 여러 명을 천거하는 경우를 장망(長望)이라고 하는데, 비삼망이 통례이다. 비삼망의 경우 등위를 두어 수망(首望)・부망(副望)・말망(末望)으로 올렸는데, 대개 수망으로 천거된 사람이 낙점을 받았다.

31 소광(疏廣)과 소수(疏受)의 고사 : 소광과 소수는 한나라 선제(宣帝) 때의 명신(名臣)이다. 소광은 태부(太傅)가 되고 소수는 소부(少傅)가 되었는데, 소광이 소수에게 "만족할 줄 아는 사람은 욕을 당하지 않고 멈출 줄 아는 사람은 험난한 지경에 처하지 않는다. 공을 이룬 뒤에는 떠나가는 것이 천도에 합당하다." 하고는 두 사람이 동시에 치사(致仕)를 청하였다. 그러자 당시 사람들이 모두 어질게 여겨 그들이 시골로 돌아가는 날 전송하러 온 자들의 수레가 수백 대나 되었으며, 황제가 많은 황금을 하사해 주었다. 이들 두 사람은 그 뒤에 고향으로 내려가서 황제에게서 받은 황금을 다 나눠 주었다. 《漢書 卷71 疏廣傳》

중부에게 올리다 갑오년(1714, 숙종40)

上仲父 甲午

숙부께서 겨울과 봄 사이에 약원(藥院)에서 근무하셨으니,[32] 실로 조정에 들어간 뒤로 제일 수고로웠던 일입니다. 애를 태우고 마음 졸이느라 하루도 쉴 날이 없었으니, 비록 평소에 조섭하는 노력에 힘입어 몸이 상하지는 않았지만, 자기도 깨닫지 못하는 사이에 절로 정력이 쇠하였을 것입니다.

지난 번에 열흘 간 모실 적에 우러러 뵈니, 정정하시던 모습이 쇠하여 예전같지 않았기에 저의 근심과 걱정을 놓기가 어렵습니다. 임금을 문안하는 일은 비록 다행히 우선 중지되었지만 앞에는 공무로 바쁘셨고, 뒤에는 빈객을 응접하는 고생을 하셨습니다. 더군다나 불볕더위가 날마다 점점 기승을 부리는 터라 만약 이때에 조금이라도 조섭하고 삼가는 방법을 잃는다면 몸을 상하게 되는 우려가 다른 때보다 훨씬 더하니, 어찌 두렵지 않겠습니까.

기억하건대 돌아가신 조부께서는 병인년(1686, 숙종12)과 정묘년(1687) 사이에 숙부처럼 얼굴이 쇠하고 수염이 희어지지는 않았는데도, 숙부께서는 그 당시에 마음으로 깊이 근심하며 간간히 조심하라고 간했던 일이 어제 일처럼 또렷합니다. 과거 숙부의 마음으로 지금 저의 마음을 미루어 헤아려 주실 수 있겠습니까.

지난번에 강화 유수(江華留守) 김장(金丈)[33]을 뵈니 몹시 수척하고

32 숙부께서……근무하셨으니 : 이만성은 이 당시 약방 부제조로 있었다.

쇠약해진 모습이었습니다. 비록 큰 병을 앓은 뒤이기는 하지만, 그렇게 된 까닭이 없지 않은 듯하니, 〈벌가(伐柯)〉의 경계[34]로 삼을 만합니다. 텅 빈 집이 적막하여 거의 객지에서 벼슬살이 하는 것과 마찬가지입니다. 예전에는 이런 일로 걱정을 한 적이 없는데, 지금은 이사를 한 뒤라 걱정이 이전보다 갑절로 더하니, 애타는 이 마음을 감히 스스로 숨길 수가 없습니다. 거동하실 때에 더욱 주의하여 조섭하고 삼가시기를 간절히 바랍니다.

33 강화 유수(江華留守) 김장(金丈) : 당시 강화유수였던 김진규(金鎭圭, 1658~1716)를 말하는 것으로 보인다. 본관은 광산(光山), 자는 달보(達甫), 호는 죽천(竹泉)이다.

34 벌가(伐柯)의 경계 : 가까이 전범 또는 귀감이 될 만한 일이 있는 것을 뜻한다. 도끼로 도끼자루 감을 벨 때는 자기가 잡고 있는 도끼자루를 기준으로 하면 된다는 말로, 《시경》 〈벌가〉에 "도끼자루를 베고 도끼자루를 벰이여, 그 법이 멀리 있지 않도다.〔伐柯伐柯, 其則不遠.〕" 하였다.

중부에게 올리다
上仲父

연례(宴禮)에서 성대한 의식을 보는 것을 어찌 바라지 않겠습니까. 다만 진연(進宴)은 진하(陳賀)와는 다르고, 군직(軍職)의 직함은 근신(近臣)의 반열과는 다르니, 불참해서 안 될 의리는 없을 듯합니다. 설령 마땅히 참여해야 하는데 불참하더라도 천하가 태평할 때의 경사는 우환이 있고 겨를이 없을 때와는 다릅니다. 더군다나 새로 군직을 지닌 채 임의대로 외방으로 나간 대신(大臣)에게 신칙하고 금추(禁推)하라는 명이 내려졌으니, 일단 도성으로 들어왔는데 연례를 마친 뒤에 곧장 돌아가는 것은 역시 편안하지 않을 듯합니다. 삼가 바라건대 군직청(軍職廳)의 아전을 불러 병이 나서 참석하지 못한다는 뜻으로 분부하는 것이 어떨는지요? 다만 이 거취는 그다지 중요한 일이 아니니, 남의 눈을 거스르지는 않을 것입니다.

중부에게 올리다 을미년(1715, 숙종41)

上仲父 乙未

위의 차자(箚子)는 실로 세상의 변고와 관련이 있습니다. 이는 우리와 다른 뜻을 주장하는 자들에게서 나온 것과 비할 바가 아니니, 성상의 마음이 어찌 흔들리지 않을 수 있겠습니까. 합계(合啓)하자는 논의는 실행하기가 어려우니, 아무나 할 수 있는 일이 아닌 듯 합니다. 반드시 삼사(三司)에서 명망이 다소 무거운 사람이 선창한 뒤에는 뒤따라 참여하지 않을 걱정이 없으니, 역시 갑자기 행동해서는 안 됩니다. 먼저 한 편의 상소를 올려 시비를 통렬히 분별하여 성상의 생각을 깨우쳐야 할 것인데, 누가 이 일을 할 수 있겠습니까. 한탄스럽습니다.

중부에게 올리다
上仲父

도성의 상황이 극도로 좋지 않으니, 지붕을 쳐다보며 한숨만 쉬는 일을 그칠 수가 없습니다. 순장(淳丈 정호(鄭澔))이 파직되었다는 소식을 들은 뒤로 대론(大論)을 주장할 사람이 없을 것이라 짐작하고 있었는데, 지금 과연 그렇게 되었습니다. 혜우(惠友)[35]가 '동의한다.〔謹悉〕'라고 쓰지 않았으니, 어찌 이렇게나 유약하단 말입니까. 승정원에서 이의를 제기한 것은 거의 말이 되지 않으니, 이와 같아서야 어찌 조정의 모양새가 갖추어질 수 있겠습니까. 속히 패하는 것이 더 낫습니다. 삼사에서는 더 이상 순장(淳丈)처럼 쟁론하는 일이 없습니까?

35 혜우(惠友) : 홍계적(洪啓迪, 1680~1722)을 말하는 것으로 보인다. 본관은 남양(南陽), 자는 혜백(惠伯), 호는 수허재(守虛齋)이다.

중부에게 올리다 병신년(1716, 숙종42)

上仲父 丙申

사헌부에서 올린 계사(啓辭)의 내용이 음흉하고도 주도면밀하니, 근래의 일이 어디엔들 있지 않겠습니까만[36] 통탄스러움을 이루 말할 수 없습니다. 비록 불안한 단서가 있더라도 이는 지명하여 논핵하는 것과는 차이가 있으니, 일의 체모와 도리에 있어서 순무(巡撫)를 그만두고 곧장 돌아가는 것은 마땅하지 않을듯합니다. 일을 마치고 난 뒤에 천천히 처신해도 방해될 것이 없을 듯한데, 어떻게 생각하십니까?

이 일이 필시 그냥 끝나지는 않을 것이니, 다만 이 한 가지 일로도 체직을 결정하기에 충분합니다. 감영(監營)으로 돌아온 뒤에 복명(復命)을 하지 말고, 움츠리고 계시다가 견책을 청하는 것이 좋을 듯합니다. 일을 마치기 전에 곧장 그만두는 일로 말하자면 결코 그렇게 해서는 안 된다는 것을 알겠으니, 삼가 잘 헤아리시기 바랍니다.

36 사헌부에서……않겠습니까만 : 사헌부에서 임진과옥(壬辰科獄)을 담당한 일로 인해 당시 경기 감사(京畿監司)로 있던 이만성을 배척하는 논의가 있자, 이만성이 자신을 삭직해 줄 것 등을 청하는 상소를 올렸는데, 이와 관련한 일을 말한 것으로 보인다. 《承政院日記 肅宗 42年 4月 11日》

중부에게 올리다
上仲父

신(申)의 일이 결국 문자(文字)를 결적(抉摘)한 일로 귀결되었으니,[37] 훗날의 폐단과 관계가 있습니다. 무엄하게 엄폐한 죄상이 이미 드러난 뒤에는 역시 그 시비를 가리지 않을 수 없습니다. 그런데 온 조정이 입을 닫고 한 마디 말을 하지 않으니, 성상의 마음에 어찌 의심이 들지 않을 수 있겠습니까. 이는 모두 삼사의 잘못입니다. 세도(世道)가 몹시 걱정되니, 매우 개탄스럽습니다.

윤우(尹友)는 과연 힘써 벼슬에 나오려는 뜻이 있습니까? 전랑(銓郎)을 통색(通塞)한 일이 필시 이미 원망과 비방을 불러일으켰을 터인데, 설서를 승진시킨다면 이전에 의망된 조(趙)와 이(李)[38] 두 사람은 모두 죄가 없는데다 적합하지 않은 사람이 아니니, 결코 남을 탓하면서 정작 자신이 본받아서는 안 됩니다. 그 나머지 새로 통망(通望)하는 자들은 정밀히 가려 뽑아 외람된 일이 없도록 하고, 삼사 중 저들의 무리에 연좌되지 않은 자도 통틀어서 추천하여 의망하는 것이 마땅할 듯합니다.

37 신(申)의……귀결되었으니 : 신은 송시열의 문인 신구(申球, 1666~1734)를 말한다. 1716년 7월 경기도·충청도·전라도의 유생 60명이 연명하여 소를 올릴 때 그 소두(疏頭)가 되어 송시열을 옹호하고 윤선거(尹宣擧) 부자를 논핵하였다. 이 일로 조태억(趙泰億)이 상소하여 신구가 문자를 집어내어 남의 죄안(罪案)을 만들었다고 비난하였다. 《肅宗實錄 43年 1月 3日》

38 조(趙)와 이(李) : 정확히 누구를 가리키는지 자세하지 않다.

주서 성진령(成震齡)은 면식이 없지만, 지난번에 어떤 사람을 통해 그가 지은 글을 보았는데, 문학과 식견에 실로 남이 미칠 수 없는 점이 있었습니다. 이런 사람들이 묻혀버리는 것은 매우 안타까운 일이니, 이번에 비록 적당한 자리가 없더라도 부디 기억해 두셨다가 천거하여 발탁하는 것이 어떻습니까?

중부에게 올리다 경자년(1720, 숙종46)

上仲父 庚子

윤군(尹君)은 남들이 말하기 어려운 것을 말했다고 할 만합니다.[39] 말을 비록 가려서 하지 않았다 하더라도 젊은이의 지나친 말에 무슨 해가 되겠습니까. 선비의 기운은 아직 쇠하지 않은 것입니다. 성상의 비답 중에 네 글자가 만일 대의(大義)의 근원을 훤히 본 것이 아니라면 이는 진실로 인지상정이 반드시 그러하니, 굳이 몹시 놀라서 좀 괴이쩍게 생각할 것은 없습니다. 다만 상황의 경중을 엿보고 일어나는 자들이 분분할까 염려되니, 어찌해야 할지요?

39 윤군(尹君)은……만합니다 : 윤군은 윤지술(尹志述)을 가리키는 듯하다. 1720년(숙종46) 숙종이 승하하자, 윤지술을 비롯한 성균관 유생이 백관과 유생의 성복에 대해 상소한 일이 있다. 《肅宗實錄 46年 6月 11日》

중부에게 올리다
上仲父

제수하는 명이 교외로 나가기 전에 있었고, 또 놀랄 만한 사건이 번갈아 일어나서 관청이 텅 비었으니, 관직에서 물러나 칩거하기는 참으로 불안할 것입니다. 세도(世道)를 위해 담당하는 일 역시 한 가지 의리이지만, 지금 이미 〈수초부(遂初賦)〉를 찾았으니,[40] 다른 단서가 없이 잠시 나갔다가 곧장 들어오면 자신의 거취가 이미 낭패를 면하지 못할 터인데, 어찌 남을 바로잡을 수 있겠습니까.

만에 하나 명을 받든다면 하루 동안 직무에 종사하더라도 저절로 사안에 따라 바로잡을 수 있을 것이며, 또 흉악한 이들의 예봉을 조금 누그러뜨릴 수 있을 것입니다. 그러나 위로는 임금의 마음을 바로잡고 아래로는 들뜬 논의를 진정시키는 일에 있어서는 보잘 것 없는 작은 힘으로 감히 논의할 수 있는 일이 아닙니다. 이와 같은 데도 번번이 다시 함부로 나아간다면 일신의 낭패야 논할 것도 없지만 또한 국가에 무슨 이익이 있겠습니까. 외숙이 이렇게 권면한 것은 실로 나라에 대한 걱정에서 나온 것이니, 어찌 감동하여 분발하는 뜻이 없겠습니까. 그러나 이미 익숙하게 헤아렸기에 잇따라 상소를 올려 관직에서 물러나게 해주기를 청할 생각을 하지 않을 수 없습니다. 한탄스럽고 부끄러워 참으로 마음을 가눌 수가 없습니다.

40 수초부(遂初賦)를 찾았으니 : 관직을 떠난 은거한다는 뜻이다. 〈수초부〉는 진(晉)나라 손작(孫綽)이 은거 생활의 즐거움을 표현한 작품이다. 이로 인하여 후대에는 수초부를 읊는다는 것이 관직을 버리고 은거한다는 뜻으로 쓰이게 되었다.

중부에게 올리다 신축년(1721, 경종1)

上仲父 辛丑

교외로 나가신 뒤로 재상과 동류들이 대부분 불평한 마음을 지니고 있습니다. 외부에서 하는 말을 진실로 어찌 근심할 것이 있겠습니까마는 마음에 담아 두는 것 역시 매우 편안하지 못합니다. 비록 실직은 없지만 겸하고 있는 사직(史職)은 체모가 엄중한데 한 마디 말도 하지 않은 채 잠시 왔다 잠시 떠난다면 결국 중신(重臣)의 도리가 아니니, 결과적으로 이 일로 인해 들어와서 대략이나마 역사를 편수하는 일에 분수와 의리를 펴는 것이 낫습니다.

만일 관직에 나아가고자 하지 않는다면 역시 병을 핑계대어 힘껏 사양하여 체직되어 물러나는 것을 기약할 수 있습니다. 또 혹여 사안에 따라 충성스런 마음을 아뢰고서 떠날 수 있는 기미가 있다면 결심하여 물러나는 것이 의리에 합당할 듯합니다. 이것이 거취의 큰 관건이니, 결코 허술하게 곧장 마음 내키는대로 해서는 안 됩니다.

삼가 바라건대 깊이 고민하시고 멀리 내다보셔서 지극히 마땅한 결과를 가져오도록 힘쓰는 것이 어떻습니까? 지금 비록 조정에 나아가더라도 중간에 지체한 일은 약간 두려운 마음을 품은 것에 지나지 않아 원래 다른 자취는 없으니, 그간의 시끄러운 말들은 절로 사라질 것입니다.

중부에게 올리다

上仲父

결포(結布)[41]에 관한 일은 군이 먼저 거취를 정할 필요는 없을 듯합니다. 마음에 두고 출사한 뒤에 대신 및 여러 재신(宰臣)들과 조용히 충분하게 강론하여 시행해서는 안 되는 줄 분명히 알게 된다면 연석(筵席)에서 힘껏 쟁론하고, 또 묘당(廟堂)에서 진언하여 잘 처리되기를 바라십시오. 이와 같이 하고서도 결국 뜻을 이루지 못한다면 상소를 올려 견해를 아뢰어도 늦지는 않을 듯하니, 어찌 군이 먼저 소란을 일으켜 자취를 만들어 낸 뒤에야 가능한 일이겠습니까. 부디 조용히 헤아려 보십시오.

41 결포(結布) : 전결(田結)을 기준하여 부과하는 세포(稅布)를 말한다.

계부[42]에게 올리다 병술년(1706, 숙종32)

上季父 丙戌

친국 때의 말은 중부(仲父)[43]를 직접 뵙고 그 대략을 들었습니다. 이잠(李潛)의 공초에 별다른 말은 없었고, 전후좌우에서 칼날을 들이댄 자에 대해 물으니, 김춘택(金春澤), 박규서(朴奎瑞), 임창(任敞) 등이라 했다고 합니다.[44] 성상이 말하기를 "이 세 사람이 과연 나의 좌우에 있었던가?" 하니, 이잠이 말이 막혀 단지 "임부(林溥)는 충신인데도 형벌을 받고 섬에 유배되었으니, 어찌 이와 같은 일이 있을 수 있습니까." 하였다고 합니다. 누구의 사주를 받았는지 묻자, "임부는 막 형벌을 받고 유배에 처해졌으니, 누가 시켜서 했겠습니까. 제가 스스로 한 일입니다." 했다고 합니다. 또 말하기를 "신은 하진(夏鎭)의 아들로 아비가 허적(許積)에 대해 논한 일로 쫓겨났습니다. 신은 생원시에서 장원에 합격하였지만, 기사년(1689, 숙종15) 이후로 과거에 응시하지

42 계부 : 저자의 숙부 이만견(李晩堅)을 말한다.

43 중부(仲父) : 저자의 숙부 이만성을 가리킨다. 이만성은 당시에 승지로 있었다.

44 이잠(李潛)이……합니다 : 이잠(李潛, 1660~1706)은 본관이 여주(驪州), 자는 중연(仲淵), 호는 섬계(剡溪)이다. 이잠은 병술년(1706, 숙종32) 임부(林溥)가 김춘택(金春澤)의 처벌과 국정쇄신을 건의하는 상소를 올렸다가 처벌을 받은 후에 다시 상소를 올려 임부의 상소가 정당하다고 두둔하였다. 이잠은 상소에서 주로 노론이 세자의 입지를 흔들려 한 것을 지적하고 김춘택과 이이명(李頤命) 등의 처벌을 청하였다. 그런데 그의 상소 중 "전후좌우에서 모두 춘궁에게 칼을 들이댄다.〔左右前後, 莫不向刃於春宮.〕"라고 한 내용이 특히 문제가 되어 국문을 받다가 사망하였다. 《肅宗實錄 32年 9月 17日》

않았으니,[45] 당론(黨論)으로 한 일이 아니라는 것을 알 수 있을 것입니다." 하였다고 합니다.

성상이 엄한 말로 따져 묻고, 또 별도로 문목을 만들어 묻고는 다시 탄식하기를,

"내가 있을 때에도 이런 부류들이 자취를 이어 일어나 반드시 재앙을 전가(轉嫁)시킨 뒤에 그치려고 하니, 내가 죽고 난 뒤의 근심을 이루 다 말로 할 수 있겠는가. 내가 친국을 하는 것은 그 싹을 통렬히 잘라내기 위해서인데, 없는 변괴가 없으니 이후로 잇달아 일어나는 자가 없을 것이라 어찌 장담하겠는가. 그 의중을 살펴보건대 반드시 조정의 신하를 모조리 사지(死地)로 내몰려 하는 것이라 그 재앙을 말로 다하기 어려우니, 진실로 나의 말처럼 될까 두렵도다."

하며 누누이 하교하였다고 합니다. 이 말을 들으니, 사람으로 하여금 감격하게 합니다.

두 대신이 대명(待命)하고 있는 곳에 사관(史官)과 승지를 보내어 서너 차례 타이르고, 이잠이 두 차례 형신(刑訊)을 받은 뒤에 친국을 파하려 하면서 대신을 면대한 뒤에야 전내(殿內)로 돌아갈 것이라고 명을 내리셨다고 합니다. 그리고 장전(帳殿)에서 오래 기다리며 몹시 급히 재촉하니, 김(金)과 신(申) 두 대감이 모두 들어와 사죄하였습니다.[46] 성상께서 위로하고 권면하는 뜻이 지극하였고, 심지어는 "반드시

45 기사년……않았으니 : 1689년(숙종15) 서인에 대치하여 남인이 정권을 잡았던 기사환국 이후 자신이 관로에 진출할 수 있는 유리한 상황에서도 과거에 응시하지 않았다는 뜻이다.

46 김(金)과……사죄하였습니다 : 김과 신은 김창집(金昌集)과 신완(申琓)을 말한다.《肅宗實錄 32年 9月 18日》

경들이 이잠의 고문을 지켜보도록 하려 했건만 그렇게 하지 못했소."라 하고 간곡히 만류했다고 합니다. 대사간 박필명(朴弼明)은 이잠의 상소에서 남(南)과 유(柳)[47]를 찬미한 것은 모두 가탁하는 의도에서 나온 것이라 말하였고, 영의정(최석정(崔錫鼎))은 임부는 향생(鄕生)에 불과하지만, 이잠은 명문가 출신인데도 이런 말을 했다고 하였습니다. 이잠의 상소에서 '두 정승은 모두 쫓겨나고, 세 번의 차자(箚子)를 올렸으나 오랫동안 받아들여지지 않았다.' 등의 말은 바로 남구만, 유상운, 최석정을 가리켜 말한 것입니다. 이잠이 그들의 충정을 추켜세운 것이 한두 가지가 아니었기 때문에 영의정의 무리가 그것을 혐의하여 대놓고 구원할 수 없어서 단지 그가 오인(午人 남인(南人))이라는 점을 밝힌 것입니다.

중부께서 이어 아뢰기를 "임부의 음흉한 상소가 결국 임금을 기망한 것으로 판명되었고, 그가 승복한 뒤에도 오히려 사형을 면해주었기 때문에 이잠의 무리가 그 자취를 이어 일어난 것이니, 반드시 엄하게 심문하여 처형해서 뒤이어 일어나는 길을 막아야 합니다. 임부 역시 서울 사람으로 사족들과 연이 닿은 곳이 많으니, 단지 시골 선비라고 말해서는 안 됩니다."라고 하였습니다. 그러자 성상이 "승지의 말이 옳다." 하시고는 이어 통렬히 질책하는 말로 누누이 하교하셨는데, 다 전할 수가 없다고 합니다.

47 남(南)과 유(柳) : 남구만(南九萬)과 유상운(柳尚運)을 말한다. 이에 대해서는 박필명(朴弼明)이 올린 계사에 자세히 보인다. 《肅宗實錄 32年 9月 18日》

계부에게 올리다 계사년(1713, 숙종39)
上季父 癸巳

기묘년(1699, 숙종25)의 묵은 환곡은 이미 거두어들일 길이 없으니, 만일 애초에 모곡(耗穀)을 옮겨 충당하였다면 비록 구차하기는 하지만 오히려 백성에게는 은택에 가까웠을 것입니다. 이는 애초에 거두어들이지 못했다고 보고를 하자, 영문(營門)에서 꼴지로 초계(抄啓)할 우려가 없지 않다는 이유로 아무쪼록 옮기도록 허락하여 비로소 꾸며서 고쳐 기록한 것입니다. 거두지 않은 것을 이미 거두었다고 한 것은 다만 한때 죄를 면하기 위한 계책이니, 결코 결백하고 정직한 도리가 아닙니다. 저들에게는 혹 은덕을 베풀었다는 마음이 들겠지만, 자신에게는 부끄러운 마음이 들 것이니, 실제에 따라 감죄(勘罪)하기를 기다리는 것이 더 편안한 것만 못합니다.

기묘년 이전의 장부를 다시 보냅니다. 이곳에 모자란 것이 어찌 약간의 모곡일 뿐이겠습니까. 어리석은 견해가 이와 같으니, 필시 대부분 몹시 우활하고 졸렬하다고 여길 것입니다. 꼴지가 될 것이 분명하니, 만일 곤장을 맞는 것을 면하고 파직된다면 체직을 바라던 뜻에 실제 부합할 것이나 결과가 어떻게 될지는 모르겠습니다.

듣기로 도성의 상황이 점점 나빠지고 있다고 하니, 결코 관직에 나아갈 때가 아닙니다. 어떻게 하면 봄에 고향으로 돌아갈 수 있겠습니까? 동네의 봄철 궁핍함이 날마다 심해지리라 짐작되는데, 준석(俊碩)의 상가(喪家)를 도와주고 싶어도 쌀을 져 보내는 것은 결국 편안치 못하니, 보낼 만한 노비가 없습니까?

종제 여강 구 에게 주다 갑진년(1724, 경종4)

與從弟汝剛 絿○甲辰

장문의 편지를 펼쳐보고는 슬픔에 목이 메어 다 읽을 수가 없었네. 유(維)[48]가 오랫동안 편안히 거처하기만 하고 가르침을 받지 못하였으니,[49] 내가 늘 그 일을 근심하다가 마침 그가 몹시 후회하는 낌새를 보고 급히 한 마디 말로 꾸짖었는데, 타산지석(他山之石)이 옥을 가는 도구로 바뀔 줄은 생각지도 못했네. 말뜻을 자세히 살펴보건대 감격하고 분발하여 도움을 구하는 말이 하나하나 진실한 마음에서 나왔으니, 만일 이 마음을 보존하여 잃지 않는다면 무슨 일인들 하지 못하겠는가. 보통 사람 중에는 자신의 허물을 아는 이가 드물고, 알고서 고치는 이는 더욱 드물다네. 그대가 병통을 이미 깊이 살피고 엄하게 책망하였으니, 고치지 못할까 근심할 뿐이지 알지 못할까 근심하지 말게나.

사람이 타고난 기질은 치우치지 않는 경우가 드무니, 치우친 곳은 마땅히 제거해야 하네. 그러나 치우쳤다고 말하자마자 또 어떤 일로 그 치우친 곳을 바로잡으려고 한다면 더더욱 공평하고 올바르지 못한 모습을 보게 될 것이네. 더군다나 갑자기 바로잡으려 하지만 쉬이 바로

48 유(維) : 저자의 계부(季父) 이만견(李晩堅)의 아들인 이유(李維)를 말한다.

49 편안히……못하였으니 : 《맹자》 〈등문공 상(滕文公上)〉에 "배불리 먹고 따뜻이 옷을 입어서 편안히 지내기만 하고 가르침이 없으면 금수에 가까워진다. 이 때문에 성인이 이를 근심하시어 설을 사도로 삼아 인륜을 가르치게 하였다.〔飽食煖衣, 逸居而無教, 則近於禽獸, 聖人有憂之, 使契爲司徒, 教以人倫.〕" 하였다.

잡지 못하는 경우는 어떻겠는가. 그대는 타고난 자질이 본래 아름다우니, 굳이 스스로 너무 유약하다고 자책할 필요 없네. 부드러운 성품 역시 좋은 면이 있으니, 자애롭고 진실한 마음은 선을 행할 수 있고, 온화하고 공손한 마음은 학문의 진보를 이룰 수 있네. 오직 나약하여 결단하지 못한다면 그제야 악(惡)이라 말할 수 있을 것이네. '강(剛)'은 사람이 가장 하기 어려운 것이지만, 혈기(血氣)에서 나온 것은 말할 필요도 없고, 의리(義理)에서 발현된 것도 중도에 맞고 맞지 않는 것이 있네. 그러니 꼭 함부로 행동하여 재앙을 재촉한다 해서 강(剛)이 되는 게 아니고, 꼭 목숨을 가벼이 여겨 효(孝)를 망각한다 해서 강(剛)이 되는 것도 아니네.

보내준 편지에서 말한 '차라리 격렬히 하고, 차라리 지나치게 하겠다.〔寧激寧過〕'라는 것은 진실로 현위(弦韋)[50]의 뜻이 있지만, 가령 성품을 고쳐서 그렇게 되더라도 역시 나태하고 미치지 못하는 것이나 병통이 되기는 마찬가지라네. 그러므로 성품과 분수의 가까운 곳에서부터 서서히 힘을 기울여 악(惡)을 다스리고 선(善)을 온전히 하여[51]

50 현위(弦韋) : 자신의 단점을 보완한다는 말이다. 춘추 시대 진(晉)나라 동안우(董安于)는 본디 성미가 느슨했기 때문에 팽팽한 활시위를 몸에 찼고, 전국 시대 위(魏)나라 서문표(西門豹)는 본디 성미가 급했기 때문에 느슨한 가죽을 몸에 차고서 각각 자신을 반성했던 데서 온 말이다. 《韓非子 觀行》

51 악(惡)을……하여 : 《예기》 〈중니연거(仲尼燕居)〉에 '영악이전호(領惡而全好)'라는 말이 있는데, 영악(領惡)은 악을 통제하여 다스리는 것이고, 전호(全好)는 선(善)을 온전하게 하는 것이다. 《근사록》 〈위학(爲學)〉에는 "양(陽)을 많이 부여받은 자는 밝고 어둡지 않으므로 덕성(德性)이 쓰이고, 음(陰)을 많이 품부받은 자는 탁하고 맑지 못해 물욕(物欲)이 행해진다. 물욕의 악(惡)을 다스려 행해지지 못하게 하고 덕성의 호(好)를 온전하게 하여 그 쓰임을 다하게 하는 것은 필시 학문을 말미암아야 할 것이

평소의 병통이 알지 못하고 깨닫지 못하는 사이에 점차 사라지도록 하는 것이 제일이네. 그러나 학문이 기질을 변화시키는 데 이르러야 학문을 말할 수 있으니, 이는 쉽게 말할 수 있는 것이 아니네. 《중용》에서 "아무리 유약한 사람이라도 반드시 강해질 것이다."[52]라고 하였는데, 그 공부의 차례를 거슬러 올라가 보면 "널리 배우며, 자세히 물으며, 신중히 생각하며, 밝게 분별하며, 독실히 행해야 한다." 하였고, 또 "남이 한 번 하면 나는 백 번이라도 하고, 남이 열 번 하면 나는 천 번이라도 한다." 하였으니, 어찌 조급한 마음으로 짧은 기간에 효과를 바랄 수 있겠는가.

지금 우선 엄숙과 공경을 위주로 삼고 구용(九容)[53]과 구사(九思)[54]를 그 절목으로 삼아 마음과 몸이 잠시라도 게을리하는 일이 없도록 하게. 이로 말미암아 더욱 궁리하여 성현의 말을 반드시 믿을 수 있고 반드시 실천할 수 있다고 생각한다면 사리의 경권(經權)[55]과 득실이

다."라고 하였다.

52 아무리……것이다 : 《중용장구》 제20장에 "남이 한 번에 잘 하면 나는 그것을 백 번이라도 하고, 남이 열 번에 잘 하면 나는 그것을 천 번이라도 할 것이다. 과연 이 방법대로 잘 행하기만 한다면 아무리 어리석은 사람이라도 반드시 밝아지고, 아무리 유약한 사람이라도 반드시 강해질 것이다.〔人一能之, 己百之, 人十能之, 己千之. 果能此道矣, 雖愚必明, 雖柔必强.〕"라는 말이 나온다.

53 구용(九容) : 《예기》 〈옥조(玉藻)〉에 나오는 군자가 지켜야 할 자세로, 걸음걸이는 무게가 있어야 하며〔足容重〕, 손놀림은 공손해야 하며〔手容恭〕, 눈은 단정해야 하며〔目容端〕, 입은 조용해야 하며〔口容止〕, 목소리는 고요해야 하며〔聲容靜〕, 머리는 곧아야 하며〔頭容直〕, 기상은 엄숙해야 하며〔氣容肅〕, 서 있는 모양은 덕스러워야 하며〔立容德〕, 얼굴빛은 장엄해야 한다〔色容莊〕는 아홉 가지이다.

54 구사(九思) : 41쪽 주22 참조.

절로 눈앞에서 분명해질 것이니, 세상의 이해와 화복은 모두 내 마음을 얽매지 못할 것이네. 이치를 궁구하는 요체는 또 하나의 생각이 싹트는 곳에서 무엇이 공(公)이고 사(私)이며, 사(邪)이고 정(正)인지 분별해야 할 뿐이니, 생각이 옳지 않다고 깨달으면 생각하지 말고, 말이 옳지 않다고 깨달으면 말을 하지 않아야 하네.

집안일이 비록 번잡하더라도 이 역시 힘을 쓰는 실제 영역이니, 다시 그 사이에서 병통이 생기는 곳이 없는지를 자세히 살피고 통렬히 제거하고 다스려 구차하게 행여 지나치지 않도록 하게. 겨를이 있을 때 우선 하루 동안에 내 마음 속에 보존된 것이 얼마이고, 보존되지 않은 것이 얼마인지를 생각해보면 역시 마음을 일깨울 수 있을 것이네.

그러나 구습에 얽매여 깨끗이 떨쳐버리지 못하는 것이 학자들의 공통적인 근심이네. 그대가 유약한 성품을 자신의 병통으로 여기고 있지만 말하고 행동하는 사이에 이따금 성급한 면이 있네. 한때 좋은 생각이 갑자기 생겨나도 또 쉽게 사라지니, 구습은 예전 그대로 남아있네. 만일 심지가 게으르고 느슨해질 때에 오늘날 하늘과 땅에 사무치는 원통함이 어떠하며, 신세의 고독함이 어떠하며, 집안을 짊어진 책임이 어떠하며, 나이를 얼마나 먹었는지를 생각해 본다면 문득 놀랍고 두려운 마음이 들 것이네. 고요히 홀로 있을 때도 삼가고 마음에서 놓지 말아 늘 빛나는 상제(上帝)가 내려다보고 충만한 선조의 영령이 위에 계신 듯 행동한다면, 그릇되고 치우친 생각이 감히 싹터 움직이지 못할 것이며, 의리의 마음이 자연히 편안해지고 굳건해 질 것이네. 옛 사람

55 경권(經權) : 경도(經道)와 권도(權道)를 말한다. 경은 변할 수 없는 도이고, 권은 임시로 변통하는 도를 말한다.

이 동인증익(動忍增益)[56]할 적에는 바로 이와 같은 곳에서 힘을 얻었네. 이는 내 말이 아니라, 주자(周子), 정자(程子), 장자(張子), 주자(朱子)가 남긴 뜻인데, 또 그들의 중요한 말을 모아 그대가 긴요하게 받아들여야 할 부분에 대해 말해준 것뿐이네. 한번 이와 같이 힘을 기울여 기약하지도 말고 조장하지도 말며,[57] 하다말다 하는 일이 없도록 하여 심력(心力)이 강해지는 때에 이르러야 비로소 기질이 변화될 것이니, 이것이 아마도 강대함의 근본이 될 것이네.

지금 《대학》을 읽으며 의미가 점점 분별된다고 하니, 아주 좋은 소식이네. 《대학혹문》에서 "경(敬)자로 보충해야 한다."[58]라고 논한 곳은 만학(晩學)에게 가장 절실한 곳이라 날마다 더욱 부지런히 노력해야 하네. 항상 마음을 보존하고 책을 읽는 것을 한 가지 일로 여기고, 맛을 느끼는 가운데 더욱 맛을 얻는데 힘쓰면 의심이 없던 곳에서 의심

56 동인증익(動忍增益) : 《맹자》 〈고자 하(告子下)〉에 "마음을 분발시키고 참을성을 길러 그 능하지 못한 바를 증익시킨다.〔動心忍性, 曾益其所不能.〕"라고 한 데서 온 말이다.

57 기약하지도……말며 : 정조(正助)에서 '정'은 미리 기약하는 것을 말하고, '조'는 억지로 조장하는 것을 말한다. 맹자가 호연지기(浩然之氣)를 기르는 일을 가지고 이르기를, "반드시 무슨 일을 하되 미리 기약하지 말아서, 마음에 잊지 말며 조장하지도 말아야 한다.〔必有事焉而勿正, 心勿忘, 勿助長也.〕" 한 데서 온 말이다. 《孟子 公孫丑上》

58 경(敬)자로 보충해야 한다 : 《사서혹문》 권1에, 제자가 나이를 먹어서 주자(朱子)가 말한 공부의 차례대로 할 수 없는 사람은 어떻게 해야 하냐고 묻자, 주자가 답하기를 "자나간 세월은 뒤쫓을 수 없으나 공부의 차례는 어찌 끝내 다시 보충할 수 없겠는가. 나는 경'(敬)' 한 글자가 성인의 학문에서 처음과 끝을 이룬다고 들었네.〔是其歲月之已逝者, 則固不可得而復追矣, 若其工夫之次第條目, 則豈遂不可得而復補耶? 蓋吾聞之, 敬之一字, 聖學所以成始而成終者也.〕" 하였다.

이 생길 것이니, 훗날 만날 적에 곧장 물어보고 확실히 알 수 있을 것이네. 만일 유(維)를 자네처럼 한 달에 한 번이라도 볼 수 있다면 이전의 편지는 굳이 쓰지 않았을 것이네. 그 말이 몹시 천근한데도 그대는 오히려 이처럼 감발하여 애써 노력하니, 만일 성현의 서적을 깊이 탐구하여 터득하는 바가 있다면 그 진보를 어찌 헤아릴 수 있겠는가. 내가 그동안 정성스레 말해준 것은 들은 이야기를 외운 것에 지나지 않으니, 돌이켜 스스로 반성해 보면 '아우에게 바라는 것을 잘 하지 못한다.'[59]라는 말과 같네. 지금 아침저녁으로 말과 행동을 돌아보라는 경계[60]에 마음을 쏟고 있네. 그대 역시 부지런히 지적하는 일을 꺼리지 말아서 어둡고 비루함에서 벗어나게 해 주게나. 《시경》 〈소완(小宛)〉에 "일찍 자리에서 일어나고 밤늦게 잠자리에 들며 노력하여 너를 낳아 준 부모를 욕되게 하지 말라." 하였으니, 그대들과 함께 서로 힘쓰고자 하네.

59 아우에게……못한다 : 자기가 하지 못하면서 남에게 요구한다는 뜻이다. 《중용》 13장에, "자식에게 바라는 것으로써 부모를 잘 섬기지 못하며, 신하에게 바라는 것으로써 군주를 잘 섬기지 못하며, 아우에게 바라는 것으로써 형을 잘 섬기지 못하며, 벗에게 바라는 것을 내가 먼저 잘 베풀지 못한다.〔所求乎子, 以事父未能也. 所求乎臣, 以事君未能也. 所求乎弟, 以事兄未能也. 所求乎朋友, 先施之未能也.〕" 하였다.

60 말과……경계 : 《중용》 13장에 "말할 때에는 행동을 돌아보고 행동할 때에는 말을 돌아보아야 할 것이다.〔言顧行, 行顧言.〕" 하였다.

종제 여강[61]에게 주다

與從弟汝剛

새벽달과 솔 울타리 속에 눈 내릴 조짐이 하늘에 가득하니, 이별의 그리움이 함께 더해지네. 이곳에 앉아 웅린(雄麟)의 글 읽는 소리를 듣자니, 그 맛이 결코 적지 않네. 방중(方中)[62]이 점차 다가와 열흘 사이에 출발할 것인데, 멀리서 도성의 소식을 들으니 실로 주저하는 뜻이 생겨나 사라지지 않음을 어찌하겠는가. 유안(幼安)[63]은 〈입교(立敎)〉 한 편을 읽고서 이미 콸콸 샘이 막 솟아나는 듯한 기상이 있으니, 여기에서부터 확충한다면 성취하는 바가 있을 것이네. 누이의 혼례 날짜가 확실히 잡히면 기일에 맞추어 돌려보내겠네. 지금이 일폭십한(一暴十寒)[64]의 때이니, 하루가 참으로 애석하다네.

61 여강(汝剛) : 이만성의 아들 이구(李絿)로, 저자에게는 사촌 동생이 된다. 여강(汝剛)은 그의 자이다.

62 방중(方中) : 왕이나 왕비의 죽음을 뜻한다. 본문에서는 갑진년(1724) 있었던 경종의 국상을 말하는 것으로 보인다. 《漢書 卷59 張湯傳 注》

63 유안(幼安) : 이병태(李秉泰, 1688~1733)를 말한다. 자는 유안(幼安), 호는 동산(東山)이다.

64 일폭십한(一暴十寒) : 하루를 공부하고 열흘을 쉬는 것에 대한 비유이다. 맹자가 말하기를 "비록 천하에 쉽게 자라는 물건이 있으나 하루만 볕을 쬐고 열흘을 차게 하면 능히 살 수 있는 것이 없다.〔雖有天下易生之物也, 一日暴之, 十日寒之, 未有能生者也.〕" 하였다. 《孟子 告子上》

종제 여강에게 주다 을사년(1725, 영조1)

與從弟汝剛 乙巳

그대가 말한 연석(筵席)의 하교는 명백하네. 성상의 명철함이 복분(覆盆)[65]을 비춰줄 것이니, 감읍하고 축원하는 마음을 형용할 수가 없네. 조보(朝報)의 말미에 국안(鞫案)이니 사계(査啓)니 운운한 것은 성상의 하교가 나온 이유인 듯한데, 직접 들은 자는 누구이며 전한 내용 역시 확실한 것인가? 경화(更化)[66]를 들은 뒤로 내 마음에서 잊지 못한 것이 실제 그대가 보내준 편지의 내용과 같은 점이 있네. 반복해서 생각해보니 벗들의 공론 역시 이와 같을 것이지만, 이는 다른 사람에게 달려 있으니 감히 기필할 수가 없네. 내가 이미 새로 관직에 임명되었으니, 사사로운 의리로는 한없는 원통함을 스스로 밝히는 것이 지극

65 복분(覆盆) : 엎어 놓은 동이라는 말로, 성군의 밝은 빛을 받지 못한 채 깜깜한 어둠 속에 놓여 억울하게 되었다는 뜻으로 흔히 쓰는 표현인데 "해와 달과 별이라 할지라도 엎어 놓은 동이의 속까지 비춰 주지는 못한다.〔三光不照覆盆之內也〕"라는 말에서 유래하였다. 《抱朴子 辨問》

66 경화(更化) : 정치를 개혁하여 교화를 새롭게 한다는 뜻이다. 《통감절요(通鑑節要)》 권3에 "금슬의 소리가 대단히 조화를 이루지 못하면 반드시 그 줄을 풀어서 고쳐 매야만 연주할 수 있고, 정치를 하는데 잘 행해지지 않으면 반드시 변화시켜서 교화를 새롭게 해야만 나라를 다스릴 수 있다.〔琴瑟不調甚者, 必解而更張之, 乃可鼓也. 爲政而不行甚者, 必變而更化之, 乃可理也.〕"라는 말에서 유래하였다. 본문에서는 영조가 소론 대신을 숙청하고 민진원(閔鎭遠)·정호(鄭澔) 등의 노론 인사들을 등용하면서, 신임사화 때 희생된 김창집(金昌集), 이건명(李健命), 이이명(李頤命), 조태채(趙泰采) 등 노론 사대신의 관작을 회복시키고 관원을 보내어 치제(致祭)한 을사처분을 말하는 것으로 보인다.

히 마땅하네. 그러나 오랫동안 관직에서 물러나 있었던 터라 감히 갑자기 아뢸 수는 없기에 우선 하유가 이르기를 기다린 뒤에 차츰 도성에서 알려오는 정황을 보고 계획을 세우려 하네. 핵심 사안으로 갑자기 들어갈 수는 없으니, 다만 성상이 탄식한 바에 대하여 말을 해야 하는데, 상소의 초본은 우선 구상하지 않았네. 이후로 기회가 된다면 마땅히 논할 것이네.

여향(驪鄕 여주)에서 간절히 말한 것은 진실로 무슨 어려움이 있겠는가마는 역시 깊이 헤아려보지 않아서는 안 되니, 다시 생각해보고 처리하겠네. 여오(汝五)[67]와 중례(仲禮)[68] 여러 군으로 말하자면 필시 우리 집안을 위할 것임에 의심이 없네. 도리로 말을 한다면 신원하는 점에 있어서는 동일하니, 자제가 송사에 변론하는 것이 다른 사람이 공적으로 말을 하는 것만 못할 것이네. 내가 상소하여 행여 성상 역시 깨달은 바가 있어 처분을 내릴 수도 있으니, 이는 진실로 만에 하나의 다행스런 일인데, 나는 나의 의리를 다할 뿐이니, 그대의 생각은 어떤가?

67 여오(汝五) : 이병상(李秉常, 1676~1748)을 말한다. 본관은 한산(韓山), 자는 여오(汝五), 호는 삼산(三山)이다.

68 중례(仲禮) : 김재로(金在魯, 1682~1759)를 말한다. 본관은 청풍(淸風), 자는 중례(仲禮), 호는 청사(淸沙)이다.

종제 여강에게 주다

與從弟汝剛

사본(辭本)은 어제에야 비로소 교외의 인편을 통해 삼가 융숭한 비지를 받들었네. 원통한 무함을 거의 남김없이 풀어주셔서 눈물이 왈칵 쏟아져 목이 메는 줄도 몰랐으니, 살아서는 목숨을 바치고 죽어서 결초보은 한들 어찌 그 은혜를 갚을 수 있겠는가. 구구절절 말해준 내용은 잘 알았으니, 내 생각이 어찌 그대와 조금이라도 차이가 있겠는가. 다만 시의(時議)는 연이어 억울함을 신원하는 것을 꺼리기에 지극히 애통한 일이라도 끝내 앞장서서 표양(表揚)하는 것을 달가워하지 않네. 이 형세를 보건대 사사로운 원통함을 스스로 드러내지 않는다면 도리어 안전(案前)에서 한 마디 말도 없을 것이니, 성상의 은혜를 얻기가 쉽지 않음을 더욱 알겠네.

지난 번 외숙의 답장에 단지 말하기를, "큰 근본과 큰 핵심을 아직 관철하지 못하였으니, 여러 집안의 원통함을 풀어주는 일은 오히려 여사(餘事)가 되었네. 홀로 높은 자리에 앉아 그 일을 잊은 듯이 지내고 있으니, 이 무슨 꼴이란 말인가."라고 하였네. 그 뒤의 편지에 또 이르기를 "그믐 전 주연(晝筵)에서 서 학사(徐學士 서종섭(徐宗燮))가 자신의 경학(經學)이 부족함으로 인해 그대의 이름을 거론하여 불러들이기를 청하며 '오늘날의 영수(領袖)'라고 하기에, 내가 아뢰기를 '이 사람은 신의 생질로, 늙고 병든 어미가 있어 출사하지 않고, 한가한 틈에 유가(儒家)의 문자를 즐겨보고 있습니다. 만나지 못한 지 이미 4, 5년 이라 얼마나 성취되었는지 모르겠습니다만, 영수라는 말은 매우 걸맞지 않으니, 그가 어찌 영수가 될 수 있겠습니까.'라고 하였네. 성상께서 이르기를, '언제 올라온다고 하던가?'라고 하시기에 대답하기를 '그는 죄인 집안의 자제로, 황공하여 감히 조정에 나오지 못한다고 하였으니, 겨우 사적으로 주고받은 편지에서 본 것이 이와 같습니다.'라고 하니, 성상이 묵묵히 말이 없으셨네."라고 하였네. '죄인 집안의 자제'라는 말은 아래에서 이어서 말한 자가 없고, 또 성상의 하교도 없으셨으니, 일전에 조상(趙相)이 안건을 조사할 때 말했다는 것은 사실이 아닌 듯하네.

이전 편지에서 답한 내용으로 보자면 그 뜻을 짐작할 수 있으니, 아마도 인척 입장에서 나서서 말하고 싶지 않으신 듯하네. 본의 또 내가 처음에 생각했던 대로라면 또 남에게 권하여 먼저 아뢰도록 할 가망이 없으니, 지금 비록 편지를 올린다 한들 결코 도움이 없을 것이네. 그대 역시 어찌 묵묵히 헤아리지 못했겠는가. 군범(君範)[69] 학사가 혹 뜻이 있는 듯하나 어찌 힘을 쓸 수 있겠는가. 지성으로 아끼는 사람이 없어서 그런 것이니, 말한들 무슨 소용이 있겠는가.

호곤(湖閫 충청 병사)의 일은 통렬히 말하지 못했네. 이 역시 핵심을 관철하지 못한 허물이니, 지금 비록 먼저 원수를 갚고 치욕을 씻고자 하더라도 내가 상소에서 말한 것에 지나지 않네.[70] 김상(金相)이 신원

69 군범(君範) : 《도암집》에 실린 편지글과 저자가 교유한 인물로 볼 때, 자가 군범(君範)인 채지홍(蔡之洪, 1683~1741) 혹은 이기진(李箕鎭, 1687~1755)을 말하는 듯하나 자세하지 않다.

70 호곤(湖閫)의……않네 : 호곤은 이삼(李森, 1677~1735)을 말한다. 저자는 자신의 숙부 이만성이 이삼의 일에 연루되어 억울하게 죽음을 당했음을 호소하며 상소를 올렸다. 《英祖實錄 1年 2月 8日》

되어 치욕을 씻은 후로 이 한 가지 안건이 진실로 통쾌하나, 만약 여러 안건에 뒤섞여 들어간다면 어찌 마음이 아프지 않겠는가. 새로 임명된 재상의 의중이 과연 어떤지 모르겠으나 여러 사람의 의론이 역시 어찌 이와 같이 하겠는가.

제현(諸賢)의 입장에서 보자면 재앙을 입은 여러 공들이 똑같은 벗이라 우리 집안에 별도의 측은한 마음이 없으니 진실로 이른바 '남의 마음이 내 마음과 같지 않다.'[71]라는 것이네. 성상이 내리신 비답의 첫머리에 한 가지 안건에서 동일하게 신원하는 뜻이 있다고 한 말은 진실로 그대가 말한 대로나, 아래에서 이어서 아뢴 자가 없었던 듯하네. 그러나 후세에 공적인 안목으로 감별하는 자가 분명 있을 것이네. 게다가 이번 상소의 비답은 이미 본심을 통렬히 밝혀주시고, 아직 추증되거나 복관되지만 않았을 뿐이니, 이는 여러 집안에서 아직 얻지 못한 것인 만큼 역시 가장 먼저 표양(表揚)되었다고 말하지 않을 수 없네. 우리들이 이 뜻을 여러 사람들에게 드러낸다면 일을 이루는 데는 무익하고 단지 여러 집안의 의심과 원망을 더할 뿐임을 분명히 알아야 하네. 이 일은 우리 외숙에게도 힘을 얻을 수 없는데 하물며 다른 사람이야 말할 것이 있겠는가. 이후로는 오직 조용히 공적인 논의를 기다릴 뿐이니, 부디 조금 마음을 누그러뜨리기 바라네.

71 남의……않다 : 주희가 진동보(陳同父)에게 답한 편지에 "실행(實行)할 때가 말할 때와 같지 않고, 남의 마음이 나의 마음과 같지 않다.〔做時不如說時, 人心不如我心.〕"라고 하였다.《晦庵集 卷28 答陳同父書》

종제 여강에게 주다

與從弟汝剛

어제 외숙의 편지를 받아보니, 우의정이 이미 들어가 숙배하였고, 여러 사람의 의론이 먼저 차자를 올려 사상(四相)[72]의 신원을 청하자고 권하였으며, 숙부와 혜백(惠伯)[73], 사극(士克)[74], 중행(仲行)[75], 이홍술(李弘述) 장군[76]과 나머지 옥안(獄案)은 두루 삼사에 보인 뒤에 대신 이하가 마땅히 빈청에 모여 회의를 해야 한다고 했다 하네. 차자가 막 봉입되었으나 비답이 내리지는 않았으니, 이는 초하루에 들은 소식이네. 처분이 이미 내려졌을 것인데, 혹 들은 바가 있는가? 차자의 내용이 또 어떤지 모르겠네. 둘째 외숙의 소매에 넣은 차자는 강연에서 올렸을 것인데, 이는 근원적인 논의를 여는 것이니, 우리 외숙이 아니면 이런 말을 하지 못했을 것이네. 과연 성상의 마음을 바로잡을 수 있겠는가?

72 사상(四相) : 노론 사대신으로, 영조의 세제책봉과 대리청정을 주도하다 신축년과 임인년의 사화로 화를 당한 김창집(金昌集), 이이명(李頤命), 이건명(李健命), 조태채(趙泰采)를 가리킨다.

73 혜백(惠伯) : 홍계적(洪啓迪, 1680~1722)을 말한다. 본관은 남양(南陽), 자는 혜백(惠伯), 호는 수허재(守虛齋)이다.

74 사극(士克) : 조성복(趙聖復, 1681~1723)을 말한다. 본관은 풍양(豊壤), 자는 사극(士克), 호는 퇴수재(退修齋)이다.

75 중행(仲行) : 김운택(金雲澤, 1673~1722)을 말한다. 본관은 광산(光山), 자는 중행(仲行), 호는 백운헌(白雲軒)이다.

76 이홍술(李弘述) 장군 : 1647~1722. 본관은 전주(全州), 자는 사선(士善)이다.

종제 여강에게 주다

與從弟汝剛

밤중에 보낸 편지는 정신이 어지러워 뜻을 다 말하지 못하였네. 지금 조용히 생각한 일이 있어 다시 언급하네. 모르겠네만 자네가 사어(司禦)에 제수된 것이 언제인가? 부임할 기한이 아직 멀었는가? 지금 천지와 같은 큰 은혜를 입은 것이 우리 집안 만이 아니지만, 지난번에 연석에서 더욱 원통하다고 하신 말씀이 골수에 새겨져 있네. 심지어 자손이 있는지 물어보시고 특별히 등용하라고 명을 내리셨으니, 남다른 은혜가 어떠한가. 재앙을 입은 집안의 사람들이 모두 조아리고 사례하였는데, 우리 집안만 유독 가만히 있으니, 실로 황공한 일이네. 훗날 그대가 원하는대로 하게. 다만 기한 전에 한번 사은하는 일을 결코 하지 않아서는 안 되니, 이는 의리에 있어 의심 없이 분명한 일이네. 내가 만약 그대처럼 한번 사은하고 그만둘 수 있는 처지였다면 오래 전에 잠시 나왔을 것인데, 다만 나온 뒤에 지극히 난처한 점이 있기 때문에 이 지경에 이른 것뿐이네. 이십 일 즈음에 올라와서 저녁에 도성에 들어가 새벽에 숙배한 뒤에 곧바로 병을 핑계대고 돌아가는 것이 몹시 마땅할 듯하니, 그렇게 한다면 사람들이 어찌 봉록을 탐한다고 의심하겠는가.

제문(祭文)은 만나서 상세히 확정하고, 돌아간 뒤에 그믐 전에 연은(延恩)하더라도 시간이 충분할 듯하네. 만약 한번 사은하여 분의를 펴고 난 뒤라면 비록 서늘해지는 가을이 되기를 조금 기다렸다가 해도 무방할 듯하니, 결국 이는 한번 사은하고 난 뒤에야 마음이 편할 것이네. 처음 관직을 받고 이미 한번 사은했으니, 뒤에 비록 여러 차례 피한다 한들 무슨 해가 되겠는가? 평소의 뜻을 모르는 것은 아니지만, 도리를 자세히 생각해보면 이와 같기에 마음을 다하여 말해주지 않을 수 없으니, 의심을 품지 말게나.

조진희(趙鎭禧)와 심준(沈埈)등에 대한 계청(啓請)[77]은 윤허를 받지 못하였고, 다만 이보욱(李普昱)과 이기성(李基聖)이 유배를 당하였는데,[78] 성상의 은혜를 무엇으로 갚을 것인가? 한 번 사은하지 않을 수 없네. 비록 나로 하여금 어쩔 수 없이 나오게 하더라도 어찌 그대처럼 사은하겠는가. 더구나 또 차이가 있는 경우이겠는가.

77 조진희(趙鎭禧)와……계청(啓請) : 사간 어유룡(魚有龍)이 신임사화의 주모자를 비판하고, 그에 연루된 조진희(趙鎭禧)와 심준(沈埈)을 변방으로 귀양보내야 한다고 탄핵한 일을 말한다. 《英祖實錄 1年 3月 20日》

78 이보욱(李普昱)과……당하였는데 : 이기성(李基聖)과 이보욱(李普昱)은 저자의 숙부인 이만성을 무함하여 죽음에 이르게 한 자들로, 이만성의 무고가 밝혀지면서 극변(極邊)에 원찬(遠竄)되었다. 《英祖 1年 4月 25日 · 4月 29日》

종제 여강에게 주다

與從弟汝剛

국상(國祥)을 만난 상황[79]이라 가지 않을 수가 없고, 간다면 감히 충언을 올리지 않을 수 없으나, 병중이라 정신이 아득하여 거의 한 줄도 써내려 갈 수가 없네. 보내온 편지가 감흥을 일으키는 데다 대부분 절실하고 간절하니, 옆에 두고서 채택하고 윤색하는 자료로 삼을 것이네. 하단은 다만 생각을 따라 곧장 써내려 간 것이라 형세상 수정이 필요하네. 대체로 위의 몇 조항은 십분 헤아려보지 않아서는 안 되니, 그대가 차분하게 자세히 생각하여 뜻에 따라 바로잡고 재량할만한 내용은 하나하나 다시 보여주게. 이 일은 다만 말을 곧게 하고 뜻을 부드럽게 하는 것이 중요하네. 선조(先朝)와 관련된 말은 더욱 신중히 살피지 않아서는 안 되니, 어떻게 생각하는가?

하단에 사친(私親)을 위해 사당을 짓는 일, 의원(醫員)을 파격 대우하여 현감에 제수한 일, 액례(掖隸)의 일[80] 등을 언급하여 사사로운 뜻을 가진 증거로 삼으려고 하는데, 근래의 일은 진실로 역적을 토벌하는 것 보다 큰 것이 없으므로 중요한 일로 돌리지 않을 수 없으니, 다른 단락과 아울러 논하는 것이 좋을 듯하네. 백성의 일에 관해서는

79 국상(國祥)을 만난 상황 : 경종이 승하한 지 1년이 되는 날인 1725년(영조1) 8월 25일의 소상을 가리키는 것으로 보인다.

80 사친(私親)을……일 : 《영조실록》 1년 8월 16일에 기사에 저자가 역적을 토죄하여야 하는 의리, 숙빈(淑嬪)의 사우를 건립하는 과정에서의 문제점, 의관을 수령으로 제수한 일 등의 내용으로 올린 상소가 있다.

언급할 겨를이 없을 듯하네. 만일 또 좋은 거리가 있다면 다시 알려주어도 무방하네.

종제 여강에게 주다

與從弟汝剛

십사 일 저녁에 곧장 대궐 밖에 이르러 새벽에 산반(散班)에 참여하였다가 날이 저물고 나서야 비로소 옛집으로 돌아왔네. 재앙의 틈에서도 죽지 않고 거듭 도성문으로 들어갔으니, 이 심정을 어찌 말로 다할 수 있겠는가. 십육 일에 올린 상소는 저녁에 성상께 전해졌다가 파루(罷漏)[81] 때 비로소 비답이 내려왔는데, 비답의 내용이 융숭하고, 곁에 두고 좌우명으로 삼는다고까지 하셨으니, 영광과 감동이 아울러 지극하네. 다만 과연 실제로 채용할지는 모르겠네. 의관을 수령에 제수하였다는 한 조목은 잘못을 바로잡는데 급급하여 다른 것을 돌아볼 겨를이 없었네. 판상(判相)이 그 일에 매우 화를 내어 인혐이 너무 지나쳐 연일 거듭 소명을 어겼네.[82] 판상의 상소에 "부끄러워서 죽겠다."는 말이 있으니, 이에 더욱 내 마음이 편치 못하네. 이번에 나간 것이 아무런 도움이 없이 그저 판서를 쫓아냈을 뿐이네. 외려 한 번 웃음이 나네.

81 파루(罷漏) : 밤에 통행을 금지했다가 그 해제를 알리는 신호로 새벽 5경 3점, 즉 4시경에 큰 쇠북을 33번 치는 것을 말한다.

82 판상(判相)이……어겼네 : 판상(判相)은 이조 판서 이의현(李宜顯)을 말한다. 8월 16일에 이조 참판 이재가 역적을 토벌하는 의리에 대하여 상소하면서 의관을 수령으로 제수한 것 등에 대해 언급하였는데, 이 일로 이의현이 인혐하였다. 《英祖實錄 1年 6月 13日 · 8月 16日》

종제 여강에게 주다
與從弟汝剛

내가 도성에 들어간 다음날 위완통(胃脘痛)을 앓는 바람에 누운 채로 빈객들과 응수하느라 자연스레 몸이 더욱 상했네. 24일에 비로소 아픈 몸을 이끌고 대궐 밖으로 나아갔는데, 그날 오후에 성상께서 특별히 추고하고 패초(牌招)하라는 명을 내렸는데, 권 대감(권성(權惺))과 조 대감(조도빈(趙道彬)) 및 국 영감(國令 조관빈(趙觀彬))도 마찬가지였네. 낙 대감(조도빈)은 나왔고, 나머지 사람들은 모두 그대로 소명을 어겼네. 밤중에 또 특별히 패초하여 "군부(君父)가 반드시 한 번 보고자 한다."라고 말씀하셨는데, 오로지 나를 가리키는 듯했네. 이는 관직을 맡기를 요구하는 일과는 자별하니, 독촉을 받는다면 곧 뵐 수 있네. 드디어 남에게 관복을 빌려 입고 급히 들어가 문안하는 반열에서 사은숙배를 하였고, 능(陵)을 배알할 때[83] 그 반열에도 힘써 참석하였네. 28일에 주연(晝筵)이 있었는데, 동지사(同知事)는 바로 가함(假銜)과 동일하고, 한번 성상을 뵙는데 급급하여 부득불 경서를 들고 글 뜻을 아뢴 뒤에 성상께서 앞으로 나오라고 명하시고는 먼저 "경자년(1720, 경종즉위년) 겨울 명릉(明陵)[84]에서 경을 보았는데, 그 사이에 이처럼 쇠하고 머리가 하얗게 되었구려." 하시고, 또 말씀하기를 "경의 숙부[85]

83 능(陵)을 배알할 때 : 8월 27일 경종의 능인 의릉(懿陵)에 나아가 제사지낸 일을 말한다. 《承政院日記 英祖 1年 8月 27日》

84 명릉(明陵) : 숙종과 그의 계비(繼妃)인 인현왕후(仁顯王后)의 능으로, 경기 고양시에 있다. 후에 숙종의 둘째 계비인 인원왕후(仁元王后)도 이곳에 안장되었다.

가 원통하게 죽은 정상에 대해서는 내가 마음이 아팠는데, 지금 경을 보니 더욱 서글퍼지는구려." 하였네. 또 지난번의 상소를 지금 깊이 생각하고 있다고 하시며, 칭찬하여 장려하는 말씀이 많았네. 내가 감사한 뜻을 아뢴 뒤에 다시 하늘을 본받고 학문에 노력하며, 자신을 삼가고 백성의 고통을 구휼해주며, 궁중의 금법을 엄중히 지키고 사사로운 청탁을 막으며, 사궁(私宮)을 혁파하고 국가의 재용을 절약하며, 유자(儒者)를 초빙하고 선비들의 풍습을 바로잡는 등의 조목으로 권면하고 경계하였으니, 이는 모두 가슴 속에서 흘러나온 것이라 홀기(笏記) 없이 입에서 나오는 대로 아뢰어 아주 조리가 적었네.

한 마디 한 마디 기꺼이 받아들이셨지만, 사궁에 관한 일에는 성상께서 난색을 표하셨네. 성상의 하교를 당후(堂后 주서(注書))가 서찰을 보내어 말을 해준다고 하였는데, 아직 소식이 없으니, 나도 기록할 수 없기에 보내어 보여줄 수가 없네. 성상께서 또 머무르라 면려하시고, 승지와 옥당이 모두 사관(史官)으로 빨리 나오기를 청하였으며, 성상이 다시 부지런히 타이르셨지만, 결코 무릅쓰고 감당하기 어려운 실상을 힘껏 아뢰고 물러났네. 다음날 곧바로 상소를 올리고 곧장 돌아왔으니, 대궐문을 돌아보면서 울울한 마음을 어찌 가눌 수가 있었겠는가. 칭찬하고 권장하는 말씀이 간곡하지 않은 것이 아니나 채용하는 실제가 없을까 염려되니, 어찌하겠는가.

85 경의 숙부 : 저자의 숙부인 이만성(李晩成, 1659~1722)을 말한다. 신임옥사에 연루되어 전라도 부안(扶安)에 유배되었다가, 다시 서울로 불려 와서 국문을 받다가 64세를 일기로 옥사하였다. 1724년에 영조가 즉위하자 복관되었다.《景宗實錄 1年 12月 17日·2年 8月 15日》

종제 여강에게 주다

與從弟汝剛

경연의 대화는 당후(堂后 주서(注書))가 보여준 것이 있지만 빠진 내용이 많기 때문에 내용을 수정하여 한 부를 베껴놓았네. 아이들로 하여금 찾아 보내게 하니, 보고 돌려보내는 것이 어떻겠는가. 말이 비록 엉성하고 우활하기는 하나 실로 진심에서 나온 것이네. 지극히 가납해 주셨지만 전혀 실효가 없으니, 정성이 부족하여 이치가 응당 이와 같은 것이라네. 그저 스스로 돌이켜 보아 뉘우치고 부끄러워하며 경전을 많이 읽어서 견식을 넓히기를 지극히 바라지만, 심력(心力)이 강하지 못한 터라 어쩔 수가 없다네.

소지(小紙)에서 말한 뜻은 천리 떨어져 있어도 마주보고 이야기를 나누는 것 같다고 할 만하네. 근래의 거조(擧措)는 거의 하늘의 뜻이니, 밤중에 한탄한들 누가 이를 알겠는가. 그저께 청대했을 때의 대화는 아직 들은 것이 없으나, 대체로 성상의 마음을 돌릴 가망이 없네. 초삼일의 모습은 이 집의(執義)의 상소를 보면 알 수 있네.

종제 덕장[86] 수 에게 답하다 정사년(1737, 영조13)

答從弟德章 綏○丁巳

그대의 거취에 대해서는 신연(新延)[87]편에 이미 거듭 내 의견을 말하였는데, 아직 받아보지 못하였는가? 한번 체직되는 것 이외에는 더 이상 할 말이 없는데, 어찌하여 저들의 의향을 탐색하여 스스로 곤욕을 초래한단 말인가. 너무나 한탄스럽고 애석하네. 이미 개인적인 의리를 가지고 지나치게 사양해서는 안 된다는 단서로 삼았으니, 저들이 비록 무슨 말을 한다 하더라도 유감스런 마음이 풀린 것처럼 대번에 가서 만난다면 이는 부형을 잊는 것이네. 죽을지언정 결코 가서 보아서는 안 되니, 곧장 갑작스런 병으로 인해 나아가기 어렵다는 뜻으로 이조(吏曹)에 사직을 하고 바로 체직되는 것이 좋은 방법이네. 벼슬을 그만둔 뒤에는 저들이 허다하게 공갈치는 말을 할 수 없을 것이네.

집안의 형세가 절박한 줄 내가 어찌 모르겠는가마는 인륜의 의리와 염치는 실로 굶주려 죽는 일보다 더 중대하네. 이미 깊이 생각했을 터이니, 다른 사람의 말을 믿지 말고 구차히 벼슬에 나아가려는 생각을 품지 않기를 간절히 바라네. 만일 이번에 한 번 일을 그르친다면 가문을 욕되게 하는 일이 참으로 작지 않을 것이네. 지금 만약 시일을 끌면

86 덕장(德章) : 저자의 계부(季父)인 이만견(李晩堅)의 첫째 아들 이수(李綏)를 말한다. 덕장은 그의 자(字)이다.

87 신연(新延) : 감영이나 고을에서 새로 부임하여 오는 감사나 수령을 장교나 이속(吏屬)들이 맞아 오는 일을 말한다.

서 요행을 바라고, 또 혹여 가서 만나지 않고 지레 먼저 하직인사를 드린다면 반드시 점점 죄를 짓는데 크게 빠져들 것이니, 곧바로 속히 관직에서 물러나는 좋은 계책만 못하네. 더 이상 의심하지 말게나.

종제 덕장에게 답하다 신유년(1741, 영조17)

答從弟德章 辛酉

거토(居土)[88]를 받은 뒤로 진실로 편안히 있기가 어렵겠지만 그날로 사직 상소를 올렸으니 어찌 이와 같은 일의 체모가 있겠는가. 병을 핑계로 사직한 것이 그나마 다행스런 일이니, 이는 사리에 있어서 털끝만큼이라도 말과 표정에 드러내어서는 안 되네. 머물기를 요청하는 글을 또 어찌 애초에 통렬히 금하지 못했는가. 관직에 있으면서 이런 일이 있는 것은 비록 추가로 견책과 벌을 받는다고 하더라도 결국 혐의가 있으니, 한탄스럽네. 듣기로 계속 관직에 머물기를 힘쓰려 한다고 하니, 그렇다면 다시는 사직 상소를 올리지 말고, 또 한때의 폄제(貶題)[89]로 다스림을 구하는 정성을 조금이라도 게을리 하지 말아서 정령(政令)이 마땅함을 얻고 실질적인 은혜가 백성에게 미치도록 한다면 얼마나 다행이겠는가.

혹자가 전하기를 연말에 보내는 선물을 삼정승에게 까지 두루 보냈다고 하니, 비록 음보(蔭補) 출신이라 하더라도 어찌 가문을 돌아보고 아끼지 않는단 말인가. 이전에 일에 앞서 경계하였는데 전혀 따르지 않은 터라 비록 말을 하더라도 역시 도움이 되지 않을 것이니, 혀를 차며 탄식한들 어찌하겠는가.

88 거토(居土) : 관원의 고과를 보통으로 주는 것을 말한다.

89 폄제(貶題) : 관찰사 또는 병사(兵使)가 그 휘하의 수령 및 기타 관원의 근무 성적을 상·중·하로 매겨서 중앙에 보고할 때 하등으로 보고하는 것을 말한다.

종제 덕장에게 답하다 임술년(1742, 영조18)

答從弟德章 壬戌

듣건대 그대가 칠백 꿰미 돈으로 서대문 밖 가까이에 새집을 구입하려고 한다는데 정말인가? 내가 예전에 세든 사람을 내보내라고 권한 것이 여러 번인데, 어째서 이처럼 생각이 짧단 말인가. 조상들이 복을 닦은 터전을 공연히 버리는 일로 말하자면 이 같은 일은 사리에도 전혀 옳지 않네. 비록 중간에 상사(喪事)를 만났다 하더라도 새집의 길흉이 또 과연 어떠할지는 알 수가 없네. 내가 그대보다 나이가 많은데, 이 일을 그만두도록 권하지 못하여 만일 옛집이 다른 사람의 소유가 된다면 실제 구천(九泉)에 가서 선조와 계부(季父)를 뵐 면목이 없기 때문에 눈물을 흘리며 이렇게 말하는 것이네.

즉시 생각을 바꾸어 삼백 전으로 셋돈을 지급하여 옛집을 되찾고, 그 나머지로는 또 팔아 버린 화전(花田)의 옛 땅을 물리는 것이 어찌 좋은 계책이 아니겠는가. 세를 준 것을 물려 도로 들어간 뒤에 만일 반드시 헐값으로 넘기려고 한다면, 나에게 지손(支孫) 두 세 사람이 있으니, 앞으로 힘을 모아 구입할 것이네. 우리 선조가 경영하던 곳이 남의 소유가 되지 않게 하여 자손들이 오래도록 전하게 된다면 역시 어찌 좋은 일이 아니겠는가. 이해와 득실을 알기가 어렵지 않으니, 절대 부인의 말에 동요하지 않는 것이 지극히 옳을 것이네.

종제 덕장에게 답하다
答從弟德章

노복이 와서는 그대가 팔각(八角) 아래에 새집을 구매하려고 한다고 장황하게 말하였으니, 과연 그렇다면 그간 내가 편지를 보내어 안팎으로 정성을 다해 깨우쳐 준 뜻은 전혀 그대에게 믿음을 주지 못한 것이니, 더 이상 무슨 말을 하겠는가.

그리 멀지 않은 옛날에 공론이 살아 있을 때에는 수령이 되었다가 체직되어 돌아온 사람은 감히 전답과 집을 구입할 수 없었네. 그러나 지금은 탐욕스러운 풍토가 날로 성하여 돌아보고 두려워하는 바가 없으니, 이와 같은 의리는 이미 논할 것이 없네. 팔백 전으로 곧바로 새집을 구입하는 것은 우리 조상이 있은 뒤로 아직까지 없던 일이니, 이와 같이 하고서 무슨 면목으로 조상의 사당에 들어갈 수가 있겠는가.

내가 죽지 않고 홀로 살아남아 마침내 이런 일을 보게 되어 병을 앓는 와중에 근심스럽고 놀랐네. 차라리 듣고 싶지 않지만 이미 내 귀에 들어왔으니, 또 어찌 말이 없을 수가 있겠는가. 급히 편지를 써 보내니, 비록 이미 집값을 주었더라도 곧장 도로 물리는 것이 마땅하네. 이것을 셋돈을 물리는 비용으로 변통하기를 간절히 바라네. 이 말을 또 듣지 않는다면 나는 다시 그대를 볼 면목이 없을 것이네.

옛집은 인조(仁祖) 무자년(1648, 인조26) 지어진 뒤로 백여 년 동안 명공거경(名公巨卿)들이 대부분 이 터에서 나왔으니, 사람들이 누군들 복이 있는 집이라 하지 않겠는가. 더구나 자네가 뜰 앞의 오래된 자두나무에서 다시 꽃이 피는 길한 꿈을 꾸었다고 들었으니, 이곳을 버리고 다른 곳을 구하는 것은 무슨 마음인가. 그대가 고을 수령을 맡은 것을 귀하게 여겼던 것은 관직으로 선대를 봉양하고 남은 녹봉을 모아 조상의 옛집을 되찾는 것 때문이었는데, 이 일이 이렇게 되어버렸으니, 지금 이후로는 그대가 고을 수령을 하건 하지 않건 간에 집안일에 전혀 상관해서는 안 되네. 지친 사이가 이렇게 어긋나는 것이 어찌 좋은 일이라 하겠는가. 부디 깊이 생각하여 속히 생각을 바꾸길 바라네.

종제 덕장에게 답하다

答從弟德章

옛집은 이미 셋돈을 물렀다고 들었네. 선조의 옛 터전을 이제부터 보전하여 지킬 수 있게 되었으니, 참으로 다행이네. 후사를 세우는 일은 그대에게 혹 별도로 이전에 들어보지 못한 기발한 도모와 특별한 대책이 있을 것이라고 생각했는데, 도리어 이는 종전의 구차하고 어려워서 이루기 힘든 방식이니, 더욱 가슴 아프고 탄식만 더할 뿐이네. 가령 내 손자가 종가의 제사를 받들 길이 있다면 어찌 오늘 그대의 말을 기다려 비로소 하려고 하겠는가.

불행히 소목(昭穆)이 중간에 끊어졌으나, 부자(父子)와 조손(祖孫)의 사이는 인륜과 의리가 지극히 엄한지라 그 사이에 사람의 힘으로 조화를 부릴 수가 없으니, 이는 결단코 할 수가 없는 일이네.[90] 이 일을 이미 할 수 없으니, 이는 시봉(侍奉)하는 것이지 후사를 세우는 것이 아니네. 시봉하는 것을 어찌 여러 대에 걸쳐 제사를 지내는 집안에서

90 가령……일이네 : 저자의 중부(仲父) 이만성은 대종(大宗)의 후사로 들어갔고, 계부(季父) 이만견은 소종(小宗)의 후사로 들어갔는데, 두 사람의 아들이 모두 자식이 없었다. 이만성의 집안에서 저자의 손자를 취하여 대를 잇게 하고자 하였으나, 저자가 소목(昭穆 배향의 순서)에 빠진 부분이 있다 하여 허락하지 않았다. 이만견의 아들 도정(都正) 이수(李綏)가 저자의 손자를 구하면서 족인 가운데 이미 죽었으나 후사가 없는 사람을 취하여 소목에 빠진 부분을 메우려 하였으므로, 저자가 이렇게 편지를 써서 그 계책을 힘써 꺾은 것이다. 그 뒤에 이수의 계책은 마침내 멈추어 실행되지 않았다. 그러나 저자가 세상을 떠난 뒤에, 이만성의 집안에서 그 계책을 써서 저자의 세 번째 손자 이뢰(李耒)를 취하였다. 《省齋集 卷39 書陶庵集答從弟德章書後》

논의할 수 있겠는가. 중모(仲母) 댁에서 여러 해 동안 버티느라 결국 어찌할 수 없었으니, 지금은 더 이상 제기할 수 있는 일이 아니네. 그대 역시 이를 알지 못해서 다시 이렇게 말하는 것이겠는가. 뜻이 비록 급박한 데서 나온 것이라 하더라도 의리와 일의 형세상 이루어질 리가 만무하니 어찌하겠는가. 참으로 이른바 비록 지혜로운 자가 있더라도 계책을 낼 수가 없다는 경우이네. 늘 밤중에 생각하면 다만 스스로 가슴을 칠 뿐이네.

종제 덕장에게 답하다
答從弟德章

후사를 세우는 일에 대해 그대가 편지에서 말한 뜻은 내가 손자를 아낀다고 탓하는 듯하네. 그렇지만 내 입장에서 본다면 그대가 걱정해야 할 것은 아들이 없는 것이지 손자가 없는 것이 아니네. 세상에 아들 없이 손자만 있는 경우는 없으니, 지금 그대의 이러한 계책은 또한 부득이해서 그런 것이네. 그러나 손자를 취하기 위해 억지로 후손이 없는 사람을 취하여 아들로 삼는다면, 이는 인륜의 의리에 크게 어그러지는 것이네. 이와 같은데도 스스로 정당하다고 여기고, 또 사람의 힘으로 그 사이에 조화를 부릴 수 있는 일이 아니라고 한다면 과연 말이 되겠는가? 진실로 그런 것이 아니라면 내가 비록 못났다 하더라도, 어찌 차마 한 명의 손자를 아까워해서 종가의 제사를 끊어지게 하겠는가?

또 그대가 지금 마음에 둔 사람이 누군지는 모르겠으나 역시 이전에 거론하지 않았던 다른 사람은 아닌 듯하네. 설령 그대가 사리를 생각지 않고 억지로 자식으로 삼더라도 나는 내 손자로 하여금 억지로 그를 아비로 삼게 하고 싶지 않으니, 우리 조상 역시 어찌 억지로 그를 후손으로 삼으려 하겠는가. 조상이 허락할지 여부는 다만 자손의 마음으로 짐작해야 하네. 내 마음이 이미 이와 같으니, 그대의 마음 역시 어찌 즐거워서 하는 것이겠는가마는 억지로 하려는 것은 그 뜻이 손자에 있고, 아들에게 있지 않기 때문이네. 이와 같다면 부자와 조손 사이에 하나하나 불안한 점을 어찌 말로 다할 수 있겠는가. 그 일이 이루어질

수 없음이 더욱 분명하기에 다시 이렇게 자세히 언급하여 그대의 의혹을 풀어주니, 마음을 차분히 하여 잘 생각해서 다시는 무익한 빈말을 하지 말게.

종제 대심[91] 유 에게 주다 갑진년(1724, 경종4)

與從弟大心 維○甲辰

돌아가신 막내 숙부[92]께서는 너를 가장 사랑하셔서 하루라도 곁에 있지 않으면 즐거워하지 않으셨다. 그러나 강원 감영(江原監營)으로 나아가실 때[93]는 네가 따라 가는 가는 것을 허락하지 않으셨고, 나에게 부탁하시기를,

"이 아이를 어찌 하루라도 너에게서 멀어지도록 할 수 있겠느냐."라고 하셨으니, 평소에 부탁하신 뜻을 알 수 있다.

너는 불행히도 일찍이 부친을 여의어서 의지할 분은 오직 중부(仲父 이만성(李晩成))였는데, 중부께서도 돌아가셔서 네가 나를 계부와 중부처럼 따랐으니, 내가 어찌 차마 하루라도 너를 내버려둘 수 있겠느냐. 근심과 재앙을 당하자 나는 설악산 아래에 은거하였는데, 너는 따라와서 같이 지내며 마치 잠시도 떨어지지 않을 것처럼 하였다. 그런데 헤어진 지가 어느새 2년이 흘렀구나. 나는 너를 그리워하지 않는 날이 없어 때때로 마음속으로 슬퍼하며 말하기를 "어쩌면 내가 아우를 내 아들처럼 여기지 않아서 그런 것인가. 어찌하여 내 곁에 있지 않은

91 대심(大心) : 이유(李維, 1704~1738)의 자이다. 본관은 우봉(牛峰), 호는 지암(知菴)이다. 저자의 사촌동생이며 이만견(李晩堅)의 아들로, 《도암집》 권40에 묘표(墓表)가 전한다.

92 돌아가신 막내 숙부 : 이만견(李晩堅, 1666~1717)을 말한다.

93 강원 감영(江原監營)으로 나아가실 때 : 이유의 부친 이만견이 1716년(숙종42) 강원도 관찰사로 나갔을 때를 말한다.

것인가."라고 하였으니, 이는 부득이한 점이 있어서 그럴 것이다.

나는 너를 잘 가르치지 못하여 너를 가르치는 십수 년 동안 아직 성취하는 효과를 보지 못했으니, 비록 곁에 있다 한들 무슨 도움이 되겠느냐. 그러나 아침저녁으로 경계하고 깨우치면 그래도 내 마음을 다할 수 있을 텐데 지금은 수백 리 먼 곳에 떨어져 있으니, 네게 허물이 있다 한들 내가 어찌 알 수 있겠느냐. 지난번에 너의 편지를 받아보니 "올해 스물한 살입니다."라고 하였다. 아, 나이를 몰라서는 안 되니, 너는 두려운 마음으로 부끄러워하고 뉘우쳐서 행동을 고칠 생각을 하고 있느냐? 음기(陰氣)가 쌓인 와중에 양기(陽氣)가 틈을 타서 나왔으니, 지금이야말로 선(善)의 단서를 확충할 때이다. 이때에 진심을 다해서 말해주지 않으면 내가 너를 저버리는 것일 뿐만 아니라, 역시 돌아가신 막내숙부를 저버리는 것이니, 새겨듣도록 하여라.

계부께서는 과거에 골짜기에다 측간을 만들고는 곧바로 헐어버리라고 명을 하고는 웃으며 사람들에게 말하기를 "내가 이곳에 오르면 곧 위태로운 마음이 생기니, 웅아(雄兒 이유(李維))의 몸이 먼저 염려가 된다."라고 하셨다. 네가 이를 체득하여 부친의 마음을 네 마음으로 삼는다면 반 발짝에도 감히 효도를 잊지 않는 데[94] 가까울 것이다. 《예

94 반……데 : 작은 행실에도 효를 잊지 않는 것을 말한다. 《예기》 〈제의(祭儀)〉에 "악정자춘이 당을 내려가다가 발을 다쳐서 몇 달 동안 외출하지 않으며 여전히 근심하는 낯빛이 있었다. 제자가 말하기를 '부자의 발이 나으셨는데 몇 달 동안 나가시지 않고 오히려 근심하는 낯빛이 있는 것은 무슨 까닭입니까?' 하자 악정자춘이 말하기를 '…… 군자는 반 발짝도 감히 효도를 잊지 않는 것이다. 그런데 이제 나는 효도의 도리를

기》에 이르기를, "높은 곳에 오르지 않고, 깊은 곳에 다가가지 않는다."[95]라고 하셨으며, 범순부(范淳夫 범조우(范祖禹))가 말하기를, "신체도 훼손할 수 없는데, 하물며 행실을 잘못하여 그 부모를 욕되게 할 수 있겠는가?"라고 하였다.

계부께서는 늘 너를 중시하여 한 가지 장점을 보면 기쁨을 이기지 못할 듯이 하셨으며 지성으로 학문을 권하셨는데, 너는 교만하고 어리석은데다 게으르고 완고하여 제때 크게 진보하지 못하여 계부의 기대에 부응한 적이 적었으니, 지금 비록 통렬히 한탄한들 무슨 소용이 있겠느냐. 너는 이미 장성하였고, 모친의 연세는 이미 노년을 향하고 있으니, 오직 네가 자립해서 홀로 남은 모친을 위로하는 모습을 보기를 바라는데, 너는 어찌 차마 어릴 때처럼 교만하고 어리석으며 게으르고 완고할 수 있겠느냐. 증자(曾子)가 말하기를 "부모가 이미 돌아가신 뒤에는 아무리 효성을 바치고자 한들 누구에게 효성을 바치겠는가."라고 하였고, 양자(揚子 양웅(揚雄))는 말하기를 "효자는 날을 아낀다."라고 하였다.

계모께서는 아침저녁으로 부지런히 일하셨는데도 거친 밥조차 늘 넉넉하지 못했다. 그러나 생계에 관한 일로 너에게 근심을 끼치지 않으

잊었기 때문에 근심하는 낯빛이 있는 것이다.'"라고 하였는데, 이를 인용한 것이다.

95 높은……않는다 : 《예기》 〈곡례 상(曲禮上)〉에, "자식이 된 자는 아랫목을 차지하지 않고, 자리 한가운데 앉지 않았으며, 높은 데 올라가지 않고 깊은 곳에 임하지 않았으며, 구차히 비방하지 않고 구차히 웃지 않았다.〔爲人子者, 不主奧, 不中席, 不登高, 不臨深, 不苟訾, 不苟笑.〕" 하였다.

셨고, 오직 네가 독서를 하고 몸을 단속하여 선친의 뜻을 잇기만을 바라셨다. 그런데 너는 부지런히 농사를 지어 늙은 모친을 봉양하지도 못하면서 편안히 앉아 독서하는 일조차 스스로 힘쓰려 하지 않는 것이냐. 나는 너 때문에 두려운 마음이 드는구나. 옛날 사람 중에 아침에 농사를 짓고 밤에 독서를 하며, 산에서 나무를 하고 물에서 고기를 잡아 부엌에 들어가서 맛있는 음식을 만들며, 마루에 올라 부모의 안부를 묻는 자가 있었으니, 그들은 어떤 사람이며, 너는 어떤 사람이냐.

무릇 행실이 나쁜 사람은 사랑을 믿고 교만하게 구는데, 모친에게 더욱 심하게 하여 심지어는 모친의 곁에 걸터앉거나 눕기도 하니, 이보다 더 불경한 짓이 어디에 있느냐. 자유(子游)는 부모 봉양을 잘 하였지만 공경하지 못하자,[96] 성인께서 오히려 엄히 질책하셨다. 하물며 봉양을 하지도 못하면서 공경하지도 못한다면 자식이라고 할 수 있겠느냐.

옛 사람이 말하기를 "선조에게 제사지내는 것은 못다한 봉양을 다하는 것이기 때문이다."[97]라고 하였으니, 그 말이 아주 슬퍼할 만하다. 네가 비록 제사를 주관하지는 않지만, 네 형과 의절(儀節)을 강구하여

96 자유(子游)는……못하자 : 《논어》 〈위정(爲政)〉에서, 자유가 효에 대해 묻자 공자가 "지금의 효라는 것은 잘 봉양하는 것을 이른다. 하지만 개나 말에 대해서도 모두 잘 먹여 주고 있으니, 만약 공경하지 않는다면 무엇으로 구별하겠는가.〔今之孝者是謂能養, 至於犬馬, 皆能有養, 不敬, 何以別乎?〕"라고 대답한 말에 나온다.

97 선조에게……때문이다 : 《예기》 〈제통(祭統)〉에 "제사라는 것은 돌아가신 다음에 봉양하는 것이며 생전을 이어서 효도하는 것이다.〔祭者所以追養繼孝也.〕" 하였다.

모자란 부분을 보충하고, 제사를 지낼 적에는 마음을 깨끗이 하여 생각을 한 군데로 모으고, 용모와 몸가짐을 바루어 웃고 떠들기를 그쳐서 선조가 살아계시듯이 대하는 정성을 바쳐야 한다. 우리 증조부께서는 제사를 마치고 나서 반드시 의관을 바로하고 새벽까지 앉아 있다가 말씀하기를 "남은 공경심을 감히 헤이하게 할 수 없다."라고 하셨다. 제사를 마치고 나서도 이런 마음이었다면 제사지낼 때 어떤 마음이었는지 알 수 있으니, 너는 삼가 기억하여라.

형제는 벗과는 다르니, 본래 이이(怡怡)와 절시(切偲)[98]의 구분이 있다. 그러나 성의를 쌓아 일에 앞서 인도하여 불의에 빠지지 않도록 힘써야 하고, 허물이 있으면 "다만 나의 잘못이다."라고 해야 한다. 형을 공경하는 의리는 양지(良知)에 근본하지만, 사람들은 대부분 사랑할 줄만 알고 공경할 줄은 모른다. 또 수십 권의 책을 읽고는 곧 자신을 대단하게 여겨 윗사람을 업신여기거나 무시하는 사람도 있으니, 더욱 경계하지 않아서는 안 된다.

자매는 천륜이지만 남녀의 분별이 있다. 옛 사람은 어릴 때부터 이미 남녀가 자리를 함께하고 식사를 함께하는 것을 경계하였으니, 시집갈 때 이르러 영(纓)을 매는 것[99]은 분별을 보이기 위함이다. 평상시에는

98 이이(怡怡)와 절시(切偲) : 《논어》 〈자로(子路)〉에 "붕우는 절절(切切)하고, 시시(偲偲)하게 대해야 하고, 형제는 이이(怡怡)하게 대해야 한다."라는 공자의 말이 나오는데, 절절과 시시는 간곡하게 충고하고 자상하게 권면하는 것으로 책선(責善)하는 뜻이 들어 있고, 이이는 책선을 하면 정의(情誼)를 상할 염려가 있기 때문에 그저 사이좋게 지내기만 하는 것을 말한다.

섞여 앉지 않고, 장난하는 기색을 짓지 않으며, 예의에 어긋나는 말을 하지 않아야 하며, 수숙(嫂叔) 사이에는 분간을 더욱 엄격히 해야 한다. 가정 안에서는 늘 은혜가 의리를 가리는 법이니, 이 점이 두려워할 만 한 일이다.

자매의 남편은 곧 나의 형제와 다름없으니, 자신보다 연장자인 경우에는 높이고 공경하며, 연소자인 경우에는 독실하게 사랑하여 비록 성향에 부합하고 부합하지 않는 점이 있더라도 절대 그 사이에 멀고 가깝고 후하고 박한 구분을 두지 말아야 한다.

우리 집안의 존속은 모두 돌아가셨으니, 홀로 살아 있는 내가 누구를 의지하겠느냐. 너에게는 오직 두세 분의 고모가 있지만, 역시 쓸쓸히 떨어져 지내고 있는 처지이다. 멀리 계신 분은 편지로 안부를 여쭙고, 가까이 계신 분은 직접 찾아가 안부를 여쭈어 한결같이 성의를 다하여 늘 계부께서 유씨(柳氏) 집안에 시집가신 고모를 돌봐드리던 마음처럼 하여라. 근래에는 세도가 무너져 가까운 친족사이에도 의심하여 멀리 하는 경우가 많으니, 지극히 경계해야 한다.

근세에는 처가에 소홀한 경우가 많아 깔보고 업신여기는 것을 고아한 행동으로 여겨 조금이라도 후하게 대하면 비웃곤 하니, 이는 못된 풍속이다. 너의 처가가 지금 망극한 재앙을 만나서 기대어 의지할 곳이

99 시집갈……것 : 《예기》 〈곡례(曲禮)〉에 "여자가 혼인을 허락하였으면 영(纓)을 맨다.〔女子許嫁纓.〕" 하였다.

라고는 너 뿐이니, 살아있는 자를 구휼하고 죽은 자를 전송하는데 성의를 다하여 너의 아내에게 유감이 없도록 해야 할 것이다. 처가의 일은 네가 관여할 바가 아니다. 서책은 본래 다른 물건과 다르지만, 역시 마음대로 가지고 와서는 안 되고, 빌려 본 것도 돌려 주어야 하니, 주인 없는 집에서 누가 금할 수 있겠느냐. 이는 스스로 삼가야 한다.

우리의 동종(同宗)은 드물어 단문(袒免)[100] 이외의 친속은 마치 동당(同堂)처럼 친하게 지냈으니, 윗대 어른들부터 이미 그렇게 하셨다. 돌아가신 중부께서는 지성으로 두루 보살피셔서 실로 범 문정(范文正)의 남은 뜻[101]이 있었으니, 이는 네가 직접 목격한 일이다. 마땅히 한결 같은 마음으로 두텁고 화목하게 지내고, 그들이 가난하다는 이유로 조금이라도 업신여기거나 소홀히 대하는 마음을 싹트게 하지 말아라. 비록 구제해 줄 힘이 없다 하더라도 항상 측은히 여기는 마음을 두어 과실이 있으면 경계하고, 원망하고 성내는 마음이 있으면 숨기거나 묵혀두는 일 없이 여러 대에 걸쳐 동거하던 우호를 온전히 하는데 힘써야 한다. 더구나 지금은 어른들께서 돌아가셨고, 살아있는 자도 외지로 떠돌아 고향이 갈수록 쓸쓸해지니, 각자 몸과 행실을 단속하여 치욕이 위로 가문에 미치는 일이 없도록 해야 하니, 여러 종인(宗人)과 서로 면려하기를 바란다.

100 단문(袒免) : 상례(喪禮) 때 단문복을 입는 친족을 말한다.

101 범 문정(范文正)의 남은 뜻 : 가난한 친척들을 잘 보는 것을 의미한다. 범 문정은 북송의 명재상인 범중엄(范仲淹)으로, 문정은 그의 시호이다. "종족이란 조상의 입장에서 보면 똑같은 자손이다."라고 하며, 그들 중의 가난한 자들을 보살피고 친목을 돈독히 하였다. 《小學 嘉言》

너는 부형 반열에서 늦게 태어났기 때문에 나이는 가장 어리지만 항렬은 높다. 옛사람이 나이 많은 사람을 높이는 일은 향당에서 더욱 중시하였으니, 상대방이 항렬로 나를 존중할 경우, 나는 나이로 상대방을 존중해야 양쪽이 모두 마음을 다하여 온전히 교제할 수 있을 것이다. 네가 함부로 잘난 체하여 업신여김을 받는다면 너에게 손해일 뿐만 아니라 남의 과오를 부각시키게 되니, 상보(祥甫 홍계백(洪啓百))의 무리와 함께 지내는 것 역시 그런 일이다. 공자 같은 성인께서도 향당에 계실 때에는 신실하여 마치 말을 잘하지 못하는 것처럼 하셨으니,[102] 더구나 그보다 못한 사람은 말할 나위가 있겠느냐. 더욱 삼가지 않아서는 안 된다.

지금의 이른바 벗은 어깨를 툭툭 치거나 소매를 잡고 서로 어울리며 함부로 말을 하거나 조심하는 기색이 없이 서로 대하는데, 이는 손해만 되고 도움이 되지 않는다. 요컨대 돈독하고 충실하며 과실을 고치고 선을 권면하는 것을 위주로 해야 한다. 우리 집안은 평소에 간략하고 질박함을 지키고 남과 어울려 몰려다니지 않았는데, 네 외숙 윤양직(尹養直)은 이야기를 좋아하고 교유관계가 넓어 날마다 뻔질나게 한양을 돌아다니니, 참으로 한 시대의 명망 있는 선비이지만, 나는 네가 삼가 가풍을 지키기를 원하지, 그를 쏙 빼닮는 것은 원치 않는다.

102 공자(孔子)……하셨으니 : 《논어》 〈향당(鄕黨)〉에 "공자가 향당에 있을 때에는 신실하여 마치 말을 잘하지 못하는 것처럼 하였다.〔孔子於鄕黨, 恂恂如也, 似不能言者.〕" 하였다.

우리 집안의 가법은 본디 엄한지만, 근래에 자손이 아주 적은 탓에 사랑 때문에 예법이 무너졌으니, 만일 식견이 있는 자가 본다면 반드시 효도와 공경이 쇠하였다고 할 것이다. 네가 어른 곁에 있을 때에도 몸가짐을 단속하지 못했는데, 더구나 지금은 한 해가 지나도록 다른 곳에 떨어져 지내느라 곁에는 엄한 스승과 두려운 벗이 없으니, 형세상 반드시 태만하고 방종해져 절로 습성이 되었을 것이다. 비록 웃어른을 공경하라는 가르침을 베푼다 하더라도 막혀서 들어가지 않을 것이다. 속히 반성하고 통렬히 고쳐서 늦게 잠자고 일찍 일어나 몸가짐을 삼가고 공손하게 하여 행동거지 하나하나를 늘 어른이 곁에 있는 것처럼 한다면 어지간히 되었다고 할 것이다. 예전 덕촌(德村)에 있을 적에 아침에 일어나니 큰 눈이 내려 내가 한가로이 송대(松臺)를 거닐고 있었는데, 너는 앞에서 빗자루를 잡고 산길의 눈을 쓸고 있었다. 그 당시에는 무척 신이 나서 장난을 하는 것처럼 보았지만, 자제의 직분은 실로 이와 같아야 한다. 본연의 천성은 자연스럽게 드러나니, 확충한다면 도에 가까워질 것이다. 네가 행하면서도 밝게 알지 못할까 염려되어 그냥 알려주는 것이다.

네가 어릴 적에는 사랑을 믿고 제멋대로 굴어서 바보 같기도 하고 미치광이 같기도 하였는데, 한 마디 말과 한 가지 행동에 윗사람과 아랫사람이 떠들썩하였다. 너를 아주 아끼는 사람은 우려하고, 너를 아끼지 않는 사람은 혹 기개가 있다고 칭찬하기도 하였는데, 너는 스스로 우쭐대면서 남들이 너를 광대로 보는 줄도 몰랐으니, 이보다 더 큰 수치가 어디 있겠느냐. 사람은 술에 취했을 때는 하지 못하는 일이 없다가 술이 깨고 나서야 부끄러운 줄 안다. 너는 취한 지가 이미 오래인데, 지금은 깼느냐, 깨지 못했느냐. 교외에서 온 사람을 만나면 그때마다 너의 행동거지를 물었는데, 대답하기를 "예전에 비해서는 제법 좋아졌습니다."라고 하니, 제법이란 말은 미진하다는 뜻이다. 혹 한 푼이나 반 푼이라도 남아 있다면 결국 어리석고 혼미한 사람이 되니, 어찌 놀랍고 두렵지 않겠느냐. 질병을 앓는 사람이 오랫동안 치료를 받았더라도 하루아침에 발작하면 다시 처음 상태와 같아진다.

너는 어릴 때부터 쉽게 말을 하고 말이 대부분 실제가 없었다. 남들이 말하기를 "아무개의 말을 어찌 믿을 수 있겠는가."라고 하였으니, 이는 몹시 부끄러워할 일이다. 그런데 네가 부끄러움을 모르는 것이 작년에 시언(施彥)의 무리를 속였을 때 극에 달하였으니, 내가 지금까지 한심하게 여긴다. 사람이 누가 과실이 없겠느냐마는 고치는 것이 중요하다. 만일 네가 말을 함부로 하지 않았던 온공(溫公)[103]과 말하기 전에 믿음이 있었던 자로(子路)[104]처럼 할 수 있다면 과오를 잘 보완할 수 있을 것이니, 너는 할 수 있겠느냐, 끝내 할 수 없는 것이냐?

103 말을……온공(溫公) : 온공은 사마광(司馬光)을 말한다. 《소학》 〈선행(善行)〉 제72장에 "충정공(忠定公) 유안세가 온공을 뵙고, 마음을 다하고 몸을 행하는 요점으로써 종신토록 행할 만한 것을 묻자, 온공이 '성(誠)일 것이다.'라고 대답했다. 유공이 '이것을 행하려면 무엇을 먼저 해야 합니까?'라고 묻자, 온공이 '말을 함부로 하지 않음으로부터 시작해야 한다.'라고 대답했다."라고 하였다.

104 말하기……자로(子路) : 《논어》 〈안연(顏淵)〉에 "한 마디 말로 옥송을 결단할 수 있는 사람은 아마도 중유(仲由)일 것이다.〔片言可以折獄者, 其由也與.〕"라는 말이 나오는데, 그 주(註)에 "한 마디 말로 옥송을 결단할 수 있는 것은 말하기 전에 믿음이 있어서 남들이 절로 믿기 때문이다.〔一言而折獄者, 信在言前, 人自信之故也.〕" 하였다.

네 누이가 일찍이 나에게 말하기를 "제 아우가 남을 칭찬할 때에는 높은 하늘까지 추켜올리고, 남을 헐뜯을 때는 깊은 연못으로 떨어뜨립니다."라고 하였으니, 정말 이와 같다면 너는 몹시 잘난 체하는 것이다. 공자와 같은 위대한 성인께서도 "내가 남에게 무엇을 헐뜯고 무엇을 칭찬하겠는가."라고 하셨고, 또 말씀하기를 "나는 사람을 비교할 겨를이 없다."라고 하셨으니, 네가 어찌 감히 그럴 수 있느냐. 네가 감히 어찌 그럴 수 있느냐. 남의 장단점을 논하기 좋아하는 것은 신식(新息)이 차라리 죽을지언정 듣기를 바라지 않았던 일이니,[105] 나 역시 너에게 바라지 않는다. 또 듣기로 네가 남과 이야기할 적에 상대방의 선조를 비방하기를 좋아한다고 하니, 사실이냐? 《맹자》에 이르기를, "남의 부형을 죽이면, 남 역시 자신의 부형을 죽일 것이니, 직접 죽이는 것은 아니지만, 한끝 차이일 뿐이다."[106]라고 하였다. 이 글을 읽으면 어찌 두렵지 않겠느냐. 너의 말투는 본래 직설적이고 비루한 병폐가 있으니,

105 신식(新息)이……일이니 : 신식은 남방(南方)인 교지(交趾)로 정벌을 나가서 적군을 크게 격파하고 신식후(新息侯)에 봉해진 후한(後漢)의 명장 마원(馬援)을 가리킨다. 마원이 형의 아들인 마엄(馬嚴)·마돈(馬敦)이 모두 비판하고 논평하기를 좋아하며 경박하고 호협한 사람과 사귀는 것을 경계하기를 "나는 너희가 남의 과실을 듣고 부모의 이름을 들은 것처럼 하여, 귀로 들을지언정 입으로는 말하지 않기를 바란다. 남의 장단점을 논평하기를 좋아하며 정사와 법을 함부로 시비하는 것은 내가 크게 미워하는 바이니, 차라리 죽을지언정 자손이 이러한 행실이 있다는 것을 듣기를 원하지 않는다."라고 경계하였다. 《小學 嘉言》

106 맹자(孟子)에……뿐이다 : 《맹자》 〈진심 하(盡心下)〉에 "맹자가 말하기를 '나는 이제야 남의 부모를 죽임이 매우 중대한 일임을 알았노라. 남의 아버지를 죽이면 남도 또한 내 아버지를 죽이고, 남의 형을 죽이면 남도 또한 내 형을 죽인다. 그렇다면 자기가 직접 부형을 죽인 것은 아니지만, 한끝 차이일 뿐이다.'" 하였다.

내가 몹시 싫어한다.

너는 성품이 거친데다 소탈한 모양새로 꾸미는 것을 좋아하여 의관을 전혀 정돈하지 않으니, 이는 비록 그림자를 돌아보며 스스로 좋아하는 자[107]와는 다르지만, 반드시 근본을 어지럽히고 헛된 명성을 바라는 폐단에 빠질 것이다. 음식을 먹을 때는 밥을 크게 뜨고 국물을 흘리며 어른 앞에서 더욱 불경하니, 성현이 만일 의복과 음식을 말단적인 예절로 여겨서 단속하지 않으셨다면 《소학》 〈경신편(敬身篇)〉에 어찌 이 두 조목이 존재하겠느냐.[108]

주자(朱子)가 위응중(魏應仲)에게 보낸 편지에서 "삼가(三哥 셋째 아들)는 나이를 먹었으니 학문에 힘써서 부모가 기대하는 뜻에 부응해야 한다는 것을 스스로 알아야 하네. 자신을 아이에 견주어 헛되이 세월을 보내서는 안 되네. 읽은 경전과 사서는 정밀하고 자세하게 반복해야 점차 뜻을 알게 될 것이며, 송독할 때는 급박하게 하지 말고 글자 하나하나를 분명히 새겨야 하네. 또 성현을 마주한 것처럼 단정하고 엄숙하게 앉아야 하니, 그렇게 하면 마음이 안정되어 의리를 궁구하기가 쉬울

107 그림자를……자 : 겉모습에 신경을 써서 꾸미는 사람을 말한다. 《통감절요(通鑑節要)》 권25 〈한기(漢紀) 후황제 하(後皇帝下)〉에 "삼국시대 위(魏)나라 하안(何晏)은 성품이 자기 몸을 치장하기를 좋아하여 흰 분가루를 손에서 놓지 않았고, 걸음을 걸을 때에는 그림자를 돌아보았다.〔魏何晏性自喜, 粉白不去手, 行步顧影.〕" 하였다.

108 소학……존재하겠느냐 : 《소학》 〈경신편〉에 의복과 음식에 관한 조목이 있음을 말한다. 〈경신편〉은 모두 46장인데, 이 가운데 34장부터 40장까지는 '의복제도〔衣服之制〕'에 관한 내용이고, 41장부터 46장까지는 '음식예절〔飮食之節〕'에 관한 내용이다.

것이네. 많이 읽기만 탐내고 넓게 알려고 힘쓰느라 대충대충 넘어가고 건너뛰며, 읽기를 마치자마자 이미 통했다고 여겨서는 안 되네. 조금이라도 의심스러운 곳이 있으면 곧 다시 사색하고, 사색하여 통하지 않으면 작은 책자를 마련하여 하나하나 뽑아 기록하였다가 돌아오는 날을 기다려 이해해야 하네. 일상생활을 하면서 앉거나 설 때에도 자세를 단정히 하도록 힘써야 하며, 몸을 한쪽에 기대서는 안 되니, 게을러질까 걱정이네. 출입할 적에는 발걸음을 듬직하게 해야 하며 방정맞고 경박하게 하여 덕성을 해쳐서는 안 되네. 겸손으로 자신을 수양하고 화목과 공경으로 남을 대해야 하네. 모든 일은 절실히 삼가서 까닭 없이 출입하지 말아야 하고, 소설(小說)과 한담(閑談)은 허송세월할 염려가 있으며, 잡서(雜書)는 보지 말아야 하니, 정력을 분산시킬 염려가 있기 때문이네."라고 하였다. 이 말이 너에게는 글자마다 약석(藥石)이다. 내가 너를 위해 도모하는 것이 지극하지만 이밖에는 해 줄 말이 없다.

너는 섭렵하기를 좋아하고 또 잡서를 초록하기를 좋아한다. 주자가 말하기를 "잡박한 것은 지극히 일에 해로우니, 범순부(范淳夫 범조우)가 일생동안 이러한 공부를 하였다. 아마도 성현의 말씀을 바쁜 와중에 대충대충 보아 넘기고 한 번 초록을 하면 곧 일이 끝난 것처럼 여겨 애당초 자세히 음미한 적이 없었기 때문에 글을 보는 것이 전혀 정밀하고 밝지 못했던 것이다."[109]라고 하였다. 범순부도 오히려 이와 같은데

109 잡박한……것이다 : 《주자대전(朱子大全)》 권59 〈여장남헌서(與張南軒書)〉에 나오는 말이다.

하물며 너와 같은 사람이야 말할 나위가 있겠느냐. 일반적인 경서(經書)와 자서(子書)를 가져다 전념하여 숙독하는 것이 가장 좋은 방법이니, 여사인(呂舍人)의 과정(課程)[110]이 가장 좋다.

어떤 사람이 네가 근래에 시구(詩句)를 즐겨 짓는다고 하는데, 사실이냐? 《시경》의 가르침은 온유돈후(溫柔敦厚)[111]이니, 만일 풍(風)과 아(雅)의 남은 뜻을 얻는다면 어찌 몸과 마음에 유익함이 없겠느냐. 그러나 이와 같지 않으면 굳이 많이 지을 필요가 없다. 내가 일찍이 말하기를 "근후한 성품을 바꾸어 경박한 부류로 만드는 것은 오직 시(詩)이다."라고 하였으니, 네가 시를 즐기는 것을 원치 않는다. 게다가 너는 글을 지을 때 순서는 있으나 조리가 없으니, 절대 작은 것을 얻었다고 스스로 만족하지 말거라. 너는 글씨를 너무 거칠게 쓰는데, 어른에게 올리는 편지에서는 더욱 삼가지 않아서는 안 된다. 내가 늘 이 일로 거듭 경계하였는데, 처음에는 조금 신경을 쓰다가 한 줄이 끝나기도 전에 이미 거친 모양새가 있었고, 나중의 인편에 편지를 받아보면 이미 전부 거칠었기에 그 후에도 누차 이처럼 경계하였다. 글씨는 마음

110 여사인(呂舍人)의 과정(課程) : 여사인(呂舍人)은 송나라 학자 여본중(呂本中, 1084~1145)이다. 과정은 일과로 하는 공부이다. 《소학》〈가언(嘉言)〉에 " 여사인(呂舍人)이 말하기를 '학업은 곧 과정(課程)을 엄격히 세워야하고 하루라도 방만해서는 안 된다. 매일 한 가지 경서(經書)와 한 가지 자서(子書)를 읽되, 많이 읽지 말고 다만 정밀하고 익숙하게 하여야 한다. 반드시 조용한 방에 꿇어앉아 2~3백 번을 읽어 글자마다 구절마다 분명히 해야 한다.'"라고 하였다.

111 온유돈후(溫柔敦厚) : 《예기》〈경해(經解)〉에 육경(六經)의 교화적 성격을 특징적인 말로 요약하였는데, 그중 《시경》에 대해서는 "온유돈후함이 시의 가르침이다.〔溫柔敦厚詩敎也〕"라고 하였다.

의 표현인데, 너의 마음이 이와 같으니 일상생활을 하고 말하는 사이에 힘을 기울이고자 하더라도 필시 잠시도 멈출 수 없을 것이다. 정자(程子)가 말하기를 "나는 글자를 쓸 적에도 매우 공경스럽게 하는데, 이는 글자를 멋있게 쓰려고 해서가 아니라, 다만 이러한 행위 역시 공부이기 때문이다."라고 하였으니, 나는 네가 미루어 알기를 바란다.

모든 사람의 병통은 늘 장점에서 생기니, 너그럽고 느긋한 사람은 나태하여 분발하지 못하고, 소탈하고 얽매이지 않는 사람은 방탕하여 돌이킬 줄을 모르며, 널리 사랑하고 베풀기를 즐기면 또 들뜨고 뽐내는 데 가깝다. 너는 천성이 악착스럽지 않아 식견과 뜻에 이따금 좋은 면이 있다. 그러나 사단(四端) 중에 수오지심(羞惡之心)이 가장 모자라니, 한 몸 안에서 객기가 위주가 되어 마음가짐과 일처리가 산만하여 온당치 않다. 그러니 비록 날마다 훌륭한 말과 좋은 행동을 고해주더라도 힘써서 공부할 바탕이 없을까 두려우니, 다른 병통은 말할 겨를이 없다. 학문을 하는 방법은 다른 것이 없고, 잃어버린 마음을 찾는 것뿐이다. 옛날부터 성현의 말씀이 이보다 절실한 것이 없고, 너에게는 더욱 절실한 말이다. 주자가 요진경(廖眞卿)에게 보낸 답장에서 "공의 마음이 흩어진지 이미 오래이니, 우선 《예기》 〈옥조(玉藻)〉의 구용(九容)[112]을 읽게나."라고 하였으니, 내가 너를 위해 외어준다.

네가 어릴 적에 《소학》을 수업 받을 때, 겸인(傔人) 득망(得望) 이 곁에서 읽기를 권하다가 하루는 탄식하여 말하기를 "이 책에서 하지

112 구용(九容) : 236쪽 주53 참조.

말라고 하는 것 금지하는 말이다 은 그대가 모두 지니고 있으니, 아주 괴이한 일입니다."라고 하였으니, 이는 명언이다. 《소학》은 바로 사람답게 만드는 책이니, 이를 체득하면 사람이 되고 반대로 하면 금수가 된다. 너는 아침저녁으로 이 책을 깊이 음미하고 힘써 실천해야 한다. 하지 말라는 것을 하나하나 제거하여 거듭 겸인에게 비웃음을 받지 말거라. 선유(先儒)가 "천지신명처럼 받들고, 부모처럼 공경한다."라고 하였으니,[113] 나 역시 네가 그렇게 하기를 바란다. 그러나 부모와 천지신명을 공경하고 믿을 줄을 아는 사람은 본래 드무니, 이에 대해 알려고 한다면 또 이 책을 버려두고 어떻게 하겠느냐.

정월 보름 새벽에 너를 위하여 이 글을 썼는데 노복이 일찍 출발하는 바람에 미처 부치지 못했구나. 이 글을 쓸 때에 저절로 눈물이 흘렀으니, 절박한 진심을 절로 그만둘 수 없음을 알 수 있다. 너는 곁에 두고 늘 내가 보고 듣는 것처럼 생각하여라. 《시경》〈대아(大雅) 억(抑)〉에, "나는 너에게 순순히 타일러 주어도, 너는 나의 말을 듣는 척도 않는다."라고 하였으니, 만일 네가 이와 같이 한다면 나 역시 어찌해 볼 도리가 없구나.

113 선유(先儒)가……하였으니 : 선유(先儒)는 원나라 경학자 허형(許衡, 1209~1281)이다. 노재는 그의 호이고, 자는 중평(仲平), 시호는 문정(文正)이며, 하남성(河南省) 심양(沁陽) 사람이다. 본문의 말은 원나라 오징(吳澄, 1249~1333)의 글 〈임여서원중수존경각기(臨汝書院重修尊經閣記)〉에 소개되어 있는데, 뒤에 〈독소학법(讀小學法)〉에 인용되었다. 《吳文正集 卷37 臨汝書院重修尊經閣記》

종제 대심에게 답하다 신해년(1731, 영조7)

答從弟大心 辛亥

그대의 뜻은 잘 알았네. 졸렬한 사람의 법도를 그대가 어찌 모르겠는가마는 이렇게 말을 한 것은 아마도 평소에 이 늙은이를 독실히 믿어 혹 경계를 깨트리기를 바라서 그런 것인 듯하네. 병신년(1716, 숙종42) 한 번 대신하여 성균관의 상소를 쓴 뒤에 다른 글에는 손을 댄 적이 없으니, 이는 전수받은 바가 있는 것을 그대도 알 것이네. 이 몸이 세도를 담당할 수 있다면야 애초에 어찌 물러나 은둔했겠는가. 그러나 또다시 의론을 주장하는 것은 본래 내 뜻이 아니니, 제군들이 부지런히 부탁한 일을 헛되이 욕보인 것이 부끄럽고 한탄스럽네. 그대가 비록 도성에 있다고 하더라도 문을 닫고서 독서를 하고 사람들이 의론하는 사이에서 팔을 걷어붙이고 기세를 떨치지 말기를 간절히 바라네. 이 일을 누가 주장했는지는 모르겠으나 아주 중요한 사안이니, 단독으로 논하는 것은 진실로 괜찮지만, 아울러 배척하는 논의를 해서는 안 되네.

종제 대심에게 답하다 임자년(1732, 영조8)

答從弟大心 壬子

존보(尊甫)[114]의 편지를 보았는가? 그 가운데 논의하기를 주도한다는 지목은 극도로 좋지 않은 소식이네. 모르겠네만 그대가 어찌하여 이런 소리를 듣게 된 것인가. 통렬히 반성하여 십분 삼가는 것이 마땅하네. 지금은 그대가 도성에 있을 때가 아닌데, 병고(病故) 때문에 마침 이처럼 묶여 있으니, 참으로 근심이 적지 않네.

충청도에서 올린 상소[115]는 나에게 있어 실로 분수에 맞지 않는 일이지만, 밖에서 벌어진 일이라 참으로 어찌할 수가 없네. 자제들은 이 일을 입에 담지 않을 뿐 아니라, 마음에 두어서도 안 되네. 만약 혹여 이 일을 큰 일로 간주하여 그 사이에 기뻐하고 노여워하는 감정을 드러낸다면 식견과 취향이 아주 낮은 것이니, 평소에 글은 읽어 무엇하겠는가. 혹 이에 대해 말을 하는 사람이 있으면 절대로 응답하지 말고,

114 존보(尊甫) : 김신겸(金信謙, 1693~1738)을 말한다. 본관은 안동(安東), 자는 존보, 호는 증소(橧巢), 시호는 문경(文敬)이다. 아버지는 김창업(金昌業)이며, 숙부 김창흡(金昌翕)을 사사하였다. 1721년(경종1) 진사시에 합격했으나, 백부 영의정 김창집(金昌集)이 노론 4대신의 한 사람으로 신임사화에 거제도로 유배될 때 연루되어 함께 유배되었다. 1725년(영조1) 풀려나 내시교관(內侍敎官)에 임명되었으나, 취임하지 않고 강원도 영월의 산중에 들어가 산수를 즐기면서 후진 교육에 힘썼다.

115 충청도에서 올린 상소 : 충청도의 진사 곽수엽(郭守燁) 등 231인이 상소하여 행사직 이재를 조정으로 불러들이라고 청한 일을 말한다. 그러나 영조는 이 일이 충청도 유생을 칭탁하여 감히 임금의 마음을 떠보려고 한 것이라 여겨 받아들이지 않았다. 《英祖實錄 8年 10月 19日》

다만 "우리는 모르는 일입니다.〔非吾輩所知〕"라는 다섯 글자로 대답해야 하네. 만에 하나 실언을 하여 남들의 구설수에 오른다면 내가 비록 멀리 있다 하더라도 역시 그 소문을 들을 수 있을 것이네. 내가 자제들을 단속하지 않아 이런 지경에 이르게 된다면 그대가 나를 볼 면목이 없을 뿐만 아니라, 나 역시 그대를 볼 면목이 없을 것이니, 부디 조심하게나.

종제 대심에게 답하다 계축년(1733, 영조9)

答從弟大心 癸丑

연이어 도착한 두 통의 편지는 이미 작년의 편지이니, 그리운 마음이 들지 않겠는가. 이 몸은 어느새 쉰 네 살이 되었네. 예전에 그대를 질책하였는데, 그대는 오히려 두려워할 수 있지만 나는 이미 두려워할 만 한 것이 없으니, 나이가 젊은 사람이 어찌 이를 보고서 경계하지 않을 수 있겠는가.

나에게 조언을 구한 것은 진실로 좋은 뜻이지만, 여기에 어찌 별다른 좋은 약이 있겠는가. 지난번 편지에서 말해준 내용이 병에 대처하는 방법일 듯하니, 잠깐 사이에도 놓치지 않을 수 있겠는가. 여동래(呂東萊)가 말하기를 "마음이 한 곳에 정해지지 않으면 의(義)를 택함에 정밀하지 못하고, 생(生)을 보전함에 삼가지 못한다."라고 하였으니, 다시 이 말을 그대에게 주겠네.

설날에 벗 한 사람으로 하여금 《대학》 전(傳) 2장[116]을 암송하게 하여 좋은 의미가 있는 줄 깨닫게 되었으니, 비록 멀리 있다고는 하나 이해할 수 있을 것이네. '함양(涵養)' 두 글자는 그대의 도움이 많으니, 어찌 감히 잊을 수 있겠는가.

116 대학 전(傳) 2장 : 신민(新民)을 해석한 것으로, 첫머리에 "탕왕(湯王)의 반명(盤銘)에 이르기를 '진실로 어느 날에 새로워졌거든 나날이 새롭게 하고, 또 나날이 새롭게 하라.〔湯之盤銘曰, 苟日新, 日日新, 又日新.〕'라고 하였다."로 시작하는 장을 말한다.

종제 대심에게 답하다 무오년(1738, 영조14)

答從弟大心 戊午

한 달이 지나도록 소식이 끊어진 터라 심부름꾼을 보내려고 하였으나 여의치가 않았는데, 언(彦) 조카가 이십오 일에 쓴 그대의 편지를 가지고 왔으니, 편안한 소식을 알아 참으로 다행이네. 그밖의 암천(巖泉)의 승경에 어찌 마음이 쏠리지 않겠는가마는 바깥일에 속할 뿐이네. 봄추위가 풀리지 않았는데, 요사이 객지 생활은 편안한가? 앉아서 입정(入定)[117]하는 모습을 생각하니, 도리어 웃음이 나네.

《중용》은 몇 번이나 읽었는가? 과연 새로 터득한 것이 있는가? 예장(豫章 나종언(羅從彦))이 조용한 곳에서 《춘추》를 읽고자 했던 것은 역시 생각이 있어서 그런 것이네. 그러나 인생에는 절로 움직일 일이 많으니, 어찌 굳이 조용히 앉은 뒤에 비로소 독서를 할 수 있겠는가. 훗날 얼굴을 마주하면 존양성찰(存養省察)의 정도를 징험할 수 있을 것이네. 그러나 마음속에 있는 것은 전주(澶州)의 나무 기둥 하나 뿐이 아니니, 어찌하겠는가.[118]

당장 부족한 것이 상량문뿐인가? 나는 평소에 이처럼 쓸데없는 글을

117 입정(入定) : 불교 용어로, 중이 고요히 앉아 마음을 수렴하여 잡념을 일으키지 않고 마음을 한 곳에 고정시키는 것을 입정이라고 한다.

118 마음속에……어찌하겠는가 : 마음속에 많은 잡념이 생겨난다는 뜻이다. 명도(明道) 정호(程顥)가 전주(澶州)에 부임해 교량(橋梁)을 수리할 때에 긴 목재가 하나 부족하여 애써 구한 적이 있었는데, 그 후 어디를 가다가 큰 재목만 보면 그 생각이 되살아났다고 한 말을 인용한 것이다. 《近思錄 卷4》

짓는 것을 즐기지 않네. 고유(告由)도 굳이 할 필요가 없으니, 비록 글을 쓴다고 하더라도 어찌 이렇게 급작스럽게 하는가. 그 곳이 어느 곳이며, 이때가 어느 때인가. 사람이 멀리 내다보는 식견이 없기가 이와 같으니, 이는 실로 본래 허황되게 과장하는 병통이라 이틀 동안 걱정을 그만둘 수가 없었네.

나는 지금 높은 당(堂)에 앉아 있고, 또 바위를 점거하여 비둘기처럼 졸렬한 곳에 거처하니,[119] 꼭 다행스러운 일이 아니라고 할 수 없네. 그런데 그대가 일을 처리함에 드러내는 것이 이와 같으니, 반드시 일을 그르칠 것일세. 부디 이로 인해 경계할 줄 알아 상황에 따라 신중하고 치밀히 하여 부형에게 근심을 끼치는 일이 없도록 하게.

119 비둘기처럼……거처하니 : 《금경(禽經)》에 "비둘기는 졸렬해도 편안하다.〔鳩拙而安〕"라고 하였고, 그 주석에 "구(鳩)는 시구(鳲鳩)인데, 방언(方言)에 비둘기를 촉(蜀)나라에서는 '졸조(拙鳥)'라 한다. 집짓기를 좋아하지 아니하고, 새 집을 빼앗아서 사는데, 비록 졸렬해도 편안히 거처한다." 하였다.

종제 대심에게 답하다
答從弟大心

노복이 돌아오는 편에 보낸 편지를 받고서 염려하던 마음이 아주 위로가 되었네. 산중의 소식이 사람으로 하여금 상쾌한 생각이 들게 만드네. 요사이 객지 생활은 더욱 편안한가? 정사(亭舍)는 이미 기둥을 세웠으리라 짐작되지만, 그대가 일을 처리할 때에 역량을 헤아리지 못하는 경우가 많네. 검약하게 하면 실수하는 경우가 적으니, 부디 깊이 생각하게나.

매(賣)는 그대가 다음 달 망념(望念 음력 15일부터 20일 사이)에 올 듯하다고 하였고, 그대의 편지에서는 그믐이나 초하루에 온다고 하였으니, 누구의 말을 믿어야 하나? 어떤 이가 말하기를 그대가 정사(亭舍)를 지은 뒤에 종인(宗人)으로 하여금 신(申)과 쟁송(爭訟)하도록 한다고 하니, 정말로 그런가? 저 사람이 이미 편한대로 하려고 한다면 그대도 잊어야 하네. 천석(泉石)은 역시 공적인 물건이니, 어찌 굳이 일개 '아(我)'자에 집착하는가. 절대 이런 생각을 하지 말게나. 또 이곳은 경치 좋은 암천일 뿐 아니라 꼭 반드시 돌아갈 곳이 되지 않으리라 장담할 수 없으니, 비록 자잘한 일이라도 인심을 잃지 말고, 스스로를 업신여기는 일도 없도록 하게나.

종제 대심에게 답하다
答從弟大心

사십 일 동안 소식이 막혔다가 갑자기 편지를 받았으니, 놀라고 기쁜 마음을 알 것이네. 산속 생활의 흥취가 진실로 손에 잡히는 듯하고 '병이 없다.〔無疾〕'는 두 글자를 받았으니 충분하네. 다만 이토록 기일이 지났으니, 앞으로는 그대의 말을 믿지 않고 노복 매(賣)의 말을 믿을 것이네.

사원(士元 민우수(閔遇洙))이 그믐 사이에 와서 며칠 동안 다정한 시간을 보냈는데, 그의 말이 열흘 전에 화양(華陽)으로 가서 그대와 만날 계획이었는데, 출발하기 전에 풍현병(風眩病)이 다시 발작해서 다행히 조금 안정을 찾았으나 이 계획이 이미 틀어져버렸고 끝없이 위축되어 다시 문밖을 나서기가 두렵다고 하였네. 친한 벗들 중에 좋은 사람들은 대부분 세상을 떠났는데, 운기(運氣)는 어찌할 도리가 없으니 산으로 들어간 그대에게 번거롭게 알리고 싶지 않네.

상량문은 한 번 읽어보고 파안대소하였네. 이 늙은이가 공연히 편안히 앉아서 소유하게 되었으니, 예전에 역사서에 본 형주 목사(荊州牧使)를 요령(遙領)[120]한다는 것이 이 경우와 가깝지 않겠는가? 암천(巖泉)의 기이한 형승은 한 번도 본 적은 없지만 전부 그대에게 맡기니, 비록 가만히 앉아서 새가 둥지를 짓기 위해 풀과 볏짚을 물어오느라 입이 헐고 꼬리가 빠지는 것 같은 노고를 끼치면서도 불안한 줄을 모르

120 요령(遙領) : 중앙에 앉아서 멀리 지방의 직무를 맡고 있는 것을 말한다.

겠네.

듣기로 수령의 일을 전한 자가 있다고 하는데 정말인가? 그대가 이미 그가 세태를 알지 못한다고 비웃었으니, 지금 비로소 깨달은 것인가. 외려 우습네. 일이 이미 시작되었으니 잘 헤아리고 잘 마무리하고 돌아오는 것은 오직 하나의 '신(愼)' 자를 중요한 법으로 삼기를 간절히 바라네.

종제 대심에게 답하다
答從弟大心

지금 날마다 돌아오리라 기대하고 있는데, 편지만 오고 사람은 오지 않으니, 한편으론 서글프고 한편으로는 위안이 되네. 기쁜 일은 질병이 없다는 소식이네. 오래도록 나물을 먹었으니, 무슨 일이든 못하겠는가.[121]

집을 우뚝 세웠다고 하니 좋지 않은 것은 아니나 다만 몇 칸의 띠집을 엮으면 충분할 것인데, 어찌 이렇게 크게 짓는단 말인가. 내 말을 믿지 않고 자네 마음대로 한 것이니, 참으로 걱정이 되네. 집을 짓는 일은 사람들을 수고롭게 하지 않을 수 없으니, 나그네의 형편상 필시 남의 도움을 받아야 할 것인데, 힘은 모자라고 공역은 큰 터라 잘 마무리하기가 더욱 쉽지 않으니, 원망과 비방을 실로 면하기 어려울 것이네. 이 일을 비록 처음에 신중하게 하지 못했다 하더라도 역시 뒤를 잘 마무리 하는 계책을 깊이 생각해야 할 것이네. 농사철은 백성들을 부릴 때가 아니라는 것은 나라에 있어서도 오히려 그러하니, 지붕을 덮은 뒤에 다른 공역은 우선 천천히 힘을 비축하여 다시 시행해도 늦지 않네. 인심을 한 번 잃고 나면 비록 좋은 산수와 좋은 정자가 있다

121 오래도록……못하겠는가 : 송(宋)나라 때 왕신민(汪信民)이 "사람이 항상 채소 뿌리만 먹으면서 곤궁한 생활을 견딜 수 있다면 백사를 다 해나갈 수 있을 것이다.〔人常咬得菜根, 則百事可做.〕"라고 한 데서 온 말인데, 당시 호안국(胡安國)은 이 말을 듣고 무릎을 치면서 감탄하여 칭찬했다고 한다. 《小學 善行》

한들 역시 스스로 보전할 수 있겠는가. 내가 경계하는 것은 검약〔約〕과 신중〔愼〕 두 글자를 벗어나지 않으니, 가벼이 듣지 말게나.

이곳은 그럭저럭 지낼만하니, 지난번의 낙상(落傷)은 깊이 염려할 것 없네. 사원(士元 민우수)의 풍현증 역시 조금 차도가 있다고 하네. 친한 벗의 좋지 않은 소식을 누가 알려서 그대의 좋은 마음을 망치게 했는가? 돌아올 기일이 여러 번 바뀌었으니, 지금은 감히 믿지 못하겠으나 기일이 다가오니, 믿을 것은 이것뿐이네. 산나물이 또 상에 올라왔는데, 영지와 당귀는 우열을 따질 필요 없이 먹으면 좋을 것이네. 민어(民魚)는 이전 편지에 부치려고 하다가 못 보냈던 것인데, 그대는 영남 사람이 다 되었으니[122] 이 맛을 몰라서는 안 될 것이네. 참 재미있네.

보내준 시는 읽어보니 참으로 기쁘네. 어제 벗들이 향음의(鄕飮儀)를 익히는 것을 보러 갔다가 오늘 아침에 돌아와 화답하는 시를 지을 겨를이 없었으니 한탄스럽네. 새로 지은 집은 아주 좋다고 들었네만, 그대의 몸과 마음은 먼저 좋지 않게 되지 않을 수 있겠는가.[123] 산수가

122 그대는……되었으니 : 민우수(閔遇洙)의 《정암집(貞菴集)》 권6 〈여송회가(與宋晦可)〉를 참조하면 대심(大心 이유(李維))은 이때에 선유동(仙遊洞)에 들어가서 집 짓는 일을 시작했음을 알 수 있는데, 선유동은 경북 상주에 있다.

123 그대의……있겠는가 : 외물에 이끌려 자신의 마음을 거두지 않아서는 안 된다는 뜻이다. 《이정전서(二程全書)》 〈잡저(雜著)〉와 《소학》 〈가언〉에 "사람들이 몸을 봉양하는 외물에 대해서는 일마다 좋은 것을 요구하지만, 자신의 한 몸과 마음에 있어서만은 도리어 좋게 하려고 하지 않는다. 만일 좋은 외물을 얻었을 때에도 자신의 몸과 마음은 벌써 자연히 좋지 않게 된다는 것을 도리어 알지 못한다.〔人於外物奉身者, 事事要好, 只有自家一箇身與心, 却不要好. 苟得外物好時, 却不知道自家身與心, 已自先不好了也.〕"라고 하였으며, 진씨(陳氏)는 이에 대해 집설(集說)에서 "몸을 봉양하는 외물은

이미 좋고 집이 또 좋으니, 일마다 좋기를 요구하는 것은 이치에 통달한 자가 할 일이 아니네. 나는 실로 손해를 초래할까 하는 근심이 있으니, 오활하다고 생각하지 말게나. 강절(康節 소옹)의 시 한 구절을 적어 보내네. 이는 이전에 말해준 것과는 같지 않으니, 맹렬히 살피게나.

○"수많은 산수 이미 두루 돌아보았으니, 돌아와서는 스스로에 대해 깨달았네."[124]

궁실이나 음식·의복과 같은 것을 말한다. 몸에 대해 좋게 하지 않는다는 것은 몸을 수양하지 않는다〔身不修〕는 뜻이며, 마음을 좋게 하지 않는다는 것은 마음을 바르게 하지 않는 것〔心不正〕을 이른다." 하였다.

124 수많은……깨달았네 : 소옹(邵雍)의 〈풍취목엽음(風吹木葉吟)〉이라는 7언 율시 중 미련(尾聯)이다.

족형 여장[125] 집 에게 답하다 병진년(1736, 영조12)

答族兄汝章 鏶○丙辰

김성탁(金聖鐸)의 상소[126]는 비록 그가 체직된 뒤에 나온 것이지만 그가 소회가 있었기 때문에 입계(入啓)한 것입니다. 성역(城役)은 비국(備局)으로 하여금 품처(稟處)하도록 하겠다는 비답이 있었으나, 두 고을의 수령에 관한 일[127]은 비답에 거론되지 않았습니다. 유생 이해로(李海老) 등이 방금 상소를 올려[128] 이인지(李麟至)가 모욕한 말[129]을

125 여장(汝章) : 이집(李鏶, 1679~1739)으로, 자는 여장(汝章)이다. 1715년(숙종41) 사마시에 합격하여 공조와 형조의 정랑, 함창 현감 등을 지냈다.

126 김성탁(金聖鐸)의 상소 : 정언 김성탁이 상소하여 학문에 힘쓰고 백성을 보전하는 정치에 대해 아뢰었는데, 사림과 당론의 폐단을 말하면서 '각기 높이는 바를 높이고 각기 좋아하는 바를 사사롭게 하여, 문묘에 배향하는 전례로써 당론의 승부를 결정지으려고 관부(官府)를 뒤흔들고 남의 손을 빌려 독(毒)을 풀려 하니, 예천(醴泉)과 함창(咸昌)의 유생이 혹은 형장(刑杖)을 맞고 혹은 갇히기도 한 것과 같은 일은 바로 오늘날 세상 도의의 일대 변고입니다.'라고 하였다. 《英祖實錄 12年 3月 26日》

127 두……일 : 당시 예천과 함창에서 상소를 올린 유생이 형장을 맞고 혹은 갇히기도 한 일은 말한다. 당시 예천 현감은 저자의 외사촌 민통수(閔通洙)였고, 함창 현감은 바로 저자의 종형 이집이었다. 이전에 이인지의 상소에서 예천 현감 민통수가 상소한 유생을 채찍으로 때렸다고 말하자, 임금이 엄히 신칙하여 금지하도록 명한 일이 있었다. 《英祖實錄 12年 3月 12日·3月 26日》

128 이해로(李海老)……올려 : 진사 이해로가 상소를 올려 이인지가 송시열, 송준길 두 선정을 문묘에 배향하게 하려는 의논을 비방하며 배척한 일을 처벌할 것과 김성탁이 상소에서 한말이 흉칙하고 교활하다고 아뢴 것을 말한다. 《英祖實錄 12年 4月 4日》

129 이인지(李麟至)가……말 : 경상도 생원 이인지(李麟至) 등 4천여 인이 상소하여 송시열, 송준길 두 선정을 문묘에 배향하게 하려는 의논을 비방하며 배척한 일을 말한

분명히 밝히고, 말단에 김성탁의 상소에서 한 말이 흉측하고 교묘하다는 점을 대략 언급하였습니다. 성상께서 아주 우악한 비답을 내리기는 하였으나 "어찌 이 정도로 말을 가려하지 않는가. 더구나 김성탁의 일에 대해서는 더욱 지나치다."[130]라고 하교하셨습니다. 김성탁의 말이 이인지와는 다르지만, 기왕 대직(臺職)을 맡고 있으니, 의리상 구차하게 이 직책에 있어서는 안 됩니다. 곧바로 사직 상소를 올리고 한편으로 관직의 일을 정리하여 조용히 돌아가 염의(廉義)를 온전히 하는 것이 어떻습니까. 사단이 느닷없이 생겨 진정시키기 어렵다면 속히 사직하는 것이 낫습니다. 관찰사 역시 상황을 헤아리고 허락하지 않겠습니까. 비록 혹 허락하지 않더라도 이후에 반드시 다시 욕을 볼 일이 있을 것이니, 스스로 염치를 펴는 것이 결국 만족스러울 것인데 어떻습니까?

다. 이 일로 이인지는 귀양을 갔다. 《英祖實錄 12年 3月 12日》

130 성상께서……지나치다 : 임금이 이해로의 상소에 대해 내린 비답에서 "선정(先正)을 위한 한 번의 상소는 분명하게 진달하는 것이 가하나, 어찌하여 그 사연의 말을 가리지 않는 것이 이에 이른단 말인가. 여러 유생을 위하여 개탄한다." 하였다. 《英祖實錄 12年 4月 4日》

족질 제언에게 답하다 계해년(1743, 영조19)

答族姪濟彦 癸亥

그대가 무척이나 쇠약해지고 병이 들었다고 들은 터라 늘 걱정이었는데, 도움을 구하는 뜻이 몹시 좋네. 그대의 허다한 병통은 모두 마음의 화병에서 비롯된 것이네. 친족의 상을 당해 오랫동안 마음이 아팠고, 빈곤으로 인해 근심하여 절로 이와 같지 않을 수 없었을 것이네. '이치를 밝히고 자기를 극복한다.〔明理克己〕'라는 네 글자가 증세에 대처하는 좋은 약이지만, 이는 평소에 학문을 일삼지 않은 사람에게 갑자기 요구할 수 있는 것이 아니네. 우선 틈날 때 의서(醫書)를 보고, 오로지 마음을 편안히 하고 기운을 누그러뜨리는 것으로 위주로 삼기 바라네. 하루하면 반드시 하루의 효과가 있을 것이네. 한번 시도해보기를 바라네.

족질 제령에게 주다 기미년(1739, 영조 15)

與族姪濟寧 己未

장례가 지난 뒤에 어찌 안부 편지 한 통도 없었던 것이냐? 지금까지 편지를 쓰지 못했던 것은 쓰지 못했을 뿐만이 아니라, 역시 그럴 만한 이유가 있었던 것이겠지. 합장에 관한 일은 지난번에 누누이 말하였으니, 이는 내 말이 아니라 네 아버지의 뜻이다. 금기에 관한 술사(術士)의 말을 어찌 논할 것이 있다고 차마 아버지의 말을 저버린단 말이냐. 무덤을 옮길 길한 해와 길한 달이 없을까 걱정하지 말고 만약 이때를 맞추어 다시 봉분을 만들지 못한다면 내가 너를 볼 면목이 없을 뿐 아니라, 너 역시 지하에서 네 아버지를 뵐 면목이 없을 것이니, 깊이 유념하여라. 선동(仙洞)에 있을 때에 네 아버지가 너에게 학문을 권하기 위해 반드시 내가 있는 곳으로 속히 보내고 싶다는 말을 하였는데, 지금 생각하면 목이 메니, 또한 예전 책들을 잘 수습하여 읽기를 바란다.

서종숙 만응 에게 답하다

答庶從叔 晩膺

남의 첩이 된 여인의 경우는 제사가 그 아들 대(代)에서 그치는 것이 올바른 예입니다. 왜냐하면 아들이 아버지를 계승하고 손자가 조부를 계승하는 것이 원칙적인 예이기 때문입니다. 첩의 자식이 이미 돌아가신 아버지의 제사를 지낼 수 없으니, 세대를 계승하는 뜻으로 논해서는 안 됩니다. 만일 정리상 차마 하지 못하는 점이 있다고 한다면 손자는 오히려 괜찮지만, 별도의 장소에 신주를 봉안해야 할 듯합니다. 3대, 4대가 되면 불가하니, 조천(祧遷)을 오히려 어찌 논할 수 있겠습니까.

서종제 작횡에게 주다 무오년(1738, 영조14)

與庶從弟綽紭 戊午

추석 제사에 그대 집에서 아무도 오지 않은 것은 이번 한 번 만이 아닌 듯 하네. 묘를 관리하는 사람이 대신 제사를 지내는 경우는 사대부가에 혹 있는 일이기도 하네. 우리 집안은 자손이 적지만 한 번도 직접 제사를 지내는 것을 빠트린 적이 없네. 내가 일을 살핀 뒤로는 이렇게 했기 때문에 나는 일찍이 묘지기 노복들이 우리 집안 자손들을 잘 알고 있으니, 혹 남을 시켜 대신 제사를 지내거나 아예 지내지 않는 일이 있으면 적지 않은 모욕을 받을 것이라 생각하였네. 더구나 그대들이 타향에 떨어져 산 지가 오래이고 묘소가 멀리 떨어져 있어 나무하고 꼴 먹이는 자들의 출입을 금지하기가 어려우며, 절일(節日)에 왕래하지도 못하니, 얼마 안 가서 묘소를 잃어버리지 않겠는가. 이렇게 된다면 자손이 비록 많다고 한들 무슨 소용이겠는가. 말을 하자니 마음이 아프네. 이제부터 서로 권면하고 신칙하여 말이 없으면 걸어서라도 가서 사명일(四名日)에 한 번도 빠트리는 일이 없도록 해야 할 것이네.

서재종질 제인에게 주다 임술년(1742, 영조 18)
與庶再從姪濟仁 壬戌

선조 묘소의 표석(表石)에 관한 일은 만날 때마다 이야기하였는데 지금까지 일을 끌고 있으니, 언제 마칠지 모르겠구나. 스스로 생각하기에 날로 더욱 병들고 쇠해져 죽음이 지척에 있으니, 만일 내가 없으면 누가 다시 이런 말을 하겠느냐. 내가 살아 있을 때 이 일을 하는 것이 여러모로 아주 좋으니, 편지를 본 뒤에 즉시 계획을 세워 올 가을과 겨울 사이에 맞춰 공역을 시작하여 내년에 표석을 세우도록 하여라.

집안 형편으로 만일 감당할 수 없다면 전토(田土)를 헐값에 파는 것 이외에 달리 무슨 방법이 있겠느냐. 이번에도 망설이고 의심하여 내 말대로 하지 않는다면 나는 진실로 죽어서 우리 작은 할아버지를 뵐 면목이 없을 것이니, 또 너희 부친과 조부에게 무슨 말을 하겠느냐. 너 역시 나를 볼 면목이 없을 것이다.

도암집

제23권

書서

아들 제원에게 부치다 계축년(1733, 영조9)

寄子濟遠 癸丑

전령(展令)이 운운한 말은 생각해주는 마음이 참으로 감사하구나. 그러나 보릿고개에 가난한 선비에게 어찌 찾아오는 사람이 있겠느냐. 지금 눈을 감고서 꼿꼿이 앉아 있고, 바깥의 분위기가 이와 같으니, 거절하여 보낼 필요는 없을 듯하구나. 염려하지 말고, 나중에 만나면 이 뜻을 전해주어라.

내가 만난 상황이 비록 몹시 두렵기는 하지만, 애초에 사사로운 뜻이 개입되지 않았다. 외부에서 오는 것은 어쩔 수가 없으니, 모든 일은 하늘이 하는대로 따를 뿐이다. 크고 작은 이해를 따지지 말고 오직 호연한 마음을 품고 부끄러움이 없게 할 뿐이다. 너희들은 갑자기 두려워하지 말거라.

아들에게 부치다 갑인년(1734, 영조10)

寄子 甲寅

지난 번 편지는 받아보았느냐? 누이의 상(喪)은 오랜 시간이 지나도 혹독한 아픔을 견디기가 매우 어렵구나. 내 병이 진실로 명백히 의심할 만한 것인 줄은 모르겠다만, 설령 의심할 만한 것이 있더라도 모든 일은 마땅히 도리로 결단을 해야 비로소 마음에 편안할 것이다. 네가 들어와서 보았을 적에는 비록 위독한 듯하였지만, 나는 걱정하지 않는다. 그러나 또한 먹고 자는 여러 일에 대해서는 삼가고 보중하는 방도를 스스로 유념할 것이다.

아들에게 부치다 병진년(1736, 영조12)

寄子 丙辰

날이 밝자마자 기쁜 소식을 들었다. 정자(程子)가 말한 불행[1]은 겪고 난 뒤에야 아는 것인데, 뜻밖에 네가 또 일찍 관직에 나아갔으니, 선대의 아름다운 자취를 이은 것이 기쁘지 않은 것은 아니지만 걱정이 더욱 크구나. 게다가 내가 쓸데없이 오래 살아서 나만 너의 성취를 본 터라 위로 경사를 고할 곳이 없어 온갖 일로 마음이 아프니, 어떻게 마음을 가눌 수 있겠느냐. 오직 공손과 근면으로 스스로를 다잡아 성공을 보전하는 방법으로 삼기를 바랄 뿐이다.

내외 선조의 가묘(家廟)는 이틀 사이에 모두 배알할 수 있겠느냐? 금평(錦平)의 집안[2]은 잊었을까 염려되는구나. 유가(遊街)[3]에 대동하는 광대는 반드시 사절하여 보내라. 돌아오기 전에 승정원 주서에 제수된다면 한 번 잠시 나아가는 것도 무방할 듯하니, 잘 헤아려 처리하여

1 정자(程子)가 말한 불행 : 정이(程頤)가 이르기를 "사람에게 세 가지 불행한 일이 있으니, 소년으로 장원급제하는 것이 한 가지 불행한 일이요, 부형의 세력을 힘입어 좋은 벼슬에 오르는 것이 두 가지 불행한 일이요, 높은 재주가 있어 문장을 잘하는 것이 세 가지 불행한 일이다.〔人有三不幸, 少年登高科, 一不幸, 席父兄之勢爲美官, 二不幸, 有高才能文章, 三不幸也.〕"라고 한 데서 온 말이다. 《御定小學集註 卷5》

2 금평(錦平)의 집안 : 금평은 숙녕옹주(淑寧翁主)와 혼인하여 금평위(錦平尉)에 봉해진 박필성(朴弼成, 1652~1747)을 말하는 듯하나 자세하지 않다.

3 유가(遊街) : 과거에 급제한 사람이 광대들에게 풍악을 잡히고 거리를 다니면서 좌수(座首), 선배, 친척들을 찾아보는 일이다. 대개 3일 동안 하는데, 머리에는 어사화(御賜花)를 꽂고 손에는 임금이 준 일산(日傘)을 들고 음악을 울리며 다닌다.

모든 일을 신중히 하기 바란다. 친족 중에 만나보아야 할 사람은 빠뜨리지 말아야 하겠지만, 조정에 있는 친구들은 형세상 두루 만나보기가 쉽지 않을 것이다.

아들에게 부치다 정사년(1737, 영조13)

寄子 丁巳

듣건대 이미 대리(對吏)[4]를 했다고 하니, 처음의 맛은 원래 이런 것이다. 그러나 숙직할 때와 비교하면 도리어 편할 것이니, 이 일을 괴롭다 생각 말고 나아가고 물러나는 사이에 털끝만큼도 구차함이 없도록 하여라. 괴롭다는 생각이 들면 구차해지기가 쉽다. 대저 이런 때에 나아가는 것이 어찌 몹시 어렵지 않겠느냐. 이미 명백히 고집할 단서가 없는데 억지로 한 번 나아간다면 눈앞의 모든 일이 난처하지 않은 것이 없을 것이다. 한 번 말을 하고 침묵하는 것을 모두 잘 헤아려서 해야 한다. 스스로 한계를 짓는 한 가지 일이 쉬운 것과는 같지 않으니, 더욱 유념하여라.

이보욱(李普昱)이 비록 억지로 나오기는 했지만 조만간 휴가를 청할 것이다. 체직되기 전에는 끝까지 패초(牌招)를 어길 것이니, 비록 법을 넘어서서 지나치게 인혐한다며 상하에서 출사를 재촉하는 말을 하더라도 이는 죽음을 무릅쓰고라도 반드시 피해야 한다.[5] 혹은 사직 상소에

4 대리(對吏) : 의금부에 나아가서 심문을 받은 일을 말한다.

5 이보욱(李普昱)이……한다 : 1723년(경종3) 지평 이보욱이 연잉군(延礽君)의 세제 책봉을 둘러싼 신임옥사 때 저자의 숙부인 이만성(李晩成) 등이 노론 4대신의 흉역에 참여하였다는 것을 문제 삼아 국문할 것을 청한 일이 있었다. 1737년에 이보욱이 승지에 임명되고, 이제원(李濟遠)이 한림에 임명되었는데, 저자가 자신의 집안과 이보욱이 이러한 혐의가 있기 때문에 이제원에게 이보욱과 함께 승정원에 있어서는 안 된다고 말한 것이다. 《承政院日記 英祖 13年 4月 12日》

피하지 않을 수 없는 의리를 통렬히 아뢰어라. 그 일을 멀리 있는 내가 헤아리기 어려우니, 하나하나 사위(士衛 민익수)에게 물어 의논하여라.

아들에게 부치다
寄子

잇달아 편지를 받고 이미 숙직을 했음을 알았다. 처음 관직에 나아가서 고풍(古風)으로 곤란을 겪을 줄은 이미 헤아렸지만, 성상을 옆에서 모시는 것과 같은 영광이 있겠느냐. 이미 나가서 벼슬을 하고 있으니, 직분을 게을리 하지 말고 하는 일 없이 머릿수만 채우는 일이 없도록 해라. 오직 한결같은 마음으로 공무를 수행하되, 한 번 말하고 한 번 침묵하며 한 번 나가고 한 번 들어오는 사이에 절대 방심하거나 소홀히 하지 말거라. 지난번에 어떤 이와 "부모는 오직 자식이 병들까 근심한다.〔父母惟其疾之憂〕"[6]라는 장(章)에 대해 논하면서 감탄하였으니, 너는 이 말을 깊이 생각하여 나에게 근심을 끼치는 일이 없도록 하여라.

허참례(許參禮)[7] 이전에는 원래 만나는 일이 없으니, 비록 앞으로 이야기를 하게 되더라도 '천(薦)' 한 글자를 미리 발설하지 말고, 논의에 대해서도 이야기가 미치지 않게 해라. 타인을 쫓아다니며 절친하게 지내는 것도 좋은 일은 아니니, 오직 직분에 맡은 바를 생각해야 할 뿐이다.[8] 어떻게 생각하느냐?

6 부모는……근심한다 : 《논어》 〈위정(爲政)〉에 나오는 내용으로, 부모가 자녀에게 병을 걱정하는 것은 건강뿐이라는 말이다.

7 허참례(許參禮) : 새로 출사하는 관원이 선배에게 음식을 차려 대접하고 인사드리는 예이다. 이로부터 상종(相從)을 허락한다는 뜻으로, 신임 관원의 오만을 없앤다는 풍습이며, 다시 열 며칠 뒤에 면신례(免新禮)를 행하여야 비로소 구관원과 동석할 수 있다.

8 직분에……뿐이다 : 《시경》 〈실솔(蟋蟀)〉에 "너무 편안하지 않은가. 직분에 맡은 바를 생각하라.〔無已大康, 職思其居.〕" 하였다.

아들에게 부치다

寄子

연석(筵席)에는 이미 자주 출입했을 것이니, 저절로 익숙해졌을 것이다. 그러나 조심하고 두려워하기를 마치 첫날처럼 하지 않으면 안 된다. 출입을 끊는 것이 진실로 좋고, 남과 대화를 할 때는 반드시 '인(訒)' 한 글자를 생각해라. 논의에 관련된 일은 더욱 갑자기 드러내서는 안 된다. 상소의 요지는 많아도 한두 줄에 불과하게 하여 그 대의를 대략 보이기만 하면 된다. 이후로는 이전처럼 지루하게 써서 병통이 생기는 일이 없도록 하여라.

소대(召對)의 책자는 틈나는 대로 반드시 자세히 보아서 의심나는 곳이 있으면 알고 지내는 옥당(玉堂) 사람에게 조용히 질문해라. 배영(拜楹)하는 절차[9]는 만일 편치 못한 일이 있거나 규정된 휴가 및 실제 병이 있을 때를 제외하고는 절대 '사고가 있다〔稱頉〕'고 말하지 말아서 오만하다는 비방을 면하는 것이 옳다. 출입을 드물게 하고 말을 적게 하는 것이 진실로 당장의 비결이지만 또 오만함에 가까울까 두려우니, 남을 응대할 때는 한결같이 공손함과 삼감을 위주로 하여라.

9 배영(拜楹)하는 절차 : 어전의 기둥 앞에서 절하는 예를 가리키는 듯하나 미상이다.

아들에게 부치다

寄子

연석(筵席)에는 연이어 무사히 출입하였고, 소대(召對) 때 읽은 것은 잘못 말하는 일은 면하였느냐? 우연히 기억하기로 옛날에 어떤 사람이 《송감(宋鑑)》을 진강하면서 '묵기설(万俟卨)'의 '묵기(万俟)'는 음이 '묵기〔墨其〕'인데, '만사(萬俟)'로 읽어서 일세의 웃음거리가 된 일이 있다. 이는 비슷한 부류를 미루어 경계로 삼아야 하니, 조용할 때 자세히 보면 의심이 생겨 질문거리가 있을 것이다. 옥당은 으레 음과 풀이에 대해 널리 고찰할 뿐이다. 연석에서의 대화는 나에게 보여주는 것이기 때문에 빠뜨리지 않고 자세히 하여 그런 것이냐? 그렇지만 지나치게 번거로워 문제이니, 작은 것을 생략하고 큰 것을 취해라.

아들에게 부치다

寄子

관례(館隷)가 와서 전해준 편지를 받아보고 요즈음 숙직하는 근황이 편안한 줄 알았으니 기쁘구나. 그러나 새로 들어가자마자 조정의 큰 소란을 만났으니, 말로 수응하는 사이에 한결같이 고요하고 꼼꼼하기를 위주로 삼거라.

허참례(許參禮)는 이미 지났으니, 비록 괴로운 상황을 만나더라도 오히려 잔글씨를 쓰는 일보다는 덜할 것이다. 설서(說書)로 자리를 옮기고 나면 상급관원으로 대우하지 않으니, 도로 부직되면 아마도 또 허참례(許參禮)가 있을 듯하구나. 당후(堂后 주서)가 누구인지는 모르겠으나, '한계를 넘는다[踰閑]'는 두 글자는 참으로 깊이 유념해야 한다. 이사관(李思觀)은 결코 함께 주선해서는 안 되니, 의망할 때에 곧바로 이를 언급하여 끌고 오게 하지 말아라. 배영(拜楹)은 심한 병이 없다면 빠트리는 일이 없도록 하고, 편치 못한 상황이 생긴다면 빠진 뒤에 처신을 조금 분명히 해야 할 것이다. 고풍(古風)은 전례에 따라 한다면 저들 역시 재미가 없어 그만둘 것이다.

윤혁(尹洫)의 상소[10]는 임금께서 버리셨는데, 일상적인 예로 말하자

10 윤혁(尹洫)의 상소 : 윤혁이 스스로 태학생이라고 일컬으면서 이현필(李顯弼)의 요언에 대해 삼사의 신하들이 입을 다물고 있는 상황을 통분스럽게 여겨 상소를 올린 일을 말한다. 영조는 이에 대해 광생(狂生)이 상소한 것으로 사책(史冊)을 더럽힐 수가 없다고 하며, 윤혁의 상소를 버리게 하였다. 《英祖實錄 13年 4月 28日》

면 사관(史官)이 승정원에 내리기를 청해야 하지만, 이 상소의 내용은 지나치고 경솔한 말이니 별도로 논해야 한다. 이후로 만일 이와 같은 일이 있다면 반드시 면전에서 아뢰기를 "지난날 윤혁의 상소가 지나치고 경솔하다는 것은 세상이 모두 아는 사실이니, 당초에 봉입한 것은 이미 외람된 일입니다. 신은 진실로 보기를 원치 않았고 다만 성상께서 하교로 언급하여 역시 그 대략적인 내용을 알 수 있었기에 과연 번거롭게 청하지 않았습니다. 그러나 이번 상소는 승정원에 내려서 사관에게 보여주지 않으면 안 됩니다."라고 해야 비로소 이전 잘못을 잘 메우고 뒷일을 잘 처리할 수 있을 것이다. 그때가 되어 만일 입대할 기회가 없다면 대략 이러한 뜻으로 상소를 지어 거듭 청하는 것 역시 좋을 것이다. 사관의 규례는 몰라서는 안 되기 때문에 말한 것이다.

상번(上番)이 아뢴 내용은 네가 직분을 잃었다고 여긴 듯하나, 너는 지나치고 경솔한 말로 치부해야 할 뿐이다. 상소를 불태운 일은 승정원에 있어 직분을 잃은 것이 되지만 너는 원래 질문에 따라 답변해야 하니, 따르고 따르지 않고는 저들에게 달려 있다. 그러나 이 역시 일률적으로 논할 수 없는 점이 있으니, 만일 조명신(趙命臣) 영감의 부류처럼 명을 거두어 달라고 쟁집할 만한 사람이 있으면, 힘써 권하지 않아서는 안 된다.-몰래 편지를 보내거나 조용히 만나 보아라.- 이는 마땅히 일의 시비를 살펴서 사체(事體)와 공론(公論)에 있어 의심이 없는 뒤에야 할 수 있다. 마땅히 해야 하는데 하지 못한다면 역시 책임이 없을 수 없다.

경연의 대화는 저들 쪽에 상번 당후(堂后)가 있으니, 필시 우리에게 요구하지 않을 것이다. 그러나 혹 이런 일이 있으면 결코 응수해서는 안 되니, 원경순(元景淳)의 일[11]을 경계로 삼아야 한다. 우리 쪽 사람에게는 전부 빠트리기는 어려우니, 질문하면 그 대략을 알려줄 따름이고 만일 일이 친지와 연관된 일이라면 질문을 기다릴 필요 없이 알려야 한다. 윤혁의 상소 중에 국보(國甫)[12]를 언급한 부분은 성상의 하교와 함께 이미 극극(克棘)[13]에게 전달하였느냐? 이것을 만약 하지 못한다면 사이가 멀어질까 염려되니, 비록 늦었지만 허물을 보완할 수 있겠느냐. 모든 일은 유추하여 알 수 있지만, 역시 정분(情分)의 친소와 사단(事端)의 경중을 살펴서 처리해야 한다.

11 원경순(元景淳)의 일 : 원경순은 자신이 사관(史官)으로서 연석에서의 이야기를 손수 기록하면서 국수(鞫囚)의 문서(文書)도 기입했던 일을 말한다. 《承政院日記 英祖 13年 3月 3日》

12 국보(國甫) : 조관빈(趙觀彬, 1691~1757)을 말하는 것으로 보인다.

13 극극(克棘) : 상중(喪中)에 있는 '극(克)'이라는 이름이 들어가는 인물인 듯하나 미상이다.

아들에게 부치다
寄子

근래에 연일 이어 입대(入對)했을 것인데, 성상의 체후는 더욱 편안하시더냐? 듣건대 상번이 휴가를 받고 나갔다고 하니, 묘에 갇혀 있는 듯한 고통은 조금 덜하겠구나. 그러나 굳이 처자식을 보기 위해 나올 것이 없으니 비록 국기일(國忌日)에는 아무 일이 없을 듯하나 성상께서 소대(召對)하시면 너는 역시 그 때문에 걸음이 다급해져 몹시 민망해질 것이다. 숙직하고 있을 때에는 절대로 그리 해서는 안 된다. 만약 부모를 뵙는 일이라면 비록 온당치 못한 점이 있다 하더라도 오히려 인(仁)을 알 수 있지만,[14] 이를 제외하고는 해서는 안 된다. 궐내의 출입 역시 상관이 없다고 해서 임의대로 자리를 떠나서는 안 된다. 수삼 개월 동안 참는 것이 어찌 어려운 일이겠느냐. 비록 작은 일이라 하더라도 역시 시종 한결같이 해야 하니, 모든 일을 아주 신중히 하여라.

객지에서는 술을 구하기가 쉽지 않을 것이다. 그러나 비록 구하더라도 이전에 면전에서 경계한 일을 두렵게 생각하여 혹시라도 "내가 멀리 있으니 보는 사람이 없겠지."라고 생각하지 말거라. 국기일의 옛 규례

14 온당치……있지만 : 사람이라면 누구라도 과실을 저지르지만, 정리상 부득이하게 저지르는 경우도 있으므로 그 과실에 대해 일률적인 잣대를 들이댈 것이 아니라 그 이면의 사정을 들여다보아야 한다는 뜻이다. 《논어》 〈이인(里仁)〉에 "사람의 과실은 각기 그 유(類)대로 하는 것이니, 그 사람의 과실을 보면 인을 알 수 있다.〔人之過也, 各於其黨, 觀過斯知仁矣.〕" 하였다.

는 입직하고 있는 사람은 모두 소식을 하는 것인데, 지금은 그렇게 할 수 없는 것이냐? 대수(代數)가 가까우면 이와 같이 하는 것이 마땅할 듯하니, 고기반찬은 별도의 그릇에 담을 것을 임시로 집안 사람에게 분부해야 할 것이다.

조정의 풍랑은 아직 새로 일어난 것은 없느냐? 아현(鵝峴)의 상댁(上宅)에는 마땅히 날마다 사람을 보내어 안부를 묻기를 마치 내가 있을 때처럼 해야 하고, 사위(士衛)와 같은 일가붙이에게도 자주 안부를 묻고, 이밖의 인사를 소홀히 하지 말거라.

아들에게 부치다

寄子

유생의 상소는 더 이상 이어서 올리는 자가 없다지만, 조정에서 끝내 입을 다물고 가만히 있어서야 되겠느냐. 이같은 일은 결코 가벼이 발설해서는 안 되지만, 가슴 속의 시비는 먼저 스스로 분별하지 않아서는 안 되니, 의심할 만한 것이 있으면 편지로 질문을 하고 반드시 견해를 세워 대처하여라. 이 또한 견식을 넓히는 방도이며, 군색함도 없을 것이다.

대기(大紀 홍창한(洪昌漢))가 정이 좋은 것은 진실로 남과 다르지만, 지극히 세속적이라서 함께 일을 논의해서는 안 되니, 모든 일을 사위(士衛)에게 물어서 결정하여라. 지난번에 은거하고 있을 때 어찌 성자장(成子長 성진령(成震齡))을 한번 만나보지 않았느냐. 이 분의 논의는 취할 만하다.

아들에게 부치다
寄子

곤경을 겪을 줄은 본디 스스로 짐작했으니 내버려둘 뿐이다. 오직 초책(草冊)은 중웅장(仲熊丈 홍우서(洪禹瑞))이 나에게 그렇고, 나 역시 빼앗아 볼 수 없다. 이는 바로 고풍(古風)의 중간에 가탁하고 그릇된 관습이니, 어찌 믿을 수 있겠느냐. 속은 것이 우습구나. 듣자하니 여량(汝亮 이규채(李奎采))과 상대를 한다는데 위로는 되겠지만, 서로 끌고서 시끄러운 지경에 빠지는 것은 우려할 만한 일인 줄 알고 있느냐. 타인도 얼굴이 익숙하면 원래 그러한 것이니, 어지러이 어울리는 것을 절실히 경계하여라. 정휘량(鄭翬良)은 비록 피하지 않더라도 그의 아비가 타우(打愚 이상(李翔)) 종조부를 욕보인 적이 있고,[15] 심지어 '종족이 강대하다.〔宗强族大〕'라고 하였으니, 더욱 멀리해야 한다.

지나친 상소를 승정원에 내리기를 청하지 않은 것은 아마도 고집하는 바가 있어서 그런 것이겠지만, 이후로는 늘 직분을 돌아보고 의리를 생각하여라. 승정원에 도착한 상소는 들이든 들이지 않던 간에 하번(下番) 한림(翰林)이 어찌 보지 못할 리가 있겠느냐? 그렇지만 지나친 말이라고 여겨 보지 않는다면 지극히 허술한 처사이니, 사람들 역시 필시 모범으로 삼지 않을 것이다. 기미를 보고 한 번 나와서 그 길로

15 그의……있고 : 정휘량의 부친 정수기(鄭壽期)가 정언으로 있을 때 상소를 올려 흉역의 무리들이 무근한 사실을 꾸며 모함한다고 논하면서 이상(李翔)을 추탈해야 한다고 하였다. 《景宗實錄 2年 5月 22日》

나를 찾아온다면 어찌 좋지 않겠느냐. 청나라 사신이 도착하면 국가에 일이 많아질 것인데, 배종할 때에 임금이 욕을 당하면 신하가 죽는 의리에 더욱 마음이 아플 것이니, 어찌 차마 볼 수 있겠느냐. 나 역시 범에게 물린 적이 있다.[16] 근래의 일은 시비를 알기가 어렵지 않지만, 상하의 논의가 서로 어지럽게 뒤얽혀 하나도 귀착점이 없다. 대신이 이 지경인데, 무슨 일을 할 수가 있겠느냐. 너무나 통탄스럽구나.

16 범에게……있다 : 자신도 그런 경험이 있다는 뜻이다. 범에게 상했다는 것은 범에게 부상당한 것으로, 자신이 일찍이 경험하여 매우 걱정함을 말한다. 《근사록》 권7에, "옛날에 일찍이 범에게 부상당한 자가 있었는데, 딴 사람들은 범을 말할 때에 비록 삼척동자라도 모두 범이 무서운 줄을 알았으나, 끝내 범에게 부상당한 적이 있는 자의 정신과 얼굴빛이 두려워하여 지성으로 무서워하는 것과는 같지 않았다." 하였다.

아들에게 부치다

寄子

이미 상번(上番)으로 승진했다고 들었는데, 정말 그렇다면 내가 열일곱 달 만에 했던 것에 비하면 수고로움과 편안함이 현격히 다르니, 이 역시 하나를 얻으면 하나를 잃는 이치일 것이다. 야대(夜對)에서의 대화로 말하자면 영광과 감격을 어찌 헤아릴 수 있겠느냐. 대대로 나라의 은혜를 받은 것이 이와 같으니, 어떻게 보답해야 할지 모르겠구나. 직무는 이제부터 조금 한가해질 터이니, 깊숙한 곳에 앉아 책을 보고 여가가 날 때 사책(史冊)을 수정하고 절대로 출입을 경솔히 하지 말거라.

아들에게 부치다

寄子

인편이 이르러 편지를 받고서 상번(上番)으로 승진한 줄을 알았다. 지내는 곳이 조용하고 편안하여 독서하기 매우 좋을 것이니, 참으로 기쁘구나. 고풍(古風)을 할 때에는 부박하고 그릇됨을 답습하는 행동을 지나치게 해서는 안 된다. 오직 규정을 엄정히 하여 절대로 노고를 대신하고서 나가기를 허락해서는 안 된다. 상번이 비록 하번(下番)과는 다르지만 역시 자주 나가서는 안 되니, 군색하고 다급한 상황을 만나기 쉬울 것이다. 만일 부득이한 경우가 아니면 서늘한 관청에 한가로이 앉아 사책을 수정하고, 옥당과 춘추관의 여러 직소(直所) 역시 굳이 왕래할 필요가 없다.

조명교(曹命敎)가 반교문 제술관(頒敎文製述官)을 맡게 된 것이 너의 손에서 나왔다면 잘한 일이 아니다. 이 일이 진실로 영화로운 일이 될 수 없지만, 당상(堂上)이 문임(文任)을 거치지 않고서 대착(代斲)[17] 하는 것은 극선(極選)과 관계된 일이니, 어찌 아무나 할 수 있는 일이겠느냐. 아마도 계미년(1703, 숙종29) 등록 때문에 그르친 것이 아니겠느냐. 성탁(聖鐸)의 일[18]은 연석에서의 하교가 아주 통쾌하구나. 갑

17 대착(代斲) : 다른 사람을 대신해서 감당키 어려운 일을 해 나가는 것을 말한다. 《노자(老子)》 74장에 "거장(巨匠) 대신 칼을 휘두를 경우 손을 다치지 않는 때가 거의 없다.〔夫代大匠斲, 希有不傷其手矣.〕"라고 하였다.

18 성탁(聖鐸)의 일 : 김성탁의 일을 말한다. 유생 신헌 등이 상소하여 이현일(李玄逸)을 욕하자, 그의 제자 김성탁이 소를 올려 원통함을 호소한 일을 가리킨다. 당시

술년[19]이후로 처음 있는 일이니, 기쁨을 가눌 수 있겠느냐.

영조는 신하된 자가 어찌 감히 옛날의 일을 오늘날 소장에 올려 쓰느냐고 노하여 김성탁을 국문하라는 명을 내렸다. 《英祖實錄 13年 5月 22日》

19 갑술년 : 갑술환국을 말하는 것으로 보인다. 1694년(숙종20) 폐출되었던 인현왕후(仁顯王后)가 다시 복위되고, 정권을 쥐고 있던 남인이 실각한 대신 서인이 다시 정권을 장악하게 된 것을 말한다.

아들에게 부치다

寄子

반교문(頒教文)의 분배가 이미 너의 손에서 나오지 않았다면, 무슨 해가 되겠느냐? 오직 일에 따라 경계할 줄 알면 된다. 청나라 사신이 오면 필시 몇 차례 어가(御駕)가 거둥할 것인데, 무릇 이와 같은 일에는 반드시 원망과 애통함을 머금고 참은 채 절박하여 마지 못하는 심정[20]을 늘 두어야 한다. 지난번에 듣기로 관례(館隷)가 정아(鼎兒)를 업고 가서 나희(儺戲)를 보았다고 하니, 몹시 놀랍고 통탄스러운 일이다. 엄중히 다스리려고 하다가 미처 그렇게 하지 못했으니, 통렬히 금지해야 할 것이다.

20 원망과……심정 : 주희의 〈여진시랑서(與陳侍郎書)〉라는 글에 나오는 말이다. 주희는 송(宋)나라가 금(金)나라의 침략을 받아 양자강 이남으로 쫓겨 가게 된 것에 대해 "애통함을 품은 채 절박하여 마지못한 심정으로 산다.〔忍痛含寃, 迫不得已.〕"라고 하였다.《晦庵集 卷24》

아들에게 부치다

寄子

사본(辭本)을 거듭 들인 것은 격례를 벗어난 일이니, 성상의 뜻에 아직 감히 알 수 없는 점이 있다. "그다지 대단하지 않다."라고 하신 하교를 또 어떻게 보아야 하겠느냐? 그러나 임금과 어버이 사이에는 참으로 난처한 일이 많아 의리상 이와 같이 하지 않을 수가 없으니, 영리를 탐하는 마음이 없고 화복을 돌아보는 마음이 없다면 괜찮을 따름이다. 이미 성상의 뜻을 힘써 받든 터라 매번 부끄럽고 한탄스럽다는 뜻을 상소에 쓰기도 역량이 부족하니, 다만 직분에 맡은 바를 생각해야 할 것이다. 그러나 자취는 지극히 불안하니, 입대할 적에 갑절로 조심하여 직무 외에는 문을 닫고 책을 보아야지 절대 타인과 어울려 농담을 즐기지 말고 항상 부득이한 뜻을 마음에 담아두어라.

고풍(古風)을 비록 그만둘 수는 없지만, 고사(故事)에 실린 것 이외에 근래 새로 나온 부박하고 이치가 없는 관습을 몸소 실천할 필요는 없다. 다만 연대(筵對)에서 왕래할 때에는 다리를 쉬러 들어간 것처럼 신중한 태도를 지켜 모욕을 취하는 일이 없도록 하여라. 무릇 남을 곤경에 빠트리려 하면 이따금씩 자신이 곤경에 처하는 경우가 많으니, 이를 몰라서는 안 된다.

하번(下番)이 혹 조만간에 사정을 진술하고 곧장 나가는 일이 있으면 상소의 대략을 굳이 자세히 아뢸 필요는 없다. 다만 '신이 아랫사람을 단속하지 못한 잘못이 있으니, 함께 궐 밖으로 나가겠습니다.'라고 말하고, 파직되면 즉시 돌아가야 한다. 만일 또 피해야만 하는 사람이 있다면 이전의 일로 움츠려들지 말고, 직접 아뢰거나 병을 칭탁하여 구차하지 않게 처신하는 것이 옳을 것이다.

조(趙)의 상소는 자세한 정황은 알 수 없으나, 역시 몹시 방자할 것이다. 하번이 추고를 받은 일은 너와는 진실로 관련이 없다. 그러나 처음에 계하(啓下)받은 것이 비록 도승지의 말 때문이지만, 결국은 실착이다. 이 점을 훗날의 경계로 삼아야 할 것이나, 이번에는 혐의할 필요가 없으니 다만 일에 따라 삼가기 바란다.

아들에게 부치다
寄子

조정의 상황이 아득히 끝이 없는 듯하니, 근심과 한탄을 어찌 말로 하겠느냐. 연석(筵席)의 대화를 기록한 두 장의 종이를 보니, 처분은 힘써 양쪽을 화합하여 조정하려고 하지만, 조어(措語)는 한쪽을 도와주고 상대편은 억제하는 뜻이 없지 않은 듯하구나. 지난번에 지나가던 사람이 와서 친국(親鞫)의 소식을 전해주었는데, 성상이 경유(景孺 윤급(尹汲))와 한익모(韓翼謨)를 지목해서 말씀하셨다고 하니,[21] 너무나 깜짝 놀랐다. 도청도설(道聽塗說)을 어찌 믿을 것이 있겠는가마는 과연 이런 일이 있었다면 대신과 의금부 당상이 역시 어찌 차마 군주의 과실을 이끌어 이루어주고 받들어 행할 수 있단 말이냐. 다만 정성을 다하여 그만두도록 간언하는 것이 옳고, 그렇게 하지 못하면 모두 물러날 뿐이다. 모르겠다만 이미 결과가 어떻게 되었느냐.

《양추기문(陽秋記聞)》은 대기(大紀 홍창한(洪昌漢))에게서 찾아와 늘 보고 있다. 그중에 이따금씩 간언(諫言)이 있으니, 이는 남이 권면하고 저지할 수 있는 것이 아니고, 지극히 정성스럽고 간절한 마음에서 나온 것이다. 그러나 임금이 큰 과오가 있은 뒤에 그렇게 해야지 분수

21 성상이……하니 : 김성탁(金聖鐸)과 조현명(趙顯命) 등의 일로 조야가 서로 싸우는 것을 책하자, 여러 신하들이 대명(待命)하였는데, 윤급(尹汲)과 한익모(韓翼謨)만은 유독 대명하지 않았다. 그리하여 영조가 윤급과 한익모에게 나국(拿鞫)을 명하고 직접 진선문(進善門)에 나아가 친국(親鞫)하여 그들을 해남현(海南縣)으로 찬배(竄配)해 위리안치하였다.《英祖實錄 13年 8月 9日·10日》

를 넘어 직분 밖의 일을 논해서는 안 되니, 오직 형세를 보고 자세히 처리하는 데 달려 있다. 일이 멀리서 헤아리기가 어려워 우연히 언급한다. 관원들의 상소는 이루어지기가 쉽지 않을듯하니, 만약 이루어진다면 사위(士衛)에게 물어라. 입직한 자 역시 참여할 수 있느냐? 이 한 가지 일은 헤아려 보아야 하니, 무릇 천거하는 일이 생기기 전에 다른 일로 인하여 벼슬을 그만두는 것이 꼭 좋은 계책이 되지 못하는 것은 아니다.

아들에게 부치다

寄子

어제 들었던 소문이 과연 헛소문이 아니니, 나랏일을 어찌한단 말이냐. 생각하면 곧장 통곡을 하고 싶구나. 경유(景孺 윤급(尹汲))가 한 때 옥에 갇히는 곤액을 당한 일이야 어찌 말할 것이 있겠느냐. 좋은 곳을 얻어 편안히 앉아 있으니, 숙직하고 있는 너와 비교하면 훨씬 나을 것이다. 성 대감〔聲台〕[22]의 일 역시 말하고 싶지 않구나. 복선(復膳)[23]은 오늘 혹 이미 억지로 허락하셨느냐?

나는 종전에 나라에 큰 일이 있을 때면 한 번도 자리를 떠난 적이 없었다. 지금 비록 이 때문에 견책을 받는다 하더라도 역시 어찌 사양하겠느냐. 너의 말은 화복(禍福)에 동요됨을 면하지 못하니, 화복은 하늘에 달려있는 것이라 피할 수 있는 것이 아니다. 이러한 때에 어찌 포사(曝史)[24]하러 가는 것을 논의해서야 되겠느냐. 포사하러 간다면 필시 영감 이하 여러 당상관들에게 인사를 하러 들러야 할 것이고, 회천(回薦)[25] 때에도 그래야 한다. 이뿐만이 아니라 당상관과 낭관의

22 성 대감 : 저자의 외가 친척 민응수(閔應洙, 1684~1750)를 말한다. 그의 자(字)가 성보(聲甫)이다. 이때에 민응수는 병조 판서로 있었는데, 영조가 대궐 안이 시끄러운데 금하지 않은 죄를 물어 그를 파직하였다. 《英祖實錄 13年 8月 10日》

23 복선(復膳) : 특별한 사유로 임금이 감선(減膳)했던 수랏상의 음식물 가짓수를 평상시와 같이 도로 회복하는 것을 말한다.

24 포사(曝史) : 사고(史庫)에 소장된 사서(史書)를 햇볕에 쬐어 말리는 것을 말한다.

25 회천(回薦) : 한림 권점(翰林圈點) 때에 현임 한림과 전임 한림이 모여서 권점을

관계이니, 너는 의금부 도사의 무리가 회공(回公)[26]한 것이 구차하다고 비웃은 적이 있는데, 벼슬자리에 나아간 뒤에는 곧장 잊은 것이냐. 복선하기를 기다린 뒤에 그날로 사직 상소를 올리고 내려오는 것이 지극히 옳다. 비록 혹시 이해관계를 말하는 자가 있더라도 절대 마음을 동하지 말고, 능행(陵幸)에는 결코 참여해서는 안 된다. 만약 이 말을 듣지 않는다면 다시는 나를 보러 오지 말거라. 이 글을 서둘러 써서 도로 부친다.

별지 別紙

아직 나오기 전에 영사(領事)에 관련된 모든 공적인 일은 하번(下番)에게 담당하도록 하고, 복선 이후에는 잠시라도 머물러서는 안 된다. 사정을 아뢰는 계획은 네가 역량이 부족해서 그런 것이니, 다만 "항상 아무개를 일러 역적이라 하였으니, 차마 낭관이 될 수 없습니다."라는 몇 줄의 말을 복선한 뒤에 곧바로 아뢴다면 참으로 좋은 일일 것이다. 만일 그렇게 하고자 한다면 사위(士衛)와 의논하여라. 결국에 죄를 받는 것은 마찬가지이나, 조어(措語)에는 신중을 기해야 한다. 만약 머리를 숙이고 벼슬자리에 계속 머문다면 평생을 망치는 것이니, 깊이 생각하지 않으면 안 된다.

행하고 그 천기(薦記)를 대신과 관각 당상에게 돌려 그 가부를 묻는 것을 말한다.

26 회공(回公) : 의정부에 도착한 공문을 의정 이하 모든 관원에게 회람시키던 일을 말한다.

아들에게 부치다

寄子

복선(復膳)하라는 정청(庭請)을 혹 허락하셨느냐? 나의 근심스럽고 다급한 마음은 끝이 없구나. 원명(原明 이의철(李宜哲))의 편지가 도착하여 나에게 한번 도성 밖으로 오라고 권하였으니, 분의(分義)에는 그럴 듯하다. 그러나 비록 나아가더라도 이미 소회를 통렬히 아뢰지 못하였으니, 차라리 향리에 그대로 엎드려 있으면서 결국 명을 어기고 태만한 죄를 저지르는 것이 나을 따름이다. 더구나 지금은 설사 증세가 위중하여 스스로 힘을 낼 형편이 못 되니 어찌하겠느냐. 네가 이미 글로 간언을 하지 못하고, 또 두려워하며 그대로 있으면서 다만 한때 보고 보지 못하는 하나의 미미한 일을 가지고 논하려고 하니, 너의 견식이 이와 같은데, 무슨 일을 믿을 수 있겠느냐. 우려와 탄식을 말할 수가 없구나.

곧바로 아뢰는 것은 너의 역량으로 보면 하기 어렵다는 것을 잘 알겠으니, 중간 계책을 쓰려고 하느냐? 내가 이미 병 때문에 신하들과 함께 조정에 나아갈 수 없으니, 복선(復膳)한 뒤에 사정을 아뢰고 나온다면 비록 이로 인해 견책을 받는다 하더라도 어찌 감히 사양하겠느냐. 상소를 반드시 들일 필요는 없으니, 비록 국기일(國忌日)이라도 상소를 올리고 속히 돌아와야 한다. 이것이 본디 통쾌하게 곧바로 아뢰는 것만은 못하지만, 그래도 치욕을 무릅쓰고 자리를 지키는 것보다는 낫다. 나온 뒤에는 절로 소상하게 처리할 수 있을 것이니, 더구나 또 중간에 절차가 없지 않은 경우야 말할 것이 있겠느냐. 두 가지 계책 중에 헤아려서 결정하되, 역시 사위(士衛)와 의논하여라. 지난번에 나온 것은 실로 군주와 아버지 사이의 난처함 때문이지만, 여전히 부끄러운 마음을 면하지 못하였다. 더구나 이러한 상황에서 몸을 빼 나올 수 없다면 어찌 사람 노릇을 하겠느냐. 이해와 화복은 말할 필요가 없으니, 다만 하나의 옳은 곳을 찾는 것이 어떻겠느냐. 이에 대해 알아보려고 다시 인편을 보낸다.

아들에게 부치다

寄子

조정의 상황은 듣고 싶지도 않고 보고 싶지도 않으니, 참으로 통곡을 하고 눈물을 흘려도 부족한 일이다. 달리는 만 마리 말떼 속에서 발을 멈추는 것이 어찌 쉬운 일이겠느냐. 한탄스럽구나. 너의 말은 구름만 보고 빛은 보지 못한 격이다. 어둡고 미혹되기가 이와 같으니 어찌하겠느냐. 병을 핑계로 호소하는 것 역시 좋지만 내 병이 마침 또 이와 같으니, 두 가지 중에 선택해서 내일을 넘기지 말거라. 곧장 아뢰는 것은 너의 역량으로는 가망이 없으니, 자숙하는 것 외에 다시 무슨 계책이 있겠느냐. 대체로 일을 하는 사이에 다만 '의(義)' 한 글자를 찾아야 할 것이니, 죄를 두려워하는 생각을 하지 말거라. 크게는 유배를 갈 것이고 작게는 삭직을 당할 것이니, 어찌 말할 것이 있겠느냐.

아들에게 부치다

寄子

성상의 지나친 처사가 갈수록 더욱 심해지니, 걱정스런 마음을 어찌 말할 수 있겠느냐. 오직 삭출당하는 벌로 그나마 내 죄를 때웠으니, 한편으로 두려우면서도 한편으로는 다행이구나. 삭출은 삭직과는 달라 이는 곧 죄인이니, 죄인의 아들이 어찌 감히 임금과 가까운 자리에 있으면서 이 일을 가지고 곧장 호소할 수 있겠느냐. 혹여 이 때문에 편안히 있을 수 없다면 병을 핑계 삼아 나가고 의금부에서 추고(推考)를 받은 뒤 원정(原情)을 올릴 때 이렇게 말하여라. 비록 사위(士衛)가 생각한 것처럼 국문을 당하더라도 역시 이렇게 말하면 되는데, 어찌 이처럼 겁을 내서야 되겠느냐.

이전에는 성상의 하교가 비록 예사롭지 않았으나 견책을 받는 것과는 달랐으니 임금과 어버이 사이에서 의리상 이와 같이 하지 않을 수 없었지만, 이번에는 공적인 체모와 사적인 분의가 모두 지극히 편안하지 못하니, 이 일을 다시 사위에게 물어서 결정하여라. 비록 복당(福堂)[27]에 있게 되더라도 오히려 직소(直所)에 있는 것보다는 좋지 않겠느냐.

27 복당(福堂) : 감옥을 말한다. 명(明)나라 호시(胡侍)의 《진주선(眞珠船)》 제3권에 "내가 전에 감옥에 갇혔을 때 벽에 쓰여 있는 '복당(福堂)'이란 글자가 매우 위대해 보였는데, 최근에 《오월춘추(吳越春秋)》를 보다가 대부 문종(文種)의 축사(祝詞)에 '화(禍)는 덕(德)의 근간이 되고, 걱정은 복의 집〔堂〕이 된다.'라는 글을 보고 그 말의 출처를 알았다." 하였다.

아들에게 부치다

寄子

두 통의 편지가 하루에 도착하여 또 의금부에서 추고(推考)를 당한 줄 알았으니, 두려운 마음이 어떻겠느냐. 차디찬 감옥에 오래 있으면 필시 몸이 상할 것이나, 이는 실로 스스로 자초한 것이니 어찌하겠느냐. 너는 다시 생각해달라고 하였지만 나로서는 별다른 계책이 없구나.

나의 계책은 이미 앞서 실패를 보았다. 지금 아뢰고자 하는 것이 비록 그 본의를 밝힐 수는 없지만 그래도 사위(士衛)가 말한 차선책이 될 만하다. 그런데 이 역시 주저하고 의심하다가 결국에는 끝날 날이 없어 결말을 짓지 못하고 늘 차가운 감옥에 갇힌 죄수가 되니, 어찌 우습고 걱정스러운 일이 아니겠느냐. 더구나 귀결처가 끝내 이를 벗어날 수 없는 경우야 말할 것이 있겠느냐.

사위는 이미 서울로 돌아갔으리라 생각되니, 감옥에서 나온 뒤에 다시 상의를 하되 요점은 역시 이와 같으니 심사숙고해서 속히 결정하여라. 듣자하니 권 영감이 함께 있다고 하는데, 일마다 공경을 다해야 할 것이다. 감옥에 갇혀 있는 사람은 평소 안부를 물은 적이 없으니, 권우(權友)에게 경계하고 이 편지를 조용할 때 보여주어라.

아들에게 부치다

寄子

네가 근래에 버티고 나아가지 않으면서 다만 부모의 병으로 핑계를 대고 있으니, 실로 임금에게 진심을 고하는 도가 아니다. 통쾌하게 말하는 것은 이미 해낼 만한 역량이 없으니, 형세상 사위(士衛)가 말했던 차선책을 따르지 않을 수 없으나, 이마저도 늘 주저하고 의심하여 요행을 바라고 있구나. 저들이 비록 천거하는 일에 급급해하더라도 부모의 병으로 버티고 나아가지 않는 자를 어찌 삭직하거나 출륙(出六)할 리가 있겠느냐. 11월과 12월 중에 연달아 차례로 감옥에 들어가기를 원하는 것에 불과할 따름이니, 역시 더 이상 어찌하겠느냐. 성상께서 하교에 이미 "직분에 종사하지 않는 것은 무슨 의도인가."라고 하셨으니, 이를 계기로 개인적인 의리를 아뢸 기회를 놓쳐서는 안 될 듯하니, 어떻게 생각하느냐?

아들에게 부치다

寄子

소식이 끊긴 지가 대엿새인데, 상소를 올린 일이 어떻게 결론이 났는지 모르겠으니, 평소보다 갑절로 신경이 쓰이는구나. 추고(推考)만 하라는 명이 연이어 내려질 줄은 전혀 생각지 못하였으니, 아마도 필시 출사를 독려하는 성상의 뜻이 있는 듯하다. 그러나 이미 개인적인 의리로 상소를 올렸으니, 비록 성상에게 올라가지는 않았다 하더라도 거취가 이미 판가름났음을 위아래 사람이 자세히 알 것이니, 이전에 이유 없이 명을 어긴 것과는 똑같이 말할 수가 없다.

요즈음 연대(筵對)에서 저들이 그 때의 일을 스스로 해명하면서 출사하기를 권하였느냐? 네가 상소에서 다만 "염치를 무릅쓰고 출사할 수 없습니다."라고만 했으니, 어세가 너무 느슨해서 혹여 가볍게 보여 이런 근심이 생긴 것이 아니겠느냐. 곧장 견책을 받았으니 경중을 따질 것 없이 진실로 천만 다행이다. 그렇지 않고 출사하라는 재촉을 받았다면 네가 평소에 고수하던 지조가 견고하지 못해 쉬이 흔들릴까 염려되니, 이는 비록 죽는다 하더라도 마음을 바꾸어서는 안 된다.

때가 되어 상소를 올리거나 공초(供招)를 올려 패초를 어겨 파직된 뒤에 곧장 돌아가건 간에 하나하나 사위(士衛)와 상의하여 처리하여라. 상소의 말은 쓸데없는 말로 귀결되지 않도록 하고, 거취가 끝내 시원하게 되면 다행일 것이다. 아직 올라가지 않은 상소에서 이미 먼저 부모의 병으로 핑계를 댔으니, 파직된 후에는 그대로 머물러 있어서는 안 되니, 즉시 돌아오거라. 또 혹여 파직되지 않아 여러 날 버티게 된다면 상소를 올리고 속히 돌아오는 것 역시 한 가지 방법이니, 잘 헤아려서 처리하여라.

아들에게 부치다

寄子

편지를 받고 아직도 차디찬 감옥에 있는 줄 알았으니, 곤액을 어찌하겠느냐. 그러나 크게 병이 나는데 이르지는 않았으니, 그나마 다행이구나. 더구나 나의 마음이 네가 병들까 걱정하지 않는 것은 아니지만, 지금 같은 때 네가 직소(直所)에 있는 것에 비하면 근심이 되지 않고 편안하구나. 이를 미루어 어버이의 뜻을 봉양하는 도를 알 수 있을 것이니, 내가 지나치게 염려할 것이라고 걱정하지 말거라.

엄히 신칙하는 하교는 임료(林僚)의 소청(疏請)에서 나온 듯한데, '현송(顯訟)' 두 글자는 좌의정 외에 혹 다른 사람이 있는 듯하다. 너는 눈앞에서 부딪혔으니, 어찌 두려워하지 않을 수 있겠느냐. 아래에 기록한 비답은 밖에서 버티며 출사하지 않는 자들을 통틀어 지목하여 말한 것이니, 너에게만 해당되는 일은 아닌 듯하구나. 그러나 비답의 강도를 논할 것 없이 결국에는 오직 무거운 견책을 받고야 말 것이니, 어찌 머뭇거리고 고민해서야 되겠느냐.

관규(館規)의 일은 나로서는 개인적인 의리를 중시하기를 원하니, 굳이 다른 말을 끌어댈 필요는 없다. 그러나 여러 사람의 의론이 이와 같으니, 이번에 혹 파직을 당한다면 훗날 서용되기를 기다려 비로소 덧붙여 진언할 수 있을 것이다. 성상의 하교에서 이미 '현송(顯訟)'을 무엄하다고 하였고, 이전의 상소에서 이미 아뢰었다. 이후로는 다만 개인적인 의리상 끝내 차마 염치를 무릅쓰고 가만히 있을 수 없음을 대략 진술할 뿐이다. 어찌 별다른 말을 하겠느냐.

괴폄(槐貶 승문원의 근무평가)은 비록 예조의 좌기를 한 뒤에 비로소 열어보겠지만, 일시적으로 고신(告身)을 빼앗기는 것 역시 고식적인 일이니, 믿을 만한 것이 못된다. 경평(景平 윤심형(尹心衡))이 지금 함께 있는데, 병이 깊이 우려할 만한 지경에 이르지는 않았느냐? 성상이 널리 유시(諭示)할 때에 화복(禍福)의 사이에서 불안해하는 것을 면치 못하는 것은 전혀 내가 바라는 것이 아니니, 더욱 성현의 글을 읽어 견식을 넓히는 일을 느슨히 해서는 안 된다. 내 뜻을 그에게 전해주기를 바란다.

아들에게 부치다 기미년(1739, 영조15)

寄子 己未

양성 현감(陽城縣監)이 12일 밤중에 급히 사람을 보내어 서울에서 온 소식을 알고자 했으니, 무슨 큰일이 있는 줄은 이미 짐작하였으나 알 수가 없었다. 다음날 새벽에 사원(士元 민우수)이 또 급히 와서 11일의 비망기를 보여주었는데 놀랍고 당황하여 어찌할 줄을 모르는 심정을 어찌 말로 할 수 있겠느냐. 서로 마주보며 걱정하고 한탄하던 차에 운기(雲紀 홍장한(洪章漢))가 와서 편지를 전하였는데, 며칠 안 되어 성상이 명을 거두셨다고 하니, 기쁘고 다행스러운 마음을 또 어찌 말로 할 수 있겠느냐. 조만간에 올릴 사본(辭本)에서는 이 일을 완전히 빠트려서는 안 될 듯하니, 대략 언급하고자 한다. 만일 그날로 성상께서 명을 거두는 일이 없었다면 거의 중간에 혹여 도성 밖으로 왕래하는 일을 면하지 못했을 것이다.

흠재(欽哉)가 그 형의 가속과 함께 있는데, 굶주린 모습이 봄에 접어들어 더욱 극심하니 조만간에 죽을 지경이다. 흠재가 상중에 있는 그의 조카로 하여금 걸어서 나를 찾아와 위급한 상황을 고하게 하였는데 너에게 보내는 편지가 있다. 그 편지에 직산 현감(稷山縣監)과 성환 찰방(成歡察訪)에게 편지를 보내주기 바란다는 내용이 있었다. 이는 사람의 생사와 관련된 중요한 사안이니, 곧바로 직산 현감에게 편지를 보내 부탁하고 잊거나 소홀함이 없도록 하여라.

혼인 물품은 대략 이미 준비를 하였느냐? 소고기를 반촌(泮村)에서 사다 쓰는 문제는 예전에도 언급한 적이 있는데, 지금은 법사(法司)의 수장이 된 터라 더욱 삼가지 않아서는 안 되니, 이 뜻을 알아야 한다. 혼서(昏書)의 서식으로 말하자면 나는 오직 한결같이 《의례문해(疑禮問解)》에 실린 사옹(沙翁 김장생)이 헤아려 정해 놓은 내용을 따르는 것이 마땅하다고 생각하기 때문에 사람을 시켜 베껴 보내니, 이것으로 바꾸어 쓰는 것이 어떻겠느냐?

아들에게 부치다

寄子

소지(疏紙)는 잘 도착하였으나 상소의 내용은 어떻게 하는 것이 좋을지 모르겠구나. 차마 들을 수 없는 하교와 명을 거두어들인 비망기를 함께 보니, 원래 인책할 만한 단서가 없었다. 다만 놀랍고 당황스러우며 손뼉치고 즐거워한다는 뜻을 진술한다면 너무 소략하다. 만약 도리를 대략 논하여 근심하고 한탄스러워하는 정성을 드러낸다면 경계를 진달하는데 가까울 것이니, 종전의 말하고 침묵하는 의리에 어긋난다.-성상이 명을 거두기 전이라면 이러한 전례에 구애되어서는 안 된다.- 지금 생각 중에 있으니 이십 일 이후에 조용히 현(縣)이나 도(道)를 통해 부치려고 한다. 사위(士衛)가 이십 일에 집에 돌아올 계획이라고 하니 곧장 가서 만나보고, 만났을 때 이 일에 대해 물어보고 알려다오.

아들에게 부치다

寄子

혼서(婚書)의 서식에 '계(啓)'자(字)를 '백(白)'으로 대신하고-선배들 중에 혹 '계(啓)'로 쓰는 자가 있으나 '백(白)'으로 대신한 것이 《상례비요(喪禮備要)》에 보이니 따라 쓰는 것이 옳다.-, '손(孫)' 자 위에 '장(長)' 자를 첨가하는 것 역시 옳다. 시부모를 뵐 때, 시부모 역시 동쪽과 서쪽에 마주서야 마땅하니, 구준(丘濬)의 《가례의절(家禮儀節)》에 비록 혹 이처럼 되어 있다 하더라도 굳이 따를 필요는 없다.

쇠고기를 반촌(泮村)에서 사다 쓰는 것은 기쁜 일이다만, 내간의 말을 들으니 숙수(熟手)가 나열하여 올린 것이 매우 많다더구나. 그러나 모든 일은 집안 형편에 맞추어 해야 하니, 큰집과 작은집에서 비록 혹 말이 있더라도 듣지 말고 절대로 크게 벌이지 않도록 하여라. 정미년(1727, 영조3) 유(兪)가 혼인할 적에는 잔치상이 소박하여 비록 이보다 못했지만 역시 무방하였으니, 한번 생각해 보거라.

아들에게 부치다 경신년(1740, 영조16)

寄子 庚申

지나가던 나그네를 통해 서울의 소식을 들었는데, 25일의 비상한 거조와 망극한 전교가 지난봄의 일과 한결같고 더 심한 점이 있다고 하니, 과연 그러하냐? 임금의 덕과 세도 때문에 근심스럽고 답답하여 잠을 이룰 수가 없구나. 혹자가 광(光 이광좌)이 죽었다고 하였는데, 사람이 죽이지 못하고 귀신이 죽인 것이다. 이 계사는 아마도 추탈하라고 바꾸어야 할 듯한데, 누가 이렇게 할 수 있겠느냐. 네가 사관(史官)에 추천되는 것을 피할 단서를 지금 잃었으니, 앞으로 어떻게 하려는 것이냐.

대체로 지금은 관직에 나아갈 만한 때가 아니요, 말을 할 수 있는 때도 아니다. 그러나 이미 관직에 나아가지 않을 수 없다면 또 어찌 말을 하지 않을 수 있겠느냐. 다만 멀리 지방에 있어 모든 일을 듣지 못하고 일의 변화를 예측하기가 어렵구나. 전날의 초본을 쓸 수 없을 듯하다. 다만 임금의 덕에 대하여 정성을 다하여 바로잡는 내용으로 상소 한 통을 써서 보여주면 내가 윤색을 해 줄 것이니, 훗날 다시 관직(館職)에 나아갈 때 조용히 올리는 것이 좋겠다.

아들에게 부치다
寄子

'극선(極選)'이라는 사람들의 언론이 만일 사원(士元)과 다르다면 어찌 기쁘지 않겠느냐. 이는 미친한 사람을 등용하는 것과는 달리 지위와 명망이 흡족하니, 어찌 버릴 수 있겠느냐. 비록 남상(南床)[28]을 고사하더라도 이것은 사양하지 않는 것이 옳다.

삼자의(三字議)[29]가 비록 벼슬에 나온 뒤에 나왔지만, 처신하는 데는 어려움이 없을 것이다. 완천(完薦 추천 완료)되기 이전에 사관은 원래 조정의 논의에 관여하지 않고, 완천된 이후에는 마땅히 군직을 내려놓아야 하니, 이 또한 가죽 없는 털[30]과 같다. 비록 그날로 내려놓지 못한다고 하더라도 정청(庭請)의 반열에는 병을 이유로 현탈(懸頉)을 하고 진하(陳賀)에 참석할지 여부는 역시 자기의 뜻에 편안한지 살펴야 한다. 그러나 일을 마친 뒤에 바로 고향으로 돌아오는 것이 마땅하다는 점은 따질 것이 없을 듯하니, 형세를 보아 잘 처신하여라.

대기(大紀 홍창한)가 만일 도목정사를 맡으면 반드시 명분을 가다듬

28 남상(南床) : 홍문관의 박사, 저작, 정자 등은 앉는 위치가 남쪽 상(床)에 자리하였으므로 이런 별칭이 생겼다.

29 삼자의(三字議) : 미상이다.

30 가죽 없는 털 : 사물이 기반을 잃으면 보존될 수 없음을 뜻한다. 춘추 시대 때 괵역(虢射)이 한 말이다. 춘추 시대 진(秦)나라에 기근이 들어 진(晉)나라에게 곡식을 달라고 청하였으나 거절당했다. 그러자 괵역이 간하기를 "가죽이 없으면 털이 어디에 붙을 것인가?〔皮之不存, 毛將安傅?〕"라고 하였다. 《春秋左氏傳 僖公14年》

게 하여 선비들의 기대를 잃는 일이 없도록 하여라. 동료들과 만날 때에는 의당 언론을 엄격하고 바르게 하고 물렁하게 하는 습관을 없애는 것이 옳다. 이는 세도에 관련된 일이니 내 뜻을 몰라서는 안 된다.

아들에게 부치다

寄子

"감옥이 숙직소보다 낫다."라고 하였는데, 이는 녹여 없앨 수 없는 수오지심(羞惡之心)의 일단이다. 이 마음을 미루어 나간다면 의(義)를 이루 다 쓸 수 없을 것이니, 기뻐할 일이지 근심하기에는 부족한 일이다.

국가의 중대한 논의는 과연 어떻게 결론이 났느냐? 근심거리가 산더미 같은데, 근래에는 개좌(開坐)도 쉽지가 않으니, 또 사면령이 내려진 뒤에 석방이 되겠느냐? 이와 같다면 여러가지 헤아림이 전부 헛된 생각으로 귀결된다. 혹시 먼저 석방이 된다면 진하(陳賀)가 며칠 밖에 남지 않았으니, 이를 지나서 비로소 회천(回薦)하는 것도 안 될 것이 없다. 진하 전에 이미 완천(完薦)이 된다면 이른바 실제 군함(軍銜)은 저절로 감하(減下)되는 인원이니 굳이 반열에 나아갈 필요가 없다. 완천되기 이전에는 바로 사관(史官)인데, 사관은 원래 반열에 참여하는 전례가 없으니, 진하가 끝난 뒤에 비로소 회천하더라도 역시 구애될 것이 없다. 이 세 가지 경우로 논의하자면 그 사이에 무슨 의심할 것이 있겠느냐?

다만 미리 강구해야 할 한 가지 일이 있다. 신치운(申致雲)과 이철보(李喆輔)의 무리가 필시 진하하는 반열에 함께 나올 것인데, 굳이 지방에 있다고 말할 필요가 없다. 회천할 때에 관리(館吏)가 비록 제기하더라도 대답하지 않고 내버려 두는 편이 좋을 것이다. 예전에 선생(先生) 한 명에게 회천하지 않았다고 하여 일을 그르친 사례가 있는데, 비록 일을 그르친다 한들 어찌 구차하게 해서야 되겠느냐. 네가 굳이 말을 꺼낼 필요가 없으니, 저들이 혹 이를 가지고 말을 할 때까지 기다렸다가 비로소 저들에게 회천받을 수 없다는 의리를 통렬히 아뢰는 것이 마땅하다. 그렇지 않고 나가서 추천되고 싶지 않다면, 이철보가 정청(庭請)의 반열에 들어왔으니, 그가 필시 진하에 참여할 것은 의심의 여지가 없다. 이 사람을 선배로 대우할 수 없다는 의리로 스스로 인혐하는 것 역시 한 가지 계책이다. 이 보다는 남의 말을 기다려서 논열하는 것이 나으니, 사위(士衛)와 자세히 상의하여 처리하여라. 이전 편지에서 말한 관례(館例)는 네가 말한 두 건 이외에 또 서로 피혐해야 할 사람이 함께 천거된 경우가 있고, 또 앞뒤로 천거되어 서로 회피했던 전례가 있으니, 저들이 혹 가까운 친척이 연이어 천거되었다고 말할 수 있기 때문이다.

아들에게 부치다
寄子

하루아침에 천리 멀리 이별 하였으니,[31] 어찌 그립지 않겠느냐? 다만 네가 젊은 나이에 장쾌한 유람을 하는 것 역시 나쁜 일은 아니다. 쉬운 일과 어려운 일을 가리지 말고 분수에 따라 직분을 다한다면 늙은 아비의 허물을 대신 갚을 수 있을 것이니, 어찌 다행이 아니겠느냐.

하직 인사는 반드시 계획대로 하되, 부디 신중하여라. '노기(老妓)에게 쓰다'는 한 구절은 의당 명심하여 나를 위해 치욕을 씻어다오. 금성(金城)의 수령은 일가친척이니, 곧장 동헌에 들어가 인사를 드려라. 공장(公狀)을 돌리다가 일가를 만나면 반드시 친절히 대해야 하니, 이 뜻을 헤아려야 할 것이다. 조정에 하직 인사를 할 때에 혹 관직이 높거나 나이가 많거나 일족 가운데 항렬이 높은 분이 와서 전별을 하면 반드시 당에서 내려와 맞이하고 전송하는 것이 옳다.

31 하루아침에……하였으니 : 1740년에 이제원(李濟遠)이 북평사(北評事)에 임명되었는데, 이때의 일을 말하는 것으로 보인다.《承政院日記 英祖 16年 7月 23日》

아들에게 부치다

寄子

그간의 편지에서 번번이 '신(愼)' 한 글자로 신신당부하였으니, 이 한 글자는 진실로 많은 의미를 포함하고 있기는 하지만 어찌 범의 꼬리를 밟고 봄 얼음을 밟는 것보다 두렵겠느냐. 이는 진실로 가슴에 새기고 잠시도 잊어서는 안 된다. 그 다음은 주고받는 예절이니, 연도(沿途)에 비록 친분이 있는 사람이 없다 하더라도 대체로 모두 무변(武弁)이라 사람들의 말을 초래하기 쉬우니, 함흥 판관(咸興判官)을 제외하고는 터럭만큼도 가까이 하지 말거라. 늙은 종과 늙은 겸인(傔人)은 걱정하지 않아도 될 듯하구나. 그러나 역시 엄히 단속하지 않아서는 안 되니, 돌아올 때 전대 주머니는 반드시 씻은 듯이 비워야 한다.

아들에게 부치다
寄子

이미 출방(出榜)한 지 여러 날이 지났을 터인데, 인재를 놓쳐 온 도의 기대를 저버리지는 않았느냐? 근래에는 여가가 많고 먼 길을 갔던 피로 역시 이미 사라졌을 터이니, 깊이 들어 앉아 독서를 하고 여색을 멀리하는데 힘쓰기 바란다.

시험이 시행되는 곳이 과연 수주(愁州 종성(鍾城))라면, 땅 끝까지 갈 수 있을 테니 여가가 있을 때에 장쾌한 유람을 한다면 어찌 유쾌한 일이 아니겠느냐. 나는 담(潭)과 경(慶)[32]으로 갈 계획을 중지한 터라 서리 내리는 계절의 파리처럼 두문불출하니, 해마다 산 구경을 못하게 되어 너무나 마음이 좋지 않구나. 부디 '신(愼)' 한 글자를 소홀히 하지 말거라.

32 담(潭)과 경(慶) : 지역을 말하는 것으로, 담양과 경주인 듯하나 미상이다.

아들에게 부치다 신유년(1741, 영조17)

寄子 辛酉

구씨(丘氏)[33]의 《문공가례의절(文公家禮儀節)》은 경례(經禮 정상적인 예법)와 차이가 있으니 일일이 따를 필요는 없다. 게다가 스스로 집안의 재력을 헤아려 보아 이미 부유하고 힘이 있는 자가 아니라면 비록 양고기와 술을 마련하지 않더라도 무슨 해가 되겠느냐. 문명(問名)[34]의 경우는 비록 고례(古禮)라고 하지만 주자(朱子)가 이미 쓰지 않았고, 단지 납채(納采)와 납폐(納幣) 두 단계만 남겼다. 구씨가 말한 내용은 주자의 본의가 아닌 듯하니, 굳이 논할 것이 없다.

'남을 시켜서 술을 내려주게 한다.〔使人醮之〕'[35]는 것은 《의례(儀禮)》의 본문이니, 따르는 것이 진실로 좋지만, 《가례(家禮)》에는 생략되어 있으니, 역시 다른 의미가 있는 듯하다. 《가례》를 따르건 《의례》

33 구씨(丘氏) : 명대의 학자·정치가인 구준(丘濬, 1420~1495)을 말한다. 자는 중심(仲深)으로 경산(瓊山) 출신이며, 시호는 문장(文莊)이다. 경태(景泰) 5년(1454) 진사가 되고, 태자 태보(太子太保)·문연각 학사(文淵閣學士)를 지냈다. 저서로 송나라 진덕수(眞德秀)의 《대학연의(大學衍義)》를 보충한 164권의 《대학연의보(大學衍義補)》와 《문공가례의절(文公家禮儀節)》 등이 있다.

34 문명(問名) : 혼례(婚禮)의 절차의 한 가지로, 신부의 운수를 점칠 때 신부 모친의 성명을 묻는 것을 말한다.

35 남을……한다 : 《의례》 〈사혼례〉에 "서부에게는 다른 사람으로 하여금 술을 내려주게 하고, 시부모에게 음식을 올리지 않는다.〔庶婦則使人醮之, 婦不饋.〕" 하였고, 《가례》 〈혼례〉에는 "총부라면 시부모에게 음식을 올린다.〔若冢婦, 則饋於姑舅.〕"라고 하여 총부만이 시부모에게 음식을 올리는 것으로 되어 있는데, 이를 말한다.

를 따르건 참으로 이른바 '두 가지 설이 다 통한다.'는 것이니, 너의 뜻대로 하길 바란다. 다만 남을 시켜서 하는 것과 남을 시키지 않는 것의 분별은 초의(醮儀)를 상고해 보아도 그다지 구별이 없으니, 이것이 의심스럽다.-여기에서 말한 초의는 바로 《가례》에 나오는 초자(醮子)의 절차이니, 다시 〈사혼례(士昏禮)〉를 고찰하는 것이 어떻겠느냐?-

"서부(庶婦)에게는 음식을 접대하지 않는다.〔庶婦不饋〕"는 것은 이미 경례(經禮)에 나오는 내용이니, 후세 선유(先儒)의 주설(註說)은 굳이 따를 것이 없을 듯하다.

아들에게 부치다

寄子

납채(納采)는 너의 말도 옳지만, 지금 이미 늦었으니 우선 빼고 홀기(笏記)는 내 생각으로는 한결같이 《가례》를 기준으로 삼는 것이 옳을 듯하구나. 직책을 옮기는 일은 과연 사적인 부탁이 없다면 다행이나 이와 같은 일은 끝내 교묘히 편의를 도모하는데 가까우니, 필시 너에게 하나의 비방을 더할 것이다. 상소의 초고는 어찌하여 지금까지 베껴 오지 않은 것이냐? 이 역시 너무 느릿느릿하다. 네가 언사소(言事疏)[36]를 올린다면 처벌을 받건 받지 않건 간에 내 마음은 편안할 것이다.

36 언사소(言事疏) : 국정의 시비를 논하여 임금에게 간언하는 소이다.

아들에게 부치다
寄子

보내준 초고를 자세히 살펴보았는데, 평상시의 일을 따지자면 처벌을 받을 염려는 조금도 없다. 근래의 일은 알 수가 없지만 역시 어찌 생사를 근심하는 지경에 이르겠느냐. 지나치게 겁을 내지 말고, 오직 여기에서 아뢴 것을 확정된 도리로 삼아 마음에 새기고, 입에 익숙히 하여 기다려라. 내 생각으로는 만약 관직(館職)으로 옮기게 되면 대각(臺閣)의 상소에 나오는 묘선(妙選 정선(精選))이라는 말을 가지고 인혐하고, 상소를 물린 뒤에 들어가서 숙배하여라. 그 전에 만약 강연(講筵)이나 소대(召對)가 있으면 입시하여 이 상소를 곧 바로 베껴 올려야 한다. 비록 한 사람이라 하더라도 역시 차자(箚子)로 아뢴 전례가 있고, 차자로 말하자면 일의 체모가 더욱 엄중하니, 어찌 좋지 않겠느냐. 다만 네 역량으로 쉬이 해내지 못할까 염려되는구나.

이 초고는 대훈(大訓)[37]이 내려졌으니, 역적이 아닌데 역적으로 몰렸다는 것을 반드시 논해야 정당한 도리가 될 것인데, 지금 전혀 거론하지 않고 아무런 흠도 없는 것처럼 여기니, 이것이 지극히 부족한 점이다.

37 대훈(大訓) : 신유대훈(辛酉大訓)을 말한다. 1740년(영조16) 노론 4대신에 대한 완전한 신원과 신임옥사가 소론 과격파에 의해 조작된 무옥(誣獄)임을 판정하는 경신처분을 단행하였다. 이듬해 이를 내외에 천명하고, 충역(忠逆)을 밝혀 백성을 교훈하는 신유대훈을 반포하였다.

아들에게 부치다

寄子

몇 장의 편지를 돌려받았는데, 이군(李君)의 답장에는 "아버지의 뜻은 이미 익장(益章 조중회(趙重晦))에게 답하는 편지에 다 말하였으니 가져다 보십시오."라고 하였다. 만났을 때 이 뜻을 자세히 풀이하여 "자기 한 몸의 청렴한 절개와 부형을 옥사에 불러들이는 상황을 비교하면 진실로 경중이 있습니다. 그러나 임금의 과오를 이루는 것과 비교하여 논한다면 이것이 중하고 저것이 도리어 가볍습니다."라고 하는 것이 어떻겠느냐. 성상의 하교는 위협에서 나온 것이니, 만약 이 때문에 계획을 바꾸어 버젓이 출사한다면 이후로 신하가 벼슬에 나아가고 물러나는 사이에 걸핏하면 부형을 핑계로 삼을 것이니, 이것이야말로 임금의 허물을 이루게 하는 것이 아니겠느냐. 이 뜻을 알아야 할 것이다.

아들에게 부치다 임술년(1742, 영조18)

寄子 壬戌

네가 늘 지방에 있으면서 일을 논하는 것을 어렵게 여겼는데, 지금은 마침 서울로 올라왔으니, 만일 말할 수 있는 기회를 만난다면 어찌 좋은 일이 아니겠느냐. '화복이해(禍福利害)' 네 글자를 일체 버려둔 뒤에야 일을 할 수 있을 것이니, 부디 힘쓰기 바란다. 하례를 받는 날에 과연 다른 사단은 없었느냐? 아득히 세상과 동떨어져 있는 듯하니, 우울한 마음을 말로 다할 수 없구나.

아들에게 부치다
寄子

경평(景平 윤심형)의 말이 견식이 없는 것이 아니니, 그 일은 할 수 있는 기회를 조금 기다리는 것 역시 안 될 것이 없다. 허무하게 공연히 왔다가 공연히 돌아가는 것은 진실로 너의 말과 같지만, 임금의 덕에 대해 논하는 것이 절실하기가 쉽지 않고, 또 기휘(忌諱)를 피하고자 한다면 결국에는 볼 만한 것이 없을 것이다. 그러나 만일 반드시 이 계책을 시행하려고 한다면, 여가를 내어 한 본의 초고를 만들어 아뢰고자 하는 내용을 적어서 보내라. 그러면 이전의 초고와 아울러 취사선택하여 합쳐서 정본(定本)을 만들 것이다. 이렇게 하지 않으면 나는 어쩔 수 없다. 갑자기 돌아가서는 안 되고, 경평의 말 역시 우선 머물렀다가 파직되기를 기약하는 것이 마땅하다고 하니, 그 사이에 절로 시일이 많을 것인데, 어찌 차분히 의견을 주고받지 않느냐? 만일 사위(士衛)를 만난다면 경평의 말을 전하고, 또 다른 좋은 상소 거리를 물어라. 사악한 무리를 억제하는 일 역시 여유(茹柔)[38]로 돌아갈 듯하니, 만일 한다면 누가 먼저이겠느냐? 이 역시 경평과 사위에게 묻는 것이 어떻겠느냐.

38 여유(茹柔) : 씹기 거북한 것은 뱉고, 부드러운 것은 삼킨다는 뜻인데, 권문세가는 건드리지 못하고 약한 자만 괴롭히는 것을 의미한다. 《시경》 〈증민(烝民)〉에 "부드러워도 삼키지 아니하며 강해도 뱉지 않는다.〔柔亦不茹, 剛亦不吐.〕" 하였다.

아들에게 부치다

寄子

편지에서 말한 내용은 잘 알았다. 이전의 초본이 비록 시의(時義)에 맞지 않다 하더라도 이는 명분을 바루는 큰 도리이니, 요청을 들어줄지 여부에 관계없이 충분히 훗날 할 말이 있을 것이다. 네가 이 일을 할 수 있다면 어찌 몹시 다행이 아니겠느냐마는 만일 그렇게 하지 못하면 임금의 덕을 범범히 논하는 것이 오히려 계속 입을 다물고 있는 것 보다는 낫다. 우선은 돌아갈 생각을 하지 말아라. 다행히 파직된다면 속히 돌아오고 그렇지 않으면 형세상 지체될 것이다. 그 사이에도 편지를 주고받을 수 있으니, 겨를이 생기기를 기다렸다가 속히 써내어 믿을 만한 인편에 붙이는 것이 좋겠다.

현공(玄公)의 제문을 대신 초안을 잡은 것이 비록 좋은 재료이기는 하지만, 자담(紫潭)[39]을 위해 신원한다면 의리가 분명하고 정당하여 역시 말을 만들기가 쉬울 것이다. 오직 말이 현공과 관련된 부분은 전혀 쉽지가 않을 것이니, 이는 조심하지 않아서는 안 된다.

39 자담(紫潭) : 누구를 가리키는지 미상이다.

아들에게 부치다 계해년(1743, 영조19)

寄子 癸亥

고을의 크고 작음에 관계없이 관직을 맡은 자가 오직 전적으로 자기 일신만을 일삼는다면 백성이 무슨 수로 소생할 수 있겠느냐. 네가 모든 일을 물리치고 공무에 온 마음을 쏟아 백성의 마음이 막힘이 없이 전해지게 한다면 비록 밤중이라도 반드시 소지(所志)를 받을 것이다.

환곡을 나누어 주는 일은 당장의 중대한 정사이니, 관소를 비웠을 때에 잘 하지 못한 일은 적발하는 대로 따끔하게 다스려 잘 정돈하고, 내어주는 일을 직접 맡아서 이속(吏屬)이 침탈하는 일을 금지하여라.

먼저 향교를 배알하고 왕래하는 길가에 있는 서원 역시 한번 방문하여 유생들을 잘 대우하고 응모하여 들어온 무리들을 태거(汰去)하지는 말아라. 이렇게 세도가 무너진 때를 당해서는 반드시 명분을 바로잡는 것을 제일 먼저 힘써야 할 일로 삼아야 한다. 공무가 대략 두서가 잡힌 뒤에 비로소 나를 찾아와도 역시 늦지 않을 것이다. 자리를 너무 오래 비웠으니 민심이 필시 몹시 근심할 것이다. 이 점을 몰라서는 안 된다.

아들에게 부치다

寄子

이윤(伊尹)은 시골에 묻혀 사는 사람에 불과했지만, 천하의 필부필부(匹夫匹婦) 가운데 요순(堯舜)의 은택을 받지 못한 자가 있으면 마치 자기가 그를 밀어서 구렁 속에 넣은 것처럼 생각하였으니,[40] 그 뜻이 크다. 네가 비록 일찍이 요순의 글을 읽었다고는 하나 요순의 도를 즐긴 적이 없고, 이미 이렇게 무겁게 자임하지도 않았으니, 유속(流俗)으로 돌아가는 것을 달갑게 여기고 부끄러운 줄 모르는 것이 당연하다. 하나의 현(縣)이 비록 지극히 작지만 역시 백 리가 되는 지역이니, 그 사이에 만일 자신이 있어야 할 곳을 얻지 못한 백성이 있다면 이는 누구의 잘못이냐. 명도선생(明道先生)이 일찍이 '백성 보기를 마치 다친 사람 대하듯이 한다.'[41]라는 말을 자리 옆에 쓰고 말하기를 "이 네 글자에 부끄러움을 느끼는 것이 인(仁)을 행하는 근본이다."라고 하였으니, 이 한 가지 마음을 부디 명심하여라.

40 이윤(伊尹)은……생각하였으니 《맹자》 〈만장 상(萬章上)〉에 "이윤은 천하의 백성 중에 어떤 남자나 여자라도 요순과 같은 성군의 혜택을 받지 못한 사람이 있다면, 그것은 마치 자기가 떠밀어 구렁에 빠뜨린 것처럼 여겼다.〔思天下之民匹夫匹婦有不被堯舜之澤者, 若己推而內之溝中.〕"라는 말이 나온다.

41 백성……한다 : 58쪽 주41 참조.

아들에게 부치다
寄子

경기 고을은 춘분(春分) 이후에 구애됨이 없다고 비록 말은 하지만 이미 명확한 규정이 없다. 시종신의 처신은 다른 직책과는 자별하기에 이치상 마땅히 국법을 돌아보고 두려워하여 남의 비방을 멀리해야 한다. 나는 이미 너의 사정을 헤아려서 부인의 왕래를 허락했으니, 그 뜻은 반드시 4월의 제사 전에 돌아오게 하려는 것이다. 너는 나가서 얼마 떨어진 곳에서 맞이하고, 4월에 돌아올 때에는 네가 모시고 와서 제사를 지내고 돌아가는 편이 좋을 것이다. 몇 달 동안 자리를 비웠는데 또 얼마 뒤에 관청을 떠난다면 백성이 뭐라고 하겠느냐. 비록 관찰사가 순행을 한 뒤라 하더라도 4월 이전에는 절대로 와서 문안할 생각은 하지 말거라. 이와 같이 한 뒤에 관청의 일이 두서가 잡히고 민심 역시 의지할 곳이 있게 될 것이다.

아들에게 부치다

寄子

며칠째 술과 고기가 쟁반에 오르니, 터럭 한 올 머리카락 한 올조차 나라의 은혜가 아닌 것이 없는데 은혜에 보답할 길을 생각하지 않겠느냐. 네가 지방 수령으로 나간 것은 또 작은 일이 아니니, 부디 모든 일을 제쳐놓고 한결같이 백성에 대한 걱정을 마음에 새긴다면, 새로 부임해서 솜씨가 어설퍼 병폐가 없지는 않겠지만 이미 절반은 된 것이다. 성중(盛仲)에게 미곡을 보내는 일은 힘닿는 대로 도와주어 죽어가는 목숨을 구해주는 것이 지극히 옳다. 점노(占奴)의 어미는 종전에 네가 포대기에 싸여있었을 때 돌봐주었던 공을 잊어서는 안 되니, 한 번 불러들여 몇 개월 머무르게 한 뒤에 돌려보내는 것이 옳다.

아들에게 부치다

寄子

내 병은 나아지기만 하고 심해지지는 않지만, 지나치게 조심하느라 창밖에 온갖 꽃이 피었는데도 창문 한 번 열어보지 못하고 있으니, 몰풍정(沒風情)하기가 심하구나.

환곡을 나누어 주는 일은 점점 손에 익숙하여 백성의 바람에 흡족할 것이니, 모든 일을 방심하지 말거라. 상관이 계속해서 방문하면 황폐한 고을이 무슨 수로 견디겠느냐? 영장(營將)의 관직이 관찰사에게는 못 미치지만 똑같은 상관이니 반드시 공경히 대해야 한다. 지방은 체모가 아주 엄하여 경사(京司)에 비할 바가 아니니, 절대로 명관(名官) 두 글자를 믿어서는 안 된다.

신림(新林)의 일가(一家)에게는 이미 안부를 물었느냐? 혹여 근처에 갈 일이 있으면 그 집에 들르는 것이 좋을 것이다. 이것이 바로 선대의 법이니, 비록 이미 향족(鄕族)이 되었다 하더라도 꺼려서는 안 된다.

아들에게 부치다
寄子

홍형(洪兄)의 면례(緬禮)를 무사히 치렀으니, 슬프고도 다행스런 일이구나. 새로 장사지낼 일이 또 앞에 있으니, 머릿속에 반드시 이런 저런 생각이 많을 것이다. 그러나 상례와 장례 같은 일은 비록 심상한 친구라 하더라도 역시 무심하게 대하는 것은 옳지 않다. 우연히 일가의 가까운 친척이 수령이 되었으니, 저들에게 어찌 다행스런 일이 아니겠느냐. 이쪽에서 응하는 일이 억지로 부응하는 것이 아니라 한결같이 정성스런 마음에서 나온다면 죽은 사람이 다시 살아나 얼굴을 마주하더라도 부끄럽지 않을 것이다. 고을의 힘이 부족한 것은 저들과 우리가 모두 어찌할 수 없는 일이니, 절대로 미간을 찌푸리며 괴로워하지 말고 성심을 다하여라.

아들에게 부치다

寄子

기우제를 지냈는 데도 끝내 한 번도 시원스럽게 비가 내려 주지 않았으니, 어찌 겉치레만 넉넉하고 정성이 부족해서가 아니겠느냐. 이후로는 마땅히 마음을 가다듬고 정성을 다하여 한 지역을 살려야 한다.

강독을 권하는 문서는 이미 명을 내렸으니, 어찌 중지할 수 있겠느냐. 잘 타일러 미혹을 깨우쳐 《소학》과 《대학》이 읽을 만한 책이라는 것을 알게 하는 것이 어찌 정치를 하는 제일의 급선무가 아니겠느냐. 논하는 자들이 비록 오활하게 여기더라도 절대로 가벼이 동요하지 말거라.

아들에게 부치다

寄子

환곡을 나누어준 일은 이미 조정의 명령을 어긴 것이니, 비록 백성을 위하다가 죄를 받더라도 무엇이 부끄럽겠느냐. 오직 조용히 조정의 처분을 기다리는 것이 마땅할 뿐이다. 제멋대로 나누어주는 가운데 절대 한 점의 사사로운 뜻도 용납해서는 안 되니, 반드시 쌀 한 톨 한 톨이 모두 백성의 입으로 들어가도록 해야 할 것이다.

아들에게 부치다

寄子

동몽(童蒙)을 위해 강학을 한다고 하니, 매우 기특하고 기쁜 일이구나. 시작이 절반이니 많고 적음이 무슨 상관이겠느냐. 절대로 스스로 겉치레로 여기지 말고 정성스런 마음으로 권유하여 달마다 시행한다면 그 효과가 어찌 백일장에 비하겠느냐. 장의(掌議)가 강규(講規)를 마련해달라고 요청한 것은 그 뜻이 아주 좋으니, 감히 받들어 시행하지 않겠느냐. 조용할 때에 만들어 보내줄 계획이다. 명륜당에 앉아 있을 적에는 공복(公服)을 입는 것이 체모에 맞으니, 도포(道袍)가 심의(深衣)에는 미치지 못할 듯하구나.

아들에게 부치다

寄子

너는 본래 속세의 인물로 자처하기를 즐거워하였으니, 나는 늘 근심하였다. 고을 수령이 된 이후로는 직분에 부지런히 종사하여 잠시 관원 노릇하는 모양새가 되지 않았으니, 무척 기쁘구나. 충신을 위하여 비석을 세우고, 고을의 자제들을 모아 강학을 하는 일은 모두 속세의 인물이 할 수도 없고 하지도 않는 일인데 네가 해내었으니, 평소에 너에 대해 잘 알지 못했던 것이 도리어 부끄럽구나. 이로 말미암아 확충하여 일마다 이처럼 한다면 또 무엇을 근심하겠느냐.

지난번에 비문(碑文)을 읽고 감탄하여 말하기를 "이것이 이른바 '양지(養志)'[42]라는 것이니, 생선과 고기로 봉양하는 것보다 훨씬 낫다."라 하고, 또 사회(士會 민창수(閔昌洙))에게 자랑하였다. 이번에 재해를 살필 때는 마땅히 역시 백성을 다친 사람 보듯 하는 마음으로 실질적인 정사를 행하고 또 아전과 백성에게 속지 않아야 할 뿐이니, 부디 힘써라. 날씨가 쌀쌀해져 높은 곳에 오를 수 없을 듯하여 제군들과 술잔에 꽃을 띄워 한번 취하고자 하는데, 네가 여기에 없으니 아쉽구나.

42 양지(養志) : 부모를 봉양함에 그 뜻에 순종하고 기쁘게 해드리는 효를 행한다는 말이다. 《맹자》 〈이루 상(離婁上)〉에 "증자와 같이 하면 뜻을 봉양한다고 이를 만하다. 어버이 섬김을 증자와 같이 해야 한다.〔若曾子則可謂養志也, 事親若曾子者可也.〕" 하였다.

아들에게 부치다

寄子

지난번의 편지는 이경(二更)이 지나서야 도착하였다. 사람을 시켜 촛불을 밝히고 읽도록 하여 들으니, 편안하다는 소식에 마음이 기뻤다. 내가 비록 기제(忌祭)를 치르기는 했지만, 곡을 하려고 해도 곡소리가 나오지 않고, 소식도 겨우 하루 밖에 하지 않았으니, 어찌 몸을 상할 우려가 있겠느냐.

전정(田政)의 대략은 문서로 이미 감영에 알렸으니, 결과가 어떻게 되었는지 모르겠구나. 감영에서 보낸 제사(題辭)[43]에 만일 질질 끌며 처리하지 않으려는 뜻이 담겨 있어나 보고한 재결(災結)을 강제로 줄이려고 하면 즉시 사직서를 올려 거취를 가지고 다투어야 할 것이니, 급박하여 부득이한 상황이라면 비록 상소를 올리더라도 괜찮다.

대체로 도사(都事)나 경차관(敬差官)이 경내에 들리면 재결(災結)[44]이 지나치게 많다는 이유로 으레 점퇴(點退)[45]를 주는데, 점퇴를 받은 뒤에 수령이 즉시 줄여서 보고하니 일이 지극히 터무니없다. 너의 고을로 말하자면 이미 한 번도 감색(監色)[46]에게 맡기지 않았고, 거의 다

43 제사(題辭) : 관아에서 공문서나 백서의 소장·청원서 같은 데서 기록하는 지령(指令)이다. 제사(題詞), 제김(題音), 제지(題旨)라고도 한다.

44 재결(災結) : 재해를 입은 논과 밭을 말하기도 하나, 여기서는 재해를 입어 면세 대상이 된 토지의 결수(結數)를 말한다.

45 점퇴(點退) : 받을 물건을 조사하여 규격에 맞지 않거나 마음에 들지 않는 물건은 수령하지 않고 물리치는 것을 말한다.

몸소 점검하였기에 그 재상(災傷)을 이미 십분 믿을 수 있으니, 마땅히 상관과 힘껏 쟁론하고 여의치 않으면 관직에서 물러날 따름이다. 어찌 차마 눈으로 그런 실상을 보고 수확이 없는 땅에서 공공연히 세금을 징수할 수 있겠느냐.

첨정(簽丁)[47]의 정사는 어디까지 진행되었으며, 창고를 여는 날은 언제이냐? 며칠 뒤에 여기로 올 계획이라고 들었는데, 그 사이에 관청을 비우는 것이 역시 염려되는구나. 대기(大紀 홍창한)가 승진하여 발탁된 것이 기쁘지 않은 것은 아니지만 접경이 너무 가까우니, 만일 혹 잘 다스리지 못한다면 몹시 안타까울 것이다. 그에게 기쁜 일만 있고 다른 근심거리는 없는지 모르겠구나.

46 감색(監色) : 감관(監官)과 색리(色吏), 혹은 감고(監考)와 색리의 병칭이다. 감관은 각 관청이나 궁방(宮房)에서 전곡(錢穀)의 출납 및 운송을 맡아보고 공사를 감독하는 관리로서 사대부 중에서 선발하였으며 이를 기피하면 도피차역률(圖避差役律)의 벌이 가해졌다. 감고는 감관과 비슷하게 각 관청이나 궁방에서 출납하는 전곡 및 그 밖의 물건을 관리하고 감시하며 각종 잡역에 종사하던 구실아치를 말하는데, 조선 초기부터 기민(飢民) 구제 등 수령을 보좌하는 일을 맡기기 위하여 관내의 한량(閑良) 품관(品官) 중에서 자상하고 청렴한 자를 골라 임명하였다. 색리는 일정한 소임을 맡은 아전을 말한다.

47 첨정(簽丁) : 군역에 종사할 장정을 군적(軍籍)에 올려 기록하는 것을 이른다.

아들에게 부치다
寄子

우연히 미호(渼湖 김원행(金元行))의 금석첩(金石帖)을 보고, 사람을 시켜 한 단락을 베껴서 너에게 보낸다. 한강 선생(寒崗先生 정구(鄭逑))은 진실로 통달한 선비이니, 내가 영남의 선유(先儒) 가운데 가장 존경하고 흠모하는 분이다. 독서하는 사람이 관직에 올라 백성을 다스릴 적에는 의당 이분과 같이 해야 한다. 너는 늘 자신을 세속의 사람으로 자처하였는데, 평소에 독서하지 않는 사람으로 한두 가지 행동이 우연히 비슷한 점이 있는 것은 타고난 천성에 고금의 차이가 없기 때문이다. 이것이 내가 마음속으로 매우 기뻐하는 이유이니 네가 이것을 보고 스스로를 믿어 부족한 점에 더욱 힘쓰기를 바란다.

문목공(文穆公) 한강 정구가 창녕 현감(昌寧縣監)에 제수되자 비로소 부름에 응하였는데, 선조(宣祖)께서 친히 만나보고 학문에 대해 논하였다. 부임해서는 학교를 일으키되 가숙(家塾)의 제도를 모방하여 사방에 서재(書齋)를 설치하고 훈장을 두어 글을 가르치고 읽는 것을 일과로 하게 하였다. 매달 초하루와 보름마다 망전례(望殿禮)를 행하고 향교에 나아가 유생들을 불러 모아 토론하였으며, 봄가을 석전(釋奠)에서부터 사직단(社稷壇), 성황당(城隍堂), 여단(厲壇)의 제사까지 직접 참여하지 않은 적이 없었고, 학사(學舍)와 제단들을 시원하게 일신시켰다. 그리고 향사례(鄉射禮)와 양로례(養老禮)를 행하니 온 고을이 감화되어 노력하였다. 서리들은 경외

하고 백성은 사모하였고, 치적이 멀리까지 소문나자 관찰사는 그 정사가 으뜸이라고 보고하였다. 신사년(1581, 선조14) 조정에서 지평(持平)으로 불러가자 창녕 사람들이 그리워하여 생사당(生祠堂)을 세웠다.-상촌(象村 신흠)이 쓴 신도비(神道碑)에 나오는 내용이다.-

아들에게 부치다

寄子

고을을 다스리는 수령이 이따금씩 재결(災結)[48]을 가져다 관사를 수리하기도 하고, 또 백성을 위해 부역을 덜어주기도 한다. 자기는 "이는 공적으로 썼으니, 문제될 것이 없다."라고 하지만 이 역시 조정을 기만하고 백성들을 기만하는 것이니, 사적으로 쓰는 것과 무슨 차이가 있느냐. 이런 일을 경계할 줄 몰라서는 안 된다. 혹자가 전하기를 "조지서(造紙署)의 이전미(移轉米)를 흉년이면 변통하여 고을의 창고에 받아두었는데, 이번에는 주선하지 않아 제법 원망하는 말이 있다."라고 하는데, 모르겠다만 과연 그런 일이 있느냐? 너의 정무를 논하는 자는 지나치게 유순한 것을 병통으로 여기지 않는 자가 없다. 이는 공론이니, 병통을 알고서도 고칠 수가 없는 것이냐!

그믐에 대사헌에 제수되는 정사가 있었는데, 조보(朝報)가 그저께야 도착했기 때문에 보낸 것이다. 스스로 생각하기에 지난번의 별유(別諭)는 이제껏 없었던 은혜라 본분에 지나친 것인데, 마침 병이 있어 즉시 명에 따라 달려가지 못했으니 너무나 황공하였다. 오직 충언으로써 몸을 대신하면 신하의 본분이 조금 편안하겠지만, 아직 이렇게 주저하고 있다. 또 외람되이 간언의 책임을 맡았으니 절로 다른 직책과는 다르다. 깊이 개탄하는 몇 가지 일을 덧붙여 아뢰려고 한다. 네가 이곳

48 재결(災結) : 가뭄이나 홍수 등으로 흉년에 들었을 때, 농사를 제대로 짓지 못하여 세금을 줄이거나 면제해 주는 토지를 말한다.

으로 오려면 아직도 멀었으니, 생각이 떠올라 글을 쓴 뒤에는 보내서 보여줄 것이다. 하유를 기다린 뒤에 현(縣)과 도(道)를 통해 부치려고 하는데, 어떨지 모르겠구나.

아들에게 부치다

寄子

조 대간(趙臺諫 조중회(趙重晦))의 일[49]은 멀리서 전해 들어 진실을 알기가 어려웠는데, 방금 그가 연석의 이야기를 써서 보여 준 것을 얻어 조금 상세한 내용을 알았다. 그 사이에 혹 내려진 처분이 있느냐? 순질(順姪)이 서울의 소식을 전하여 "피차를 막론하고, 모두 훌륭한 상소라고 합니다."라고 하였으니, 비록 죽는다 하더라도 끝내 직언하는 신하가 될 것이다. 더군다나 밝으신 성상께서 윗자리에 계시는데 어찌 간관(諫官)을 죽일 리가 있겠느냐. 그는 죽어도 진실로 한스러울 것이 없지만 안타까운 것은 중간에 성상께서 한량없이 지나친 행동을 하신 것 뿐이다.

49 조 대간(趙臺諫)의 일 : 조중회가 상소를 올려 영조가 사묘(私廟)에 자주 전배하는 것의 부당함을 아뢴 일을 가리킨다. 그러나 영조는 "사묘에 전배하여 심회를 펴고자 함은 아들된 도리이니, 또한 어떻게 지나친 예라고 하겠는가."라고 하며 대신들에게 호소하였다. 《英祖實錄 19年 11月 28日 · 12月 20日》

아들에게 부치다

寄子

조 대간(趙臺諫 조중회)의 생사는 논할 겨를이 없거니와 우리 임금의 지나친 행동이 이렇게 극심한 지경에 이르렀으니, 앞으로 어떻게 한단 말이냐. 계복(啓覆)[50]은 중대한 형정(刑政)인데, 한 나라의 살리고 죽이는 일이 한때의 기뻐하고 성내는 감정으로 인해 전도되었으니, 이는 지나친 행동 중에서도 더욱 지나친 것이다. 올해의 계복은 폐지되는 것을 면하지 못할 듯하다. 전상(銓相)이 자기의 직무에 대해서 올리는 간언을 과연 이렇게 한다면 참으로 체모를 얻을 것이다. 삼공(三公)은 지극한 낭패를 보아 몸을 둘 곳이 없을 듯하니, 필부가 되기를 원해도 될 수 없다고 이를 만하구나. 스스로 취한 것이니 누구를 원망하겠느냐. 국사가 어떻게 결정될지 알 수가 없구나.

선대 직파(直派)의 제사 때에는 물건의 다소를 따지지 말고 그때마다 도와서 제사를 지낸 것은 너도 알고 있는 사실이다. 집안에 있을 때도 그러하였으니, 너의 고을이 아주 피폐하기는 하지만 어찌 집에 있을 때보다 낫지 않겠느냐. 20일과 23일 기제사 때는 비록 의례대로 제수(祭需)를 갖추지 못하더라도 반드시 힘이 미치는 대로 돕는 것이 옳다.

50 계복(啓覆) : 조선 시대에 임금에게 상주하여 사형받을 죄인을 재심하던 일로서 승정원에서 추분(秋分) 후에 계품하여 9월, 10월 중에 날짜를 정해서 시행하였다.

아들에게 부치다 갑자년(1744, 영조20)

寄子 甲子

인편이 밤에 도착하여 며칠 사이 편안히 지낸다는 소식을 들었으니 기쁘구나. 산비둘기와 노루 역시 잘 받았다. 나는 병을 앓아 밤에도 한 번 설사를 하였지만, 점점 줄어들고 있으니 염려할 것 없다. 다만 심신이 아주 피로하여 예전 같지 않구나. 산에 올라 달구경을 하는 일은 모두 젊은이들에게 맡겨두고, 다만 지팡이를 짚고 괴단(槐壇) 주변을 소요하고 있다. 늙은 농부가 달의 모양을 보고는 올해 농사가 작년보다 나을 것이라고 하는구나.

차룡(次龍)이 죽은 것이 사실이냐? 이놈은 다른 노복과는 다르고 오래도록 시중을 들며 고생하였으니, 별도로 개유(蓋帷)의 은혜[51]를 베풀지 않으면 안 된다. 혹시 이미 지급한 물건이 있느냐? 지금 사람을 보내어 조문하고 소를 판 값을 덜어내어 그의 장례를 도와주려고 한다.

○이 완평(李完平 이원익(李元翼))은 어진 재상이었고, 대사헌을 지낸 이목(李楘)은 집안의 세교(世交)가 특별하고 역시 이름난 벼슬아치이니, 겨를이 있을 때 그분들의 묘소에 찾아가 예를 올려라.

51 개유(蓋帷)의 은혜 : 미물에까지 특별한 은혜를 베푸는 것을 말하다. 말하기를, "헌 일산〔敝蓋〕를 버리지 않음은 죽은 개를 묻어 주기 위함이요, 헌 장막〔敝帷〕를 버리지 않음은 죽은 말〔馬〕을 묻어 주기 위함이다." 하였다.

아들에게 부치다

寄子

관청의 문서는 과연 이미 정리하였고, 다른 근심거리는 없느냐? 종전에 한결같이 입을 닫고 있는 것을 도(道)로 여긴 것은 시세가 진실로 그렇고, 정리와 자취에 실로 부득이한 점이 있어서 그런 것이다. 지금은 이른바 사적인 분의가 예전과는 조금 다르다. 더군다나 고을 수령으로 나가는 것은 즐거워하면서 삼사(三司)의 직책에는 선을 긋고 나아가지 않는다면 결국 스스로 편한 곳을 차지하는 결과를 면하지 못할 것이니, 어찌 너무나 편치 못한 일이 아니겠느냐. 공론의 비웃음을 기다리지 않아도 절로 부끄러운 마음이 들 것이니, 스스로 논열하여 한 말이 있기 때문이다.

지금부터는 계획을 바꾸어야 하니, 비록 군이 위태로운 말로 그물과 함정을 건드리지 않더라도 일에 따라 논의하고 헤아려 말을 다하여 나라의 은혜에 보답하기를 도모하고 가풍(家風)을 거칠게나마 계승한다면 어찌 좋은 일이 아니겠느냐. 비록 사직(史職)이 주어지지 않더라도 곧장 마음에 담고 있는 것으로 일을 논하기를 바라는 것은 이 때문이다.

아들에게 부치다
寄子

지금 직소(直所)를 나가서 곧바로 미호(渼湖)로 가려 한다고 들었는데, 다시 병문안을 하지는 못했을 듯하구나. 부고를 들은 뒤에[52] 비로소 나간 것이냐? 한 번 곡을 하면 만사는 그만이니, 슬프지만 어찌하겠느냐. 이곳에서는 어린 종이 돌아오기를 애타게 기다리고 있었는데 그대로 부고를 가지고 돌아왔구나. 그 아이는 이미 원하는 바를 이루었다. 그러나 살아있는 사람은 날이 가면 갈수록 절로 잊을 수 있으니, 오직 죽은 사람만 슬플 따름이다.

나는 병이 있어 곡은 할 수 없고, 밤에 이미 편안히 잠을 자고 있으며, 소식은 다만 일시적으로 죽을 먹는 것뿐이다. 오직 이치대로 마음을 달래는 것을 위주로 하니, 부디 염려하지 말거라. 어제 사신탕(四神湯) 한 첩을 복용했더니 새벽에도 설사가 나지 않았다.

천지는 본래 결함이 있는 세계인데, 그 아이의 남편 집안은 반세토록 완전한 복을 누렸다고 일컬어졌다. 우리 집이 비록 저 집안에는 미치지 못하나 네 한 몸과 여러 자녀들이 위로가 된다. 게다가 내 명성이 실제보다 지나치고 지위가 분수에 넘쳐 모든 재앙이 그 아이에게 돌아갔으니 그 아이는 무슨 죄란 말이냐. 가령 그 아이에게 자식이 있었더라면 권하지 않아도 살 길이 있었을 것이니, 비록 죽었다 한들 또 무엇이

52 부고를 들은 뒤에 : 유언흠(兪彦欽)에게 출가한 자기 딸의 죽음을 말하는 것으로 보인다.

슬프겠느냐. 사람이 오래도록 살기만 하고 죽지 않는 이치는 없으니, 죽더라도 후사가 있다면 이는 죽어도 죽지 않은 것이다. 그 아이는 마치 아주 아름다운 과실나무와 같았는데 하나의 종자도 남기지 못했다. 이것이 양쪽 집안에 너무나 애통한 일이니 말해 무엇 하겠느냐.

너는 지금 형제가 없는 사람이 되어 더욱 외로운 처지이지만 그래도 삼십 년 동안 오라비와 누이동생으로 지냈으니, 애초에 형제자매가 없는 나와 비교하면 어찌 같은 처지에서 논할 수 있겠느냐. 나는 슬퍼할 날이 적고 슬퍼하지 않을 날이 많으니, 너도 너무 슬퍼하지 말거라. 복제(服制)는 나와 너의 부자지간이 모두 기년복을 입어야 하니, 《가례》에 "다른 사람에게 시집간 여자로 남편과 자식이 없는 자를 위해서는 기년복을 입는다."[53]라고 하였기 때문이다. 너의 아내와 너의 며느리는 모두 소공복을 입어야 한다.

53 다른……입는다 : 《가례》 부장기조(不杖朞條)에 "고모와 자매 및 딸로서 집에 있는 자나, 시집갔는데 남편과 자식이 없는 자를 위하여 입는다.〔姑姊妹女在室及適人而無夫與子者〕" 하였다.

아들에게 부치다 을축년(1745, 영조21)

寄子 乙丑

어제 저녁에 수성(隋城 수원) 사람이 급히 와서 기쁜 소식을 전하였고, 대기(大紀 홍창한)가 편지를 보내어 축하를 하였는데, 전부 기쁜 말이었다. 벼슬길에 분주한 사람이니 이와 같은 것은 전혀 괴이할 것이 없다. 두 대가 모두 묘당(廟堂)의 천거를 받고 말망(末望)으로 의망되어 낙점을 받았으니, 나라의 은혜가 몹시 두텁구나. 더군다나 부자가 모두 고관이 되었으니,[54] 무슨 덕으로 감당할 수 있겠느냐. 너무나도 두려운 나머지 영광스러운 일인 줄을 전혀 모르겠구나. 지금의 계획으로는 오직 몸과 마음을 다해 갚을 수 없는 큰 은혜[55]에 보답하려고 하니, 과연 이렇게 할 수 있겠느냐?

54 부자가……되었으니 : 이 해 저자는 대사헌에 임명되고, 아들 이제원(李濟遠)은 수원 부사(水原府使)에 임명되었기 때문에 말한 것이다.

55 갚을……은혜 : 주자가 말하기를, "때를 만나지 못하면 제 몸을 선하게 하여 천하에 대의를 밝혀 천하의 학자들로 하여금 우리 도가 바르다는 것을 알고 지키게 하여 윗사람이 부리기를 기다려야 합니다. 이야말로 갚을 수 없는 은혜를 갚는 방법입니다. 어찌 꼭 나아가 세상을 다스려야 하겠습니까." 하였다. 《晦庵集 卷36 答陳同甫》

아들에게 부치다

寄子

밤사이 추위가 심한데, 집안의 근황이 편안하냐? 너는 지금 작질(爵秩)이 이미 하대부(下大夫)의 반열에 있고, 외람되이 또 변란에 대비하는 중요한 자리에 있으니, 일을 맡기기에 적합한 자로 평소 마음에 둔 사람이 있느냐? 이는 마땅히 익숙히 강구해야 하는 일이다. 그 지역 장사(將士) 중에 위급할 때 의지할 만한 사람이 있으면 발탁하여 휘하에 두는 것이 역시 권장하고 성취시키는 방법이니, 한번 생각해 보거라.

별지 別紙

신임사화(辛壬士禍)는 하나의 큰 재앙이라 더 말할 것이 없다. 을사년의 일[56]이 비록 신임사화보다 더 낫지만 의리를 여전히 펴지 못하였다. 정미처분(丁未處分)[57] 이후로는 더욱 사군자(士君子)가 과거를 보아

56 을사년의 일 : 을사환국을 말한다. 을사년(1725) 소론인 영의정 이광좌(李光佐), 우의정 조태억 등을 내몰고 노론인 민진원(閔鎭遠)과 정호(鄭澔)를 정승으로 임명하여 노론 정권을 출범시켜 왕권을 강화하였다. 신축년(1721, 경종1)과 임인년(1722, 경종2)의 옥사(獄事)를 무옥(誣獄)으로 규정하고 노론사대신을 신원해주었다.

57 정미처분(丁未處分) : 1727년(영조3) 있었던 정미환국을 가리킨다. 《영조실록》 3년 7월 1일 기사에 의하면, 노론정권이 왕의 탕평책에는 잘 따르지 않고 소론 공격에만 급급하자 영조는 정미년인 1727년에 소론에 대한 보복을 고집하던 민진원(閔鎭遠)과 정호(鄭澔) 등을 파면하고 이광좌(李光佐)·조태억(趙泰億) 등을 비롯한 소론을 다시 정권에 참여시켰는데, 이를 정미환국이라고 한다.

벼슬길에 나아갈 시기가 아니었지만, 우리나라 사대부가 과거를 보아 벼슬하는 것은 옛날의 공족대부(公族大夫)와 유사하니, 학문을 버리고 또 과거에도 종사하지 않으면 거의 종신토록 전혀 할 수 있는 일이 없다. 네가 이미 학문에 뜻이 없었기에 과거를 보도록 억지로 허락하지 않을 수 없었는데, 우연히 급제하였다. 그러므로 너의 운명이 형통할 줄 알았기에 너의 처신을 여유롭게 하도록 하였다.

옛날에는 어진 사람과 사악한 사람이 번갈아 나아가고 물러났으니, 이와 같은 때에는 진실로 어려운 일이 없었다. 그러나 지금은 임금께서 어진 이와 사악한 이가 함께 조정에 나오게 함으로써 국가의 형세를 부지하려고 하니, 나아가고 물러나는 형세가 모두 어렵다. 제일가는 도리는 오직 나아가 명을 받들어 그 직분을 다하고, 뜻이 맞지 않으면 물러나는 것 뿐이다. 이 때문에 너로 하여금 사양하지 않고 나아가게 하였으니, 네가 조정에 있을 때에는 이보욱(李普昱)을 피해야 한다.[58] 재앙을 입은 집안의 자제 중에 출사하지 않은 자가 말하기를,

"이모(李某)는 귀락(歸樂 이만성(李晚成))의 종손(從孫)이니, 과거를 보지 않는 것이 옳다. 그런데 이미 과거에 합격하고 나서 혐의가 있는 한두 사람을 피하려고 하는가."

하였다. 내가 듣고는 탄식하기를,

"그 사람의 말이 본래의 분수(分數)에 너무 지나치지만, 그 사람의 말이 이와 같은 것이 당연하다. 인정하고 잘못으로 여겨야 한다."

하였다. 그런데 그 뒤에 그 사람이 나가서 벼슬에 종사하였으니 도리를 이루지 못했다. 내가 너로 하여금 처음에 여유있게 상황에 대처하

58 이보욱(李普昱)을 피해야 한다 : 307쪽 주5 참조.

게 한 것은 이를 염려해서였다. 네가 이미 벼슬에 나아가 낭패를 보고 곧바로 돌아왔으니, 이제부터는 결코 삼사(三司)에 나아가서는 안 된다. 몸이 비록 나아가지 못한다 하더라도 말은 오히려 올릴 수 있지만, 이 역시 불가능하다.

옛날에는 높은 자리를 사양하고 낮은 자리에 처하며 중앙의 관직을 사양하고 외직으로 나가는 사람이 있었다. 이름난 재상 역시 외직을 청한 사람이 많았지만, 지금은 편한 자리만 차지하고서 자기 일신을 위한 계책만 생각하고 있으니, 이는 역시 도리상 해서는 안 될 일이다. 나는 비록 네가 외직으로 나아가는 것을 애써 허락했지만, 마음으로는 끝내 통쾌하지가 않았다.

지금 어느덧 하대부의 반열에 올랐는데, 안성(安城)으로는 나아가고 수원(水原)을 사양하는 것 역시 마땅하지 않아 가서 부임하는 결과를 면하지 못했다. 스스로 믿는 것이라고는 벼슬을 구하지 않았는데 저절로 온 것이다. 그러나 가령 네가 맡을 관직이 또 삼사라면 사양하지 않을 수 있겠느냐. 이 역시 스스로 편의를 택하는 결과로 귀결되니, 구하여 얻는 것과 비교하면 어찌 조삼모사(朝暮四三)의 차이가 아니겠느냐.

또 나는 더욱 두려운 점이 있다. 옛날 사람은 부모가 늙었는데 녹봉으로 봉양하지 못하는 것을 불효라고 생각하였다. 이천 선생(伊川先生)이 말하기를 "자기를 위하고 부모를 위하는 것이 또 한 가지 일이다."[59]라고 하였다. 조정에 나아간 지 수십 년 동안 한결같이 이 말을

59 이천선생(伊川先生)이……일이다 : 《근사록》 권 7 〈출처(出處)〉에, 어떤 제자가 집이 가난하고 부모가 늙어서 과거에 응시하여 벼슬을 구하게 되면 득실에 대한 얽매임

믿었으나 결국 일일지양(一日之養)[60]을 잃고 말았으니, 이것이 내 평생의 한이다. 내가 이미 녹봉으로 부모님을 봉양하지 못했으니, 나만 너에게 영예로운 봉양을 받는다면 내 마음이 편안하겠느냐. 더군다나 나는 겉으로 조용히 물러난다고 자처하여 가만히 앉아서 청복(淸福)을 누리고 있는데, 영예로운 봉양까지 누린다면 진실로 이른바 '학을 타고 양주(楊州)를 오른다.'[61]는 것이다. 깨닫지 못하는 사이에 온몸이 탕평(蕩平)의 경계로 들어갔으니, 너무나 우스운 일이 아니겠느냐? 사람들을 어기지 않고 사물을 끊지 않고서 세속에 섞여 살려고 하다가 절로 이런 지경에 이르렀다.

이 있음을 면치 못하니, 어떻게 면할 수 있냐고 묻자, 이천 선생(伊川先生)이 "집이 가난하고 부모가 늙었으면 녹사(祿仕)를 해야 하나 얻고 얻지 못하는 것은 천명에 달려 있다."라고 대답하였다. 제자가 다시 "자신에게는 괜찮지만 부모를 위해서는 어떻게 해야 합니까?" 하고 묻자, 대답하기를 "자신을 위하는 것과 부모를 위하는 것이 또한 다만 한 가지 일이니, 만약 벼슬을 얻지 못한다면 천명을 어쩌겠는가.〔爲己爲親, 也只是一事, 若不得, 其如命何.〕"라고 대답하였다.

60 일일지양(一日之養) : 진(晉)나라 사람 백아(伯牙)가 친구인 종자기에게 왜 입신출세하여 역사에 남을 생각은 하지 않고 이런 시골에서 초목과 함께 썩느냐고 묻자, 종자기는 "집에 위로는 연로한 부모님께서 계시고 아래로는 도와줄 형제가 없으니, 나무하는 것으로 날을 보내며 부모님의 여생을 지키려는 것이네. 그래서 비록 삼공과 같이 존귀한 자리라 할지라도 차마 하루 동안의 봉양과 바꾸지 못하는 것이라네"라고 대답하였다고 한다. 《警世通言 卷1 兪伯牙摔琴謝知音》

61 학을……오른다 : 최고의 부귀영화를 누리는 것을 말한다. 네 사람이 각자 자기의 소원을 말하는 중에, 한 사람은 양주 자사(楊州刺史)가 되고 싶다고 하고, 한 사람은 많은 재물을 얻기를 원하고, 한 사람은 학을 타고 하늘로 오르고 싶다고 하였는데, 이 말을 들은 한 사람이 "나는 허리에 십만 관(貫)의 돈을 두르고, 학을 타고서 양주로 날아가고 싶다.〔腰纏十萬貫 騎鶴上楊州〕"라고 하였다는 이야기가 전한다. 《淵鑑類函 卷420 鳥部3 鶴3》

또 기억하기로 내가 수원부(水原府)를 맡았을 때[62]에는 역시 하루라도 봉양하겠다는 소원을 이룰 수 있었는데, 그 때 마침 요절한 아이를 곡하느라 남몰래 가슴이 아팠다. 또 그 사이에 한두 가지 불안한 일이 있어-하나는 몇 년 동안 옥당의 직책을 고사하였는데, 지금 갑자기 승진하여 발탁된 은혜를 받은 일이고, 둘째는 계부(季父)의 명망과 이력이 나와 동일했는데, 외람되이 먼저 승진한 일이다.- 죽더라도 나아가지 않으려 하였는데, 중부(仲父)께서 말씀하시기를 "너의 재주로 만약 이 직임을 감당하지 못할 것 같으면 사양하는 것이 마땅하다. 그러나 이미 할 수 있다는 것을 분명히 알고 있으니, 어찌 네가 지나치게 사양하는 것을 허락하겠느냐."라고 하셨다. 이 때문에 결국 관직에 나아가는 것을 면하지 못하였으나, 마음으로는 하고 싶지 않았으며 이어서 질병이 생겨 심해져서 한 가지 일도 하지 못하고 다만 '할 수 없으면 떠난다.'는 의리에 의거하였다. 이렇게 하는 사이에 비단 부모 봉양을 하지 못했을 뿐만 아니라 도리어 근심을 끼친 일이 한두 가지가 아니었다. 지금 생각해보면 후회스럽지만 무슨 소용이 있겠느냐.

너는 이미 이와 같은 세상을 만나서 나아갈 수도 없고 물러날 수도 없어 걸핏하면 진퇴유곡이다. 이곳에 부임하였는데 마침 내가 예전에 다스리던 곳이며, 말망으로 의망되어 낙점을 받은 것도 동일하니, 두 대에 걸쳐 받은 은혜가 망극하다고 하겠다. 너는 이미 나를 봉양했고 또 몇 고을의 수령을 거쳤으니, 정성과 직분을 다하는 것이 나라에 보답하는 길이다. 진실로 이렇게 한다면 거의 내가 충효를 잃은 한을 갚을 수 있을 것이다. 여기에 먼저 해야 할 급선무와 이전에 시행하려

62 내가……때 : 저자는 1712년(숙종38) 수원 부사(水原府使)로 부임한 적이 있다.

다 시행하지 못한 일을 기록하니, 그곳에 도착하면 사세의 가능 여부를 헤아리되, 어떻게 처리하는가는 너에게 달려있을 뿐이다.

'백성을 보기를 마치 다친 사람처럼 한다.〔視民如傷〕'[63]는 것은 정자(程子)도 부끄러워 한 말이니, 어찌 쉽게 말할 수 있겠느냐. 다만 타고난 자질과 품성이 인(仁)은 넉넉하지만 강단과 엄격함은 부족하니, 부족한 점에 힘을 기울이는 것이 제일 좋은 방법이다. 그러나 기질을 고치는 것은 하루아침에 할 수 있는 것이 아니다. 옛말에 이르기를 "위엄은 청렴에서 나온다."라고 하였으니, 이렇게 한다면 그래도 잘 할 수 있을 것이다. 또 말과 웃음을 줄이고 동작을 근엄하게 하여 위엄을 길러야 한다. 모든 일은 전적으로 신중에 힘을 기울여야 하므로 함부로 결단하지 말고, 송사를 처리할 때에는 차라리 소홀히 처리하는 잘못을 저지를지언정 지나치게 의심하지 말아야 한다. 더구나 한쪽은 옳고 한쪽은 틀려 저절로 정해진 분수가 있어 개인적인 뜻을 용납하지 않고 공정한데로 귀결되는 경우에 있어서랴!

백성을 돌보고 다스릴 때에는 마땅히 너그럽게 대하고 편협하게 대해서는 안 되니, 명령을 반드시 깊이 헤아려서 내고 행동을 믿음 있게 하며, 상벌은 더욱 아끼고 신중히 해야 마땅하니, 어려움이 닥쳤을 때 힘을 얻는 방법이 될 것이다.

방영(防營)은 다른 고을과 다르니 오직 도적을 다스리는 일을 담당한다. 유생이 관리가 되면 늘 이런 일을 싫어하여 엄히 단속하지 않으니,

63 백성을……한다 : 58쪽 주41 참조.

그 피해가 한 고을에만 미치는 것이 아니라 가까운 이웃 고을의 백성 역시 도적이 출몰할까 걱정을 하게 된다. 이는 막료에게 맡겨서는 안 되니, 반드시 그 진위를 분명히 살펴서 사실을 밝힌다면 반드시 죽이고 용서하지 말아야 한다. 위엄과 명성이 퍼지면 실질적인 은혜가 자연히 사람들에게 미칠 것이다. 세속에서는 사람을 죽이는 것이 복과 덕에 해가 된다고 여기지만, 죽여야 할 사람을 죽이면 선량한 백성이 편안히 살 것이니, 이 역시 복을 보태는 단서가 되지 않겠느냐. 관직에 부임한 초기에 먼저 엄격하고 분명히 분부하여 도적을 찾아내서 사로잡아 반드시 죽인다는 뜻을 보여라.

네가 군현을 다스릴 때는 모두 학정(學政)을 우선으로 삼으니, 이 역시 우려할 만한 것이 없다. 다만 네가 백성이 이를 빙자하여 군역을 면제받기를 바라는 것을 근심한다고 들었는데, 이는 그렇지 않다. 본부(本府)에 백성이 많고 또 군역이 제법 가벼우니 군정(軍政)이 다른 고을과 비교해 어려운 점이 없다. 하물며 소학(小學)에 들어가서 성취할 가망이 있는 자에 대해 그 실상을 헤아려 특별히 면제해 준다면 어찌 좋은 일이 아니겠느냐. 더구나 미워해야 할 사람은 오직 빙자하는 자 뿐이니, 이 한 가지 일을 엄히 막는 방법은 재임(齋任)을 선택하는 데 달려있을 따름이다. 향교와 매곡서원(梅谷書院)[64]은 재임을 정밀히 택하여 공부 감독을 엄정히 하면 반드시 효과가 있을 것이니, 결코 폐지해서는 안 된다.

64 매곡서원(梅谷書院) : 경기도 화성시 매송면 천천리에 있던 서원이다. 1694년(숙종20) 창건되었으며, 송시열의 위패를 모셨다. 1695년 사액을 받았다. 1871년(고종8) 흥선대원군의 서원철폐령으로 인해 없어졌다.

이 고을에 부임하는 자는 마땅히 군정을 우선으로 삼아야 하니, 학교를 일으키는 것은 그 다음의 일이다. 지세와 풍속이 결국 무(武)를 써야 하는 곳이다. 풍습이 활을 쏘고 말을 타는 것을 익히니, 조금만 권장하고 감독하면 그 효과가 반드시 문교(文教)보다 빨리 나타날 것이다. 고을 안에 분부하여 무(武)를 업으로 삼는 사람들에게 귀천에 관계없이 성책(成冊)하여 올리게 하고, 늘 봄과 가을마다 아무 날짜를 택하여 모두 모여 활쏘기를 익히며 그 중에 뛰어난 자를 선발하여 장교(將校)에 임명하면 반드시 크게 격려를 받아 일어날 것이다.

본부에 무변(武弁)이 많으니, 내가 아는 자로는 예를 들면 전 부사(府使) 안식(安湜)이라는 자가 쓸 만한 사람이다. 이와 같은 사람은 천총(千摠)이나 별장(別將)의 부류에 두고, 이력이 이보다 못한 사람은 장관(將官)으로 삼아라. 만일 그 수를 다 채우지 못한다면 양반과 한량 중에 입격(入格)한 자로 채우고, 나오려 하지 않는 자는 장계를 올려 죄를 청하여라. 이렇게 명령을 시행하면 절로 감히 피하지 못할 것이고, 평상시에는 장교를 대부분 사적인 간청으로 차출하는데, 만약 이 규례를 바꾸면 부대가 정돈되고 명령이 절로 시행될 것이다. 예전에 시행해보려고 하다가 그렇게 하지 못하였으니, 한번 시행해 보거라.

옛 사람은 고을을 다스릴 적에 사람을 얻는 것을 우선으로 삼았으니, 하물며 8천의 병마로 변고를 대비하는 곳이야 말할 나위가 있겠느냐. 고을 내에서 널리 인재를 구하고, 또 장교 중에 유의해서 선발하여 변고를 대비해야 한다. 비록 일이 없을 때에도 항상 경계를 엄격히 하여 마치 일이 발생한 때처럼 해야 한다. 주연(朱然)이 종일토록 삼가고 조심한 것[65]을 본받아야 할 것이다.

근래의 풍습은 강한 자를 억누르고 약한 자를 부지해주는 것을 일삼아 상하가 거의 분간이 없으니, 이 점은 아주 우려할 만한 일이다. 전임자의 다스림은 대체로 명예를 구하였으나, 명분을 바로잡은 한 가지 일은 훌륭하다. 너는 각별히 유념하여 행여 실추시키지 말고 전임자가 혼자 명성을 독차지하는 일이 없도록 하여라. 도(道)를 어기고 명예를 구하는 것은 옛날에는 부끄러워하던 일인데, 지금에는 숭상하고 있다. 내야 하는 세금을 줄여주는 것을 전임자처럼 하지 말거라.

기억하기로 내가 관직에 있을 때에 글을 지어 우암 선생(尤菴先生)의 묘소에 제사를 올리려다 병이 나서 결행하지 못했으니, 너 역시 그럴 마음이 있느냐?

65 주연(朱然)이……것 : 주연(朱然)은 삼국 시대 오(吳)나라 장수로, 자는 의봉(義封)이며 본성은 시(施)였다. 《심경부주(心經附註)》 권1의 잠수복의장(潛雖伏矣章)에서 주희가 말하기를 "삼국 시대 주연은 종일토록 삼가고 조심하여 마치 행진하여 대열에 있는 것처럼 하였다 하니, 학자들은 이러한 자세를 견지하면 마음을 항상 방만하게 하지 않을 것이다." 하였다.

아들에게 부치다

寄子

관부(官府)는 본래 절로 아주 삼엄한데 하물며 무기가 삼엄하게 늘어서 있으니, 백성들의 소장(訴狀)이 들어오기가 더욱 쉽지 않을 것이니, 비록 밤이라도 곧장 고하게 하여 반드시 민심이 다 전해지도록 힘써라. 네가 이곳으로 올 때에 군관(軍官)이 뒤따라 규례가 있느냐? 비록 그렇지 않다고 하더라도 예전에 본 적이 없는 사람이라면 그 사람을 한 번 보고자 한다. 봄이 지난 뒤라 해가 길어졌으니, 각기 한번 다녀가도록 하는 것이 좋겠구나.

도암집

제24권

序서 記기 跋발

서序

《백천당유고》 서문[1]

百千堂遺稿序

백천공(百千公)의 시문 총 약간 편에 대해 그의 손자인 면주(冕周)[2]가 내게 서문을 부탁하였다. 나는 일찍이 선배들의 논의를 통하여 공의 흉금이 세속을 초탈하여 말세의 인물이 아니다는 애기를 들었는데, 이 유고를 보고서 더욱 믿게 되었다.

공의 휘는 핵(翮)이니 천파공(天坡公)[3]의 동생이다. 오씨(吳氏) 집안은 천파공을 시작으로 성대한 문장가를 배출하였는데, 백천공 또한

1 백천당유고 서문 : 1727년(영조3) 오핵(吳翮, 1615~1653)의 시문집 《백천당유고(百千堂遺稿)》에 대해 쓴 서문이다. 오핵의 본관은 해주(海州), 자는 일소(逸少), 호는 백천당(百千堂)이다. 1646년(인조24) 문과에 장원으로 급제하였다. 전적, 병조좌랑, 정언, 지평 등을 역임하였다.

2 면주(冕周) : 오면주(吳冕周, 1667~?)를 가리킨다. 그의 자는 중장(仲章)이다.

3 천파공(天坡公) : 오숙(吳䎘, 1592~1634)을 가리킨다. 천파는 호이고, 자는 숙우(肅羽)이다. 1612년(광해군4) 문과에 병과로 급제하였다. 문장이 뛰어나 이덕형(李德馨)의 천거를 받아 다음날 설서에 승진하기도 하였다. 내직으로는 지평, 헌납, 우승지, 형조 참의, 승문원 부제조 등을 역임하였고, 외직으로는 청주 목사, 경상도 관찰사, 황해도 관찰사 등을 역임하였다.

문장으로 크게 이름이 나서 수염을 뽑듯 쉽게 장원급제하였다. 다만 스스로 만족하지 않고 염계(濂溪 주돈이(周敦頤))와 낙양(洛陽 정자(程子))의 서적들에 더욱 힘을 기울였다. 벼슬살이 7, 8년 동안 맑은 공론을 힘써 지키다가 벼슬을 그만두고 호연히 고향으로 돌아와 흥이 일어나면 아름다운 산수를 노닐며 한 점의 속기(俗氣)도 없었기 때문에 그의 문장이 또한 이와 같았다. 내키는 대로 문장을 풀어내어도 기운과 풍격이 맑고 웅건하여 종종 옛 문장에 핍진하였으니, 마치 좋은 구슬이 조탁하지 않아도 광채가 빛나는 것 같았다. 여기에 나아가 구해본다면 그 인물의 성품이 이미 고아한 것이다.

안타깝도다. 하늘이 그의 수명을 늘여주지 않아 사업과 문장이 모두 엉성하게 미완으로 끝나버렸다. 그가 젊은 시절에 상주한 몇 편의 글은 강직하고 애달프니 실로 〈하천(下泉)〉의 유의(遺意)[4]가 있다. 지금의 사대부들은 이러한 의리가 있음을 모른 지가 오래되었으니 공과 같은 이가 어디서 나오겠는가. 나는 이 때문에 유고를 어루만지며 거듭 탄식해 마지않으니, 또한 쇠퇴한 세상의 뜻이리라. 훗날 유고를 보는 자들은 소홀히 여기지 말지어다.

숭정(崇禎) 두 번째 정미년(1727, 영조3) 섣달 상순에 삼주(三州 우봉(牛峰)) 이재(李縡)가 쓰다.

4 하천(下泉)의 유의(遺意) : 나라가 쇠약해짐을 걱정하여 항상 탄식하는 것을 뜻한다. 《시경》의 〈하천(下泉)〉은 주(周)나라의 쇠망을 슬퍼한 시이다.

《만죽헌집》 서문[5]

萬竹軒集序

내가 이미 만죽공(萬竹公)의 묘지명을 지었는데[6] 그의 사손(嗣孫)인 문덕(文德)이 또 시고(詩稿) 한 편을 보여주었다. 나는 반복해 읽고 감탄하여 다음과 같이 말했다.

"훌륭하구나! 청명한 소리요, 순수한 기운이로다! 우리 조정의 인물은 목릉(穆陵 선조(宣祖)) 때보다 성대한 적이 없었다. 당시에 시도(詩道)가 크게 흥기하여 맑고 씩씩하며 깊고 웅건한 시풍으로 각기 일가를 이루었으니 모두 당시(唐詩)를 근본으로 하였다. 만약 등급별로 나누는 자가 있다면 장차 만죽공을 우익(羽翼)과 접무(接武) 사이에 배치할[7] 것이리라. 봉사(封事) 한 편[8] 같은 경우는 충군애국

5 만죽헌집 서문 : 1731년(영조7) 서익(徐益, 1542~1587)의 시집 《만죽헌집(萬竹軒集)》에 대해 쓴 서문이다. 서익의 본관은 부여(扶餘), 자는 군수(君受), 호는 만죽헌(萬竹軒)·송당(松堂)이다. 1569년(선조2) 문과에 급제하였다. 내직으로는 병조좌랑, 홍문관 교리, 의정부 사인 등을 역임하였고, 외직으로는 안동의 수령, 의주 목사 등을 역임하였다.

6 내가……지었는데 : 본서 권31에 수록되어 있는 〈목사 서공의 묘갈〔牧使徐公墓碣〕〉을 가리킨다.

7 장차……배치할 : 서익이 지은 시의 수준이 성당시(盛唐詩)와 중당시(中唐詩) 사이에 있다는 말이다. 고병(高棅)이 《당시품휘(唐詩品彙)》를 편찬할 때 시를 시기별로 품평하여 분류하였는데, 초당(初唐)은 정시(正始)로 분류하고, 성당(盛唐)은 정종(正宗), 대가(大家), 명가(名家), 우익(羽翼)으로 분류하고, 중당(中唐)은 접무(接武)로 분류하고, 만당(晩唐)은 정변(正變), 여향(餘響)으로 분류하였다.

(忠君愛國)의 마음이 간절하고 지성스러우며 식견과 사려가 심원하여 그 사람됨을 상상해 볼 수 있다. 안타깝도다! 그의 훌륭한 계책이 세상에 다 전해지지 못하였구나.

또한 내가 듣건대 이른바 만죽정(萬竹亭)[9]은 이미 완전히 폐허가 되었지만 옛날에 심었던 화초들은 아직 그대로 있어서 모란의 뿌리를 캐내어 가져가려는 자가 있으면 촌로가 성내고 꾸짖으며 '이것은 서 사인(徐舍人)께서 손수 심으신 것이다.' 말한다고 한다. 오호라! 공이 세상을 떠난 지 이백 년이 되어간다. 화초와 같은 미물도 지극히 무지한 촌로가 오히려 이처럼 아끼는데, 하물며 공의 입에서 나온 글들은 적을수록 더욱 진기하니 누군들 사모하고 기뻐하며 애호하지 않겠는가. 그대가 장차 돌아가 잘 보관해둔다면 후세에 반드시 자운(子雲)과 요부(堯夫)와 같은 이가 나올 것이다.[10]"

신해년(1731, 영조7) 11월 계해일에 삼주(三州) 이재(李縡)가 쓰다.

8 봉사(封事) 한 편 : 서익이 1585년(선조18) 의주 목사(義州牧使)로 재임하던 중 이이(李珥)와 정철(鄭澈) 등이 정여립(鄭汝立)에게 무고를 당하자 이들을 변호하기 위해 올린 상소문을 가리킨다. 《만죽헌집(萬竹軒集)》 권2에 〈의주목사시(義州牧使時疏)〉라는 제목으로 수록되어 있다.

9 만죽정(萬竹亭) : 서익이 파직당한 뒤 고향으로 돌아와 경영했던 정자의 이름이다.

10 후세에……것이다 : 후세에 양웅(揚雄)과 소옹(邵雍)처럼 학식이 있고 식견 있는 훌륭한 사람이 나와서 서익의 글을 알아주게 될 것이라는 뜻이다.

《노봉집》 서문[11]

老峰集序

《노봉선생집(老峰先生集)》은 모두 몇 권으로, 시문(詩文)은 약간 편이고 소차(疏箚)와 서독(書牘)이 많다. 오호라! 옛사람이 이르기를 "고요(皐陶), 기(夔), 후직(后稷), 설(契)[12]이 읽은 것이 무슨 책인가."[13]라고 하였으니, 이는 다만 감정이 격발하여 말한 것일 뿐이다. 만약 고요, 기, 후직, 설이 독서하지 않았다면 어떻게 고요, 기, 후직, 설이 되었겠는가. 다만 이른바 독서라는 것이 후세 사람들의 독서와는 다르다. 사업에 드러나고 계책에 나타난 것이 모두 천리(天理)와 인도

11 노봉집 서문 : 1734년(영조10) 민정중(閔鼎重, 1628~1692)의 시문집《노봉선생집(老峯先生集)》에 대해 쓴 서문이다. 민정중의 본관은 여흥(驪興), 자는 대수(大受), 호는 노봉(老峯), 시호는 문충(文忠)이다. 1649년(인조27) 문과에 장원급제하였다. 내직으로는 대사간, 이조 판서, 좌의정 등을 역임하였고, 외직으로는 동래 부사, 함경도 관찰사 등을 역임하였다. 기사환국 때 벽동(碧潼)에 유배되었다가 그곳에서 죽었다. 민정중은 저자의 처삼촌이다.

12 고요(皐陶)……설(契) : 모두 순(舜)임금 때의 훌륭한 신하들이다.

13 고요(皐陶)……책인가 : 송(宋)나라 소박(邵博)의《문견후록(聞見後錄)》에 다음과 같은 내용이 보인다. 왕안석(王安石)이 처음 정사에 참여했을 때 안하무인으로 조정을 경시하였다. 하루는 신법(新法)을 쟁론하다가 다른 사람들의 말이 마음에 들지 않자 그들을 노려보면서 말하기를, "그대들이 독서하지 않아서 그런 것이다."라고 하였다. 그러자 조청헌(趙清獻)이 홀로 반박하며 말하기를, "그대의 말은 잘못되었다. 고요(皐陶), 기(夔), 후직(后稷), 설(契)이 살던 시대에 무슨 책이 있어서 읽을 수 있었겠는가.〔君言失矣, 如皐夔稷契之時, 有何書可讀.〕"라고 하였다. 이에 왕안석은 아무 말도 하지 못하였다.

(人道)의 찬란함이니, 그 문장(文章 화려하게 드러난 공업)이 이보다 큰 것이 없다. 이러한 뜻을 아는 자는 선생을 제대로 알 것이리라.

선생은 타고난 자질이 영특하여 말세의 인물이 아니었으니, 마음을 세우고 행실을 단속함이 결코 구차하지 않았다. 임금에게 하기 어려운 일을 권한 것을 살펴보면 한결같이 요순(堯舜)을 법도로 삼았으니, 곧 선생이 스스로 기약했던 바를 알 수 있다. 선생은 태어나서 불세출의 성군인 영릉(寧陵 효종(孝宗))을 만나 장차 큰 사업을 이룰 수 있을 것 같았지만, 끝내 성대한 계책을 한 세상에 시행하지 못했으니 이는 참으로 천고의 통한이다. 그러나 조정에서 40년 동안 시행했던 경세제민(經世濟民)의 책략과 임금을 인도하고 보좌한 계책이 찬란하고 위대하여 지금까지도 사람들의 이목에 밝게 빛나고 있다. 이러한 점을 벗어나 선생의 글을 구한다면 또한 말단일 뿐이다.

그러나 선생이 여기에 이르게 된 데에는 또한 근본이 있어서이다. 선생은 어려서부터 개연히 옛사람을 사모하여 성인의 글이 아니면 읽지 않았고, 또 어진 이를 높이고 벗을 취해 지취(志趣)를 넓혔다. 이 때문에 사업과 계책으로 드러난 것이 이와 같았으니, 이것이 선생의 글이 본디 문자와 언어 사이에 있지 않은 까닭이다. 지은 글 또한 인의(仁義)에 근본하여 명백하면서도 여유롭고 골격이 확 트여, 밖으로 조정과 안으로 가정에서부터 벗과의 교제에 이르기까지 한마디 말, 한 구절도 사람의 도리와 사물의 법칙의 올바름에서 나오지 않은 것이 없었다. 그러므로 선생의 글은 본말을 구비했다고 이를 수 있으니, 독서의 힘은 참으로 속일 수 없다. 그렇다면 이 문집이 비록 선생의 경중(輕重)이 되기엔 부족하지만 이는 참으로 덕성(德性)이 드러난 바이고 정신이 모인 것이니, 후세에 선생을 알고자 하는 자가 또한 어찌 이를 버릴 수 있겠는가.

오호라! 지금은 선생이 살았던 시대와 멀리 떨어지지 않았는데도 사대부들의 풍격과 습속이 대체로 비루하여 장차 고칠 수 없을 정도가 되었으니, 선생이 목도한다면 어떻게 생각하겠는가. 선생은 이미 다시 일어날 수 없고 단지 이 책만 남아있을 뿐이니, 이 책을 읽는 자들이 이것을 통해 지절(志節)과 명행(名行)이 귀하다는 것을 알게 되어 노력하고 분발하여 반드시 선생과 나란해지겠다는 생각을 한다면, 선생이 사대부를 진작시킨 공이 유독 한 시대에만 드러날 뿐이 아니요 후세의 사람들도 선생의 은혜를 받은 것이 크다고 하겠다.

세상의 이른바 문장지사(文章之士)라고 하는 자들이 비록 많은 책을 남겼지만 도리어 세교(世敎)에 무슨 보탬이 되었는가. 이로 말미암아 보건대 사람들이 글을 귀하게 여기는 이유가 과연 말단의 문사(文辭)에 있지 않으니, 고요, 기, 후직, 설의 사업을 이루고자 하는 자는 끝내 독서하지 않을 수 없다.

"뜻을 세움에 있어서는 희문(希文 범중엄(范仲淹))처럼 되기를 스스로 기약하라."[14]는 호 강후(胡康侯 호안국(胡安國))의 말이 훌륭하도다! 옛사람 가운데 반드시 희문(希文)을 거론한 것은 어째서인가? 그가 삼대(三代)의 뒤에 태어났지만 삼대의 위에 뜻을 두었고 게다가 시대가 가까워 본받기 쉬웠기 때문이다. 내가 이 문집에 정성을 다하는 것

14 뜻을……기약하라 : 호안국(胡安國)의 이 말은 《소학》〈외편(外篇) 가언(嘉言) 광입교(廣入敎)〉에도 보이는데, 그 출전을 《호씨전가훈(胡氏傳家訓)》으로 밝히고 있다. 호안국이 아들에게 주는 편지글에서 "뜻을 세움에 명도(明道 정호)와 희문(希文 범중엄)으로 스스로를 기약하라.〔立志, 以明道希文自期待.〕" 하였다.

또한 이러한 뜻에서이다.

숭정(崇禎) 후 107년 갑인년(1734, 영조10) 2월 초하루에 삼주(三州) 이재(李縡)가 삼가 쓰다.

《약포집》 서문[15]

薬圃集序

맹자(孟子)가 "그 시를 외우면서 그 사람을 알지 못해서야 되겠는가. 이 때문에 당세의 행적을 논하는 것이다."라고 말하였으니, 이는 위로 올라가서 옛사람을 논하는 도이다. 그 시를 외우면서 그 사람을 알지 못해서는 본디 안 되지만, 만약 그 사람에 대해 알 수 있는 것이 있다면 굳이 시에서 찾겠는가. 나는 약포공(藥圃公)에게서 이것을 보았다.

공의 유고는 병화(兵火)에 산일되어 백분의 일만 남아있었는데, 공의 외손 조영세(趙榮世)[16]가 안동 부사(安東府使)로 있을 때 비로소 유고를 모아 목판에 새겼으니 모두 약간 권이다. 아! 이 문집이 거의 백여 년 동안 간행되지 못했는데도 세상에서 금옥군자(金玉君子)를 일컬을 때 반드시 "약포(藥圃), 약포(藥圃)"라고 하니, 어째서 이렇게 일컫는 것인가.

공은 정숙공(貞肅公 이탁(李鐸))의 아들로 율곡(栗谷 이이(李珥))과 우계(牛溪 성혼(成渾)) 두 선생과 도의(道義)로 사귀었는데, 우옹(牛翁)이 매번 공을 다리가 높은 상에 앉히고 절을 하고자 했으니 그 사람을

15 약포집 서문 : 1727년(영조3) 이해수(李海壽, 1536~1599)의 문집 《약포집》에 대해 쓴 서문이다. 이해수의 본관은 전의(全義), 자는 대중(大仲), 호는 약포(藥圃)·경재(敬齋)이다. 1563년(명종18) 문과에 급제하였다. 내직으로는 동부승지, 호조참의 대사간, 도승지, 부제학 등을 역임하였고, 외직으로는 여주 목사, 충청도 관찰사 등을 역임하였다.

16 조영세(趙榮世) : 이해수(李海壽)의 외육대손(外六代孫)이다.

알 만하다. 벼슬살이 40년 동안 낮은 지위를 배회하다가 마침내 당적(黨籍)에 이름이 올라 죽어서까지 추탈되어[17] 실로 두 선생과 진퇴와 영욕을 함께 하였으니, 그 당세의 행적을 알 만하다. 그렇다면 공의 진정한 가치는 그의 시에 있지 않으니 세상에서 공을 아는 것 또한 그의 시를 기다린 이후에야 할 수 있는 것은 아니다. 그러나 시는 사람의 성정(性情)에 근본하니, 문장에 드러난 것으로 그가 보존하고 있는 뜻을 충분히 알 수 있다. 더군다나 시의 격조가 맑고 전아한 것이 그 사람과 같다면 그 시를 외우면서 그를 모를 자가 있겠는가.

또 공에게는 더욱 위대한 점이 있다. 중봉(重峰) 조 선생(趙先生 조헌(趙憲))이 임진년(1592, 선조25) 한 해 전에 공을 등용하여 전란에 대비하기를 자주 청하였다. 중봉의 말이 이미 병란에 증험되었으니 어찌 공에게는 증험되지 않았겠는가. 공이 병란이 생기기 전에 등용되었더라면 거의 건중(建中)의 명맥이 이어졌을 것이요,[18] 병란 이후에 등용되었더라도 남송(南宋)의 백기(伯紀)[19]가 되었을 터인데 등용되지

17 당적(黨籍)에……추탈되어 : 이해수는 1591년(선조24) 세자 책봉 문제로 서인이었던 정철(鄭澈)이 유배되자 그에 연루되어 종성(鍾城)으로 유배되었고, 1602년에 관작을 추탈당하였다.

18 건중(建中)의……것이요 : 이해수를 등용했더라면 병란을 잘 대비하여 나라가 망하는 지경까지 이르지 않았을 것이라는 뜻이다. 건중(建中)은 북송(北宋) 때 휘종(徽宗)의 연호인데, 금(金)나라가 북송의 수도 변경(汴京)을 함락하고 휘종과 흠종(欽宗)을 사로잡게 되자 북송은 멸망하였다.

19 남송(南宋)의 백기(伯紀) : 금나라에 쫓겨 도읍을 옮긴 남송(南宋) 시대의 이강(李綱)을 가리킨다. 처음 금나라가 침입했을 때 이강은 병부 시랑(兵部侍郎)으로 화의(和議)의 불가함을 주장하다가 귀양을 갔다. 그 후 고종(高宗)이 남도(南渡)하여 맨 처음 그를 불러 재상을 삼고 금과 결전할 것을 명하니 그는 군법을 엄히 밝히고 군사

못한 것은 하늘의 뜻이리라. 이로 말미암아 보건대, 세상에서 공을 아는 것은 오직 고결한 행실 하나인데 이 또한 공에게는 말단일 뿐이다. 더군다나 이 얼마 남지 않은 글을 통해 또 어떻게 공을 다 알 수 있겠는가.

또 공이 북쪽 변새에서 의주(義州) 행재소로 달려온 때는 병란으로 인해 혼란스럽고 유배지를 떠돌던 뒤인데도 임금에게 과감히 직언하여 조정 안팎의 사람들이 놀라서 혀를 내둘렀으니, 아홉 번 죽어도 후회 없는 마음이 여전히 늠름하였다. 공의 충성스러운 생각이라면 필시 세도에 보탬이 될 만한 높고 심원한 논의가 있었을 것인데, 모두 산실되어 수습하지 못하였으니 어찌 거듭 안타깝지 않겠는가.

나는 어리석고 비루한 후생으로 공을 제대로 알지 못하지만 감분하고 앙모하는 개인적인 심정을 이처럼 서술하는 바이다. 후세에 위로 올라가서 옛사람을 논하는 자들은 장차 시를 통해 공을 알 것인가. 아니면 공을 통해 그 시를 알 것인가. 오호라!

조직을 개편하여 국토 회복을 꾀하였다. 《宋史 卷358 李綱列傳》

《난계가훈》 서문[20]

蘭溪家訓序

영릉(英陵 세종(世宗))의 시대는 인재가 가장 성대하였는데, 그중 박연(朴堧)은 음률(音律)에 통달한 것으로 이름이 나서 지금까지 수백 년 동안 모든 아이들이 박연을 알고 있으니, 비유하자면 〈대장(大章)〉을 만든 기(夔) 한 사람[21]과 같다. 지금 내가 그의 후손에게 《난계집(蘭溪集)》을 얻어 읽어보니 곧 공의 저술이었다. 그 가운데 〈가훈(家訓)〉 1편은 자손들에게 훈계한 글로 명언(名言)이 많으니 익숙히 읽고 자세히 완미한다면 바로 하나의 《소학》이라 할 수 있다. 그 명륜(明倫)과 경신(敬身)의 의리에 정성스레 뜻을 다한 것이 분명하고 절실하다고 이를 만하다.

오호라! 고려 말에 풍속이 무너지고 인륜이 파괴되자 공과 같은 이

20 난계가훈 서문 : 1745년(영조21) 박연(朴堧, 1378~1458)의 《난계가훈(蘭溪家訓)》에 대해 쓴 서문이다. 박연의 본관은 밀양(密陽), 초명은 연(然), 자는 탄부(坦夫), 호는 난계(蘭溪), 시호는 문헌(文獻)이다. 1411년(태종11) 진사에 급제하였다. 사간원 정언, 사헌부 지평, 봉상판관 겸 악학별좌, 예문관 대제학 등을 역임하였다. 한편 《난계가훈》은 박연의 문집 《난계유고(蘭溪遺藁)》 뒷부분에 실려 있던 〈가훈(家訓)〉만을 추출하여 별도로 간행한 것으로, 《난계선생가훈(蘭溪先生家訓)》이라는 서명으로 현전한다.

21 대장(大章)를……사람 : 〈대장(大章)〉은 요(堯)임금 때의 악명(樂名)으로, 천(天)·지(地)·인(人)의 도리를 크게 밝힌 것이라고 한다. 기(夔)는 요 임금 때 악정(樂正)을 지낸 사람으로, 《후한서(後漢書)》 〈조부전(曹裒傳)〉에 "옛날 요 임금이 〈대장〉을 만들 때 기 한 사람으로 충분했다.〔昔堯作大章, 一夔足矣.〕"라는 말이 보인다.

가 궁벽한 곳에서 떨쳐 일어나 스승의 도움도 없이 훌륭한 말을 하고 후세에 전한 가르침이 항상 고인의 뜻과 부합했으니, 하늘이 영재(英才)를 태어나게 해서 우리나라 문명의 교화를 계도한 것이 아니겠는가. 세상 사람들이 공을 율려학(律呂學)으로 일컫는 것은 또한 말단일 뿐이다. 당시엔 성군이 재위하여 문교(文敎)가 성대하게 빛나 예악을 제정하고 만드는 융성함이 삼대(三代)를 능가하였다. 이러한 때 공이 임금 곁에서 보좌하여 후세에 전해질 만한 사적이 반드시 많았을 것인데 가승(家乘)이 산일되어 수습하지 못했으니 참으로 안타깝다. 박사량(朴駟良)이 〈가훈〉을 간행하고자 해서 내게 서문을 부탁하기에 마침내 손을 씻고 삼가 이와 같이 기록하는 바이다.

을축년(1745, 영조21) 5월 모일에 후학 삼주(三州) 이재(李縡)가 쓰다.

《양곡집》 서문[22]

陽谷集序

군자(君子)의 도는 사업에 시행되기도 하고 문장에 드러나기도 하는데, 문장은 말단이다. 이 때문에 옛날에 명성과 절행, 계책과 공렬이 조정에 드러나고 후세에 알려진 자는 비록 후세에 영구히 전해질 만한 훌륭하고 아름다운 문장이 있더라도 이러한 것들에 가려져 드러나지 못하니, 그 이치는 본디 마땅하다. 그러나 그 사람이 수립한 바가 우뚝하여 후세 사람들로부터 깊이 흠모를 받는다면 비록 한두 마디의 말이나 글이라도 오히려 민멸되어 드러나지 못할까 걱정한다. 대개 사람됨이 훌륭할수록 문장이 더욱 드러나고 큰 공업이 전해질 만하면 사소한 것들도 더욱 드러나는 법이니, 이는 문장이 어떤 사람이 지었는가에 따라 귀중해지기 때문이다. 그러니 이 두 문제는 어느 하나만을 고집할 수 없다.

충정공(忠貞公) 양곡(陽谷) 선생은 젊어서 훌륭한 문장 솜씨로 장원 급제하여 재상의 자리에 있었지만 문장을 스스로 즐긴 적이 없었다.

22 양곡집 서문 : 1746년(영조22) 오두인(吳斗寅, 1624~1689)의 문집《양곡집(陽谷集)》에 대해 쓴 서문이다. 오두인의 본관은 해주(海州), 자는 원징(元徵), 호는 양곡(陽谷), 시호는 충정(忠貞)이다. 1649년(인조27) 문과에 장원급제하였다. 내직으로는 공조 참판, 호조 참판, 공조 판서 등을 역임하였고, 외직으로는 경기도 관찰사를 역임하였다. 1689년(숙종15) 인현왕후(仁顯王后)가 폐위되자 이세화(李世華)·박태보(朴泰輔) 등과 함께 이에 반대하는 소를 올려 국문을 받고, 의주로 유배 도중 파주에서 죽었다.

기사년(1689, 숙종15) 변고 때 세 조정에서 벼슬한 옛 신하로서 70세 치사(致仕)할 나이로 국가의 대사에 임하여 큰 의론을 주장하다가 끝내 큰 절개를 위해 목숨을 바치면서도 후회하지 않았다. 선생이 성취한 바가 저처럼 우뚝한 것을 가지고 본다면 후세에 남겨진 평소의 언론과 문사는 더욱 더 사대부들이 받들어 외우고 민멸시켜서는 안 되기에 충분하니, 이 어찌 이른바 문장이 어떤 사람이 지었는가에 따라 귀중해지는 경우가 아니겠는가.

선생은 천성이 단아하고 정직하였는데, 지은 문장 또한 여유롭고 온축되어 그 사람됨과 같았으니, 덕이 있는 사람이 반드시 훌륭한 말을 남긴다[23]는 말이 믿을 만하다. 선생이 세상을 떠난 후 자손들이 선생의 저술을 수집하니 모두 약간 권이다. 나에게 서문을 부탁하였는데, 나는 늙고 병들어 문장 솜씨가 부족하다. 돌아보건대 선생의 성대한 덕과 위대한 공렬은 이 문집을 기다리지 않아도 귀중한 것이니, 이 문집의 유행은 도리어 선생으로 인해 드러나는 것이다. 이렇게 서문을 써서 돌려보낸다.

23 덕이……남긴다 : 《논어》 〈헌문(憲問)〉에 나오는 공자의 말이다.

《검신록》 서문[24]

檢身錄序

나는 벼슬을 그만둔 이후로 날마다 사서(四書)를 장구(章句)와 집주(集注)[25]까지 아울러 읽어 모두 암송하였는데, 오랜 시간이 흐른 이후에는 정문(正文)만을 암송하였다. 그 사이에 또 후현(後賢)의 언행에서 긴요하고 절실한 것 중에 수용할 만한 것들을 그때그때 단락마다 뽑아내어 통틀어 《검신록(檢身錄)》이라 이름하였다. 인륜의 일상생활의 일에 대한 내용이 있지 않은 것이 없으니 요컨대 기질(氣質)을 바로잡는 것을 귀결처로 삼았다. 경인년(1710, 숙종36)부터 무신년(1728, 영조4)까지 계속해서 수집하였는데, 근래 병이 위독해져 그만두게 되었다. 우연히 글상자에서 초고본을 찾게 되어 탄식하기를,

> "30년 동안의 공력이 모두 이 책에 담겨 있다. 이제 늙어서 죽음을 앞두고 있으니 끝을 맺지 않을 수 있겠는가."

하였다.

마침내 동지들과 도모하여 번다하고 겹치는 것은 삭제하고 그 차제

24 검신록 서문 : 1746년(영조22) 저자의 저술인 《검신록(檢身錄)》에 대해 쓴 서문이다. 《검신록》은 자신의 몸가짐을 단속하기 위한 실천적인 지침서인데, 주요 항목을 선정한 다음 이와 관련된 적실한 주석을 병기하였다. 참고한 서적으로는 사서(四書) 이외에도 설선(薛瑄)의 《독서록(讀書錄)》, 이이(李珥)의 《성학집요(聖學輯要)》 등 다양하였다.

25 장구(章句)와 집주(集注) : 《대학》과 《중용》의 주석은 장구이고, 《논어》와 《맹자》의 주석은 집주이다.

(次第)를 바로잡아 한 본을 깨끗이 베껴 학자들에게 보여주었다. 처음에는 나 한 몸을 단속하기 위한 것이었는데 마침내 사방의 사람들과 함께 하니, 이는 후세에 알려지는 것을 구해서가 아니라 성현의 말을 감히 혼자 소유할 수 없기 때문이다. 그러나 이 책을 편찬한 대지(大旨)를 논한다면 실로 성문(聖門)의 인(仁)을 구하는 방도이니, 읽는 자들은 이 뜻을 몰라서는 안 될 것이다.

병인년(1746, 영조22) 윤월 하순에 삼주(三州) 이재(李縡)가 쓰다.

기記

삼유당기[26]

三悠堂記

삼유당(三悠堂)은 고(故) 삼유옹(三悠翁)이 지은 것이다. 삼유옹은 경술과 행실로 천거되어 만년에 한직을 맡았는데 기사년(1689년, 숙종15) 사화(士禍) 때 곧바로 벼슬을 그만두고 돌아와 관악산(冠岳山) 아래에서 노년을 보냈다. 그가 지은 노래에 "산은 한가롭고 물도 한가로우며 사람 또한 한가롭구나."라고 하였으니, 당(堂)의 이름은 여기에서 연유하였다. 또 근체시 한 수(首)를 지어 그 뜻을 드러내었다. 나는 어릴 때 삼유옹을 뵈었는데 모습은 고아하고 예스러워 세속의 기운이 없었으니, 지금 그 노래와 시를 읽음에 마치 삼유옹을 보는 듯하다. 내가 지난날 삼유당에 한 번 올라서 굽어보고 우러러보고 즐기며 다음과 같이 말했다.

"저 한가로운 산과 물은 본디 고금에 차이가 없지만 옛 사람의 흉금이 어떠했는지는 알 수 없다. 흐르는 물이나 우뚝 솟은 산은 무심(無

26 삼유당기 : 성명 미상인 삼유옹(三悠翁)이 경영한 삼유당(三悠堂)에 대해 쓴 기문이다.

心)하지만 사람은 유심(有心)하니, 반드시 마음속에 은연중 묵묵히 계합하는 것이 있을 것인데, 지금은 이를 찾아볼 수 있는 형상이나 기미(氣味)가 없으니 이 때문에 탄식을 금할 수 없다."

그의 사손(嗣孫) 완벽씨(完璧氏)는 나이 70여 세로 가업을 잘 지켜 마음에 달리 꾀하는 바가 없고 세상에 구하는 바 없이 흰 머리 창백한 얼굴로 그 사이에서 늙어갔다. 《시경》에 "노성한 사람은 없지만 그래도 떳떳한 법이 있다."[27]라고 하였으니, 이를 두고 말한 것이로다. 공은 나에게 웃어른뻘로 평소 그 덕을 존경하였다. 공의 여러 자손들을 보니 모두 법도를 잘 따르고 전아하며 신중하니 조씨(趙氏)의 경사가 아직 끊어지지 않은 것이다. 나는 면전에서 감탄하며 다음과 같이 말했다.

"세상에 부귀한 자들이 대(臺)를 짓고 사(榭)를 지은 것이 모두 크고 아름답지만 한두 세대도 전해지지 못하니 이 당(堂)과 비교하면 어떠합니까. 공은 이미 즐기고 장수하였으니 바라건대 여러 자손들이 여기에서 효도하고 여기에서 우애하며 여기에서 독서하여 구천(九泉)에 계시는 선대부에게 욕되지 않도록 하십시오."

공이 말하기를,

"훌륭하구나! 이 밖에는 만사(萬事)가 한가로울 따름이다."

라고 하였다.

공이 삼유당이 남긴 시에 스스로 화운(和韻)하고 사대부들이 대부분 화운하였는데, 나는 시를 잘 짓지 못하기에 이 말을 서술하여 기문으로 삼는다.

27 노성한……있다 : 《시경》 〈탕(蕩)〉에 나오는 말이다.

송씨 삼세 정려기[28]

宋氏三世旌閭記

오호라! 이것은 회덕현(懷德縣) 백달촌(白達村)의 고(故) 효자(孝子) 선교랑 송경창(宋慶昌), 증 지평 송시승(宋時昇), 증 도사 송유관(宋有觀)을 위한 정려문(旌閭門)이다. 삼가 살펴보건대, 선조(宣祖) 무신년(1608, 선조41) 충청도 관찰사 신(臣) 아무개가 장계를 올려 말하기를,

"고(故) 선교랑 신 송경창(宋慶昌)은 임진년(1592, 선조25) 8월 9일에 부친 전 군수(前郡守) 응수(應秀)를 모시고 왜병(倭兵)을 피해 회인(懷仁) 경계에 이르렀는데, 왜적이 생각지도 않게 들이닥쳐 종자들은 다투어 달아나 숨어버리고 경창은 부친을 끌어안은 채 눈물을 흘리며 왜적에게 애원하였습니다. 그때 응수의 나이는 81세로 걷지도 못하였는데 입으로 왜적에게 욕을 해대었습니다. 왜적은 처음에 놓아두고 떠날까 했지만 응수가 자기들에게 욕을 하는 것에 분개하여 칼로 공격하였는데 경창이 곧바로 자신의 몸으로 부친을 감싸서 보호하였습니다. 왜적이 경창을 잡아서 떼어 놓으려고 하자 경창은 힘으로 버티어 그럴 수 없었습니다. 왜적이 우선 경창의 오른손을 칼로 내리치자 잘린 손의 피가 땅에 떨어졌는데도 경창은 낯빛이 조금도 변하지 않은 채 왼손으로 응수를 감싸고 오른팔로 왜적의

28 송씨 삼세 정려기 : 1732년(영조8) 송경창(宋慶昌), 손자 송시승(宋時昇), 증손자 송유관(宋有觀) 3대의 효자 정려문(旌閭門)에 대해 쓴 글이다.

칼날을 막았습니다. 왜적이 마침내 경창을 난도질하고 이어서 응수까지 난도질하였습니다."

라고 하였다.

이에 성상이 이르기를,

"그 문려(門閭)에 정표(旌表)할 만하다."

라고 하셨다. 또 화공에게 그 장면을 그려서 《삼강행실(三綱行實》 책에 덧붙여 싣도록 명하셨다.

효종(孝宗) 몇 해에 선정신 송준길(宋浚吉)이 성상에게 아뢰기를,

"고(故) 학생 신 송시승(宋時昇)은 천성이 지극히 효성스러워 부친 현감 계록(啓祿)이 병들어 죽을 지경이 되자 손가락을 베어 피를 올려드렸는데 이 덕분에 10일을 더 살았습니다. 상을 당해 1년이 지나도록 장사를 지내지 못하게 되자 한여름에는 습지에서 지냈으며 겨울에는 눈물이 얼음으로 변하고 손발이 찢어졌습니다. 또 3년상 동안 죽만 먹었습니다. 모친 윤씨(尹氏)는 거의 십 년 동안 지병을 앓았는데 새벽마다 눈물을 흘리며 하늘에 기도하여 대신 죽기를 원했으며, 약물과 음식물은 직접 맛을 보지 않고는 올리지 않았습니다. 상을 당해서는 날마다 좁쌀죽을 먹되 한 줌도 되지 않았습니다. 혹 쌀밥을 대신 올리면 물리치고 먹지 않았으며 소금이며 간장, 채소나 과일 따위는 일절 입에 넣질 않았습니다. 마마를 앓아 거의 죽을 지경이 되었는데도 조석(朝夕)의 상식(上食)을 반드시 직접 올리며 말하기를 '목숨이 끊어지지 않았으니 내가 직접 제사를 지내지 않으면 제사를 지내지 않는 것이다.[29]'라고 하였습니다. 3년상 동안 이를

29 내가……것이다 : 《논어》 〈팔일(八佾)〉에 "내가 제사에 참여하지 않으면 마치 제

드러내어 웃질 않고 중문(中門)에 들어가지 않았으며 아이가 방에서 죽었을 때에도 보질 않았습니다. 집에서 묘소와의 거리가 수십 리였는데 매달 삭망에 반드시 묘소에 올라가 종일 곡을 하고 돌아와서는 늘 밤새 슬피 우느라 눈물이 이미 말라버려 두 눈이 모두 손상되었습니다. 집에는 식량이 자주 떨어졌지만 제사만큼은 풍성하고 정결하게 지냈습니다.

라고 하였다. 이에 성상이 그를 사헌부 지평으로 추증하라고 명하셨다.

현종(顯宗) 병오년(1666, 현종7), 성상이 온천에 행차하셨을 때 송준길이 다시 아뢰기를,

"고(故) 학생 신 송유관(宋有觀)이 12세 때 부친이 전염병으로 돌아가셨는데 전염병 때문에 이웃에 챙겨줄 사람이 없는데도 홀로 의금(衣衾)과 관곽(棺槨) 등을 하나도 빠트리지 않고 예법대로 상례를 치렀습니다. 종친의 어른들이 나이 어린 그를 안타까워해서 생강이나 계피 등을 조미한 음식을 먹으라고 권하니, 그는 눈물을 흘리며 먹지 않고 '제 마음에 차마 그럴 수 없습니다.'라고 대답했습니다. 그 후 모친이 병을 앓으시자 두 손가락을 베어 피를 올려드렸고, 상을 당해서는 곡하는 소리가 끊어지지 않았고 최마복을 벗지 않았으며 매일 두 번의 좁쌀죽만 먹었습니다. 밤낮으로 흙바닥에 있다 보니 붓기가 온몸에 퍼지자, 이웃 사람들이 함께 움집을 만들어 잠시라도 거기 들어가 몸을 덥히라고 청하였는데, 또한 눈물을 흘리며 따르지 않았습니다. 이어 또 두 눈이 침침하게 되어 사물을 분간할 수 없었고 마침내 상을 이겨내지 못하여 세상을 떠났습니다."

사하지 않은 것과 같다.〔吾不與祭, 如不祭.〕"라는 공자의 말에서 나온 것이다.

라고 하였다. 이에 성상이 그를 의금부 도사로 추증하라고 명하셨다.

그 후 몇 해 뒤인 숙종(肅宗) 갑자년(1684, 숙종10) 신 송후겸(宋後謙)이 성상께 아뢰기를,

"신의 조부 시승(時昇)과 신의 부친 유관(有觀)께서는 이미 탁월한 효행으로 두 조정으로부터 포창하여 추증하는 은혜를 받았지만 정문(旌門)의 은전은 아직 내려지지 않았기에 감히 아룁니다."

라고 하였다. 이에 성상이 이 사안을 예조(禮曹)에 내리자, 신 신정(申晸)이 아뢰기를,

"이는 후겸의 사적인 말이 아니니 선정신(先正臣)의 말에서 징험할 수 있습니다."

라고 하였다. 이에 성상이 아울러 그 문려에 정표(旌表)하라고 명하셨다. 감사 신 이단석(李端錫)이 성상의 명을 받아 현감 신 이강(李橺)으로 하여금 거행하도록 하였다. 이 일을 듣고 지켜본 원근의 사람들이 모두 우러러보고 감동하여 말하기를,

"송씨 집안은 어쩌면 이리도 훌륭한 자가 많은가!"

라고 하였다.

삼가 생각건대, 송씨가 회덕(懷德)에 거주한 것은 실로 국초부터였다. 쌍청당(雙淸堂) 송유(宋愉)[30]가 처음으로 덕행으로 명성이 알려졌는데, 그 후로 충절(忠節)에 있어서는 규암(圭菴)[31], 야은(野隱)[32] 공이

30 송유(宋愉) : 1388～1446. 본관은 은진(恩津), 호는 쌍청당(雙淸堂)이다. 은진송씨가 회덕(懷德)에 정착한 것은 조부 송명의(宋明誼) 때부터이지만, 은진 송씨가 회송(懷宋)이라고 칭해질 만큼 깊은 연고를 가지게 된 것은 송유 때부터이다.

31 규암(圭菴) : 1499～1547. 자는 미수(眉叟)・태수(台叟), 호는 규암(圭菴), 시호는 문충(文忠)이다. 1521년(중종16) 문과에 급제하였다. 내직으로는 사헌부 지평, 승

있고, 도덕(道德)에 있어서는 동춘당(同春堂 송준길), 우암(尤菴 송시열) 두 선생이 있으며, 효행(孝行)을 말할 때는 반드시 선교공(宣教公) 3대를 추숭한다. 세 효자가 규암과 야은과 같은 시대를 만났다면 충절을 위해 죽은 절의가 어찌 두 공보다 못했겠는가. 효성을 위해 죽지 않고 그 학업을 완수할 수 있었다면 성취한 바가 또한 어찌 효행에서 그치고 말았겠는가. 그러나 효라는 것은 모든 행실의 근원이다. 두 공의 충절과 두 선생의 도덕이 저처럼 우뚝하지만 그 근원은 또 효에서 연유하지 않은 것이 없다. 오호라! 공경할 만하구나.

송후겸이 문판(門板)에 새기고자 해서 내게 글을 청하기에, 나는 다음과 같이 회답하였다.

"세 효자가 한 가문에 모여 있으니 그 아들과 손자 노릇하기가 어렵다. 그러나 늙은이는 선조를 추모하는 데 극진하고 젊은이는 부모를 봉양하는 데 독실하여 이 정려문을 출입하면서 부끄럽게 된다면 세 효자가 '나에게 후손이 있구나.'라고 말하지 않겠는가. 《시경》에 '일찍 일어나고 밤늦게 자서 낳아주신 분을 욕되게 하지 말라.'[33]라고 하였고, '백성이 떳떳한 성품을 갖고 있어 이 아름다운 덕을 좋아하

정원 동부승지, 예조 참판 등을 역임하였고, 외직으로는 전라도 관찰사를 역임하였는데, 을사사화 때 사사되었다.

32 야은(野隱) : 1588~1637. 자는 공선(公先)·무선(茂先), 호는 야은(野隱), 시호는 충현(忠顯)이다. 봉사, 직장, 상의원 부주 등을 역임하였는데, 병자호란 때 강화성이 적에게 포위되고 남문이 함락되자 김상용·홍명형·이시직 등과 함께 자결하였다.

33 일찍……말라 : 《시경》 〈소완(小宛)〉에 "내 날로 매진하거든, 너도 날로 매진하라. 일찍 일어나고 밤늦게 자서, 너를 낳아 주신 분을 욕되게 하지 말라."라고 한 데서 나온 말로, 늘 노력하여 부모를 욕되게 하지 않는다는 뜻이다.

도다.'[34]라고 하였으니, 내가 송씨의 자손들에게 바라는 것은 이와 같다. 이 정려문을 지나면서도 감격하여 눈물을 흘리지 않는 자는 그가 인심(人心)이 없음을 내 알리라. 마을에서 현(縣), 현에서 주(州)에 이르기까지 우리 인사들이 모두 효행에 흥기되는 것은 반드시 이 정려문의 힘 덕분이 아니라고 할 수 없을 것이다. 우리 열성(列聖)께서 포창하고 숭상한 뜻은 이 때문이니 어찌 서로 권면하지 않겠는가."

임자년(1732, 영조8)년 모월 모일.

34 백성이……좋아하도다 : 《시경》〈증민(烝民)〉에 "하늘이 여러 백성을 내시니 사물이 있음에 법칙이 있도다. 백성이 떳떳한 성품을 갖고 있는지라 이 아름다운 덕을 좋아하도다."라고 한 데서 나온 말로, 여기서는 타고난 떳떳한 성품을 바탕으로 효행을 닦으라고 권면한 것이다.

이의당기[35]

二宜堂記

좌윤 오공(吳公)[36]이 적성(赤城 양성(陽城)의 고호)의 천덕산(天德山) 아래에서 노년을 보냈는데, 80여 세의 나이에도 매를 날리고 말을 달려 날 듯이 온 산을 오르내렸다. 이따금 복건(幅巾)을 쓰고 학창의(鶴氅衣)를 입고서 한천(寒泉)으로 나를 찾아왔는데, 공을 만난 자들은 그가 옛날 장군이었다는 사실을 알지 못하였다. 하루는 내가 공을 찾아가 인사드렸는데 공이 큰 글씨로 쓴 '이의당(二宜堂)' 세 자를 보여주시며 말씀하시길,

"이것은 나의 종제 해창도위(海昌都尉)[37]의 필적이네. 지난 무자년(1708, 숙종34) 나는 통제사를 그만두고 이곳에 집을 지어 남은 노년을 보낼 계획을 세웠다네. 해창이 나의 뜻을 기뻐하여 이 세 자를 써서 권면하였으니, 이는 사공도(司空圖)의 삼휴(三休) 고사[38]를 취

35 이의당기 : 오중주(吳重周, 1654~1735)의 이의당(二宜堂)에 쓴 기문이다.

36 오공(吳公) : 오중주를 가리킨다. 본관은 해주(海州), 자는 자후(子厚), 호는 야은(野隱)이다. 1680년(숙종6) 무과에 급제하였다. 평안도 병마절도사, 춘천 부사, 충청도 병마절도사, 삼도 수군통제사, 금군 별장, 한성부 좌윤 등을 역임하였다. 신임사화 때 남원에 유배되었다가 복직되었고, 이인좌의 난리 때 통제사가 되어 공을 세우고 사퇴하였다.

37 해창 도위(海昌都尉) : 오태주(吳泰周, 1668~1716)를 가리킨다. 자는 도장(道長), 호는 취몽헌(醉夢軒), 시호는 문효(文孝)이다. 1679년(숙종5) 현종의 딸 명안공주(明安公主)와 혼인하여 해창위(海昌尉)에 봉해졌다. 글씨를 잘 썼으며 특히 예서에 능했다고 한다.

해서 그중 하나를 뺐었으니 내 나이가 아직 이르기 때문이었네. 이제 나는 늙어 죽을 날이 얼마 남지 않았고 해창의 무덤가 나무도 한 아름 되었는데 이 유묵(遺墨)만은 그대로이네. 내가 슬픈 마음에 차마 볼 수는 없지만 또한 차마 이 유묵이 민멸되도록 할 수 없어서 당(堂) 문미(門楣)에 걸어두려고 하니 그대가 나를 위해 기문을 지어줄 수 있겠는가?"

하였다. 이에 나는 다음과 같이 대답하였다.

"알겠습니다. 벼슬살이는 사람의 막중한 일이니, 열심히 일하면 지치게 되고, 지치면 쉬고 싶어하는 것은 어쩔 수 없는 인지상정입니다. 이 때문에 강호와 산야 사이에 사대부들의 정자와 누대가 줄지어 있는 것입니다. 짙은 먹물로 쓴 화려한 편액은 대체로 쉬고 싶어하는 뜻이지만 끝내 그 말처럼 실천한 자가 몇 사람이나 되겠습니까. 공의 뜻은 남들이 지쳐서 쉬려는 것과는 달리 '내 능력이 부족하고, 내 분수가 이미 충분하다.'라는 이유입니다. 공은 이전 조정의 노련한 장수로서 당시에 지위가 그리 높았던 것도 아니요 나이가 그리 노쇠했던 것도 아니었지만 그 말이 이미 이와 같았습니다. 옛 사람이 먼저 그 이름을 사용하였지만 도위공(都尉公)이 이름을 지은 것이 마침 또 이와 부합했던 것뿐입니다. 공이 이 필적을 얻어서 문미에

38 사공도(司空圖)의 삼휴(三休) 고사 : 당(唐)나라의 사공도가 만년에 벼슬을 그만두고 중조산(中條山) 왕관곡(王官谷)에 정자를 짓고 은거하였는데, 그 정자의 이름을 삼휴정(三休亭)이라고 하였다. 스스로 지은 기문에 "재주를 헤아려보니 당연히 쉬어야 할 한 가지요, 분수를 헤아려보니 당연히 쉬어야할 두 가지요, 늙고 또 귀가 어두우니 당연히 쉬어야할 세 가지이다.〔蓋量其才一宜休, 揣其分二宜休, 耄且聵三宜休.〕" 하였다.《舊唐書 卷190下 文苑列傳 司空圖》

걸지 않고 마음에 새기고는 10여 년 쉬게 된 이후에야 비로소 '내가 이제 거의 가까워졌구나.'라고 하였으니, 이 어찌 성인의 이른바 '먼저 그 말한 것을 실행하고 그 뒤에 말이 행동을 따르게 한다'[39]는 것이 아니겠습니까. 더군다나 사람은 남의 좋은 말을 들으면 처음에는 다들 좋다고 칭찬하지만 헤어지면 잊어버리기 일쑤인데, 공은 생사가 갈라졌는데도 이처럼 그 뜻을 저버리지 않았으니 도위공이 다시 살아나도 공은 부끄러울 게 없습니다.

그러나 공에게는 더욱 훌륭한 점이 있습니다. 지난 신축(1721, 경종1)과 임인(1722) 연간에 사화(士禍)가 망극하여 흉악한 무리가 칼, 톱, 가마솥 등의 형구(刑具)를 진열해놓고 기다리고 있는 터라 남들은 모두 두려워 정신을 가눌 수 없었는데, '예예〔唯諾〕' 했다고 자수한[40] 사람은 무신(武臣) 가운데 오직 공 한 사람뿐이었습니다. 마침내 이 때문에 대방(帶方 남원(南原)) 지역에 유배를 갔습니다. 유배지에서 돌아와서는 시사가 여의치 않음을 알고서 사직하고 고향으로 돌아왔습니다. 무신년(1728, 영조4) 난리[41] 때 공을 통어사

39 먼저……한다 : 《논어》 〈위정(爲政)〉에 나오는 공자(孔子)의 말이다.

40 예예했다고 자수한 : 신임사화 때 소론이 세제(世弟)의 대리청정 문제로 노론을 축출하는 가운데 오중주(吳重周)가 피하지 않고 순순히 자수하여 죄를 받은 일을 가리킨다. 경종이 세제에게 내린 대리청정의 명을 거두어 달라고 정청(庭請)하던 노론 대신들이 경종이 내린 비답에 "좌우의 신하에게 맡기는 것이 옳겠는가, 세제에게 맡기는 것이 옳겠는가."라는 말이 있는 것을 보고, 정청을 중지하는 것이 옳다고 하자 여러 사람이 모두 '예예〔唯諾〕' 하였다. 그 후 소론이 집권하여 그 당시 '예예' 하였던 자들이 경종에 대한 불충이라고 몰아붙여 노론들을 축출하였다.

41 무신년 난리 : 이인좌(李麟佐)의 난을 가리킨다.

(統禦使)로 기용하였는데 난리가 평정되자 또 고향으로 돌아왔습니다. 그 후로도 여러 번 관직에 제수되었지만 응하지 않았으니, 공의 정력이 여전히 굳세고 왕성하지만 조정에서도 더 이상 쓰지 못했습니다. 처음부터 끝까지 공의 거취를 살펴보면 의리에 부합하지 않은 적이 드뭅니다. 이는 평소 독서하며 도의(道義)를 담론하는 자가 능히 하기 어려운 일인데 공은 능히 해내었으니, 늙어서 벼슬을 그만둔 한 가지 일만으로는 공을 개괄할 수 없습니다.

이로써 보건대, 도위공이 공에게 기대한 것은 또한 공을 잘 알지 못해서가 아니겠습니까. 그러나 가령 공이 관작을 아낄 줄만 알고 명절(名節)을 아낄 줄 몰랐다면 화복(禍福)과 이해(利害)에 마음이 흔들리고 빼앗겨 선조를 욕보이고 자신을 망치지 않는 것만도 다행일 것입니다. 그렇다면 공이 늘그막에 수립한 절의는 그 본바탕이 원래 있었던 것이지만 도위공의 말이 또한 반드시 계도하지 않았다고 할 수는 없습니다. 이 당(堂)의 이름은 옛 사람과 아름다움을 짝할 뿐만이 아니니, 어찌 한 시대를 고무시키기에 부족하겠습니까."

공이 사례하며 말하기를,

"그대가 이렇게까지 말해주니, 늙은이의 영광일세."

라고 하였다. 조금 뒤에 눈물을 흘리며 말하기를,

"내 아우에게 보여주지 못하는 게 안타깝구나."

라고 하였다.

나 또한 늙기 전에 물러나 쉬고 있는 처지라 공의 당(堂)에 오르기에 거의 부끄럽지 않으므로 마침내 기문을 쓰노라.

공의 이름은 중주(重周)이고 자는 자후(子厚)이며 수양(首陽 해주(海

州)) 사람이다. 숙종 경신년(1680, 숙종6) 무과에 급제하여 병사(兵使)와 수사(水使)를 여덟 차례 역임하였다. 늙어서 스스로 '야은(野隱)'이라고 호를 지었다.

삼주(三州) 이재(李縡)가 기문을 짓다.

속의재기[42]

續義財記

〈의재기(義財記)〉는 이 가정(李稼亭) 선생[43]이 이경보(李敬父)를 위해 지은 글이다. 경보의 말에,

"나에게는 가까운 형제와 먼 형제 20여 사람이 있는데, 각자 기금을 약간씩 출연하여 '의재(義財)'라고 명명하였다. 해마다 두 명씩 번갈아가며 주관하여 매달 그 이자를 취해 경조(慶弔)와 영전(迎餞)의 비용에 대비하고 쓰고 남은 것이 있으면 궁핍한 자들을 구휼해 주니, 자손들로 하여금 이것을 지켜 잃지 않게 한다."[44]

라고 하였다.

경보의 휘는 양직(養直)이니 우봉(牛峰) 사람이다. 관직은 성균관 직강에 이르렀는데 가정과는 동방(同榜)으로 우애가 깊었다고 한다. 그 후손들은 호서 일대에 흩어져 살았는데 빈곤하여 스스로 떨쳐 일어나지 못한 지가 10여 세대가 되었다. 하루는 어떤 이가 종인(宗人)인 나를 찾아와 〈의재기〉를 꺼내 보이며 말하기를,

"우리들이 비록 불초하지만 선조께서 이미 명하셨으니 감히 그 뜻을

42 속의재기 : 1737년(영조13) 이경보(李敬父)가 만든 의재(義財)를 본떠 만든 속의재(續義財)에 대해 쓴 글이다. 의재는 집안의 경조사를 대비하여 멀고 가까운 형제들이 각기 출연한 내역을 기록한 일종의 장부이다.

43 이 가정(李稼亭) 선생 : 이곡(李穀, 1298~1351)을 가리킨다. 본관은 한산(韓山), 자는 중보(仲父), 호는 가정(稼亭), 시호는 문효(文孝)이다.

44 나에게는……한다 : 이곡의 〈의재기(義財記)〉에 보인다.

실추시킬 수 있겠습니까. 가까운 형제부터 시작하여 먼 형제까지 이르려고 하니, 그대는 뒤를 이어 기문을 써주십시오."

라고 하였다. 이에 나는 다음과 같이 말하였다.

"내가 생각건대 천하의 일은 의리와 이익이 상대되니, 민감하게 깨닫는 지향점이 다름에 따라 군자와 소인이 구분된다. 재화라는 것은 또 인정상 누구나 이롭게 여기는데 여기에서 의리가 있다면 장차 어딜 가든 의리가 아닌 것이 없을 것이다. 이 어찌 《주역》의 이른바 '의(義)의 화합이다'[45]는 것이 아니겠는가. 게다가 천현(天顯)의 친속[46]은 모습은 다르지만 같은 기운을 타고났으니 그 우애의 독실하고 지극함이 외부로부터 무엇도 기대하지 않아도 좋을 듯하지만, 혼자 실컷 마시는 것[47]과 말린 밥 때문에 생긴 허물[48] 또한 시인이 권장하고 경계한 것이니, 그대 선조의 이 일 또한 이 점에 대해 식견이 있었던 것이다.

45 의(義)의 화합이다 : 《주역》 〈건괘(乾卦) 문언전(文言傳)〉에 "원(元)은 선(善)의 으뜸이요, 형(亨)은 아름다움의 모임이요, 이(利)는 의(義)의 화합이요, 정(貞)은 일의 근간이다."라고 한 데서 나온 말이다.

46 천현(天顯)의 친속 : 천륜(天倫)의 지친인 부모, 형제 등을 가리키는데, 여기서는 형제를 뜻한다.

47 혼자……것 : 아무리 성찬을 차려놓고 실컷 술을 마시더라도 형제가 있어야 즐겁다는 뜻이다. 《시경》 〈상체(常棣)〉에 "네 변두를 차려 놓아 술 마시기를 실컷 하더라도, 형제가 이미 모두 있어야 화락하고 또 사모할 수 있네.〔儐爾籩豆, 飮酒之飫, 兄弟旣具, 和樂且孺.〕"라고 한 데서 나온 말이다.

48 말린……허물 : 친한 사람들끼리 하찮은 먹을 것 때문에 허물이 생겨 사이가 나빠지는 것을 말한다. 《시경》 〈벌목(伐木)〉에 "사람들이 덕을 잃는 것은 말린 밥 때문에 생긴 허물이다.〔民之失德, 乾餱以愆.〕"라고 한 데서 나온 말이다.

아! 사람의 기운이 자손에게 전해지는 것은 나무의 기운이 열매에 전해지는 것과 같다. 이 열매가 전해져 없어지지 않는다면 이 나무가 비록 말라 썩어버려도 이 열매에 남아있는 기운은 여전히 그대로이다. 기운이 본디 그러하고 이치 또한 이를 따르니 오늘날 그대들의 마음이 곧 그대 선조의 당시 마음이다. 사람이 선(善)을 행하는 것은 자기 몸 하나만 선하게 하는 것이 아니라 후손에게 복을 드리우고자 해서이니, 비록 멀고 가까우며 느리고 빠른 차이는 있지만 그 효과는 매한가지이다. 이것이 비록 작은 일이지만 종친들과 화목하게 지내고 선조를 높이는 뜻을 한 번에 둘 다 얻을 수 있으니, 그대 선조가 '나에게 후손이 있구나.'라고 말할 것이리라. 우리 이씨는 시중(侍中) 삼주백(三州伯)[49]을 같은 시조로 모시고 있는데 삼주 백 이하로 두 종파로 나뉘어졌다. 우리 선조 판서부군은 그대 선조와는 먼 친족이니, 이는 필시 이른바 먼 형제의 숫자[50]에 들어가 있는 것이다. 지금 비록 후손들이 소원해졌지만 미루어 올라가면 곧 같은 뿌리이니, 이것을 보고서 화목하게 친애하는 정이 생기지 않겠는가. 그러므로 마침내 사양하지 않고 그 말미에 쓴다. 그대는 돌아가 여러 형제들과 도모하여 그대 선조의 뜻과 사업을 완수할지어다."

나를 찾아와 글을 부탁한 자는 인화(寅華)이다.

정사년(1737, 영조13) 5월 16일에 천식암(泉食菴)에서 이재(李縡)가 쓰다.

49 시중(侍中) 삼주백(三州伯) : 우봉 이씨의 시조 이공정(李公靖)을 가리킨다. 삼주는 우봉의 고호이다.

50 먼 형제의 숫자 : 위에 보이는 이경보(李敬父)의 말 가운데 "나에게는 가까운 형제와 먼 형제 20여 사람이 있다.〔吾有親兄弟遠兄弟二十餘人〕"라고 한 것을 가리킨다.

충신 증 참판 유공 정려기[51]

忠臣贈參判柳公旌閭記

아! 이것은 고(故) 충신 증(贈) 이조 참판 유복립(柳復立)[52] 공의 정려(旌閭)이다. 공의 자는 군서(君瑞)이고 완산(完山) 사람으로, 세종(世宗) 때의 명신 유의손(柳義孫)[53]의 후손이다. 일찍부터 벼슬살이하여 종부시 주부가 되었다. 임진년(1592, 선조25) 난리 때 학봉(鶴峰) 김성일(金誠一)이 경상우도 감사가 되어 진주성(晉州城)을 수비하였는데 공이 그를 따라가 계책을 많이 도와 여러 번 승리하였다. 얼마 뒤에 학봉이 세상을 떠나고 적병이 더욱 대거 몰려왔는데, 계사년(1593, 선조26) 6월 29일에 진주성이 함락되어 공은 김천일(金千鎰), 고종후(高從厚) 등 여러 사람들과 함께 세상을 떠났으니, 그의 나이 36세였다.

공이 세상을 떠난 뒤 백여 년이 지나 5세손 규석(奎錫)이 비로소 전해지는 얘기들을 수집하여 공의 조카인 우잠(友潛)이 촉석루(矗石樓) 아래에서 뒤늦게 제사지낼 때 지은 제문(祭文)을 찾고 또 세보(世

51 충신……정려기 : 1739년(영조15) 충신 유복립(柳復立)를 위해 세운 정려(旌閭)에 대해 쓴 글이다.

52 유복립(柳復立) : 1558~1593. 본관은 전주(全州), 자는 군서(君瑞), 호는 묵계(墨溪)이다. 음직으로 종부시 주부를 지냈고, 임진왜란 때 외삼촌인 경상우도 관찰사 김성일(金誠一) 휘하에서 진주성(晉州城)을 공격해온 왜적을 격퇴하였다. 이듬해 김성일이 병사하면서 성을 사수하라는 유언에 따라, 김천일(金千鎰), 고종후(高從厚), 황진(黃進) 등과 힘을 합쳐 왜적과 싸웠는데, 성이 함락당하자 김천일 등과 함께 자결하였다.

53 유의손(柳義孫) : 1398~1450. 자는 효숙(孝叔), 호는 회헌(檜軒)·농암(聾巖)이다. 도승지, 이조 참판, 예조 참판 등을 역임하였다.

譜)에 실린 사적을 찾아 널리 알리니 마을사람들이 관찰사를 통해 조정에 아뢰었다. 숙종 기해년(1719, 숙종45) 예조 판서 민진후(閔鎭厚)가 복주(覆奏)하여 참판에 추증하고, 금상(今上) 기유년(1729, 영조5) 또 그 문려(門閭)에 정표(旌表)하였다. 공의 모친은 김학봉의 누이로 인조 때 일찍이 그 정절을 정표하였으니 공의 충심은 그 연유한 바가 있는 것이다. 공의 후손은 양지현(陽智縣)[54]에 살면서 5, 6세대 동안 더욱 번성하였는데, 이때에 이르러 종손 유심(柳深)의 집에 정려문을 세워준 것이다.

아! 공의 지위는 낮은 관리에 불과했지만 국가의 위난을 당하자 초야에 숨어 지내려 하지 않고 떨치고 일어나 난리에 달려가 마치 집에 돌아가듯 죽음을 편안히 여겼다. 이는 필시 평소 기절(氣節)이 우뚝하여 남보다 훨씬 뛰어난 자였는데, 처음에는 감춰져 있다가 끝내 드러난 것이니 하늘의 뜻이다. 《예기》의 이른바 "선조의 공덕을 칭송하여 후손에게 밝게 보인다"[55]는 것을 규석이 실천하였으니 효성스럽다고 하지 않을 수 있겠는가. 이 일 또한 후세에 전해지게 하지 않을 수 없다. 유심이 내게 기문을 부탁하여 정려문 옆에 걸어놓으려고 하니, 그는 규석의 조카이다.

숭정(崇禎) 후 두 번째 기미년(1739, 영조15) 9월 모일에 원임(原任) 대제학 이재(李縡)가 삼가 쓰다.

54 양지현(陽智縣) : 지금의 경기도 용인군에 있던 현이다.

55 선조의……보인다 : 《예기》 〈제통(祭統)〉에 "정에 명이 있으니, 명이라는 것은 자기의 이름을 기록하는 것이다. 자기의 이름을 기록함으로써 선조의 공덕을 칭송하여 후손에게 밝게 보이는 것이다.〔夫鼎有銘, 銘者自名也, 自銘以稱揚其先祖之美, 而明著之後世者也.〕"라고 한 데서 나온 말이다.

용담현 향교 중수기[56]

(龍潭縣)鄕校重修記

용담현(龍潭縣)의 유생 성이경(成爾經), 정몽좌(丁夢佐), 한택심(韓宅心) 등이 편지와 폐백을 갖추어 사람을 보내 한천(寒泉)에 있는 내게 다음과 같이 고하였다.

"저희 고을의 향교가 용두동(龍頭洞)으로 이전한 것은 현종 병오년(1666, 현종7) 때인데 관찰사 문정공(文貞公) 민유중(閔維重)이 조정에 장계를 올려 청하였고, 현령 홍석(洪錫)이 집터를 골라 향교를 지었으니 그 일이 기문에 실려 있습니다. 이제 70여 년의 세월이 흘러 건물이 기울어지고 무너져 거의 지탱할 수 없게 되었습니다. 지금 현령 이후(李侯)가 부임한 지 몇 개월도 되지 않았을 때 개탄하면서 '이는 나의 책임이다.'라고 말하고, 우선 공자(孔子)의 사당을 수리하여 썩고 휘어진 용마루와 들보를 교체하며 흐릿하고 벗겨진 단청을 손보았습니다. 이듬해 신유년(1741, 영조17) 또 명륜당(明倫堂)을 개수하여 재실과 주방, 문과 담장에 이르기까지 환연하게 새로워지지 않은 것이 없었으니, 전후로 총 7개월이 걸려 완성되었습니다. 이경(爾經) 등이 실로 명을 받들어 열심히 작업에 참여했습니다. 바라건대 공의 한마디 말을 얻어 그 사실을 기록했으면 합니다."

56 용담현 향교 중수기 : 1742년(영조18) 전라도 진안군 용담현 소재 향교를 중수한 것에 대해 쓴 글이다.

이후의 이름은 수(綬)이고 자는 덕장(德章)이니 나에게는 종제(從弟)가 되고, 민 문정공(閔文貞公)은 바로 나의 외조부이니 이 일에 대해 내가 어찌 한마디 말이 없을 수 있겠는가.

다만 내 마음에 감개한 바가 있다. 천하 사람들이 모두 공자를 존모할 줄 알고, 더군다나 예의를 아는 나라는 오직 우리 청구(靑邱) 한 지역으로 8도 주현(州縣)의 총 300여 곳에 모두 향교가 있으니, 마땅히 감동하여 흥기하는 자가 많아야 할 것이다. 그런데도 공자의 유택은 차츰 멀어지고 쇠미해지며 학문에 힘쓰는 기풍은 적막하게 들리는 게 없다. 율곡(栗谷) 이 선생(李先生)이 일찍이 이러한 폐단에 대해 말하기를,

> "스승은 자리에 기댄 채 편안히 쉬고 있고 제자들은 다락에 책을 묶어 올려둔 채 놀기만 하여, 향음주례의 예법은 폐기되고 가르치는 곳의 뜰엔 풀만 무성하며, 사당을 보기를 빈집을 보는 것처럼 여긴다."

라고 하였다. 이는 바로 시대를 아파하고 세속을 개탄하는 말이다.

용담현은 호남의 고을 가운데 가장 궁벽한 곳인데도 향교 외에 또 이른바 삼천서원(三川書院)[57]이 있다. 서원 역시 홍공이 창건한 것이니 그의 뜻은 고을의 인재들이 유학에 흥기하여 세 선생[58]을 통하여 위로 부자(夫子)의 도에 이르기를 바라서였다. 그대들은 이 점을 아는가.

57 삼천서원(三川書院) : 전라도 진안군 용담현 월계리에 있었던 서원으로, 1667년(현종8) 홍석(洪錫)이 창건하였다. 1695년(숙종21) '삼천(三川)'이라고 사액되었고 대원군의 서원철폐령으로 1868년(고종5) 훼철되었다. 용담현에 안자동(顔子洞), 정자천(程子川), 주자천(朱子川)이 있어서 '삼천'이라고 명명하였다.

58 세 선생 : 안자(顔子), 정자(程子), 주자(朱子)를 가리킨다.

모르는가. 위에서 진작시키고 아래에서 홍기하는 일이 없다면 비록 사당이 지극히 크고 아름답거나 제기가 향기 나는 제수로 가득 차 있은들 문교(文敎)에 무슨 보탬이 되겠는가. 우리 아우는 장차 고을을 떠나 돌아갈 것인데, 이어서 부임해 오는 자도 여기에 뜻을 둘 수 있을지 모르겠구나. 그대들 또한 장차 힘쓸지어다.

숭정(崇禎) 기원후 105년 임술년(1742, 영조18) 7월에 삼주(三州) 이재(李縡)가 삼가 쓰다.

산택재기[59]

山澤齋記

관악산(冠岳山)의 한 줄기가 뻗어 나와 검지산(黔芝山)을 이루어 동남쪽으로 걸쳐있으니 이 산을 금천(衿川 지금의 시흥)의 진산(鎭山)이라고 한다. 검지산은 현재(縣齋 동헌(東軒))와 바로 마주하고 있어 현재에 거처하는 자는 아침저녁으로 생활하는 와중에 항상 이 산과 떨어지지 않는데, 산세가 가파르고 웅장하며 수풀이 울창하다. 또 뜰의 좌우에는 두 개의 못이 있어 깊이 잠겨있는 물이 사랑스럽다. 우리 아이 제원(濟遠)이 이곳의 현감으로 부임하여[60] 몇 달이 지났을 때 현재에 이름이 없는 것을 안타까워했다. 아이의 벗인 학사 윤경평(尹景平 윤심형(尹心衡))이 그곳에 들렀다가 말하기를 "어째서 산택(山澤)의 형상[61]을 취해 이름을 짓지 않는가."라고 하니, 마침내 그것을 써서 벽에 걸어놓았다.

나는 이 소식을 듣고서 기뻐하며 다음과 같이 말한다.

59 산택재기 : 1743년(영조19) 금천(衿川)의 동헌(東軒)인 산택재(山澤齋)에 대해 쓴 기문이다.

60 우리……부임하여 : 저자의 아들 이제원(李濟遠)은 1743년(영조19) 금천 현감(衿川縣監)이 되었다.

61 산택(山澤)의 형상 : 《주역》 〈손괘(損卦) 상사(象辭)〉에 나오는 내용을 가리킨다. 그 상사에 "산 아래 못이 있음이 손(損)이니, 군자는 이것을 보고 분노를 징계하고 욕망을 막는다.〔山下有澤損, 君子以懲忿窒欲.〕" 하였다. 주희가 이를 풀이하여 "분노를 징계하기를 산을 꺾어버리듯이 하고, 욕망을 막기를 골짜기를 메우듯이 해야 한다.〔懲忿如摧山, 窒慾如塡壑.〕"라고 한 말이 《주자어류(朱子語類)》에 보인다.

"《논어》에서 '군자는 자신을 수양하여 백성을 안정시킨다.'[62]라고 말하지 않았는가. 백성을 안정시키는 근본은 자신을 수양하는 데에 있는데 세상 사람들은 이러한 뜻을 전혀 모르고 그저 말단의 법령이나 계책에 얽매이니 먼저 힘써야 할 바를 안다고 할 수 없다. 자신을 수양하는 방법은 본래 하나만 있는 것이 아니지만, 마땅히 덜어내어야 하는 것 가운데 분노와 욕망보다 절실한 것이 없다.

지금의 금천현은 지극히 작은 고을이지만 사직과 백성이 있으니 온갖 일들이 자신에게서 발하여 남에게 베풀어지지 않음이 없다. 한 번 분노와 욕망이 생기면 백성의 삶과 죽음, 풍요와 가난이 모두 거기에 관계되어 자기 몸을 해치고 자기 마음을 손상시킬 뿐만이 아니니 두려워하지 않을 수 있겠는가. 위아래에 있는 산택(山澤)의 두 형상이 영원히 눈앞에 있으니 말을 보거나 점을 살필[63] 필요 없이 성인의 뜻을 체득할 수 있다. 분노와 욕망 이 두 가지를 징계하고 막아 사욕을 극복하고 잡념을 다스리는 방도를 다한다면 자신을 수양하고 백성을 안정시킴에 있어 어찌 일거양득이 아니겠는가. 이로써 자신을 다스린 다음 이어서 또 뒤에 오는 자에게 남겨준다면 절로 수용되어 무궁하게 될 것이다. 내가 듣건대 어진 사람의 말은 그 이로움이 넓다[64]고 하니, 경평이 여기에 가깝도다."

62 자신을……안정시킨다 : 《논어》 〈헌문(憲問)〉에 보인다.

63 말을……살필 : 《주역》 〈계사전 상(繫辭傳上)〉에 "군자(君子)는 거하면 그 상(象)을 보고 그 말을 살펴보며, 동하면 그 변화함을 보고 그 점(占)을 살펴본다.〔君子居則觀其象而玩其辭, 動則觀其變而玩其占.〕"라고 한 데서 나온 말이다.

64 어진……넓다 : 《춘추좌씨전》 소공(昭公) 3년에 "어진 사람의 말은 그 이로움이 넓도다. 안자의 일언에 제 나라 임금이 형벌을 줄이게 되었다.〔仁人之言, 其利博哉!

숭정(崇禎) 후 두 번째 계해년(1743, 영조19) 6월에 한천(寒泉)의 병든 늙은이가 쓰다.

晏子一言, 而齊侯省刑.〕"라고 한 데서 나온 말이다.

문회당기[65]

文會堂記

공주(公州)의 궁원(弓院)에는 이른바 문회당(文會堂)이 있으니 실로 예전 서당의 유풍이다. 이 지역 문명(文名)의 시작은 진사 박정의(朴廷儀)에서 시작하였고 고(故) 참봉 김시성(金始聲)[66]이 실로 확대시켰는데 중년에 당(堂)을 완성하였고, 그의 막내아들 진사 수오(秀五)[67]가 계승하였다. 수오는 수암(遂菴 권상하(權尙夏))의 문인으로 문장과 덕행으로 온 고을에서 중망이 있었다. 숙종 정묘년(1687, 숙종13) 이후부터 지금까지 거의 60년이 흘렀는데 그 사이 세도가 여러 번 바뀜에 따라 이 당의 운수 또한 따라서 성대하고 쇠락하였다. 그 학제가 강학(講學)과 제술(製述)을 병행하여 5일마다 한 번 시험을 보아 공부 과정이 매우 엄격하였으니 글 읽는 소리가 밤낮으로 끊이지 않았다. 제술하는 자들이 왕왕 수천 언을 써내었으니 이러한 공부로 지푸라기를 줍듯 손쉽게 과거에 급제하였다. 당시에 문재(文才)가 뛰어난 자들이 매우 많았는데 집의 조성복(趙聖復)[68] 사극(士克)과 장령 최익수(崔益

65 문회당기 : 1744년(영조20) 공주(公州)의 궁원(弓院)에 있는 문회당(文會堂)에 대해 쓴 기문이다.

66 김시성(金始聲) : 1630~1707. 본관은 안산(安山), 자는 문원(聞遠), 호는 도계(陶溪)이다. 조상우(趙相禹) 문하에서 수학하였다. 1705년(숙종31) 광릉참봉(光陵參奉)에 제수되었으나 사양하고 벼슬하지 않았다.

67 수오(秀五) : 김수오(金秀五, 1669~1742)를 가리킨다. 본관은 안산(安山), 자는 여실(汝實)이다.

秀)[69] 준경(俊卿)이 더욱 뛰어난 자들이었다. 이로 인해 문회당의 이름이 온 나라에 알려졌으니, 이는 당의 운수가 성대한 것이다. 불행히도 당의 한쪽 모퉁이가 중간에 무너졌고 게다가 신축(1721, 경종1)과 임인(1722) 연간의 혹심한 사화를 겪은 이후에는 사기(士氣)가 쇠락해지고 학문하는 기풍이 진작되지 않아 공무로 왕래하는 사람들이 심지어 방을 빌려서 묵기까지 하니 이 어찌 스스로 업신여겨서 남들이 업신여기는[70] 경우가 아니겠는가. 이는 당의 운수가 쇠락한 것이다.

나는 십수 년 전에 이 당에 한 번 올랐다. 당시에 참봉공은 이미 세상을 떠나 뵐 수가 없었고 자리에 있는 여러 장로들은 엄연하게 덕이 있는 기상이 있었다. 높은 갓을 쓰고 넓은 띠를 두른 선비들이 계속해서 이르러 순식간에 당을 가득 메웠다. 비록 그 사이에서 경서를 지니고 토론을 하진 못했지만 장유(長幼)의 차례가 정연하여 어지럽지 않아 매우 공경할 만하였다. 근래 연로하고 덕이 높은 분들은 차례로 세상을 떠나고 오직 준경만 남아있는데 또한 이미 늙어 백발이 되었다. 한태흠(韓泰欽), 박태규(朴太揆), 윤구령(尹九齡) 등과 더불어 옛 학제를 다듬어서 학문의 공에 힘을 다하려고 하니, 이 어찌 쇠락함이 극에 이르러 다시 성대해지는 징조가 아니겠는가. 준경이 내게 편지를 보내와 부탁하기를,

68 조성복(趙聖復) : 1681~1723. 본관은 풍양(豊壤), 자는 사극(士克), 호는 퇴수재(退修齋), 시호는 충간(忠簡)이다. 1702년(숙종28) 문과에 급제하였다. 헌납, 집의 등을 역임하였다. 신임사화 때 옥중에서 음독자살하였다.

69 최익수(崔益秀) : 1682~1757. 본관은 전주(全州), 자는 준경(俊卿)이다. 1719년(숙종45) 문과에 급제하였다. 감찰, 좌랑, 장령, 첨지중추부사 등을 역임하였다.

70 스스로……업신여기는 : 《맹자》 〈이루 상(離婁上)〉에 보인다.

"이 당에 끝내 기문이 없어서는 안 되니 그대가 기문을 써주십시오." 라고 하였다. 삼가 생각건대 이 기문은 일찍이 김장(金丈)에게 승낙하고는 짓지 못하고 있었던 것인데 감히 소홀히 여겨서가 아니라 때를 기다린 것이니, 이제는 말할 수 있다.

이 당의 이름은 증자(曾子)의 말[71]에서 취한 것이 아니겠는가. 이른바 문(文)이라는 것은 시서예악(詩書禮樂)을 이르는 것이지 과거(科擧)·사장(詞章)의 글이 아니다. 지금 이 당에서 수학하는 자들은 강송하는 것이 본디 시서예악을 벗어나진 않지만 다만 과거 공부를 위주로 하고 있다. 아! 과거의 폐단이 오래되어 대번에 바꾸기가 쉽지 않으니 또한 일률적으로 금절시킬 수 없다. 정자(程子)가 "한 달 가운데 열흘은 과거공부를 한다."[72]고 말한 것은 또한 부득이해서 말한 것이다. 가령 이 당이 과거공부를 할 수 있는 길을 열어놓지 않는다면 법당(法堂) 앞의 풀이 세 길 높이 자라는 모습[73]을 장차 다시 보게 될 것이다.

71 증자(曾子)의 말 : 《논어》 〈안연(顔淵)〉에 "증자가 말하기를 '군자는 문(文)으로써 벗을 모으고, 벗으로써 인(仁)을 돕는다'.라고 했다.〔曾子曰, 君子以文會友, 以友輔仁.〕"라고 한 것을 가리킨다.

72 한……한다 : 정이(程頤)가 말하기를, "혹자는 과거 공부와 사업이 사람의 공부를 빼앗는다고 말하니, 이는 옳지 않다. 우선 한 달 가운데 열흘은 과거 공부를 하고 나머지 날짜만 가지고도 충분히 학문을 할 수 있다. 그러나 사람들은 여기에 뜻을 두지 않으면 반드시 저기에 뜻을 둔다. 이 때문에 과거 공부가 서로 방해되는 것을 걱정하지 말고 오직 뜻을 빼앗김을 걱정해야 하는 것이다."라고 것을 가리킨다. 《二程全書 外書》

73 법당(法堂)……모습 : 오랫동안 사람들의 왕래가 끊어진다는 뜻이다. 《오등회원(五燈會元)》 제4권에 장사경잠선사(長沙景岑禪師)가 대중에게 설법하기를, "내가 오로지 종교(宗敎)만 선양한다면 법당 안에 풀이 한 길 높이 자랄 것이다."라고 한 데서 나온 말이다.

내가 예전에 노이형(盧以亨)과 이순보(李醇甫) 두 사람을 위해 지은 운산서숙(雲山書塾)의 기문[74]에서 이 당을 언급하며 말하기를,

"진사에 급제한 자들이 배출되었다는 소식만 들었지 한 사람이라도 의연하게 도학을 자임하는 자가 있다는 소식은 듣지 못했다."

라고 하였다. 이는 망령되게도 그들을 격동시켜 도학에 나아가게 하려는 뜻이었다.

지금 준경의 말로 보건대, 이른바 진사에 급제한 자들 또한 모두 공부가 쌓인 후에 급제한 자들이니 세상에 위험한 짓을 하면서 요행을 바라는[75] 자들과는 비교할 수가 없고, 과거공부 외에 또 별도로 마음을 기울이는 곳이 있으니 선배들이 배양한 공을 여기에서 알 수 있다. 그러므로 내가 제대로 알지 못했던 점이 진실로 부끄럽다.

그러나 천리(天理)와 인욕(人欲)은 서로 소장(消長)하는 법이다. 만약 둘 다 병립시키려고 한다면 형세상 반드시 저것이 우세하고 이것은 열세하며 이것이 객이 되고 저것이 주인이 될 것이다. 그러하니 한결같이 인(仁)을 구하는 것을 마음으로 삼아 유익한 자로 하여금 인을 돕게[76] 한 뒤에야 이 당의 이름이 거짓이 아니게 될 것이다. 이 도를 오랫

74 운산서숙(雲山書塾)의 기문 : 저자가 지은 〈운산서숙기(雲山書塾記)〉는 《도암집(陶菴集)》에 실려 있지 않고 《공주읍지(公州邑誌)》에 실려 있다. 이 기문 가운데 "문회당(文會堂)은 강회의 인원으로 한 도에 명성이 자자하였다. 그러나 수십 년 동안 인재를 배양하면서 다만 진사에 급제한 자들이 배출되었다는 소식만 듣고 한 사람이라도 의연하게 도학을 자임하는 자가 있지 않으니, 이 어찌 공주(公州)의 수치가 아니겠는가."라고 한 말이 보인다.

75 위험한……바라는 : 《중용장구》 제14장에 "군자는 평이함에 처하여 천명을 기다리고, 소인은 위험한 것을 행하고 요행을 바란다.〔君子居易以俟命, 小人行險以徼幸.〕"라고 한 데서 나온 말이다.

동안 행한다면 한 번 변하여 도에 이를[77] 수 있을 것이니, 의연히 도학을 자임하는 자가 그 가운데서 나오지 않는다고 어찌 장담하겠는가.

사극은 나의 벗이다. 모습은 옷의 무게를 감당하지 못할 듯하고 말은 입 밖에 나오지 못할[78] 듯하지만 그 마음은 철석같아 끝내 의리를 다해 나라 위해 목숨을 바쳐 백 번 죽어도 후회하지 않았으니 참으로 열장부(烈丈夫)가 아니겠는가. 이 당이 이 한 사람을 얻은 것만으로도 후세에 무궁하게 빛나기에 충분하다. 그러나 사극은 천성이 학문을 좋아하여 주자(朱子)의 글에 더욱 힘을 썼으니, 그가 죽지 않았다면 이 당을 반드시 과거공부 하는 곳에서 학문에 매진하는 곳으로 바꾸었을 것인데 그렇게 하지 못한 점이 안타깝다. 이제 끝을 좋게 갈무리하는 계책을 나는 준경 등 여러 공들에게 기대하지 않을 수 없다. 준경이 그의 종제 최익정(崔益楨)을 내게 보냈는데, 익정 또한 훌륭한 선비였다. 며칠 동안 머무르며 떠나지 않기에 나는 그의 정성에 감동하여 병든

76 유익한……돕게 : 유익한 자는 벗을 가리킨다. 《논어》 〈학이(學而)〉에 "자기만 못한 이를 벗하지 말라.〔無友不如己者〕"라는 구절의 집주(集註)에 "벗은 인을 돕는 자이니, 자기만 못하다면 유익함은 없고 손해만 있을 것이다.〔友所以輔仁, 不如己, 則無益而有損.〕"라고 한 데서 나온 말이다.

77 한……이를 : 주자의 〈횡거선생유상찬(橫渠先生遺像贊)〉에 "초년에는 손무와 오기를 좋아하고 늦게는 석씨와 노자로 피하였네. 용감하게 강론 자리를 거두니 한 번 변화하여 도에 이르렀도다.〔早悅孫吳, 晩逃佛老. 勇撤皐比, 一變至道.〕"라고 한 데서 나온 말이다.

78 모습은……못할 : 매우 공손한 모습을 뜻한다. 주공(周公)이 부친 문왕(文王)을 섬길 때에 너무도 공손하여 그 모습을 형용하여 "몸은 옷을 가누지 못할 듯하고 말은 입 밖에 나오지 못할 듯하였다.〔身若不勝衣, 言若不出口.〕"라고 한 데서 나온 말이다. 《淮南子 氾論訓》《小學 稽古》

몸을 무릅쓰고 이와 같이 써서 돌려주면서, 성쇠와 존몰의 사이에서 거듭 탄식하노라.

숭정(崇禎) 후 두 번째 갑자년(1744, 영조20) 정월 하순에 삼주(三州) 이재(李縡)가 쓰다.

흥현서원 강당 중건기[79]

興賢書院講堂重建記

학교는 삼대(三代) 이래 사람을 가르치는 기구이다. 그 제도가 이미 갖추어졌지만 앞에서는 규정 따위에 얽매이고 뒤에서는 과거공부에 골몰하니 스스로 학문을 닦고 수양하는 선비들은 이를 달가워하지 않았다. 이것이 서원이 지어진 이유이다. 회옹(晦翁) 부자가 중국에서 창도하였고 퇴계(退溪) 선생은 우리나라에서 계승하여, 선비들로 하여금 학문을 닦고 강습하는 방법을 다하게 하였으니 도학을 천명하고 인재를 배양한 공이 위대하지 않은가. 이에 서원의 가르침이 날로 성대해져 교육과 향사가 온 나라에 고루 퍼져서 심지어는 서원이 없는 고을이 없고 간혹 한 고을에 서너 개가 세워질 정도였다. 그러나 오래 시행되면 도리어 폐단이 생기는 법이라 차츰 형식만 갖추고 실효는 보지 못하게 되었다. 그래서 세도(世道)를 주관하는 자가 차츰 싫어하게 되어 금령을 만들어 억제하고 유자(儒者)의 복식을 갖춘 부류들 또한 다시 서로 종유하며 강학하지 않으니 서원의 가르침이 장차 쇠락해져 폐기될 것이다.

천하의 일은 일어났다가 폐기되고 성대해졌다가 쇠락해짐이 자연히

79 흥현서원 강당 중건기: 1746년(영조22) 흥현서원(興賢書院)의 강당을 중건한 것에 대해 쓴 글이다. 흥현서원은 함경남도 영흥군(永興郡) 화산(華山) 아래에 있었던 서원이다. 1612년(광해군4) 정몽주(鄭夢周)와 조광조(趙光祖)의 학문과 덕행을 추모하기 위하여 창건하고 위패를 모셨고, 그 후에 이계손(李繼孫)을 추가 배향하였다. 1870년(고종7) 대원군의 서원철폐령으로 훼철되었다.

서로 원인이 되어 그치지 않으니, 나는 오늘날 서원에서 더욱 징험하였다. 아! 폐기되는 것은 일어난 것에 기인하고 쇠락해지는 것은 성대해진 것에 기인하는 것이 본래의 이치지만, 쇠락해진 상태에서 흥성시키고 폐기되려는 시점에 진작시키는 것은 오직 사람에게 달려있지 않겠는가. 흥성시키고 진작시키는 방법은 오직 실심(實心)으로 실학(實學)을 강구하여 선현이 서원을 만든 본뜻을 밝게 드러내는 것뿐이다. 일찍이 이 말을 사방에 종유하는 선비들에게 알렸지만 믿어주는 자가 드물었는데, 오직 영흥(永興)의 흥현서원(興賢書院) 원유(院儒)들은 내 말을 독실하게 믿어서 내게 강규(講規)를 묻고는 속히 시행하여 심지어 6, 70세의 나이에도 서원에 나가 매우 부지런히 강학하는 자가 있다고 하니, 이 소식을 듣고 나는 기뻐하였다. 영흥은 철령(鐵嶺) 북쪽 고을로 풍속이 노둔하여 문아(文雅)함이 적다고 일컬어졌지만 지금 듣건대 옳은 것을 들으면 실행하는 결단력이 이와 같으니, 주 선생(朱先生)이 일찍이 진(秦)나라 풍속에 대해 "선(善)으로써 인도하면 쉽게 흥기하니 산동(山東)의 여러 나라가 미칠 수 있는 바가 아니다."[80]라고 했던 말을 나는 영흥의 선비들에 대해서도 똑같이 말한다.

흥현서원은 만력(萬曆) 임자년(1612, 광해군4) 창건되어 실제로 포은(圃隱 정몽주(鄭夢周)), 정암(靜菴 조광조(趙光祖)) 두 선생의 위패를 봉

80 선(善)으로써……아니다 : 《시경》 〈진풍(秦風) 무의(無衣)〉의 주희 주석에 "그 백성들이 후중(厚重)하고 질직(質直)하여, 정(鄭)・위(衛)처럼 교만하고 게으르며 부미(浮靡)한 풍습이 없으니, 선(善)으로써 인도하면 쉽게 흥기하여 인의(仁義)에 독실하고, 사나움으로써 몰면 강의(强毅)하고 과감(果敢)한 자질이 또한 족히 군대를 강성하게 하고 농사를 힘써 부강(富强)의 업(業)을 이룰 수 있으니, 산동(山東)의 여러 나라가 미칠 수 있는 바가 아니었다."라고 한 말이 보인다.

안하여 제사 지내다가 숭정(崇禎) 병오년(1666, 현종7) 서원을 이전할 때 또 별도로 사당을 지어 경헌(敬憲) 이계손(李繼孫)을 제사 지냈으니, 선현의 덕을 높이고 공에 보답하는 뜻과 학문을 지향하고 선을 행하는 뜻을 모두 속일 수 없다. 우암(尤菴) 송 선생(宋先生 송시열)이 서원의 기문을 지어[81] 널리 드러내었고, 강당의 '정일당(精一堂)'이라는 편액과 문루(門樓)에 걸린 '성교루(聲敎樓)'라는 글씨는 또한 선생의 친필이니, 성대하다고 이를 만하다. 병오년 이후로 70여 년이 지나 강당과 문루의 기둥이 기울어지고 층계 앞의 뜰은 황폐해져 지나가는 자들이 탄식하며 크게 한숨을 쉬니 이 또한 쇠락해지고 폐기될 운에 처해 절로 어쩔 수 없이 그렇게 된 것이 아니겠는가.

영흥의 선비들이 개연히 새로 짓기를 도모하여 관아에 호소하니 관아에서는 흉년이 들어 재력이 부족하다는 이유로 거절하였다. 이에 여러 선비들이 함께 재목을 모아 힘을 다해 영건하여, 경신년(1740, 영조16) 9월에 정일당이 완성되고 신유년(1741) 3월에 성교루가 완성되었으며, 문과 담장, 부엌과 씻는 곳에 이르기까지 차례대로 새로 지었다. 전후에서 그 일을 주관한 원유는 김재정(金載正), 차경제(車經濟), 김윤태(金允兌), 장태붕(張泰鵬), 윤봉문(尹鳳文), 진익점(陳益漸), 조여중(趙呂重), 주태혁(朱泰赫) 등이다. 함경도의 경신년・신유년 대기근은 근래에 없던 변고인데 이러한 때에 이런 큰 공사를 능히 거행한다는 것은 이미 어려운 일이다. 또 임자년 때의 공사는 순찰사 유천(柳川) 한준겸(韓浚謙)이 주관하고, 병오년의 공사는 노봉(老峰)

81 우암(尤菴)……지어 : 《송자대전(宋子大全)》 권145 〈영흥부 흥현서원 기문〔永興府興賢書院記〕〉을 가리킨다.

민정중(閔鼎重)과 묵계(墨溪) 이수언(李秀彦)이 이이 관찰사를 맡아 도왔기에 고을의 선비들은 그 일을 감독하는 것에 불과했으나 송 선생은 그 이름을 열거하여 칭송하였다. 그런데 지금의 공사는 영부(營府)의 물질적인 도움을 하나도 빌리지 않고 개개인의 힘만으로 완수하였으니 어찌 더욱 어렵지 않겠는가.

그러나 내가 이 점에 대해 기뻐하는 것은 오히려 예전에 강학한다는 소식을 듣고 기뻐한 것만 못하다. 어째서인가? 서원을 둔 것은 강학하기 위해서인데, 학문을 강구하지 않는다면 어찌 서원이라 하겠는가. 학문이란 하기 어려운 특별한 일이 아니라 널리 배우고〔博學〕 자세히 물으며〔審問〕 신중히 생각하고〔愼思〕 분명하게 분변하며〔明辨〕 독실하게 실천하는〔篤行〕 공부에 힘써서 부자(父子), 군신(君臣), 부부(夫婦), 장유(長幼), 붕우(朋友)의 인륜을 밝히는 데에 불과할 뿐이다. 선비된 자가 진실로 이 마음을 지니고 이곳에서 학문을 닦고 이곳에서 강습하여 자신을 성실히 하고 남에게까지 미친다면, 집안을 가지런히 하고〔齊家〕 나라를 잘 다스리며〔治國〕 천하를 평안히 하는〔平天下〕 도가 여기에서 벗어나지 않을 것이다. 예로부터 성현들이 후세에 가르침을 남긴 것도 이 때문이고, 포은과 정암 두 선생이 옛 성인을 계승하여 후학들을 개도한 것도 이것이고, 이경헌(李敬憲)이 학문을 흥성시키는 데 힘쓴 것 또한 이 때문이다.

이 점을 마음에 새기지 못하고 오직 건물의 개수에만 얽매인다면 본말이 어그러진 것이니, 비록 서까래가 하늘에 닿을 듯하고 단청이 찬란하며 제기와 제수가 지극히 풍성하고 정결한들 실로 전현들이 서원을 만든 본뜻이 아니기에 두 선생과 경헌의 영령 또한 반드시 슬퍼하며 이곳에서 흠향하지 않을 것이다. 앞서 내가 말한 "이미 쇠락해진 상태에서 흥성시키고 폐기되려는 시점에서 진작시킨다."는 것은 바로 여기에 있고 저기에 있지 않으니 힘쓰지 않을 수 있겠는가. 영흥의 선비들이 편지를 보내와 "기문을 써주십시오."라고 부탁했기 때문에 이와 같이 써서 돌려보낸다.

병인년(1746, 영조22) 3월 3일에 후학 삼주(三州) 이재(李縡)가 쓰다.

발跋

집에 소장하고 있는 채련도 작은 병풍에 쓴 발문
家藏採蓮圖小屛跋

앞의 채련도(採蓮圖) 8첩은 기성(箕城 평양)의 화사 조세걸(曹世傑)의 작품이다. 우리 모친이 일찍이 책 상자에서 이 병풍을 찾으시고 슬피 눈물을 흘리며 말씀하시길,

"이것은 내가 시집올 때 가져온 예물이다. 기억하건대, 지난날 경술년(1670, 현종11) 나의 부친 문정공(文貞公 민유중(閔維重))께서 평안도 관찰사를 맡고 있을 때 화사에게 명하여 이 그림을 그리게 하셨는데 다산(多産)을 기리는 뜻을 담은 것이라 한다. 지금까지 40년이 흐르는 동안 슬픔과 즐거움이 서로 이어지고 인사가 뒤바뀌는 가운데 병풍 또한 파괴되어 2첩을 잃어버렸다. 나는 옛날의 물건[82]이라 차마 버릴 수 없다."

82 옛날의 물건 : 집안에 전해오는 유물을 뜻한다. 진(晉)나라 왕헌지(王獻之)의 집에 도둑 떼가 들어 몽땅 털어 가려 하자, 왕헌지가 침상에 그대로 누운 채 "푸른 담요는 우리 집안의 옛 물건이니 특별히 남겨 둘 수 있겠는가?"라고 하자, 도둑들이 놀라 도망쳤다는 고사가 있다.《晉書 卷80 王羲之列傳 王獻之》

라고 하시고는, 마침내 장인에게 보내 기워서 새롭게 만들되 옛 모습을 그대로 두고 사치스럽게 하지 않으려 하셨다.

병풍이 완성되자 베갯머리 곁에 펼쳐놓고 나를 돌아보며 말씀하시길,

"네가 이 병풍에 글을 지어라."

라고 하셨다.

삼가 살펴보건대 세상에서 딸을 시집보낼 때 반드시 의복과 거마, 장식물 따위의 예물을 성대하게 마련하니, 비록 빈천하여 재력이 미치지 못한 사람이라도 모두 질박하고 허름한 것을 부끄러워한다. 더군다나 관찰사라는 귀한 신분과 평안도의 부유함이라면 비단이나 명주 같은 예물을 무엇인들 마련하지 못했겠는가. 그런데도 혼수로 보낸 것은 오직 종이 병풍 하나이고 그 높이 또한 한 척 남짓도 되지 않았으니 나머지 일은 알 만하다. 우리 외가의 청렴하고 검소함은 참으로 이미 한 시대의 추앙을 받았으니 이 일만 보더라도 어찌 더욱 믿지 않겠는가. 그렇다면 우리 자손들은 하찮은 물건이라고 해서 하찮게 여겨서는 안 될 것이니, 관직에 있을 때나 집안에 있을 때나 법도로 삼아서 우리 선조의 덕에 욕되게 하지 않기를 바란다. 혹여 찢어서 상처를 내거가 오물을 묻혀 영구히 전하지 못한다면 우리 모친께서 비녀와 신을 버리지 않으신[83] 성대한 뜻이 아니니 또한 경계할지어다.

83 비녀와……않으신 : 하찮은 물건이라도 오랫동안 함께했기에 차마 버리지 못한다는 뜻이다. 공자가 연못가에서 슬피 우는 부인을 보고는 괴이하게 여겨 제자에게 물어보게 하였더니, 부인이 "지난번에 시초(蓍草)를 캐다가 시초로 만든 비녀[簪]를 잃어버렸기 때문에 슬피 웁니다." 하였다. 제자가 "시초를 베면서 시초로 만든 비녀를 잃어버렸다고 어찌 슬피 웁니까?" 하니, 부인이 "비녀를 잃어버린 것을 상심해서가 아니라 오래된 옛 물건을 잃어버렸기 때문입니다." 하였다. 《韓詩外傳 卷9》 초(楚)나라 소왕(昭王)이

계사년(1713, 숙종39) 동짓날에 불초남 이재(李縡)가 삼가 쓰다.

오(吳)나라와 싸워 초나라 군대가 패하였다. 이에 소왕이 달아나다가 신〔履〕이 터지는 바람에 잃어버렸는데, 30리를 가다가 다시 돌아와 신을 찾았다. 좌우의 신하들이 "어찌 그리 신 한 짝을 아끼십니까?" 하니, 소왕이 "초국(楚國)이 가난해도 어찌 신 한 짝을 아끼겠는가. 함께 나왔다가 함께 돌아가지 못하는 것을 싫어해서이다." 하였다. 《太平御覽》

《창연집》 발문[84]

蒼淵集跋

앞은 창연(蒼淵) 봉벽(奉璧)의 시문 약간 권이다. 공의 사손(嗣孫) 봉반(奉盤)이 욕되게도 내게 보여주며 말하기를,

"저의 조부께서 지은 글은 고아하고 예스러운데 곤궁하게 살다가 세상을 떠나셨습니다. 그 후로 50년이 지났는데도 세상에 알아주는 사람이 없으니, 바라건대 그대의 귀중한 한 마디 말에 힘입었으면 합니다."

라고 하였다.

삼가 자세히 살펴보건대, 공은 문장에 있어서 그 재주도 이미 훌륭한데다 힘을 쓴 것이 더욱 깊어서 깊이 생각하고 예리하게 묘사하는 것을 좋아하며 옛 작자들의 법도를 좇는 데 힘썼다. 그래서 글이 심오하고 기이하여 왕왕 난삽한 옛글의 뜻이 있는데 짧은 시편과 척독에 이르기까지도 모두 그러하였으니 세상과 잘 부합하지 못한 것은 마땅하다. 세상에 글을 지어 명예와 이익을 바라는 자들은 마치 아가위나무와 귤이 입맛에 맞고[85] 상간(桑間)과 복상(濮上)의 노래[86]가 귀를 즐겁게

84 창연집 발문 : 1716년(숙종42) 봉벽(奉璧, 1597~1652)의 시문집《창연집(蒼淵集)》에 대해 쓴 발문이다. 봉벽의 본관은 하음(河陰), 자는 자원(子完), 호는 창연(蒼淵)이다.

85 아가위나무와……맞고 : 《장자(莊子)》〈천운(天運)〉에 "삼황오제의 예의와 법도를 열매에 비유하자면 아가위나무, 배나무, 귤나무, 유자나무의 열매와 같을 것이다. 그 나무들의 열매의 맛은 서로 다르더라도 사람의 입맛에 맞는다는 점에서는 모두 같

하는 것처럼 글을 지어서 명예와 이익을 좇으며 스스로 기뻐하는데, 공은 "나는 차라리 산골짜기에서 늙어 죽을지언정 나를 저들과 바꾸고 싶지 않다."라고 하였다. 그렇다면 그의 글이 고아하고 예스러울 뿐만 아니라 그 사람됨 또한 알 수 있다. 이 사람이 늙어 죽을 때까지 세상에서 인정을 받지 못하게 만든 것은 하늘인가, 사람인가.

아! 예로부터 문장에 재주가 있는 선비들은 항상 곤궁한 경우가 많고 현달한 경우는 적으며, 곤궁한 경우도 비록 한때에는 곤궁하지만 오히려 불후한 문장을 통해 오랫동안 이름이 남겨진다. 그런데 공의 곤궁함은 이미 심한데다가 잔결된 원고 또한 거의 민멸될 지경에 이르렀으니 더욱 슬프다. 그러나 한 점의 고기 맛으로 솥 전부의 맛을 알 수 있으니 또한 많을 필요가 있겠는가. 한자(韓子)가 말하길,

> "지금에는 맞지 않더라도 반드시 옛 것에는 맞을 것이고, 생전에는 인정받지 못하더라도 반드시 사후에는 인정받을 것이다."[87]

라고 하였다. 이 글은 이미 지금의 것이 아니라 옛 것이니, 후세에 이 글을 인정해 줄 자운(子雲 양웅(揚雄))[88]이 없다고 어찌 장담하겠는

다.〔譬三皇五帝之禮義法度, 其猶柤梨橘柚邪! 其味相反, 而皆可於口.〕라고 한 데서 나온 말이다.

86 상간(桑間)과 복상(濮上)의 노래 : 남녀의 애정을 주제로 한 음탕한 음악을 가리킨다. 《예기》 〈악기(樂記)〉에 "상간과 복상의 노래는 망국의 노래이다.〔桑間濮上之音, 亡國之音.〕" 하였다.

87 지금에는……것이다 : 한유(韓愈)의 〈상고공최우부서(上考功崔虞部書)〉에 "쉼 없이 성인의 도를 실천하고 죽을 때까지 몸을 단속한다면, 지금에는 맞지 않더라도 반드시 옛 것에는 맞을 것이고, 생전에는 인정받지 못하더라도 반드시 사후에는 인정받을 것이다.〔行之以不息, 要之以至死, 不有得於今, 必有得於古, 不有得於身, 必有得於後.〕" 하였다.

가. 나는 공을 제대로 아는 자가 아니니 그대는 잘 보관해두어 자운과 같은 이를 기다릴지어다.

병신년(1716, 숙종42) 5월에 쓰다.

88 후세에……자운(子雲) : 한(漢)나라 학자 양웅(揚雄)이 지은 《태현경(太玄經)》을 보고 어떤 사람이 말하기를, "이 책을 무엇에 쓰겠는가?" 하니, 양웅이 "후세의 자운이 알아줄 것이다."라고 한 데서 나온 말이다. 《漢書 卷87 揚雄傳》

산릉도감 계병에 쓴 발문[89]

山陵都監稧屛跋

아, 우리 숙종대왕께서 46년 동안 재위하시다가 신하들을 남기고 떠나신 날은 경자년(1720, 경종즉위년) 6월 계묘일이다. 예전 인현왕후(仁顯王后)의 장례 때 장릉(長陵)의 허우(虛右) 제도[90]를 쓰라고 명하시고, 또 얼마 되지 않아 〈명릉도(明陵圖)〉를 만들어 재상들에게 보내주셨다. 지금 담당관이 국가제도를 상고하여 산릉도감을 설치하니, 산릉을 조성함에 있어 한결같이 유명(遺命)대로 받들었다. 7월 갑오일 그믐날에 공사를 시작하여 10월 20일에 흠위(廞衛)[91]가 길을 떠나고 다음날 갑인일에 장례를 지냈으며 29일 임술일에 역사(役事)가 비로소 끝났다. 돈장(敦匠)[92]한 대소의 신하들은 모두 눈물을 흘리며 분주하여 각기 자신의 직임을 수행하였다. 모든 공사비용이 이전에 비해 거의 절반만 들었으니 우리 선왕의 어질고 검소한 덕을 밝힌 것이다.

89 산릉도감……발문 : 1720년(경종즉위년) 6월 숙종이 세상을 떠났을 때 저자는 산릉도감 당상(山陵都監堂上)으로 복역하였다. 산릉의 일을 모두 마무리한 다음 이 일을 잊지 않기 위해서 계병(稧屛)을 만들었는데, 그 말미에 저자가 발문을 지었다.

90 장릉(長陵)의 허우(虛右) 제도 : 장릉(長陵)은 인조와 그의 비인 인열왕후(仁烈王后) 한씨(韓氏)의 합장릉이다. 허우(虛右)는 오른쪽을 비운다는 것으로 합장이나 쌍분(雙墳)을 하기 위하여 묘소의 오른쪽을 비워둔다는 뜻이다. 숙종은 인현왕후(仁顯王后)의 죽음을 매우 슬퍼하여 "허우의 제도는 장릉을 본뜨라."고 명한 적이 있다.《肅宗實錄 27年 11月 23日》

91 흠위(廞衛) : 제왕의 장의 행렬(葬儀行列)을 뜻한다.

92 돈장(敦匠) : 장사(葬事)에 관한 일을 지휘 감독하는 것을 뜻한다.

장례를 마치고 산릉 아래에서 눈물을 흘리며 하직한 다음 서로 마주보고 목이 메도록 통곡하고 돌아왔다. 돌아와서는 함께 모의하여 계병(稧屛)을 만들고 거기에 각자의 관직과 이름을 나열하여 잊지 않기를 기약하였는데, 나에게 그 아래에 한 마디 말을 기록하도록 하였다.

아! 대상(大喪 숙종의 상) 이후로 온 나라의 신하와 백성들은 모두 슬피 울면서 애도하고 사모하였으며 궁벽한 산골짜기의 촌로와 먼 바다의 백성들에 이르기까지 너도나도 등에 흙을 지고 와서 공사를 도왔다. 더군다나 우리들은 천지와 같은 큰 은혜를 입고서 몸은 개미를 막는 돗자리[93]가 되지 못했지만 그나마 공사를 감독하는 자리에서 구구하게 힘을 바쳤으니 어찌 다행스런 일이 아니겠는가. 보취(甫竁)[94]에서부터 봉분을 쌓기까지의 수 개월 동안 두려워하며 엄정히 하여 항상 천필(天蹕)이 이르기를 기다리는 것처럼 하였는데, 지금은 다시 되돌아오시는 데 미치지 못할까 서글퍼한다.[95]

93 개미를 막는 돗자리 : 신하가 임금을 따라 죽는 것을 뜻한다. 《전국책(戰國策)》〈초책(楚策)〉에 "안릉군(安陵君)이 울면서 앞으로 나와 말하기를, '대왕께서 돌아가신 후에는 이 몸도 황천(黃泉)에 함께 가서 개미를 막는 돗자리가 되려 합니다. 또 무슨 즐거움이 이보다 더 즐겁겠습니까.' 하였다.〔安陵君泣數行而進曰, '大王萬歲千秋之後, 願得以身試黃泉蓐螻蟻, 又何如得此樂而樂之?'〕"라고 한 데서 나온 말이다.

94 보취(甫竁) : 장사지낼 때에 처음으로 광(壙)을 파는 일을 뜻한다.

95 다시……서글퍼한다 : 《예기》〈단궁 하(檀弓下)〉의 "노(魯)나라의 안정(顔丁)은 부모의 거상(居喪)을 잘하였다. 부모가 처음 죽었을 때에는 불안해하여 구함이 있으나 얻지 못하는 듯하였으며, 빈소를 차리고는 빈소를 바라보며 따라감이 있으나 미치지 못하는 듯하였으며, 장례하고 나서는 서글퍼하여 부모가 되돌아오는 데 미치지 못할까 기다리는 듯하였다.〔顔丁善居喪, 始死, 皇皇焉如有求而弗得, 旣殯, 望望焉如有從而弗及, 旣葬, 慨然如不及其反而息.〕"라고 한 데서 나온 말이다.

일을 함께한 우리들이 이와 같은 사정을 함께 하였으니 이 역사에 대해 어찌 아무런 기록이 없을 수 있겠는가. 게다가 관직의 일로 만나는 경우는 대체로 금방 만났다가 금세 헤어지고 오랫동안 헤어져 있다 보면 차츰 잊어버리기가 쉬운 것이 바로 인지상정이다. 그러나 우리 선왕의 성대한 덕과 지극한 어짊은 세상을 떠나셨어도 잊히지 않으니, 그렇다면 지난번 슬프고 경황이 없는 가운데서 함께 힘을 썼던 자들은 잊고 싶어도 잊을 수 없으니, 또 어찌 기록할 필요가 있겠는가마. 그러나 슬퍼하고 다행으로 여긴 일만큼은 기록하지 않을 수 없어서 마침내 글을 지어 선왕을 잊지 못하는 우리의 심정을 부치나니, 어찌 또한 뒤늦게 보답하는 의리를 서로 힘쓰지 않을 수 있겠는가.

한여원 사효 이 소장하고 있는 우옹의 서병 뒤에 쓰다[96]

書韓汝源 師孝 所藏尤翁書屛後

널려있는 거여목[97]조차 오랫동안 접시에 없으니	闌干苜蓿久空盤
어느새 수척하여 허리띠 헐거워졌네	未覺淸羸帶眼寬
늘그막의 영광은 간당의 당적[98]에 오른 것이요	老去光華姦黨籍
과거의 수치는 시신의 관을 쓴 일이라네	向來羞辱侍臣冠
이 도가 끝내 막히지 않음을 잘 알겠으니	極知此道無終否
한가로운 이 몸 잠시 편안함을 즐기네	且喜閒身得暫安
한나라의 중흥을 어찌 헤아릴 수 있으리	漢祚中天那可料
내년의 간지가 또 군탄[99]이라네[100]	明年太歲又涒灘

96 한여원……쓰다 : 한사효(韓師孝)가 소장하고 있는 송시열의 서병(書屛 글씨 병풍)에 대해 쓴 글이다. 서병의 내용은 주희가 지은 시이다.

97 거여목 : 채소의 일종으로 주로 우마(牛馬)의 사료로 쓰이는데, 빈약한 음식을 비유한다.

98 간당의 당적 : 현인의 부류에 끼어있음을 가리킨다. 북송(北宋) 때 채경(蔡京) 등이 사마광(司馬光)·정이(程頤) 등 3백 9인을 간당으로 지목하였고, 남송(南宋) 때 한탁주(韓侂胄) 등이 주희 등의 학문을 위학(僞學)이라고 지목하였다.

99 군탄(涒灘) : 군탄은 고갑자(古甲子) 가운데 신(申)의 별칭이다. 송(宋)나라가 건국한 경신(庚申)을 가리킨다.

100 널려있는……군탄이라네 : 주희가 지은 이 시의 제목은 〈성은을 입어 치사하려는 뜻을 이루자 진 소원 어른께서 시로써 축하해 주기에 이미 화답하고 다시 한 수를 읊다〔蒙恩許遂休致陳昭遠丈以詩見賀已和答之復賦一首〕〉이다.

앞은 우암 선생(尤菴先生)이 직접 쓴 주부자(朱夫子) 감회시(感懷詩)인데, 한여원(韓汝源)이 눈 덮인 골짜기의 집에서 내게 보여주었다. 선생이 이 시를 외우는 것을 항상 좋아했다고 들었는데, 필력은 더욱 호방하고 굳세어 늠연하게 공경심이 일어나니 세 번이나 반복해 읽으며 눈물을 흘렸다.

삼가 생각건대 우리 주부자의 출처(出處)에 대한 대절(大節)과 존왕양이(尊王攘夷)에 대한 대의(大義)를 이 시에서 다 말하였다. 우암 선생의 도가 곧 주부자의 도이고, 선생이 수립한 큰 일이 여기에서 벗어나지 않으니, 이 글씨를 통해 천년토록 전수된 요체를 볼 수 있다.

아! 천지가 오랑캐의 비린내로 더럽혀진 지 이제 백 년이 되어간다. 선생이 세상을 떠난 이후로 "원통을 품고 통분을 참는다[101]〔含寃忍痛〕"는 네 자를 다시 듣지 못해 우리 기자(箕子)의 나라는 장차 오랑캐 풍속에 빠져들 것이니, 군탄(涒灘)의 운수는 다시 돌아오지 못하는 것인가. 저 호굉(胡紘)과 여철(余嚞)의 무리[102]는 오히려 한 때에 그치

101 원한을……참는다 : 윤봉구(尹鳳九)가 지은 송시열의 묘지(墓誌)에 보인다. 송시열이 죽음을 앞두고 말하기를, "우리나라는 나라가 작고 힘이 약하여 비록 큰일을 할 수는 없으나 항상 원통을 품고 통분을 참아내며 절박하여 어쩔 수 없는 마음을 그대들의 가슴속에 품고 있으면서 잊지 말아야 한다.〔我國國小力弱, 雖不能有爲, 常以含寃忍痛迫不得已之心, 吾黨之士, 存諸胸中勿失, 可.〕" 하였다.

102 호굉(胡紘)과 여철(余嚞)의 무리 : 두 사람 모두 경원(慶元) 연간에 한탁주의 편에 서서 주희의 학문을 위학으로 몰아 경원당금(慶元黨禁)을 일으킨 사람들이다. 신주 교수(新州教授)로 있던 여철은 주자학파를 위학이라고 공격하였고 다음해에는 호굉이 주자의 학문을 위학이라고 몰아붙였으며, 심계조(沈繼祖)가 뒤를 이었다. 《宋史 卷394 胡紘列傳》 여기서는 송시열을 무고한 허적(許積), 허목(許穆), 윤휴(尹鑴) 등을 가리킨다.

고 말았지만 선생의 광채는 오래될수록 더욱 드러나니, 어찌 이 도가 끝내 막히겠는가, 그렇지 않겠는가. 선생은 또 주부자가 〈원유편(遠遊篇)[103]〉에서 탄식한 것에 느낀 바가 있었으니, 선생이 지금의 시대를 목도한다면 장차 어떻게 생각하겠는가. 그러나 "밝은 하늘이 회복되지 않아 근심이 끝도 없구나. 천년 이후에는 반드시 돌아올 것이니 이것이 이치의 당연함이다. 제자들이여 힘써 공부할지어다, 하늘이 잊지 않으리라.〔皓天不復, 憂無疆也, 千秋必反, 理之常也, 弟子勉學, 天不忘也.〕"[104]라는 시는 주부자가 일찍이 학자들에게 가르친 것인데, 선생이 이 시를 글씨로 쓴 것은 아마도 이 뜻이리라. 우리들이 어찌 함께 힘쓰지 않겠는가.

103 원유편(遠遊篇) : 주희가 19세 때 강개하게 먼 곳을 유람하는 내용으로 지은 것이다. 시 내용의 규모와 뜻이 학문의 터전을 넓히는 것에 비유했다고 해서, 왕백(王栢)은 이 시를 주희가 임종하던 해에 초상화에 쓴 시와 함께 학문에 대한 끝없는 관심의 표현으로 평한 바 있다.

104 밝은……않으리라 : 《순자(荀子)》 권18 〈부(賦)〉에 보인다.

두 송 선생이 손수 쓴 글씨에 대한 발문[105]

二宋先生手墨跋

앞은 동춘(同春 송준길)과 우재(尤齋 송시열) 두 선생이 손수 쓴 글씨 각각 16글자인데, 우리 조부 의정부군[106]을 위해 써서 준 것이다. 부군께서는 덕양(德陽)의 화전(花田)에 정자를 만들고 그 이름을 일휴정(逸休亭)이라 하였는데, 이 글씨를 벽의 서쪽에 걸어두고 아침저녁으로 바라보며 살피셨다. 그 후로 50여 년이 지나자 자획이 흐릿해져 거의 알아볼 수가 없게 되었는데, 나는 보배로 여기고 아꼈는지라 삼가 떼어내어 첩을 만들어 집에 보관하였다.

아! 나는 뒤에 태어나서 덕행 있는 두 선생에게 직접 배우진 못했지만 손수 쓴 글씨만 보아도 그 기상을 충분히 알 수 있다. 비록 동춘의 온화함과 우재의 엄격함에 차이는 있는 듯하지만 정자(程子)의 '경(敬)'자에 대한 뜻[107]은 또한 같지 않음이 없다. 게다가 써 놓은 몇 마디 말은 모두 천지의 자연스런 공용과 성인의 존심양성(存心養性)하는 지극한 공부라서 학자들이 거기에 미치기가 참으로 어렵다. 그러나

105 두……발문 : 1732년(영조8) 저자의 조부로부터 전해져 온 송준길・송시열의 친필 글씨에 대해 쓴 발문이다.

106 의정부군 : 저자의 조부인 이숙(李翻, 1626~1688)을 가리킨다. 송시열의 문인이다.

107 정자(程子)의……뜻 : 정자(程子)가 '경(敬)'의 뜻과 관련해서 언급한 것은 여러 가지인데, 일반적으로는 "마음을 집중하여 다른 생각을 하지 않는 것〔主一無適〕"을 가리킨다.

또한 이러한 도리가 있음을 알아서 종신토록 수용하는 바탕으로 삼지 않아서는 안 된다. 다만 일상생활에서 이 마음을 비워서 언제 어디서라도 계신공구(戒愼恐懼)에 힘쓰지 않음이 없고,[108] 그런 가운데 강구하고 사색하며 침잠하고 반복한다면, 천명(天命)과 인심(人心), 동정(動靜)과 본연(本然)의 오묘함에 차츰 묵묵히 서로 일치됨이 있는 듯할 것이니 오랫동안 그치지 않는다면 절로 완전히 부합되어 틈이 없게 될 것이다. 내가 비록 불민하지만 여기에 종사하여 우리 선사(先師)와 선조(先祖)의 은혜로운 뜻을 거의 저버리지 않기를 간절히 바라니, 후대의 자손들 또한 이 뜻을 몰라서는 안 될 것이다.

임자년(1732, 영조8) 청명일에 이재(李縡)가 손을 씻고 삼가 쓰다.

108 이……없고 : 《주자대전》 권60 〈반자선에게 답하다(答潘子善)〉에 "학문하는 뜻을 말한 것이 좋기는 하지만 전적으로 정좌(靜坐)에만 힘쓰고자 한다면 또한 한쪽으로만 추락하게 될 듯합니다. 다만 이 마음을 비워서 움직일 때나 고요할 때나 언제 어디서라도 계근공구(戒謹恐懼)에 힘쓰지 않음이 없다면 자연히 주재(主宰)가 분명해지고 의리가 밝게 드러나게 될 것입니다.〔所論爲學之意善矣, 然欲專務靜坐, 又恐墮落那一邊去. 只是虛著此心, 隨動隨靜, 無時無處不致其戒謹恐懼之力, 則自然主宰分明, 義理昭著矣.〕"라고 한 데서 나온 말이다.

환장암에 소장된 〈갑신연화〉 뒤에 쓰다[109]

書煥章菴所藏甲申筵話後

앞은 갑신년(1704, 숙종30) 1월 10일 경연에서의 대화이니, 내가 사관으로 있을 때 한 통을 기록하여 수암(遂菴) 권 문순공(權文純公 권상하)에게 보낸 것이다. 대보단(大報壇)의 축성은 실로 이 날에 비롯되었고, 만동사(萬東祠 만동묘) 영건의 전말 또한 이로 인하여 성상께서 알 수 있었으니, 우리 동방의 군신 상하가 일맥상통하는 존주(尊周)의 의리를 여기에서 대략 알 수 있다. 지금 우연히 화양(華陽)의 환장암(煥章菴)에 와서 여기에 보관된 옛 물건들을 살펴보다가 이 본(本)을 발견하여 읽으니 나도 모르게 눈물과 콧물이 턱을 타고 흘러내린다.

아! 우리 노선생은 일찍이 사람들에게 고하길, "우리나라 사람은 응당 '원통을 품고 통분을 참으며 절박하여 어쩔 수 없이 한다.〔含冤忍痛迫不得已〕'[110]는 여덟 글자를 눈앞에 걸어두어야 한다."고 하였는데, 선생이 세상을 떠나자 이러한 의리는 점점 묻혀버렸다. 나는 당시 경연에서 "복수설치(復讎雪恥)는 비록 말하기 쉽지는 않지만 강개한 언사 또한 듣지 못하였다."[111]라는 성상의 말을 직접 들었다. 더군다나 지금

109 환장암에……쓰다 : 1739년(영조15) 환장암(煥章菴)에 소장되어 있는 〈갑신연화(甲申筵話)〉에 대해 쓴 발문이다. 환장암은 화양동(華陽洞)의 만동묘(萬東廟) 곁에 있었다. 〈갑신연화〉는 1704년(숙종30) 1월 10일 경연에서의 대화를 가리키는데, 그 내용은 주로 임진왜란 때 조선을 도왔던 신종 황제(神宗皇帝)의 사우 건립에 대한 논의였다.

110 원한을……한다 : 324쪽 주20 참조.

은 갑신년으로부터 거의 40년이 흘러 세도와 인심은 더욱 말할 게 없으니, 이천(伊川)에서 머리를 풀어헤친 자를 보고 한 탄식[112]에 가까울 것이다. 곧장 선생의 유서(遺書)를 품에 안고 이 산으로 달려가 숨고 싶지만 그럴 수 없으니 장차 어찌하겠는가.

아! 명릉(明陵 숙종의 능)의 나무가 이미 굵어졌고 수옹 또한 세상을 떠났는데, 나는 오랫동안 살아남아 온갖 변란을 겪었으니 고금을 돌아봄에 서글픔이 끝이 없다. 이 본이 전해지면 그래도 깊은 산골짜기에 사는 사람으로 하여금 당시 경연에서 군주와 신하가 허심탄회하게 대화를 나누었던 성대함을 알아서 돌아가셨어도 선왕을 잊지 못하는 생각을 감발시킬 수 있으니, 어찌 과소평가할 수 있겠는가. 마침내 감히 권말에 대략 기록하여 후인들에게 알리노라.

숭정(崇禎) 후 두 번 째 기미년(1739, 영조15) 3월 상순에 아직 죽지 못한 이재(李縡)가 삼가 발문을 쓰다.

111 복수설치(復讎雪恥)……못하였다 : 당시 경연에서 숙종의 말을 축약한 것이다. 그 자리에서 숙종은 "우리 동방의 곤충과 초목까지도 무엇 하나 신종 황제의 은택을 입지 않은 것이 없다. 정축년의 일도 차마 말하지 못할 점이 있다. 그 때 척화신 세 사람이 죽음으로써 간쟁하여 그 절의가 찬란하였으므로 강상(綱常)이 실추되지 않았었다. 지금에 와서 연기(年紀)가 오래되었고, 세도(世道)도 더욱 떨어져 복수설치하는 것은 진실로 조석 사이에 기약할 수 없는 일이기는 하지만, 소장(疏章) 사이에도 강개한 말이 있는 것을 들어보지 못하였고, 이미 멀어질수록 점차 잊어버린다는 지경에 이르고 있으므로 내가 개탄스럽게 여긴다." 하였다.《肅宗實錄 30年 1月 10日》

112 이천(伊川)에서……탄식 : 예(禮)가 없어져 장차 오랑캐의 땅이 될 것이라는 뜻이다. 주(周)나라 대부(大夫) 신유(辛有)가 이천(伊川)을 지나다가 머리를 풀어헤친 사람이 들판에서 제사 지내는 것을 보고는, 백년이 못 가서 여기가 오랑캐 땅이 될 것이라고 예언하였는데, 그 뒤에 과연 진(秦)과 진(晉)이 육혼(陸渾)의 오랑캐를 이천(伊川)으로 옮겼다.《春秋左氏傳 僖公 22年》

내제 민사위가 손수 쓴 백이·유하혜의 사적 뒤에 쓰다[113]

題閔弟士衛所書夷惠事實後

나의 내제(內弟) 사위(士衛 민익수)가 그의 아들 이름을 백분(百奮), 자를 흥지(興之)[114]라 짓고는 경전에서 백이(伯夷)와 유하혜(柳下惠)를 논한 글을 뽑아 손수 써서 아들에게 주면서 "네가 성인을 희망하는 뜻을 가졌으면 한다."라고 하였다. 근래 또 나에게 보여주며 그 아래에 글을 써주기를 청하였다.

내가 생각건대 백이와 유하혜는 옛 현인(賢人)인데 성인(聖人)이라 일컬은 것은 맹자(孟子)부터였다. 성인은 공자(孔子)도 자처하지 않았기에 공자 이후로 감히 성인으로 다른 사람을 인정한 경우는 없었다. 맹자가 아니라면 이 두 사람이 어찌 성인의 이름을 얻었겠는가. 그러나 성인이라는 것은 극치에 아나간 것을 이르니, 맹자가 말한 성인은 다만 청(淸)에 있어서의 성인이요 화(和)에 있어서의 성인일 뿐이다. 청과 화라는 것은 이미 한쪽으로 치우친 것이니 공자의 시중(時中)과 같지

113 내제……쓰다 : 민익수(閔翼洙)가 자신의 아들을 권면하기 위해 백이(伯夷)와 유하혜(柳下惠)의 사적을 경전에서 뽑아 손수 기록하였는데, 이 책에 대해 쓴 발문이다.

114 백분(百奮)……홍지(興之) : 《맹자》〈진심 하(盡心下)〉에 "백세 위에서 떨쳐 일어남에 백세 아래에서 이를 듣고 흥기하지 않는 자가 없으니, 성인이 아니라면 이렇게 만들 수 있겠는가. 더군다나 직접 배운 제자의 경우야 더 말할 것이 있겠는가.〔奮乎百世之上, 百世之下, 聞者莫不興起也, 非聖人而能若是乎, 而況於親炙之者乎?〕"라는 말에서 따온 것이다.

않다. 이 때문에 맹자가 이 두 사람을 말할 적에 반드시 공자의 시중으로 단정하였으니[115] 그 뜻을 알 수 있다.

지금 사위가 아들이 성인을 희망하기를 바라면서 공자를 내버려두고 백이와 유하혜를 취한 것은 어째서인가. 맹자는 백이와 유하혜의 풍도를 여러 번 일컬었지만 공자에 대해서는 그 풍도를 말하지 않았으니, 이는 자취가 있고 자취가 없는 차이다. 자취가 없는 것은 모방할 수 없지만 자취가 있는 것은 감발하기가 쉽다. 게다가 사람이 타고난 기운은 치우치지 않는 경우가 드물어 완악하거나 나약하고 비루하거나 박하니[116] 각기 그 바탕에 따라 병통이 생긴다. 그렇다면 백세 이후에 태어나 그 풍도를 듣고 흥기하는 자가 이 두 사람이 아니면 누구에게 귀의하겠는가. 그러나 이 두 사람이 공자와 다른 점은 이들이 좁고 불공하기[117] 때문이지만, 출처행지(出處行止)가 모두 천리 가운데서 흘러나와 한 터럭의 찌꺼기가 없는 점은 같다. 지금 이 두 사람을 희망하는 자가 이를 몸소 체득하여 통렬하게 바로잡아 그 공부가 한때 흥기되는 데 그치지 않고, 이어 또 쉬지 않고 전진하여 치우친 것은 없애고

115 맹자가……단정하였으니 : 《맹자》 〈만장 하(萬章下)〉에 "백이(伯夷)는 성인의 청(淸)한 자요, 이윤(伊尹)은 성인의 자임(自任)한 자요, 유하혜는 성인의 화(和)한 자요, 공자는 성인(聖人)의 시중(時中)인 자이시다." 하였다.

116 완악하거나……박하니 : 《맹자》 〈만장 하(萬章下)〉에서 백이에 대해서는 "백이의 풍도를 들은 자들은 완악한 지아비가 청렴해지고, 나약한 지아비가 입지를 갖게 된다."고 하였고, 유하혜에 대해서는 "유하혜의 풍도를 들은 자들은 비루한 지아비가 너그러워지며, 박한 지아비가 인심이 후해진다." 하였다.

117 좁고 불공하기 : 《맹자》 〈공손추 상(公孫丑上)〉에 "백이는 좁고 유하혜는 불공하니, 좁음과 불공함은 군자가 따르지 않는다." 하였다.

같은 것으로 돌아간다면 어찌 이 두 사람 정도에서 끝나고 말겠는가.

다만 이 두 사람만을 두고 논한다면 장차 백이가 될 것인가, 유하혜가 될 것인가. 백이는 유하혜보다 고상하고 유하혜는 백이보다 관대하니 백이가 되는 것은 어렵고 유하혜가 되는 것 또한 매우 어렵다. 백이는 천백 세 가운데 유일한 사람으로 본디 천 길이나 세속을 초월하였는데, 유하혜 같은 경우는 공자와도 가깝고 세속과도 가까웠다. 그래서 주자(朱子)가 이르기를, "똑같은 한 알의 진주지만 백이는 항상 물속에 잠겨있고, 유하혜는 물속에 있거나 진흙 속에 잠겨있어도 괜찮다."[118] 라고 하였으니, 이것이 유하혜가 되는 것이 더욱 어려운 이유이다. 그러나 그 폐단을 말하면 청(淸)의 폐단은 작고 화(和)의 폐단은 크다. 지금 사람들은 왕왕 유하혜를 구실로 삼아 한갓 그가 여유작작하며 떠나지 않은[119] 점만을 보고 그가 삼공(三公)과도 바꾸지 않는 절개[120]

118 똑같은……괜찮다 : 《주자어류(朱子語類)》 권48에 "백이는 한 알의 진주와 같은데 다만 항상 물속에 잠겨있어야 하고, 유하혜 또한 한 알의 진주와 같은데 물속에, 진흙 속에 잠겨있어도 괜찮다.〔伯夷如一顆寶珠, 只常要在水裏, 柳下惠亦如一寶珠, 在水裏也得, 在泥裏也得.〕

119 그가……않은 : 《맹자》 〈공손추 상(公孫丑上)〉에 "유하혜(柳下惠)는 더러운 군주를 섬김을 부끄러워하지 않으며, 작은 벼슬을 사양하지 않으며, 나아가면 어짊을 숨기지 아니하여 반드시 그 도리대로 하며, 벼슬길에서 버림을 받아도 원망하지 않고, 곤궁을 당해도 걱정하지 않으며, 향인(鄕人)들과 더불어 처하되 유유(由由)하게 차마 떠나지 못해서, 말하기를 '너는 너이고 나는 나이니, 네가 비록 내 옆에서 옷을 걷고 벗는다한들 네 어찌 나를 더럽히겠는가.' 하였다. 그러므로 유하혜의 풍도(風度)를 들은 자들은 비루한 지아비가 너그러워지며, 박(薄)한 지아비가 인심이 후해진다.〔柳下惠不羞汚君, 不辭小官, 進不隱賢, 必以其道, 遺佚而不怨, 阨窮而不憫, 與鄕人處, 由由然不忍去也, 爾爲爾, 我爲我, 雖袒裼裸裎於我側, 爾焉能浼我哉? 故聞柳下惠之風者, 鄙夫寬, 薄夫敦.〕"라고 한 내용이 보인다.

를 지니고 있음을 알지 못하니 자신을 망치고 세속을 그르치게 하는 데 이르지 않은 자 드물다.

나는 바라건대 백분이 장차 이 두 사람을 스승으로 삼아 자기 분수에 맞추어 앞에서 말한 대로 노력했으면 한다. 더 나아가면 공자도 바랄 수 있고 미친다면 백이나 유하혜가 될 수 있지만, 미치지 못할 것 같으면 차라리 백이가 될지언정 유하혜는 되지 말아라. 그러나 유하혜가 되는 것 또한 도가 있으니 잘하지 못하는 것으로 잘하는 것을 배우는 것이니, 바로 노(魯)나라 남자가 공자에게 칭찬을 받은[121] 점이다. 너의 부친이 이 이야기로 끝맺은 것은 우연이 아닌 듯한데, 나의 이 말 또한 쇠퇴한 세상의 뜻이다. 아!

한천(寒泉)의 병든 늙은이가 쓰다.

120 삼공(三公)과도……절개 : 《맹자》 〈진심 상(盡心上)〉에 보인다.

121 잘하지……받은 : 《시경》 〈항백(巷伯)〉의 '성시남기(成是南箕)' 구절의 모전(毛傳)에 보이는데, 내용은 다음과 같다. 노(魯)나라 사람 중에 어떤 남자가 혼자 살고 있었는데, 이웃의 과부도 또한 혼자 살고 있었다. 어느 날 밤 비바람이 매섭게 몰아치자 집이 무너져 버렸다. 과부는 달려가서 그 남자에게 의탁하려 하였지만, 남자는 문을 닫고 부인을 들어오지 못하게 하였다. 그러자 부인이 창문 너머에서 그 남자에게 말하기를, "그대는 어째서 유하혜만 같지 못하신지요? 신분이 낮은 여자를 따뜻하게 품어주더라도 나라 사람들은 음란하다고 말하지 않을 것입니다."라고 하자, 남자가 말하기를, "유하혜는 진실로 그렇게 할 수 있지만 나는 진실로 그렇게 할 수 없습니다. 나는 내가 잘하지 못하는 것으로 유하혜의 잘하는 점을 배우려 합니다.〔柳下惠固可, 吾固不可. 吾將以吾不可, 學柳下惠之可.〕"라고 대답하였다. 공자는 이에 대해 "유하혜를 배우려고 하는 사람 중에 이보다 나은 경우는 아직까지 없었다."라고 칭찬하였다.

김 유모의 사적 뒤에 쓰다[122]

書金乳媼事實後

앞은 우리 증조부 만회 부군(晩悔府君)[123]께서 유모에 대한 전(傳)을 짓고 충성스런 노복(奴僕)의 사적을 덧붙인 것이다. 임진년(1592, 선조25) 난리 때 우리 우봉 이씨의 종사(宗祀)가 우리 증조부에게 맡겨졌는데 어린 나이에 홀로 남고 유약하여 한 터럭에 매달린 것처럼 위태로웠다. 유모가 자신을 잊고 우리 증조부를 보호해 주지 않았다면 어찌 가업을 밝게 열어 지금에 이를 수 있었겠는가. 노복(老僕)이 힘을 다해 주인을 섬겨 난리 때 죽음으로 직분을 다한 것 또한 기특하다. 이는 우리 선조에서 쌓은 인덕(人德)이 무궁토록 후손들을 비호해 준 것이니, 하늘이 이처럼 충성스런 노복을 태어나게 한 것은 일부러 그렇게 하지 않아도 그렇게 된 듯하다. 그러나 우리 집안은 예로부터 노비들을 잘 대우한다고 알려졌으니, 필시 그들의 굶주림과 추위를 걱정하면서 동고동락하여 그들의 마음을 감복시켰던 것이다. 이와 같지 않다면 어찌 그들이 이 정도까지 죽을힘을 다했겠는가.

우리 증조부께서 이 전(傳)을 지은 것은 실로 후손들에게 장려하고

122 김……쓰다 : 저자의 증조부인 이유겸(李有謙)이 임진왜란 때 의지할 데 없는 어린 자신을 성심으로 보살펴준 유모 김씨(金氏)를 위해 전(傳)을 지으면서, 아울러 집안을 위해 충성을 바친 노복들까지 사적을 기록하여 남겼다. 이에 대해 1739년(영조15) 저자가 발문을 지은 것이다.

123 만회 부군(晩悔府君) : 저자의 증조부인 이유겸(李有謙, 1586~1663)을 가리킨다. 자는 수익(受益), 호는 만회(晩悔)이다.

자 한 것인데, 지금에 와서 노비 가운데 충성스런 자를 얻기가 매우 어려우니, 그들의 본성이 고금에 차이가 있어서가 아니라 아마도 우리들이 평소 그들을 자애롭게 길러주는 도가 예전에 비해 부끄러운 점이 있어서 그렇게 된 것이리라. 나는 위급한 때 그들의 보답을 감히 바라서가 아니라, 이것이 비록 작은 일이지만 가법을 실추시켜서는 안 되기에 이미 이것으로 나 자신을 경계하고 또한 자손들이 이 뜻을 알아주기를 바라는 것이다.

숭정(崇禎) 후 두 번째 기미년(1739, 영조15) 입추에 한천(寒泉)의 석척헌(夕惕軒)에서 쓰다.

정명공주가 손수 쓴 《유합》의 발문[124]

貞明公主手筆類合跋

〈주남(周南)〉과 〈소남(召南)〉의 시는 대부분 부인에게서 나왔지만, 이 시를 반복하고 노래하는 사이에 정성(情性)의 올바름을 볼 수 있다. 시가 본래 그러하거니와 글씨 또한 마찬가지라서 "마음이 올바르면 글씨도 올바르다."[125]라고 하였다. 그러므로 정명공주(貞明公主)의 올바르고 차분하며 화순하고 공경스런 덕을 나는 이 글씨에서 보았다. 그 자획이 돈후하고 정제되어 일반 아녀자의 기미와는 같지 않고 왕왕 목릉(穆陵 선조)의 유법(遺法)이 담겨있으니, 아 공경할 만하구나. 더군다나 이 책을 쓴 것이 서궁(西宮 인목대비)을 모실 때라고 하니, 어리고 유약한 나이인데도 하늘이 이루어 놓은 듯한 오묘함을 얻었고, 위태롭고 불행한 때인데도 화평한 기상을 간직하였다. 이러하니 수부(壽

124 정명공주가……발문 : 1741년(영조17) 저자가 정명공주(貞明公主, 1603~1685)가 손수 쓴 《유합(類合)》에 대해 쓴 발문이다. 정명공주는 선조(宣祖)와 계비인 인목왕비(仁穆王妃) 사이에서 난 첫째 딸이다. 광해군이 즉위하여 영창대군을 역모죄로 사사하고 계비 인목대비를 폐출시켜 서궁(西宮)에 감금할 때 공주도 폐서인(廢庶人)되어 서궁에 감금되었다가, 인조반정으로 인조가 즉위하면서 공주로 복권되었다. 한편 《유합(類合)》은 《천자문(千字文)》과 함께 널리 사용된 한자 입문서이다.

125 마음이……올바르다 : 당(唐)나라 서예가 유공권(柳公權)의 말이다. 목종(穆宗)의 정사가 바르지 못하였는데, 목종이 일찍이 유공권에게 묻기를, "서법은 어떻게 하면 더없이 좋아지는가?"라고 물었다. 이에 유공권이 대답하기를, "붓을 운용하는 것은 마음에 달려 있으니, 마음이 올바르면 글씨도 올바르게 됩니다.〔用筆在心, 心正則筆正.〕" 하였다. 《舊唐書 卷165 柳公權列傳》

富)와 존영(尊榮)이 지극하고 자손들이 천억으로 번성하여 무궁토록 복을 드리운 것이 마땅하다.

공주의 손자 홍중복(洪重福)이 첩으로 만들어 집안의 보배로 간직하였다. 나는 외람되이 사돈 관계의 인연[126]으로 한 번 눈으로 완상할 수 있었는데, 황홀히 엄숙하고 화락한 수레[127]를 직접 보는 듯하였다. 여기에서 또한 이전 조정의 〈종사(螽斯)〉의 넘치는 은택과 〈인지지(麟之趾)〉의 성대한 교화[128]를 볼 수 있으니, 아 선왕을 잊을 수 없도다.

신유년(1741, 영조17) 1월 그믐날에 삼주(三州) 이재(李縡)가 손을 씻고 삼가 쓰다.

126 사돈 관계의 인연 : 저자의 아들 이제원(李濟遠)은 홍중복(洪重福)의 사위다.

127 엄숙하고 화락한 수레 : 《시경》 〈하피농의(何彼穠矣)〉에 "어찌 엄숙하고 화락하지 않으리오. 공주의 수레로다.〔曷不肅雝, 王姬之車.〕"라고 한 데서 나온 말이다.

128 종사(螽斯)의……교화 : 〈종사(螽斯)〉와 〈인지지(麟之趾)〉는 모두 《시경》 〈주남(周南)〉의 편명으로, 〈종사〉는 후비(后妃)가 투기심이 없고 자손이 메뚜기처럼 번성하여 화락(和樂)한 복을 누리는 것을 노래하였고, 〈인지지(麟之趾)〉는 후비가 기린처럼 인후(仁厚)한 덕을 지녔기 때문에 공자(公子)들도 모두 인후한 덕을 지녔다는 것을 노래하였다.

단암이 손수 쓴 《성학집요》 뒤에 쓰다[129]

題丹巖手寫聖學輯要後

앞의 《성학집요(聖學輯要)》 대문(大文) 한 부는 우리 둘째 외숙 단암 선생(丹巖先生)[130]이 70세 때 손수 쓴 것이다. 선생은 어려서부터 학문에 뜻을 두었으나 마음가짐이 겸손하여 학문으로 자처하지 않으려 하였다. 중간에 나아가 벼슬살이하면서 내직이나 외직이나 순탄할 때나 험난할 때나 국사에 심력을 다하여 하루의 여가도 거의 없었지만 선생의 뜻은 학문을 벗어난 적이 없었다. 동남쪽으로 유배된[131] 이후 비로소 만년에 수습하여 경전의 여러 서적에서 취해 날마다 정해놓은 과정이 있었는데, 이 《성학집요》에 더욱 힘을 기울였다. 집주(集註)와 총론(摠論)까지 아울러 반복하고 송독하여 깊이 몰입하고 충분히 익혔는데 끝내는 또 직접 그 대문을 베껴써서 아침저녁으로 눈 붙일 곳으로 삼았으니, 그 마음 씀씀이가 또한 근실하였다.

선생의 필법은 정교하고 민첩하여 작은 글씨일수록 더욱 오묘하였는데 늙어서도 그러하였다. 한 글자 한 획에 모두 정신이 깃들어 있으

129 단암이……쓰다 : 1741년(영조17) 저자가 민진원(閔鎭遠)이 손수 쓴 《성학집요(聖學輯要)》 대문(大文)에 대해 쓴 발문이다. 《성학집요》는 이이(李珥) 가 제왕의 학문을 위하여 《대학(大學)》의 조목에 따라 총설(總說), 수기(修己), 정가(正家), 위정(爲政), 성학도통(聖學道統)의 5편으로 나누어 서술한 책이다.

130 단암 선생(丹巖先生) : 민진원(閔鎭遠, 1664~1736)을 가리킨다. 자는 성유(聖猷), 호는 단암(丹巖)·세심(洗心), 시호는 문충(文忠)이다.

131 동남쪽으로 유배된 : 민진원은 신임사화 때 성주(星州)로 유배되었다.

니, 이에 평소 주일무적(主一無適)의 '경(敬)' 공부를 더욱 징험할 수 있다. 이 어찌 정자(程子)의 이른바 "바로 이것이 학문이다"[132]라는 것이 아니겠는가.

선생이 돌아가시고 5년이 지나서야 내가 비로소 이 책을 얻어 완상하니 손수 쓴 글씨가 새 것 같고 또 강습하고 열심히 기억한 자취를 역력하게 볼 수 있다. 아! 선생과 같은 분은 늙어서도 배우기를 좋아하는 자라고 이를 만하다. 선생은 세상이 변천하는 가운데서도 곧은 도리로 소신대로 하여 명망과 덕행이 더욱 드러나 우뚝하게 사림의 종주가 되었다. 조정에 들어가서 아뢰고 나와서 차자를 올려 군덕(君德)과 세도(世道)에 정성을 다 바쳤으니 그 한결같은 충심은 신명(神明)에게 물어볼 만하다. 의리에 관한 문장이 명백하고 절실한 것은 이 《성학집요》에서 얻은 것이 많았으니, 참으로 학문의 힘은 속일 수가 없다. 지금의 선비들은 독서를 좋아하지 않아 젊어서 과거에 급제하면 이내 스스로 만족하여 다시는 서책을 가까이하지 않으니 그 종신(終身)의 사업을 알 만하다. 그러하니 선생의 자손들은 더욱 척연하게 두려워하지 않을 수 있겠는가. 나는 지금까지 살아남아 온갖 변고를 두루 겪으면서 선생이 그리워도 만나 수 없으니 그때마다 다시 이 책을 삼가 열람하면 황홀하게 선생을 뵙는 것 같았다. 얼마 뒤에 또 책을 더럽힐까 염려되어서 대략 몇 마디 말을 써서 돌려보내니, 선생의 덕에 감탄하고 슬피 사모하는 내 마음을 스스로 드러내기 위해서이다.

132 바로 이것이 학문이다 : 정호(程顥)가 "나는 글자를 쓸 적에 아주 공경스럽게 쓰는데, 그것은 글자의 아름다움을 구하는 것이 아니라, 바로 이것이 학문이기 때문이다.〔某寫字時甚敬, 非要字好, 卽此是學〕"라고 한 말이 있다. 《心經附註 卷4》

신유년(1741, 영조17) 2월 초하룻날에 누이의 아들 이재(李縡)가 삼가 쓰다.

《율곡속집》의 〈위학지방도〉 뒤에 쓰다[133]

書栗谷續集爲學之方圖後

우암(尤菴) 송 문정공(宋文正公)은 일찍이 문인에게 보낸 편지글에서 "이 도(圖)는 허술하고 정밀하지 못한 병통을 면치 못하였으니, 율곡 선생(栗谷先生)의 작품이 아닐 것이라 삼가 의심하였다."[134]라고 말하고, 이어 현석(玄石) 박공(朴公 박세채)이 지은 설(說)에 대해 힘을 다해 논박하였으니,[135] 그의 문집을 살펴보면 알 수 있다. 지금 삼가

133 율곡속집의……쓰다 : 1742년(영조18) 저자가 이이(李珥, 1536~1584)의 〈위학지방도(爲學之方圖)〉에 대해 쓴 발문이다. 이이의 〈위학지방도〉는 학문하는 방법의 요체를 도표로 그린 것인데, 《율곡속집(栗谷續集)》에 수록되어 있었다. 이 도표의 작자 문제에 대해 여러 학자들의 공방이 있었는데, 저자는 《율곡전서(栗谷全書)》를 편집하면서 이 도표를 산삭하였다.

134 이……의심하였다 : 1677년(숙종3) 1월 29일에 송시열이 이여구(李汝九)에게 답한 편지글에서 "나의 소견으로 보건대, 이 옛 도표는 허술하여 정밀하지 못한 병통을 면치 못하였네. 때문에 나대로 율곡 선생이 만든 것이 아닐 것이라고 의심한 것인데, 여러 벗들은 율곡 선생이 아니면 절대로 능히 이렇게 만들지 못했을 것이라고 고집하니 나도 감히 확실히 말할 수가 없어 당상인(堂上人)에게 질정을 받고 싶었지만 그렇게 하지도 못하였네. 그래서 시험 삼아 신도(新圖) 하나를 만들어 그 동이와 득실의 단서를 질정하려 하네."라고 한 말이 보인다. 《宋子大全 卷91 答李汝九》

135 현석(玄石)……논박하였으니 : 1677년(숙종3) 1월 29일 송시열이 이여구에게 답한 편지글에서 "지금 그 현석(玄石)의 설(說)은 병 때문에 아직 세세히는 살피지 못하였으나 언뜻 보니 역시 적당치 못한 곳이 없지 않았네.……"라고 하면서 박세채(朴世采)의 설을 논박하였다. 《宋子大全 卷91 答李汝九》 한편 박세채는 송시열과 달리 〈위학지방도(爲學之方圖)〉가 선현(先賢)의 설과 부합되고 또 율곡이 지은 것이라고 주장하였다. 《南溪集 卷55 爲學之方圖說》

선생의 집안에 보관된 옛 책을 가지고 그 출처를 자세히 검토해보니, 이 도(圖)는 퇴계(退溪) 선생의 자찬 묘지명 아래, 승상 이산해(李山海)가 선생에게 보낸 편지글 위에 있었다. 이 기록들은 선생의 둘째 형 이번(李璠)이 손수 쓴 것이지만 대부분 다른 사람의 글이 실려 있으니, 그렇다면 이 도(圖)가 선생의 자작(自作)임을 명백하게 증명할 만한 단서가 원래 없다. 게다가 연조(年條 연보)에 의거하면 이 도(圖)를 만든 것이 무오년(1558, 명종13) 즈음인 듯하니, 설령 선생이 만들었다 해도 젊은 시절의 작품임을 의심할 바 없다. 우암이 이 도(圖)의 잘못된 점을 고칠 적에 매번 선생이 편찬한 《성학집요(聖學輯要)》를 가지고 바로잡았으니, 선생이 응당 이 《성학집요》와 다르게 하지 않았을 것이라 생각해서였다. 우암이 변석한 것은 조리가 분명하고 정확하여 선생의 본뜻과 거의 어긋나지 않았다.

이 문제는 오랫동안 의심스러운 대로 전해져왔다. 선생에게 직접 물어볼 방법이 없으니 우리 후생들은 응당 우암을 한결같이 믿을 뿐인데, 하물며 그 출처를 따져보더라도 참으로 선생의 손에서 나온 것이라 장담할 수 없음에랴. 선생의 문집을 교정할 때에 감히 이 도(圖)를 그대로 남겨두어 후인들의 의혹을 더욱 키울 수가 없었으니, 비록 참망함을 알고 있지만 이에 대한 변론을 사양할 수 없는 점이 있었다. 그러나 또한 감히 아무런 단서도 없이 산삭하여 없앨 수 없기에 아래에 대략 그 연유를 서술하여 후인들이 참고할 수 있도록 하노라.

임술년(1742, 영조18) 7월 무인일에 후학 삼주(三州) 이재(李縡)가 삼가 쓰다.

숙조 타우 선생 유집의 발문[136]

叔祖打愚先生遺集跋

이것은 우리 숙조(叔祖) 타우 선생(打愚先生)의 유고로 부(賦)·시(詩) 몇 작품, 소(疏)·의(議) 몇 작품, 서독(書牘) 몇 작품, 잡저(雜著) 몇 작품 등 총 몇 편이고, 부록이 또 1편이다. 아! 어찌 이리도 적단 말인가.

지금 선생이 남긴 글을 통해 그 세상을 말해보면, 선생은 신독재(愼獨齋 김집(金集))의 문인으로 효묘(孝廟)가 크게 정사를 펼치는 때를 만나 초야에서 일어나 영광스럽게 임금의 부름을 받아 출처와 언의가 밝고 정직하니 사도(斯道)를 보익하고 세교(世敎)를 부지한 것이 컸다. 평생 두 분의 송 선생(宋先生)을 독실하게 의지하여 음양이 서로 다투고 세도가 휘청거리고 어지러울 때 자신을 잊고 화를 입는 것을 마다하지 않았으니, 진퇴와 영욕을 항상 두 선생과 함께 하였다. 말년에 당한 횡역(橫逆)[137]은 다만 옛날의 이른바 밥을 훔쳐 먹고 사람을 죽였다는 비방[138]과 같은 부류일 따름이니, 선생에게 무슨 해가 되겠는가.

136 숙조……발문 : 1743년(영조19) 저자가 숙조(叔祖) 이상(李翔, 1620~1690)의 문집에 대해 쓴 발문이다. 이상의 본관은 우봉(牛峯), 자는 운거(雲擧)·숙우(叔羽), 호는 타우(打愚), 시호는 문목(文穆)이다. 대사헌, 이조 참판, 이조 판서 등을 역임하였다. 기사환국 이듬해에 옥사하였다.

137 말년에 당한 횡역(橫逆) : 1689년(숙종15) 기사환국으로 남인(南人)이 다시 득세하자, 이상(李翔)은 유두성(柳斗星)의 옥사(獄事)를 빌미로 하옥되었고 이듬해 옥중에서 병사하였다.

선생은 평소 저술을 좋아하지 않았지만 글이 곡진하고 광대하며 말과 이치가 통창하니 참으로 유자(儒者)의 문장이다. 불행하게도 화를 당한 이후에 글이 거의 산일되었고 사우들과 학문을 강구한 글마저도 열에 한둘도 남지 않았으니, 이는 사림에서 공통적으로 안타까워하는 점이다. 그러나 나는 일찍이 망령되이 생각하기를, 선생이 재상인 허적(許積)을 탄핵한 상소와 윤증(尹拯)을 꾸짖으며 절교한 편지에서 소인의 작태를 논한 것이 준절하고 통쾌하여 실로 군신(君臣)·부자(父子)·장유(長幼)·붕우(朋友)의 인륜을 밝혔으니, 선생을 살피는 것은 이 두 글이면 충분하니 글이 많을 필요는 없다고 여겼다. 소인에 대해 이처럼 깊이 미워하고 통렬히 싫어하였으니, 윤증과 허적의 무리로부터 배척을 당하고 모함에 빠진 것은 본디 형세가 그런 것이었다.

이에 삼가 생각해보니, 선생의 타고난 자질과 학력은 대체로 불인(不仁)을 미워하는 데에 치중하였으니, 만약 노(魯)나라 정공(定公)과 애공(哀公) 때에 태어났다면 우리 부자(夫子)께서도 불인을 미워하는 자를 보지 못한 것을 안타까워하지 않았을 것이다.[139] 부자의 말씀에

138 밥을……비방 : 터무니없는 얘기로 남을 비방하는 것을 가리킨다. 공자(孔子)가 진채(陳蔡)에서 곤액(困厄)을 당할 때, 양식이 떨어져서 7일 동안 밥을 먹지 못하여 문인으로 하여금 밥을 짓게 했다. 먼지가 밥솥에 떨어지므로 안회(顔回)가 솥 안에서 그 먼지를 걷어 내자, 자로(子路)가 그것을 보고는 '안회가 밥을 훔쳐 먹는다.'고 비방하였다. 《孔子家語 在厄》 증자(曾子)가 비(費)에 있을 적에 그 고을 사람 중에 증삼(曾參)이라는 이름을 가진 동명이인이 사람을 죽인 사건이 일어났다. 이에 어떤 사람이 증자의 모친에게 "증삼이 사람을 죽였다."라고 알려 주었으나 그럴 리가 없다면서 모친이 계속 베를 짰는데, 그 뒤에 세 차례나 다른 사람들이 와서 똑같이 그 이야기를 반복하자 모친이 담장을 넘어서 도망쳤다는 일화가 있다. 《戰國策 卷4 秦策2》

139 노(魯)나라……것이다 : 이상(李翔)이야말로 공자(孔子)가 살면서 보고 싶어 했

"불인을 미워하는 자는 그가 인(仁)을 행할 때에 불인한 것으로 하여금 그 몸에 가해지지 못하게 한다."고 했으니, 청컨대 부자의 이 말을 백세(百世)의 군자들에게 질정하더라도 의심할 바가 없을 것이다. 아! 훗날의 군자가 선생의 글을 본다면 누군들 무궁토록 그 의리를 사모하고 또 그 불행을 슬퍼하지 않겠는가.

숭정(崇禎) 갑신년(1644) 이후 99년 계해년(1743, 영조19) 5월 하순에 종손 아무개 벼슬 이재(李縡)가 삼가 쓰다.

던 인물이라는 것이다. 《논어》 〈이인(里仁)〉에 공자가 말하길, "나는 인(仁)을 좋아하는 자와 불인(不仁)을 미워하는 자를 보지 못하였다. 인을 좋아하는 자는 그보다 더할 수 없고, 불인을 미워하는 자는 그가 인을 행할 때에 불인한 것으로 하여금 그 몸에 가해지지 못하게 하는 것이다. 하루라도 그 힘을 인에 쓴 자가 있는가? 나는 힘이 부족한 자를 아직 보지 못하였노라. 아마도 그런 사람이 있을 터인데 내가 아직 보지 못하였나보다." 하였다.

홍 의령 선생 백순이 문원 선생에게 보낸 편지를 대심이 베껴 쓴 글 뒤에 쓴 발문[140]

跋題大心所書洪宜寧先生百順與文元先生書後

지난 계축년(1733, 영조9) 봄에 나는 종제 유(維)[141] 대심(大心)과 함께 사계(沙溪)의 고택을 찾아갔다. 한가한 날 문원(文元 김장생(金長生)) 노선생의 집에 보관된 편지를 보다가 홍 의령(洪宜寧 홍백순(洪百順)) 선생이 문원공에게 보낸 편지를 찾았는데, 읽고는 매우 기뻐하고 감복하였다. 대심을 돌아보고 말하기를, "너는 이 편지를 베껴 써서 돌아가거라. 돌아가서는 선생의 현손인 정자(正字) 홍하서(洪河瑞)에게 전해주거라."라고 하였다. 선생이 이 편지를 쓸 때는 나이가 75세였는데 경서 읽기를 전폐한 것을 스스로 깊이 안타까워하였다. 돈후하고 정성스러움이 한결같이 참된 마음에서 나왔으니 백세 이후에도 밝은 그 마음을 알 수 있다. 이를 어찌 속인들과 함께 말할 수 있겠는가.

선생의 조부인 판결사 홍봉세(洪奉世)는 정암(靜菴 조광조(趙光祖))의 뛰어난 제자이고, 선생은 문원공과 함께 구봉(龜峰 송익필(宋翼弼))을 스승으로 모셨다. 노년에는 문원공을 스승으로 섬기고 문원공은 선생

140 홍……발문 : 저자의 종제 이유(李維)가 홍백순(洪百順)이 김장생(金長生)에게 보낸 편지글을 베껴 썼는데, 이것에 대해 1743년(영조19) 저자가 발문을 쓰고 홍백순의 집안에 보내주었다.

141 종제 유(維) : 이유(李維, 1704~1738)를 가리킨다. 자는 대심(大心)이다. 부친은 이만견(李晩堅)이고, 모친은 감사(監司) 윤가적(尹嘉積)의 딸이다. 35세에 요절하였다.

을 벗으로 삼았으니, 선생이 문원공보다 9살 어리다. 옛날 주부자(朱夫子)가 위 무공(衛武公)의 〈억(抑)〉 시(詩)에 대해 논하면서 "주(周)나라의 경사(卿士)는 성인과의 거리가 가까워 기상이 절로 후세 사람들과는 같지 않다."[142]라고 하였으니, 나는 선생에게도 똑같이 말한다.

선생의 현손 정자는 문을 닫아걸고 독서하다가 끝내 곤궁하고 굶주림에 세상을 떠났으니 또한 집안의 명성을 실추시키지 않았다고 할 만하다. 그의 동생 홍한서(洪漢瑞)가 두 세대의 필적을 보여주었는데 대심이 베껴 쓴 편지 한 통이 그 가운데에 있었다. 나는 늙고 병들어 독서하지 못한 지 오래되었기에 더욱 감탄하게 된다. 《시경》에 "나는 옛 사람을 생각하노니 참으로 내 마음을 먼저 얻었도다."[143]라고 하였으니, 이 같은 경우를 두고 말하는 것이로다. 정자가 세상을 떠난 지 이미 3년이 되었고 대심의 무덤 풀도 여러 해 묵어 슬픈 눈물을 금할 수 없기에 마침내 이 발문을 써서 보낸다. 아! 홍씨 집안에 아마도 그 학문을 계승할 자가 있으리라.

계해년(1743, 영조19) 10월 그믐날에 후학 삼주(三州) 이재(李縡)가 발문을 쓰다.

142 주(周)나라의……않다 : 《주자어류(朱子語類)》 권81 〈시이(詩二)〉에 "위 무공(衛武公)의 학문의 공이 매우 구차하지 않아 95세의 나이에도 오히려 군신들에게 명하여 나와서 규간하도록 하였다. 〈억(抑)〉시와 같은 경우는 그가 스스로를 경계한 시인데도 후인들은 그것을 알지 못하고 마침내 여왕(厲王)을 경계한 것이라고 하였다. 필경 주(周)나라의 경사(卿士)는 성인과의 거리가 가까워 기상이 절로 후세 사람들과는 같지 않다."라고 하였다.

143 나는……얻었도다 : 《시경》 〈녹의(綠衣)〉에 "고운 갈포며 굵은 갈포여, 바람이 싸늘하게 불어오도다. 내가 옛사람을 생각하노니, 정말 내 마음을 먼저 얻었도다.〔絺兮綌兮, 淒其以風. 我思古人, 實獲我心.〕"라고 한 데서 나온 말이다.

율곡 선생 전서의 발문[144]

栗谷先生全書跋

율곡 선생(栗谷先生)의 문집 몇 권은 내가 개정(改訂)한 것이다. 스스로 참망한 짓임을 알지만, 나는 일찍이 다음과 같이 생각하였다. 우리나라의 학문은 은(殷)나라 태사(太師) 기자(箕子)로부터 시작되어, 이후 천여 년 동안 명현들이 배출됨에 의리가 더욱 밝아져 민락(閩洛 민중의 주자와 낙양의 정자)의 성대한 학풍에 차츰 가까워졌다. 그러나 체(體)와 용(用)이 모두 온전하고 이치와 일이 일치하여 전인들이 발명하지 못한 부분을 확충하고 후학들을 무궁토록 인도하기로는 선생처럼 지극한 자가 없다.

선생의 자질은 맑고 시원하고 순수하였으며, 선생의 학문은 고명(高明)하고 광대(光大)하였다. 그 출처와 거취에 있어 임금에게 충성하고 나라를 염려한 마음은 더욱더 입신하여 임금을 섬기는 큰 법도로 삼을 만하니, 지금 그 글을 읽고 그 시를 외우는 것으로도 그 만분의 일을 얻을 수 있을 것이다. 문중자(文中子 왕통(王通))의 말에 "나는 부자(夫子)에게 망극한 은혜를 받았다."[145]라고 했으니, 진실로 그러하지 않은가. 책을 엮은 다음 여러 사람들이 마땅히 권두에 붙이는 글이 있어야 한다고 말했는데, 나는 감당할 수 없음이 두려워 마침내 그 대체를

144 율곡……발문 : 1744년(영조20) 저자가 이이(李珥)의 《율곡전서(栗谷全書)》에 대해 쓴 발문이다.

145 나는……받았다 : 왕통(王通)의 《중설(中說)》 권1 〈왕도편(王道篇)〉에 보인다.

요약하여 권말에 써서 답한다. 그 의례(義例 범례)는 권수(卷首)에 상세하다.

숭정(崇禎) 후 두 번째 갑자년(1744년, 영조20) 후학 삼주(三州) 이재(李縡)가 삼가 발문을 쓰다.

광주 용동서원 강규의 발문[146]

光州龍洞講規跋

광주(光州)는 남방의 큰 도회지이고, 서석산(瑞石山)은 충만한 기운이 서려 광주의 진산(鎭山)이 되었다. 신령스런 맑은 기운이 모여 있어 인재가 배출되었으니 명종(明宗)과 선조(先祖) 때에 고봉(高峰) 기 선생(奇先生 기대승(奇大升))과 같은 여러 현인들이 한 시대에 성대하게 일어났다. 그 후 거의 200년 동안 떨치고 일어난 인물이 쓸쓸히 들리지 않으니, 이는 땅의 신령스런 기운이 이전 시대만 못해서가 아니라 인재를 배양하는 인사(人事)가 그 도(道)를 잃었기 때문이다.

지금 민 사문(閔斯文) 사하(師夏) 학여(學汝)가 개연히 고봉의 직계 및 방계의 여러 지손(支孫)들과 함께 선생의 옛 집터에다 서당을 만들고, 고을의 우수한 자제들과 더불어 날마다 그 안에서 강학하고 있다. 내게 강규(講規) 한 부를 보여주었는데, 백록동서원(白鹿洞書院)의 학규[147]를 첫머리에 두고 남전(藍田)과 석담(石潭)의 남긴 가르침[148]을 이어놓아 크고 작은 내용들을 모두 담았다. 나는 일찍이 고을의 학교가

146 광주……발문 : 1744년(영조20) 전라도 광주(光州)에 있는 용동서원(龍洞書院)의 학규(學規)에 대해 쓴 발문이다.

147 백록동서원(白鹿洞書院)의 학규 : 주희가 백록동서원을 재건하면서 만든 학규를 가리킨다.

148 남전(藍田)과 석담(石潭)의 남긴 가르침 : 남전은 고을 이름으로 송(宋)나라 여대균(呂大均)이 만든 《여씨향약(呂氏鄕約)》을 가리키고, 석담은 해주(海州)의 지명으로 이이가 지은 《해주향약(海州鄕約)》을 가리킨다.

없어져서 삼대(三代)의 가르침이 일어나지 않게 되었고 이에 인재는 나오지 않고 풍속은 무너지는 데 이르렀다고 생각하였으니, 학여(學汝)와 같은 자는 급선무를 안다고 할 만하다. 그러나 이는 학규(學規)에 구속되어 억지로 시켜서 할 수 있는 것이 아니다. 학문은 인륜을 밝히는 것이고 인륜 가운데는 효제(孝悌)가 근본이니, 사람들이 모두 낳아주신 부모의 은혜를 잊지 않는다면 인륜이 두터워질 것이다.

아! 선생은 학문이 고명하여 한 마디 말과 하나의 행실도 백록동서원 학규의 여러 조목에서 벗어나지 않았으니, 선생을 비록 만날 수는 없지만 밝은 그 마음은 알 수 있다. 더군다나 선생이 머물던 이곳은 초목도 그 향기를 머금고 있다. 선생의 자손들이 선생의 글을 읽고 선생의 행실을 실천하여 늘 사모하는 마음을 지극히 하며, 나머지 고을의 우수한 자제들이 각기 자신의 선조가 일찍이 선생에게 가르침을 받은 것을 생각하여 지난날 강학했던 곳에서 공손하게 주선하는 것을 즐거이 행한다면, 그만두려 해도 절로 그럴 수 없을 것이니 인륜을 두터이 하고 풍속을 도탑게 하는 것에 무슨 어려움이 있겠는가.

내가 외람되이 월봉서원(月峰書院)[149]의 산장(山長)으로 있으면서 이 가르침을 우선하지 못하여 늘 부끄럽고 안타까웠다. 그러나 나는 남의 아름다움을 이루어주는 것을 좋아하기에 마침내 이를 써서 돌려보낸다. 《시경》에 "부모가 심은 뽕나무와 가래나무도 반드시 공경하네."[150]라고 하였고, "일찍 일어나고 밤늦게 자서 너를 낳아주신 분을

149 월봉서원(月峰書院) : 전라도 광주(光州)에 있는 서원으로, 1578년(선조11) 세웠으며 1654년(효종5) 사액하였다. 기대승(奇大升), 박상(朴祥), 박순(朴淳), 김장생(金長生), 김집(金集) 등의 위패를 봉안하였다.

욕되게 하지 말지어다."[151]라고 하였으니, 바라건대 그대들은 힘쓸지어다.

갑자년(1744, 영조20) 9월 20일에 삼주(三州) 이재(李縡)가 쓰다.

150 부모가……공경하네 : 《시경》 〈소아(小雅) 소변(小弁)〉에 보인다.

151 일찍……말지어다 : 《시경》 〈소아(小雅) 소완(小宛)〉에 보인다.

《계간수창시첩》의 발문[152]

鷄澗酬唱詩帖跋

앞은 계곡(谿谷)[153]과 남간(南澗)[154]이 수창한 시첩(詩帖) 한 부로 동춘(同春) 선생이 표제를 쓰고 우암(尤庵) 선생이 발문을 지은 것이다. 계곡공(谿谷公)이 남간(南澗) 나공(羅公) 해봉(海鳳)과 동년(同年)의 교의[155]가 있었는데, 금성(錦城 나주)으로 좌천되었을 때 나공이 이 고을의 망족(望族)으로 그를 특별히 대우하여 형제처럼 정답게 시를 주고받았다. 나씨 집안에서 이 시첩을 대대로 보관하여 보배로 여겼는데, 지금 그의 증손 나형규(羅炯奎)가 한천(寒泉)으로 찾아와 보여주었다. 보이는 시구마다 모두 아름다워 참으로 애완할 만하였다.

삼가 생각건대 계곡공은 나라를 빛내는 글을 짓는 대가였는데, 남간은 바닷가 고을의 외로운 서생으로 계곡공과 시로 상대하여 계곡 또한

152 계간수창시첩의 발문 : 1745년(영조21) 장유(張維)와 나해봉(羅海鳳)이 수창한 시첩(詩帖)에 대해 쓴 발문이다.

153 계곡(谿谷) : 장유(張維, 1587~1638)를 가리킨다. 본관은 덕수(德水), 자는 지국(持國), 호는 계곡(谿谷)·묵소(默所), 시호는 문충(文忠)이다. 김장생(金長生)의 문인이다. 1609년(광해군1) 문과에 급제하였다. 내직으로 대제학, 대사헌, 우의정 등을 역임하였고, 외직으로는 나주 목사를 역임하였다.

154 남간(南澗) : 나해봉(羅海鳳, 1584~1638)을 가리킨다. 본관은 나주(羅州), 자는 응서(應瑞), 호는 남간(南礀)이다. 1617년(광해군 9) 문과에 장원하였으나 정론(正論)을 썼다는 이유로 합격자 명단에서 빠졌다. 이후 1629년(인조8) 동당 별시에 급제하였다.

155 동년(同年)의 교의 : 장유와 나해봉은 모두 1605년(선조39) 사마시에 합격하였다.

그의 깊은 조예에 감탄하였으니 참으로 한 시대의 훌륭한 인재였다. 남간은 일찍이 한 번 낮은 관직에 제수되었는데 한 번 사은하고는 곧장 관직을 버리고 돌아갔으니 또한 절로 속되지 않았다. 나는 이 시첩에서 선배들이 권세를 잊고 자신을 낮추어 선비를 예우하며 멀리 있는 사람까지 잊지 않는 아름다운 뜻을 볼 수 있다. 아! 지금 세상에서 어찌 이런 일을 다시 볼 수 있겠는가.

다만 나는 삼가 유감스러운 점이 있다. 계곡은 문원(文元 김장생(金長生)) 선생을 스승으로 모셨으니 문학(文學)의 분과에 있는 것이 합당하건만 그저 문장에만 종사하고 도를 전하는 책무는 다른 사람에게 양보하였다. 자미(子美 두보(杜甫))는 일개 시인일 뿐인데도 그의 말에 "문장은 하나의 작은 기예일 뿐, 도에 있어 귀할 것이 하나도 없네."[156]라고 했으니, 이 어른이 식견이 여기에 미치지 못한 점이 애석하다. 아!

을축년(1745, 영조21) 단옷날에 삼주(三州) 이재(李縡)가 쓰다.

156 문장은……없다 : 두보(杜甫)의 〈화양 유소부에게 주다〔貽華陽柳少府〕〉 시에 보인다.

영릉이 우암 선생에게 하사한 초구에 대한 발문[157]

寧陵御賜尤菴先生貂裘跋

아! 갖옷은 의복 가운데 귀한 것인데 그 가운데서도 호피(狐皮)로 만든 갖옷을 최고로 귀하기 여긴다. 그러므로 제후가 반드시 이것을 조현(朝見)의 의복으로 삼았으니 《시경》에 그러한 사례가 많이 보인다.[158] 그러나 이러한 갖옷을 입은 사람이 덕이 걸맞지 않아 왕왕 근심하고 안타까워하는 말이 있으니 이런 경우엔 귀하게 여기지 않는다. 《논어》에서 일컬은 염소가죽〔羔〕과 사슴가죽〔麑〕은 다만 검은 옷과 흰 옷에 따라 그 이름을 달리했을[159] 뿐 평범한 가죽옷에 불과한데 한번 성인의 몸을 가까이하여 〈향당(鄕黨)〉에 실리게 되어 지금도 읽는 자들이 저절로 무궁하게 사모하니 물건이 만난 바에 따라 행불행이 있을 뿐이다. 하물며 이 갖옷이 실로 명군양신(明君良臣)의 성대한 만남과 《춘추》의 존왕양이(尊王攘夷)의 큰 의리와 관계됨에 있어서랴.

157 영릉이……발문 : 1745년(영조21)과 1746년 즈음에 효종이 송시열에게 하사했던 초구(貂裘)에 대해 쓴 발문이다.

158 시경에……보인다 : 《시경》 〈소아(小雅) 도인사(都人士)〉에 "저 왕도의 인사여, 여우 갖옷이 누렇도다.〔彼都人士, 狐裘黃黃.〕"라고 하였고, 《시경》 〈패풍(邶風) 모구(旄丘)〉에 "호구가 해졌으니 수레가 동쪽으로 가네.〔狐裘蒙戎, 匪車不東.〕"라고 한 사례들이 보인다.

159 염소가죽과……달리했을 : 《논어》 〈향당(鄕黨)〉에서 공자의 복식에 대해 말하기를, "검은 옷에는 염소가죽 갖옷을 입고, 흰옷에는 사슴가죽 갖옷을 입고, 누런 옷에는 여우가죽 갖옷을 입으셨다.〔緇衣羔裘, 素衣麑裘, 黃衣狐裘.〕" 하였다.

우리나라 풍속이 담비가죽을 여우가죽처럼 귀하게 여겨 간간이 임금이 입기도 하였다. 지난 숭정(崇禎) 무술년(1658, 효종9) 겨울에 우리 효종대왕께서 입고 있던 초구(貂裘)를 벗어 우암(尤菴) 송 문정(宋文正) 선생에게 하사하시면서 은밀히 교유(敎諭)하기를, "나와 함께 저 요동(遼東)과 계주(薊州) 지방의 풍상을 같이 겪자구나."[160]라고 하였으니, 당시 계합의 융화와 출처의 광명은 소열황제(昭烈皇帝 유비)와 제갈무후(諸葛武侯 제갈량) 이후의 단 한사람이라 할 만하다. 10년 동안 주도면밀하게 세운 계책도 오직 한(漢)나라와 적국은 양립하지 못한다[161]는 것뿐이었다.

생각건대 당시 군신이 서로 주고받을 때 일편단심의 마음이 천지를 감동시키고 귀신을 울릴 만한 점이 있었다. 중도에 효종이 세상을 떠나 대업을 이루지 못하게 되자, 선생은 매번 초구를 품에 안은 채 눈물을 흘리고 또 종신토록 스스로 되뇌기를 "원통을 품고 통분을 참아내며 절박하여 어쩔 수 없는 마음〔含寃忍痛迫不得已〕 여덟 글자를 응당 가슴속에 품은 채 동지들과 함께 죽을 때까지 지켜야 한다."[162]라고 하였다.

160 나와……겪자구나 : 효종이 송시열에게 초구를 하사하자, 송시열은 여러 번 차자를 올려 사양하였다. 그 뒤에 송시열이 입대(入對)하게 되었을 때 또한 기어이 사양하니, 효종이 은밀히 교유하기를, "경이 나의 뜻을 알지 못하겠는가. 요동과 계주 지방의 풍상 속에 장차 함께 몰고 나가려는 것이다.〔卿未諭予意耶? 遼薊風霜, 將與同其驅馳也.〕"라고 하자, 그제야 송시열은 감히 끝내 사양하지 못하고 물러 나와 군신 간에 주고받던 말을 갖옷 안에 기록하였다. 《宋子大全 附錄 卷6 年譜》

161 한(漢)나라와……못한다 : 제갈량(諸葛亮)의 〈후출사표(後出師表)〉에 "한(漢)나라와 적국은 양립하지 못한다.〔漢賊不兩立〕"라고 한 데서 나온 말이다. 여기서 한나라는 우리나라를, 적국은 청나라를 뜻한다.

162 원통을……한다 : 324쪽 주20 참조.

선생의 이러한 대의는 해와 별처럼 밝아 만고토록 바꿀 수 없는 정론이니 어찌 성공과 실패, 이로움과 불리함으로 논할 수 있겠는가.

선생은 이리저리 떠돌며 고초를 겪을 때에도 항상 이 초구를 지니고 있었다. 일찍이 북쪽으로 유배되었을 때[163] 선생을 위해 글을 올려 쟁론하는 자가 말하기를, "선왕께서 하사하신 초구를 요동과 계주 지방의 풍상에 입어보지 못하고, 먼 변방에서 추위를 막는 도구가 되었단 말인가."라고 하였으니, 그 말이 매우 슬프다. 이 초구의 불행이 어찌 천하 만세의 불행이 아니겠는가.

아! 갖옷이라는 의복은 털이 길어 몸을 따뜻하게 해주니 위 문공(衛文公)의 굵은 베옷[164]과는 차이가 있는 듯하지만, 그 귀결처를 따져보면 치의(緇衣 조복(朝服))일 뿐이다. 가령 훗날 이 초구를 보는 자가 융중(隆中)의 윤건(綸巾)·백우선(白羽扇)[165] 이상으로 보배로 여기고 아낀다면 어찌 더욱 더 귀하게 여길 만하지 않겠는가. 선생은 이 초구를 손자인 송회석(宋晦錫)에게 맡겼고, 송회석의 아들인 송무원(宋婺源)이 대대로 보관하였다. 나는 그 집에서 이 초구를 한번 본

163 북쪽으로 유배되었을 때 : 이른바 제2차 예송 논쟁의 결과로 1675년(숙종1) 함경도 덕원(德源)으로 유배되었다.

164 위문공(衛文公)의 굵은 베옷 : 적(狄)의 침입으로 위(衛)나라가 멸망하자, 제 환공(齊桓公)이 적을 정벌하고 초구(楚丘)에 성을 쌓은 다음 위나라를 다시 세우고 문공(文公)을 임금으로 세워 주었다. 이에 문공은 근검의 솔선수범을 보이기 위해 굵은 베옷[大布]을 입고 굵은 명주관[大帛]을 쓰고서 백성들과 고락을 함께하여 위나라를 다시 부흥시켰다.《春秋左氏傳 閔公2年》

165 융중(隆中)의 윤건(綸巾)·백우선(白羽扇) : 융중(隆中)은 제갈량이 은둔해 있었던 양양(襄陽)의 융중(隆中)을 가리킨다. 한편 제갈량은 촉(蜀)나라의 승상으로 전쟁에 나갈 때, 항상 윤건을 쓰고 백우선을 손에 들고 삼군을 지휘하였다.

적이 있었는데 지금 여러 자손들이 내가 그 아래에 글을 써주기를 부탁하였다. 삼가 생각건대, 이미 선생이 지은 발문이 두세 편에 이르니[166] 감히 다른 말을 용납할 수 있겠는가. 다만 이름을 기탁하게 된 것을 영광으로 여겨 그 대체를 이처럼 간략히 서술한다.

166 선생이……이르니 : 송시열이 스스로 지은 〈내사초구발(內賜貂裘跋)〉, 〈재발(再跋)〉 등을 가리킨다.

《동자조석가》의 발문[167]

童子朝夕歌跋

정자(程子)는 말하길, "〈관저(關雎)〉 시는 간략하고 심오하여 지금 사람들이 쉽게 이해하지 못한다. 별도로 시를 지어 아이들을 가르치는 쇄소응대(灑掃應對)와 어른을 섬기는 예절을 간략히 말하여 아이들이 아침저녁으로 노래하게 하고자 하니, 응당 도움이 있을 듯하다."[168]라고 했으니, 참으로 지극한 논의이다. 그러나 정자는 미처 시를 짓지는 못했으나, 주자(朱子)가 〈감흥시(感興詩)〉에서 《소학》 한 편을 논했으니[169] 이것이 바로 정자의 유의(遺意)이다. 나는 이 때문에 이 책을

167 동자조석가의 발문 : 1746년(영조22) 저자가 엮은 《동자조석가(童子朝夕歌)》에 대한 발문이다. 《동자조석가》는 어린아이들이 경계로 삼을만한 시들을 한데 엮어 아침저녁으로 노래하게 만든 책이다.

168 관저(關雎)……듯하다 : 《근사록(近思錄)》 〈교학(教學)〉에 "고시(古詩) 3백 편 같은 것은 모두 옛사람이 지은 것이니, 〈관저(關雎)〉와 같은 따위는 정가(正家)의 시초이다. 그러므로 이것을 향인에게 사용하고 국가에도 사용하여 날마다 사람들로 하여금 듣게 하였다. 그러나 이들 시는 그 말이 간략하고 심오하여 지금 사람들이 쉽게 깨닫지 못한다. 나는 별도로 시를 지어 동자들로 하여금 쇄소응대(灑掃應對)하며 어른을 섬기는 예절을 간략히 말하여 아침저녁으로 노래하게 하고자 하니, 이렇게 하면 마땅히 도움이 있을 듯하다.〔如古詩三百篇, 皆古人作之, 如關雎之類, 正家之始. 故用之鄉人, 用之邦國, 日使人聞之. 此等詩, 其言簡奧, 今人未易曉. 欲別作詩, 略言教童子灑掃應對事長之節, 令朝夕歌之, 似當有助.〕"라는 정호(程顥)의 말이 보인다.

169 주자(朱子)가……논했으니 : 주희의 〈재거감흥(齋居感興)〉 20수 가운데 "어린아이는 바르게 기르는 것을 귀하게 여기니, 순종하고 공경하는 것이 바로 그 방법이라네.〔童蒙貴養正, 孫弟乃其方.〕"라고 시작하는 시를 가리킨다.

엮으면서 주자의 이 시를 위주로 하였고, 옛사람의 시 가운데 어린아이에게 절실한 내용을 아울러 수록하고 《동몽수지(童蒙須知)》[170]와 우리나라 율곡(栗谷) 선생의 《격몽요결(擊蒙要訣)》 몇 장(章)으로 끝을 맺었으니, 이는 몽매한 어린아이를 길러 성인이 되게 하는 공부[171]이다.

《서경》에 이르기를, "사랑을 세우되 어버이로부터 하고 공경을 세우되 어른으로부터 하여, 집과 나라에서 시작하여 천하에까지 이르게 해야 한다."라고 하였으니, 효제(孝悌)의 근본은 여기에 갖추어져있다. 하나라도 여기에 어긋난다면 윗사람을 범하고 난을 일으키는[172] 일이 벌어질 것이다. 면면히 싹이 자라나면 도끼를 사용해야 하고 졸졸 흐르는 물줄기는 바다를 이루니,[173] 참으로 두려워할 만하다. 부형과 자제가 된 자들은 모두 이 뜻을 몰라서는 안 된다.

병인년(1746, 영조22) 중춘에 도암(陶菴)이 천식재(泉食齋)에서 쓰다.

170 동몽수지(童蒙須知) : 주희가 지은 아동 교육용 수신서(修身書)이다.

171 몽매한……공부 : 《주역(周易)》 〈몽괘(蒙卦) 단사(彖辭)〉에 "어릴 때에 바름을 기름이 성인이 되는 공부이다.〔蒙以養正, 聖功也.〕" 하였다.

172 윗사람을……일으키는 : 《논어》 〈학이(學而)〉에 유자(有子)가 "그 사람됨이 효성스럽고 공경스러우면서 윗사람을 범하기를 좋아하는 자는 드무니, 윗사람을 범하기를 좋아하지 않고서 난(亂)을 일으키기를 좋아하는 자는 있지 않다."라고 말한 데서 나온 말이다.

173 면면히……이루니 : 재앙의 싹을 미리 제거하지 않으면 끝내 큰 재앙이 닥친다는 것을 뜻한다. 《공자가어(孔子家語)》 〈관주(觀周)〉에 "졸졸 흐르는 물줄기를 막지 않으면 결국은 강하(江河)가 되고 면면히 이어진 실오라기를 끊지 않으면 그물이 되며 털끝 같은 움싹을 제거하지 않으면 장차 도끼를 사용하게 된다.〔涓涓不壅, 終爲江河, 綿綿不絶, 或成網羅, 毫末不札, 將尋斧柯.〕"라고 한 데서 나온 말이다.

유청보 직기 의 《대동가언선행》에 대한 발문[174]

兪淸甫 直基 大東嘉言善行跋

유청보(兪淸甫)[175]는 내가 만년에 서로 알고 지낸 사람으로 식견과 사려가 두루 통달하였으니, 지금 세상에 살면서 옛 것에 뜻을 둔 사람이었다. 일찍이 상중(喪中)에 있을 적에 잡서는 거들떠보지 않고, 우리나라 선현들의 가언(嘉言)과 선행(善行)을 취해서 주자(朱子)의 《소학》 목차에 따라 선별하였으니 총 약간 편이다.

아! 주자의 〈가언편(嘉言篇)〉과 〈선행편(善行篇)〉서문에서 맨 먼저 《시경》의 "하늘이 백성을 내시니 사물이 있으면 법칙이 있도다. 백성이 떳떳한 성품을 갖고 있으므로 이 아름다운 덕을 좋아하도다."[176]라는 구절을 인용하였다. 이 책 또한 사물의 법칙과 백성의 떳떳한 성품이 발양된 것이니 읽고서 좋아하는 것이 본디 이치상 당연하다. 더군다나 사람의 덕행을 언급할 때 반드시 근세의 경우를 취하는 것은 습속이 똑같고 직접 보고들은 것이라 교화되고 본받는 것이 옛날의 경우보다 훨씬 더 효과적이기 때문이다. 《시경》과 《서경》에서 칭한

174 유청보의……발문 : 1746(영조22) 유직기(兪直基)가 엮은 《대동가언선행(大東嘉言善行)》에 대해 쓴 발문이다.

175 유청보(兪淸甫) : 유직기(兪直基, 1694~?)를 가리킨다. 본관은 기계(杞溪), 자는 청보(淸甫)이다.

176 하늘이……좋아하도다 : 《시경》 〈증민(烝民)〉에 나오는 구절인데, 《소학집주(小學集註)》 가운데 〈가언(嘉言)〉과 〈선행(善行)〉으로 이루어진 외편(外篇)의 첫머리에 《시경》의 이 구절을 인용하였다.

것이 이미 그러하거니와 유청보가 고인을 두고 반드시 우리나라에서 취한 것도 이러한 뜻이리라.

기록한 것들을 궁구해보면 모두 사람으로서 일상 속에 마땅히 행해야 할 것들로, 사랑을 세우고 공경을 세우는 뜻과 집과 나라에서 시작하여 사해에까지 미치는[177] 뜻을 여기에 모두 담았으니, 어린 시절에 길러서 장성하여 행하는 요결이 될 만하다. 나는 이 때문에 한 번 읽고 좋아하여 한 본을 베껴 써서 어린아이를 경계시켰다. 유씨(兪氏)의 여러 아들이 또한 모두 아버지를 닮아 옛것을 좋아하는 마음을 지녔으니, 이 책에 대해 반드시 진심으로 받든다면 거의 선조의 은혜로운 뜻을 저버리지 않을 것이다. 두 집안의 자손들은 모두 이 뜻을 몰라서는 안 될 것이다.

병인년(1746, 영조22) 봄에 도암(陶菴)이 쓰다.

177 사랑을……미치는 : 《서경》 〈이훈(伊訓)〉에 "이제 왕께서 그 덕을 이으려 하신다면 그 성패는 초기(初期)에 달려있지 않음이 없으니, 사랑을 세우되 어버이로부터 하시며 공경을 세우되 어른으로부터 하시어 집과 나라에서 시작하여 사해에서 마치소서.〔今王嗣厥德 罔不在初, 立愛惟親, 立敬惟長, 始于家邦, 終于四海.〕"라고 한 데서 나온 말이다.

도암집

제25권

잡저 雜著

아들 제원의 관례를 치른 뒤 경계하는 말[1]

男濟遠冠後戒辭

관례라는 것은 성인(成人)의 도이다. 성인의 도라는 것은 단지 자식, 아우, 신하, 젊은이로서 해야 할 일이다. 이것을 장차 어리고 무지한 사람에게 요구할 것이니, 그 예가 중요하지 않겠느냐. 나는 만년에 너를 얻어 이제야 너의 관례를 치른다. 화를 당한 나머지 삼가(三加)[2]의 의식을 갖추니 못하니, 이것이 아쉽고 한스러울 뿐이다.

다만 근세의 사대부가 자식의 관례를 치르면서 옛 예법을 행하는 이는 많지만 성인의 실상을 살펴보면 전혀 없다. 주(周)나라 말기에 수식이 심해진 폐단이 아니겠느냐. 그렇다면 내가 비록 의식을 갖추지 못하였으나 네게 기대하는 것은 실상이지 수식이 아니다.

아, 네 가지는 너에게 억지로 강요할 수 없는 것이다. 하늘이 이미 인의예지(仁義禮智)의 성품을 주었으니, 애경충제(愛敬忠弟)의 실상으로 드러난다. 보존하면 사람이 되고 버리면 금수가 되니, 그 기미는 지극히 두렵다.

너는 나이가 열다섯도 되지 않아 예의의 방향을 조금도 알지 못한다. 내가 평소 너를 가르치지도 않고서 하루아침에 갑자기 성인의 행실을

1 아들……말 : 이 글은 1722년(경종2) 저자의 아들 이제원(李濟遠, 1709~1752)의 관례를 치르며 지은 글이다. 이제원의 자는 의보(毅甫)이며, 당시 14세였다. 《知守齋集 卷9 司諫院大司諫李公墓碣銘》

2 삼가(三加) : 치포관(緇布冠), 피변(皮弁), 작변(爵弁)을 차례로 씌우는 관례의 절차를 말한다.

요구하니, 실로 아비 된 도리에 부끄럽다. 그러나 지금 네게 가르치는 것 역시 달리 구할 것이 없다. 다시 《소학》을 집어들고 숙독하고 정밀히 생각하여 말마다 돌아보고 일마다 돌아보아 한 마디 말이나 한 가지 일이라도 행여 이것과 어긋날까 걱정한다면, 성인의 도에 그나마 가까울 것이다.

내가 평소 네게 책을 읽으라고 간곡히 권하였으니, 문장에 능숙해져 과거에 급제하기를 바라서가 아니다. 단지 네가 의리를 알아 사람이라는 이름을 저버리지 않기를 바라는 것이다. 주자가 말하기를 "귀한 사람이 되기를 바라지 않고 다만 네가 좋은 사람이 되기를 바란다."[3] 하였으니, 바로 이러한 뜻이다. "부지런하고 삼가라는〔勤謹〕 두 글자를 따라서 올라가면 끝없이 좋은 일이 있고, 거꾸로 내려오면 끝없이 나쁜 일이 있을 것이다."[4]라고 하였으니, 이 또한 주자가 아들에게 가르친 것이다. 부디 힘쓰거라.

또 우리 집안은 대대로 효도와 우애를 바탕으로 삼았으니, 어질고 후덕하며 충성스럽고 소박한 것이 바로 본색이다. 이는 더욱 몰라서는 안 된다. 아들의 관례를 치른 다음날 써서 제원에게 보여주고 빈(賓)의 축사로 대신한다.

임인년(1722, 경종2) 10월 20일.

3 귀한……바란다 : 주자가 창주정사(滄洲精舍)의 학생들에게 "지금 이익과 녹봉을 탐하되 도덕과 의리를 탐하지 않고, 귀한 사람이 되기를 바라되 좋은 사람이 되기를 바라지 않으니, 이는 모두 뜻을 세우지 못한 탓이다.〔今貪利祿而不貪道義, 要作貴人而不要作好人, 皆是志不立之病.〕"라고 한 말을 인용한 것으로 보인다. 《晦菴集 卷74 又諭學者》

4 부지런하고……것이다 : 주자가 장남 주숙(朱塾)에게 보낸 편지에 나오는 말이다. 《晦菴集 續集 卷4 與長子受之》

종제 이유에게 써서 권면하다[5]

書勉從弟維

겉으로 드러나는 총명은 충분하나, 안에 쌓인 정신은 부족하다. 뜻이 낮고 천근함을 걱정하지 말고, 단지 말을 쉽게 하고 과장함을 걱정하라. 허심탄회하게 선을 받아들이는 미덕은 얻기 어렵고, 명예를 좇고 실질을 버리는 병통은 끝내 이기기 어렵다. 유야, 유야, 너의 객기를 버리고 너의 양심을 채우기 바라니, 오직 남몰래 스스로 수양할 뿐이다.

그대가 《소학》 2편을 읽고 제법 분발하여 새로워지려 하기에 다시 이를 써서 충고한다.

5 종제……권면하다 : 이 글은 저자의 종제 이유(李維, 1704~1738)에게 준 글이다. 이유의 자는 대심(大心)으로, 저자의 계부 이만견(李晩堅, 1666~1717)의 차남이다. 《陶菴集 卷40 從弟大心墓表》

김처안에게 써 주다[6]

書贈金處安

김처안이라는 사람은 장흥고의 아전이다. 부친 김흥순(金興順)은 나의 조부 의정 부군(議政府君 이숙(李翻))을 섬겼고, 김처안은 또 나의 중부(仲父) 상서공(尙書公 이만성(李晚成))을 섬겼는데, 공이 특별히 아꼈다.

임인년(1722, 경종2), 상서공이 화를 당하자 예전의 아전들은 모두 흩어져 떠났다. 그러나 김처안은 홀로 떠나지 않고 상을 치르는 일을 도왔다. 찾아와서는 섬돌 아래 서서 슬피 곡하였는데, 그 슬픔이 옆에 있는 사람을 감동시켰다. 장례를 마친 뒤 상서공의 아들 평강군(平康君 이구(李絿))은 온가족을 데리고 춘천으로 들어갔다. 김처안은 그래도 끊임없이 안부를 물었고, 때로는 험한 바위와 물결을 무릅쓰고 찾아가느라 죽을 뻔한 적도 여러 번이었는데, 상서공을 위해 심상(心喪) 3년을 치렀다.

상서공이 신원된 뒤 평강군은 차마 옛집으로 돌아가지 못하고 외딴

6 김처안에게 써 주다 : 이 글은 저자의 중부(仲父) 이만성(李晚成, 1659~1722)을 섬긴 김처안(金處安)에게 준 것이다. 김처안은 이만성의 겸인(傔人)이었던 것으로 보인다. 저자의 문인 양응수(楊應秀)의 〈축장일기(築場日記)〉에 따르면, 김처안은 예학에 밝아 《사례편람(四禮便覽)》의 편찬을 도왔다고 한다. 《白水集 卷17 築場日記》 글을 지은 시기는 밝히지 않았으나 본문에 이만성이 죽은 지 5년이 지났다고 하였고, 그의 아들 이구(李絿, 1689~1727)가 죽었다고 하였으니, 1727년(영조3) 지은 것으로 추정된다.

골짜기에 살았다. 춘천에서 동음(洞陰 영평(永平))의 개울가로 이사하였다가 얼마 못가 병들어 죽었다. 김처안은 그가 병들었다는 소식을 듣고 급히 구하러 갔다가 그대로 예법에 따라 몸소 염습하고 장사지냈다. 당시 날씨가 무더워 사람들은 모두 전염될까 두려워하였는데, 김처안은 어려운 기색 없이 마치 상서공을 곡할 때처럼 밤낮으로 슬피 곡하여 눈이 모두 부었으며, 마침내 영구를 모시고 돌아왔다. 상서공이 돌아가신 지 이미 5년이 지났는데 김처안은 상서공 이야기가 나올 때면 눈물을 흘렸다. 평강군이 후사 없이 죽자 또 그를 위해 힘을 다하였다.

아, 지금 세상의 사대부들은 기세등등할 때면 손을 잡고 속을 내보이며 생사를 함께 할 것처럼 행동한다. 그러다가 시간이 지나고 형편이 바뀌면 팔을 흔들며 큰 걸음으로 지나가고, 보아도 못본 척한다. 김처안은 미천한 사람이지만 홀로 이렇게 하였다. 김처안은 간혹 교외에 있는 나의 집을 찾아왔는데, 강독하는 소리를 들으면 매번 주저하며 떠나려 하지 않았기에 나는 괴이하게 여겼다. 듣자하니 김처안은 책을 좋아하여 하루종일 아전의 업무로 분주하게 뛰어다니다가 집으로 돌아오면 밤에 《논어》를 읽는다고 한다. 그가 신의를 중시하고 궁달과 생사 때문에 달라지지 않는 것도 당연하다. 이로 보건대 사대부는 더욱 독서하지 않으면 안 된다. 나는 외로이 살며 풍속을 병통으로 여긴 지 오래이다. 김처안의 뜻을 가상히 여겨 이렇게 쓴다.

김시탁에게 써 주다[7]

書贈金時鐸

김시탁 군이 나와 함께 지낸 지 몇 년이 되었는데, 하루는 상복을 입고 와서 자기 부친을 위해 묘도문자를 부탁하였다. 그의 부친이 죽을 때,

"나는 시탁의 성취를 미처 보지 못한 것이 첫 번째 한이고, 한천공(寒泉公 이재)을 한 번 뵙지 못한 것이 두 번째 한이다."

라고 탄식했다고 한다. 나는 그 뜻에 감동하여 글을 지으려 하다가 얼마 후 이렇게 말하였다.

"일단 천천히 하겠다. 내가 말을 아껴서 그런 것이 아니라 기다리는 것이 있기 때문이다. 그대가 내게 의지하여 부탁한 것은 자신에게 학문을 향하는 뜻이 있기 때문이며, 내가 사양하지 못하는 것도 이 때문이다. 그러나 학문은 본디 말하기 쉽지 않다. 공자가 말하기를, '만약 칭찬하는 사람이 있다면 반드시 시험해 본 적이 있기 때문이다.'[8]라고 하였다. 내가 어찌 감히 구차하게 칭찬하여 그대의 마음을 교만하게 하고 그대의 허물을 초래하겠는가. 그대의 뜻이 더욱 굳어지고 지혜가 더욱 밝아지고 행실에 더욱 힘을 써서 학문에 뜻을 두었다는 명분에

7 김시탁에게 써 주다 : 이 글은 1738년(영조14) 저자의 제자 김시탁(金時鐸, 1713~1751)에게 준 것이다. 김시탁의 본관은 덕수(德水), 자는 자목(子木)이며, 개성 출신이다. 문집 《이호유고(梨湖遺稿)》가 전한다. 《渼湖集 卷17 金君時鐸墓碣銘》

8 만약…… 때문이다 : 《논어》 〈위령공〉의 "내가 남에 대해 누구를 비방하고 누구를 칭찬하겠는가. 만약 칭찬하는 사람이 있다면 시험해 본 적이 있기 때문이다.〔吾之於人也, 誰毁誰譽? 如有所譽者, 其有所試矣.〕"라는 구절을 인용한 것이다.

부끄럽지 않은 다음에야 글을 지어 '시탁의 성취가 이와 같다.'라고 해야 내 마음에 만족스럽고, 지하에 있는 그대 부친의 바람에 부응할 수 있을 것이다.

아, 어버이를 드러내려는 마음은 귀한 사람이나 천한 사람이나 차이가 없다. 어버이에게 선이 있어 드러내는 것이 참으로 효도이기는 하다. 그러나 입신양명하고 덕을 완성하여 사람마다 다행스럽다며 부러워하게 하는 것[9]이야말로 큰 효도이다. 시탁이여, 시탁이여, 작은 일을 급하게 여기다가 큰 일을 소홀히 하지 마라."

무오년(1738, 영조14) 대한(大寒)이 지난 이틀 뒤, 한천옹이 쓰다.

9 다행스럽다며……것 : 《예기》 〈제의(祭義)〉의 "군자가 말하는 효도라는 것은 나라 사람들이 '다행이다. 이와 같은 아들이 있구나.'라고 칭찬하며 부러워하는 것이다.〔君子之所謂孝也者, 國人稱願然曰, 幸哉, 有子如此.〕"라는 구절을 인용한 것이다.

김시탁에게 써 주다[10]

書贈金時鐸

을축년(1745, 영조21) 여름, 나는 병이 조금 낫자 오랫동안 미루느라 쌓여 있는 남의 집안 묘도문자를 차례로 지어보냈다. 이때 김시탁 군이 옆에 있으면서 말을 하려다가 머뭇거렸는데, 그 모습이 몹시 근심스럽고 답답하였다. 나는 그의 마음을 알고서 즉시 초고를 지어 주었다. 그리고 얼마 후 조용히 말하였다.

"그대가 글을 부탁한 지 이미 7, 8년이 되었는데, 내가 '기다리는 것이 있다.'라고 한 데는 실로 의도가 있었다. 그러나 그대의 학문이 크게 진보하는 것을 보지 못했으니, 이는 그대의 죄이다. 지금 나는 그대의 소원에 억지로 부응하였으니, 그대의 뜻이 더욱 굳어지고 지혜가 더욱 밝아지고 행실에 더욱 힘을 써서 내 마음에 만족스럽고 지하에 있는 그대 부친의 바람에 부응할 수 있기 때문이 아니다. 다만 내가 더 늙고 병이 더 심해졌는데, 사람의 일은 헤아리기 어려우니 참으로 하루아침에 세상을 떠나 그대가 죽을 때까지 한스러워할까 걱정해서이다. 네가 혹시라도 이 일 때문에 터럭만큼이라도 교만한 마음을 품는다면, 내가 이 일을 한 것은 남의 자식을 해치는 데 가깝지 않겠느냐. 그대는 조심하거라.

10 김시탁에게 써 주다 : 이 글은 1745년(영조21) 저자의 제자 김시탁에게 준 글이다. 본서 제36권에 실려 있는 〈어모 김군 묘표(禦侮金君墓表)〉는 김시탁의 부친 김덕준(金德峻)의 묘표인데, 저자는 묘표를 완성한 뒤 따로 이 글을 지어주었다.

그대는 그동안 바깥 일에 제법 바빴으나 지금은 내면에 전념하고 있으니, 이는 조금이나마 나아진 점이라 하지 않을 수 없다. 그러나 지혜와 행실은 그렇지 않다. 소원을 이미 다 이루었다고 하지 말고, 부족한 바에 더욱 힘써야 한다.

또 들으니, 문하의 유생들은 그대가 글을 부탁한 것이 외람되다고 한다는데, 이 점은 잘잘못을 분명히 말하지 않을 수 없다. 옛날 양자운(揚子雲)은 서촉(西蜀)의 부자가 수십 만 전(錢)을 싣고 와서 《태현경(太玄經)》에 실어 달라고 하였으나 자운은 허락하지 않았다.[11] 이는 명성을 좋아하는 것에 불과하였기에 자운은 허락하지 않았던 것이다. 어버이를 드러내려는 마음은 존귀한 사람이나 비천한 사람이나 차이가 없다. 그대가 이렇게 청한 것은 단지 독서하였기 때문이다. 그대가 독서하는 것을 금하지 않았으니 어찌 이 청을 금하겠느냐. 내가 처음에 엄하게 거절하지 않고 받아들이고서 일단 천천히 하겠다고 한 것은 이 때문이다. 그대가 만약 끝내 이 글을 얻지 못한다면 나아가서 문하에 노닐거나 물러나서 고향에 살거나 모두 남을 볼 면목이 없을 것이다.

《논어》에 이르기를, '군자는 남의 아름다움을 이루어주고, 남의 악을 이루어주지 않는다.'라고 하였다. 이것이 어찌 어진 군자가 차마 할 수 있는 일이겠는가. 이러하니 네가 외람되다고 하는 자는

11 옛날……않았다 : 《고금사문유취(古今事文類聚)》에 따르면, 양웅이 《법언(法言)》을 저술하자 촉 지방의 상인이 10만 전을 가져와 자기 이름을 실어달라고 하였으나 양웅이 거절하였다고 한다. 《태현경》에 실어 달라고 하였다는 언급은 저자의 착오로 보인다. 《古今事文類聚 別集 卷2》

참으로 잘못 말한 것이지만, 이를 믿고 외람된 짓을 하지 말라는 경계를 어겨서도 안 된다. 《주역》 〈겸괘(謙卦)〉에 이르기를, '겸(謙)은 높고 빛나며 낮되 넘을 수 없다.'라고 하였다. 잘난 체 하면 남들이 반드시 업신여기니, 자신을 낮추면 이러한 근심이 없다. 이 말을 죽을 때까지 명심해야 한다."

천옹(泉翁)이 쓰다.

유여호에게 써 주다[12]

書贈劉汝豪

유여호(劉汝豪) 열도(悅道)는 북청(北靑) 사람이다. 걸어서 나를 찾아와 공부하였는데 3년 동안 떠나지 않았다. 도적의 난리[13]가 일어나자 나는 성상의 안부를 묻기 위해 도성으로 들어가며 그에게 떠나라고 권유하였으나 그렇게 하려고 하지 않았다. 그는 분연히 따르기를 청하며,

"죽으나 사나 함께 하겠습니다."

라고 하였다. 나는 그의 뜻을 의롭게 여겨 강요하지 못했다. 난리가 끝나자 나를 따라 돌아왔는데, 몇 달이 지나자 나는 헤아릴 수 없는 화를 당하여 외딴 산으로 달아나 숨으려 하였다. 유생이 울며 작별하기를,

"뒤에 남고자 하는 것이 아니라 감히 그렇게 할 수 없기 때문입니다."

하였다.

아, 유생은 천리 밖에서 객지생활하다가 하루아침에 변란을 만났으나 의연히 한 번 죽기를 각오하고 떠나지 않았다. 나는 두려워하며 화를 멀리 하려는 생각에 데리고 가지 못했으니, 그대가 나를 저버린

12 유여호에게 써 주다 : 이 글은 저자의 제자 유여호(劉汝豪, 1705~1731)에게 준 글이다. 유여호는 본관이 강릉(江陵), 자가 도열(道悅)이며 북청(北靑)에 살았다. 《梅山集 卷39 學生劉公墓誌銘》 글을 지은 시기는 밝히지 않았으나 무신란이 끝나고 저자가 덕양(德陽)의 화전(花田)으로 은거할 때 지어 준 것으로 보인다.

13 도적의 난리 : 1728년(영조4) 일어난 무신란(戊申亂)을 말한다.

것이 아니라 내가 그대를 저버린 것이다. 그러나 그대가 돌아가 부모를 섬기며 한결같이 《소학》을 스승으로 삼은 뒤에야 참으로 나를 저버리지 않은 것이다. 그대는 이렇게 할 수 있겠는가?

김윤해에게 써 주다[14]

書贈金潤海

단천(端川)은 멀리 마천령(磨天嶺)과 마운령(磨雲嶺) 사이 천 사백여 리 떨어진 곳에 있다. 김윤해는 조부의 묘도문자를 부탁하기 위해 한천에 있는 나를 찾아왔다. 그러나 나는 병으로 사양하였다. 또 중고(中古) 이전의 사람은 내 견문이 미치지 못해 칭찬과 비방의 진실을 알기 어렵다. 사람의 묘도문자는 초상화와 같아서 터럭 하나라도 비슷하지 않으면 전혀 다른 사람이다. 나는 이것이 두려워 근거삼아 믿을 만한 선현의 서술이 없는 경우는 한결같이 사양하였으니, 헛걸음하고 돌아간 사방의 선비가 몹시 많다. 그리고 김군이 사는 곳은 몹시 머니 더욱 불쌍하다.

그러나 《예기》에 "선조에게 미덕이 있는데 알지 못하면 어질지 않은 것이다."라고 하였다고 한다. 다만 주자(朱子)가 묘지명을 부탁한 사람에게 허락하지 않으면서도 '실제에 힘쓰라〔務實〕' 두 글자를 써 주었으니[15], 선행을 하여 선조에게 아름다운 명성을 보태면 그 효도가 묘갈명

14 김윤해에게 써 주다 : 이 글은 1746년(영조22) 단천(端川) 사람 김윤해(金潤海, 1668~?)에게 준 것이다. 김윤해는 본관이 강동(江東), 자는 문원(文遠)이며 1696년(숙종22) 문과에 급제하여 단천 군수(端川郡守), 북청 부사(北靑府使), 경성 판관(鏡城判官) 등을 역임하였다. 조부 김중감(金重鑑)의 묘도문자를 부탁하기 위해 저자를 찾아왔으나, 저자는 거절하고 이 글을 지어 주었다.

15 주자(朱子)가……주었으니 : 신주(信州)의 선비가 주자에게 선조의 묘비문을 청하였으나 주자는 거절하고, 그가 떠날 때 "그대에게 실제에 힘쓰라〔務實〕는 두 글자를

과 묘지명으로 어버이를 드러내는 것보다 훌륭하다고 여겨서가 아니겠는가. 그대는 부디 돌아가 독서하되 《소학》을 우선으로 삼되, 한결같이 경전의 순서를 따라 계속하여 북방의 현명한 선비가 된다면 다행이겠다. 내가 훗날 그대를 칭찬하는 여론을 듣게 하여 글을 써준 뜻을 저버리지 말라.

병인년(1746, 영조22) 윤3월 하순, 도암이 천식재(泉食齋)에서 쓰다.

주겠다." 하였다. 《朱子語類 卷107》

율곡선생 문집 수정 범례[16]

栗谷先生文集修正凡例

1. 선생의 문집은 시집(詩集) 1권, 문집(文集) 9권, 속집(續集) 4권, 외집 4권이 있다. 시집과 문집을 간행한 것은 만력 신해년(1611, 광해군3)이었는데, 시집은 수암(守菴) 박지화(朴枝華) 등 여러 공이 선발한 것이고, 문집은 우계 선생(牛溪先生 성혼)이 선정한 것이다. 그 분류와 편차는 대부분 선생의 문인 박여룡(朴汝龍) 등 여러 사람의 손에서 나온 것인데, 편차에 법도가 부족하고 또 빠진 것이 많아 미비하였다. 그러므로 현석(玄石 박세채)은 이를 문제로 여겨 속집과 외집을 차례로 완성하였는데, 한결같이 문집의 초본을 위주로 하였다.-초본은 선생의 중형(仲兄) 이번(李璠)이 필사한 것으로 모두 9권이다.- 또 해양(海陽 해주), 임영(臨瀛 강릉), 파산(坡山 파주) 및 당시 친구의 자손 집에 소장된 짧은 글까지 널리 모아 편입하였으므로 이르고 늦은 시기의 구별이 없고 널리 취하기만 하여 정밀하지 못하다는 아쉬움이 있었다. 그러므로 우암(尤菴 송시열)은 먼저 만들어진 문집과 뒤에 만들어진 문집을 모두 문제로 여기며 한 번 정리하지 못한 것을 한스럽게 여겼다고 한다. 지금 마침 서원에 보관한 판목(板木)이 썩고 이지러져 빠진 것이 많아

16 율곡선생……범례 : 이 글은 1749년(영조25) 간행된 《율곡전서(栗谷全書)》의 범례이다. 율곡의 문집은 1611년(광해군3) 《율곡집》이라는 이름으로 처음 간행되었으며, 1682년 박세채(朴世采)가 속집(續集), 외집(外集), 별집(別集)을 편찬하였다. 이후 저자가 율곡의 모든 저술을 종합하여 《율곡전서》로 재편하였다. 저자의 발문이 1744년에 지은 것이므로, 편찬은 이 무렵 완성된 것으로 보인다.

조만간 다시 간행해야 하므로, 우암이 남긴 뜻에 따라 시집, 문집, 속집, 외집 4집을 통합하여 하나로 만들었다.

1. 시집은 처음에 시체별로 분류하여 따로 한 권으로 만들었으니, 《주자대전》 및 여러 작가의 문집 체제와는 다르다. 그러므로 한결같이 연도순으로 편차하고, 간혹 연도가 그다지 분명하지 않은 것이 있으면 그 시대와 말뜻을 고려하여 덧붙이고 합하여 하나로 만들었다.

1. 선생의 문집은 여느 작가가 꾸며낸 글에 비할 바가 아니니, 한결같이 도학을 밝히고 다스림의 요체와 관계되어 세교에 보탬이 되는 것을 위주로 하였다. 젊었을 때 장난삼아 읊거나 과장에서 지은 부(賦), 표(表) 따위는 모두 산삭하였다.

1. 퇴계 선생과 학문을 논한 서찰에는 모두 퇴계의 답장을 덧붙여 고증에 편리하게 하였다.

1. 《성학집요(聖學輯要)》와 《격몽요결(擊蒙要訣)》 역시 모두 외집의 첫머리에 편입하여 《이정전서(二程全書)》의 전례를 모방하였다.-《역전(易傳)》도 《이정전서》에 실려 있다.-

1. 차자(箚子), 계사(啓辭) 중에 전문이 일기에 실려 있어 문집에 중복해서 나오는 것도 모두 산삭하였다. 사간원과 사헌부에 있을 때 올린 계사로 그다지 관계가 없는 것도 산정하였다.

1. 선생이 문생에게 답한 문목(問目) 및 여러 사람이 지은 글 중 선생의 평소 말씀과 관계된 것은 지금 모두 수집하여 〈어록〉이라 명명하고 외집 뒤에 덧붙여 《이정외서(二程外書)》의 전례를 모방하였다. 그리고 〈태극문답〉 한 편은 우암이 송 귀봉(宋龜峰 송익필)에게서 나온 것이라 하였으므로 감히 수록하지 않았다.

1. 임영에서 간행한 선생의 연보는 우암이 편차한 것으로, 당시 진선

(進善) 정양(鄭瀁)이 간성 군수(杆城郡守)로 있다가 돌아갈 때를 앞두고 간행한 것인데, 작업을 몹시 급하게 하였다. 그러므로 우암 역시 창졸간에 만드느라 지극히 정밀하게 하지 못한 것을 한으로 여겼다. 그 뒤 현석이 착오가 있는 곳을 기록하여 〈연보고증〉을 만들어 우암에게 질정하였더니, 우암이 다시 교감하여 정하도록 허락하였다. 현석은 또 별본 1건을 만들어 속집과 외집 다음에 두었다. 지금 우암이 남긴 뜻에 따라 두 본을 참고하여 착오가 있는 곳을 바로잡아 편차하고, 간혹 기록되지 않은 다른 일은 첨가하였다.

1. 연보와 부록 중 행장, 비지, 묘표음기 등의 글 외에 또 〈제가기술잡록(諸家記述雜錄)〉을 하단에 이어서 넣어 《기보통편(紀譜通編)》[17] 및 다른 문집에 있는 유사(遺事)의 전례를 모방하였다.

1. 선생의 외집과 속집은 이미 원집과 합쳐 하나로 만들었으므로 《이정전서》의 전례에 따라 《율곡전서》라고 이름을 고치고, 문집, 시집, 외집은 책 안에 작은 글자로 구분하여 썼다.

17 기보통편(紀譜通編) : 송시열이 《주자연보(朱子年譜)》와 《주자실기(朱子實紀)》를 합쳐 만든 주자의 전기이다.

포은 선생의 종자(宗子)를 세우는 문제에 대한 논의[18]

圃隱先生立宗議

《예기》〈단궁〉의 "공자가 말하기를, '적손을 세워야 한다.'라고 하였다."[19]라는 한 구절은 예법의 중대한 기준으로 만세가 지나도 바꿀 수 없는 것이다. 제왕가의 경우는 따로 논의해야 마땅하니, 일반 서민이 감히 참람하게 인용할 수 있는 것이 아니다. 근세에 인평 도위(寅平都尉 정제현(鄭齊賢))의 집안에서 잘못된 전례가 한번 나오자[20] 따라서 행하는 사대부가 많아져 이치를 크게 해쳤다.

정석(鄭錫)의 첫째 아들 정도제(鄭道濟)는 종자(宗子) 정호(鄭鎬)의 후사가 되어 십년 넘게 제사를 주관하였으나 불행히 아들 없이 죽었

18 포은……논의 : 이 글은 포은 정몽주의 후사 문제에 대한 의견을 밝힌 글이다. 정몽주의 종손 정호(鄭鎬)가 후사 없이 죽자, 정호의 아우 정석(鄭錫)의 아들 정도제(鄭道濟)를 정호의 후사로 삼았다. 그러나 정도제가 또 후사 없이 죽자 1736년(영조12) 정제두(鄭齊斗) 등의 의견에 따라 정도제를 다시 정석의 후사로 돌려보내고 정도제의 아우 정하제(鄭夏濟)를 정호의 후사로 삼았다. 이후 1743년 정도제의 아내 송씨(宋氏)의 상언에 따라 정도제를 다시 정호의 후사로 삼았다. 이 글은 그 이후에 지은 것으로 보인다.

19 공자가……하였다 : 공의중자(公儀仲子)가 죽었을 때 적손(嫡孫)을 두고 서자(庶子)를 후사로 세웠는데, 자유(子游)가 공자에게 물으니, 공자는 "아니다. 적손을 세워야 한다."라고 하였다. 《禮記 檀弓上》

20 인평 도위(寅平都尉)의……나오자 : 정제현의 아들 태일(台一)이 후사 없이 죽자 정제현의 사촌 정태제(鄭泰齊)의 아들 건일(建一)을 정제현의 후사로 삼았다. 그리고 훗날 건일의 아들 지식(志式)을 태일의 후사로 삼아 정제현의 제사를 지내게 하였다. 《霞谷集 卷6 從兄寅平尉鄭公墓表》

다. 예법상 정도제를 위해 후사를 세워야 하는데, 정석의 둘째 아들 정하제(鄭夏濟)를 종자로 삼았으니, 이는 인평 도위 집안의 전례를 따른 것이었다. 정도제의 입장에서 말하면 그는 종자인데 죄 없이 버려진 것이고, 정하제의 입장에서 말하면 그는 지자(支子)인데 종통을 빼앗은 것에 가깝다. 죽은 자는 당연히 몹시 억울하겠지만, 살아있는 자라고 어찌 마음이 편안하겠는가. 지금 정하제가 또 불행히 아들 없이 죽었는데, 이제 종자를 골라 정하는 날이 되자 마치 정하제를 위해 후사를 세우는 것처럼 하니, 이는 실로 절대 안 되는 것이다.

부자는 하늘이 이어준 관계로, 천륜이 한 번 정해지면 본디 단절할 수 있는 의리가 없다. 더구나 정도제는 이미 죽었는데, 죽은 뒤에 무슨 죄를 지었다고 부자 관계를 단절당하였는가. 이미 죽은 사람에 대해 또 어떻게 파양을 말할 수 있겠는가. 이른바 본종(本宗)으로 다시 돌아간다는 것은 본종에 후사가 없어서 돌아와 그 제사를 지내기 위해서이다. 이미 죽은 정도제가 비록 본종으로 돌아왔다지만, 어떻게 실제로 제사를 지낼 수 있겠는가.

정도제와 정하제는 죽은 것도 같고 후사가 없는 것도 마찬가지다. 종자를 세우고자 한다면, 이 기회를 이용해 잘못을 바로잡지 않으면 안 된다. 지금 마땅히 정도제를 위해 후사를 세워 선조의 제사를 주관하게 해야 한다. 정하제를 어떻게 처리하는가 하는 문제에 대해 어떤 이는 '정도제를 파양하고 본종으로 돌려보낸 전례대로 해야 한다.'라고 하지만, 한번 이미 큰 잘못을 저질렀는데 두 번이나 할 수 있겠는가. 마땅히 정하제를 정호의 둘째 아들로 삼아야 하고, 정석은 다시 종족 중에 대를 이을 만한 사람을 찾아 후사로 삼아야 한다. 이렇게 하면 예법과 정리로 헤아려 양쪽이 모두 타당하여 유감이 없을 듯하다.

어떤 이는 이렇게 말한다.

"정하제는 이미 본생친(本生親)을 위해 기년복을 입었고, 또 승중한 집안의 조모를 위해 상복을 입었으니 이는 종자이다. 정도제는 비록 십년 넘게 제사를 주관했다지만 이상의 두 가지 일이 없었다. 그리고 파양된 지 7년이나 지났으니, 이제 와서 종자를 버리고 도리어 이미 파양된 자를 위하여 후사를 세운다면 어찌 이런 이치가 있겠는가?"

나는 이렇게 말한다.

"정하제가 자기 형을 대신한 것은 이른바 '세워서는 안 되는데 세운 경우'[21]에 해당한다. 처음이 이미 잘못되었으니 중간의 두 가지 일이야 논할 것이 있겠는가. 정도제는 이른바 '버려서는 안 되는 데 버려진 경우'이다. 이미 잘못인 줄 알았다면 아무리 수십 년이 지났더라도 어찌 바로잡지 않을 수 있겠는가."

어떤 이는 이렇게 말한다.

"종자가 죄 없이 버려졌다가 이제와 신원되었으니, 정도제에게는 참으로 다행이다. 그러나 정하제 역시 종자이다. 이미 승중한 집안의 상복을 입었는데 종통을 잇는 사람이 되지 못한다면 그 역시 원통하지 않겠는가?"

나는 이렇게 말한다.

21 세워서는…… 경우 : 위(衛)나라 세자 괴외(蒯聵)가 부친 영공(靈公)에게 죄를 짓고 외국으로 도망하자 영공이 죽은 뒤 괴외의 아들 첩(輒)이 즉위하였다. 그가 바로 출공(出公)이다. 이를 기록한 《춘추》의 내용에 대해 공자는 "세자 괴외라고 기록한 것은 그가 버려서는 안 되는 데 버려졌기 때문이고, 출공을 첩이라고 기록한 것은 그를 세워서는 안 되는데 세웠기 때문이다."라고 하였다. 이상은 《예기집설(禮記集說)》에 실려 있는 유계(游桂)의 주석에 나오는 내용이다. 《禮記集說 卷15 檀弓上》

"정하제의 입장에서 말하자면, 처음에는 조정의 명을 받고 억지로 자기 형을 대신하였지만 그의 마음은 참으로 불안했을 것이다. 살아서는 비록 지위를 양보하지 못했지만, 그래도 죽어서는 숙제(叔齊)[22] 처럼 될 수 있으니, 이것이 어찌 천리를 따르고 인심에 맞는 일이 아니겠는가."

어떤 이는 이렇게 말한다.

"정석은 두 아들을 두었지만 그는 후사가 끊어지는 결과를 면치 못하고, 다른 사람의 자식을 얻는다면 어찌 원통하고 답답하지 않겠는가. 정하제가 장차 형에게 종통을 양보한다면, 그 역시 후사가 없는 사람이 되지 않겠는가?"

나는 이렇게 말한다.

"세상에 아들이 하나 뿐인데 대종의 후사로 보낸 사람이 많으니, 중요하게 여기는 바가 따로 있기 때문이다. 지금 정석의 두 아들이 모두 대종으로 갔지만, 효성스러운 자손의 마음에 있어서 이것이 어찌 원통하고 답답할 리가 있겠는가. 그리고 차라리 자기의 후사가 끊어질지언정 부형의 후사가 없는 것은 차마 볼 수 없는 것이 사람의 지극한 감정이다. 정석과 정하제의 마음이 죽었다고 해서 어찌 다르겠는가. 더구나 정석의 후사는 비록 자기 소생은 아니지만 자연히 끊어지지 않을 것이다. 정하제는 이미 정호의 둘째 아들이 되었으니, 역시 후사를 세워 별종(別宗)이 될 수 있다. 이렇게 한다면 종통은 바르게 되고, 두 사람 모두 각기 후사가 있게 될 것이니, 죽은

22 숙제(叔齊) : 숙제가 형 백이(伯夷)에게 왕위를 양보한 적이 있으므로 언급한 것이다.

사람에게 지각이 있다면 반드시 마음에 달게 여기고 한스러워하지 않을 것이다."

어떤 이는 이렇게 말한다.

"의리는 참으로 그렇지만 이것은 본가에서 변통할 수 있는 일이 아니다. 처음에 정도제를 파양하여 본종으로 돌려보내고 정하제가 대신 종가의 후사가 된 것은 모두 임금의 명에서 나왔다. 지금 정하제를 버리고 정도제의 후사를 세우고자 한다면 반드시 번거롭게 임금께 아뢴 뒤에야 가능하다. 그러나 조정의 논의가 반드시 이렇지는 않을 것이다. 정하제를 위해 후사를 세우기는 쉽지만 정도제를 위해 후사를 세우기는 어려우니 어찌하겠는가?"

나는 이렇게 말한다.

"천하의 일은 옳고 그름이 있을 뿐이니, 옳으면 따라야 하고 그르면 고쳐야 한다. 작은 일도 그러할진대 하물며 중대한 천륜은 어떻겠는가. 평범한 사대부의 집안도 그러할진대 하물며 위대한 현인의 후사는 어떻겠는가.

포은 선생은 우리 동방 도학의 연원이니, 중대한 종통 문제에 있어서는 더욱 오로지 예법에 따라야 하고 감히 소홀히 할 수 없다. 풍속에 따라 구차하게 해서야 되겠는가. 지난해 아뢴 것은 한때 권도를 따르는 방책에 불과하였다. 이미 그것이 구차한 줄 알았다면 바로잡기에 겨를이 없어야 마땅하다. 더구나 작년에는 정도제의 아들 항렬에 태어난 자가 없었는데 지금은 많이 있으니, 전후의 형편이 절로 다르다. 이 일은 체모가 중요하니 다시 성상께 아뢰어 결재를 받지 않을 수 없다. 사실에 근거하여 아뢰고 청을 허락받는다면, 고치는 것 또한 임금의 명이다. 무슨 의심할 것이 있겠는가?"

홍 처사 원 의 행적을 기록하다[23]

記洪處士 遠 行蹟

신이의(愼爾儀) 가상(可象) 군이 상(喪)을 치르고 한천(寒泉) 가로 나를 찾아왔다. 그가 일어나 말하기를,

"우리 고을에 처사 홍원(洪薳)이라는 사람이 있었는데, 행실로 고을에서 존경받았습니다. 불행히 후사 없이 죽어서 외로운 무덤 하나가 남았을 뿐입니다. 제가 며칠 전 지나다가 찾아가 보았더니 잡초에 파묻혀 있어 차마 떠나지 못하고 주저하였습니다. 저야 원래 몹시 사모하던 사람이지만, 온 고을 사람들이 너도나도 추도하지 않는 이가 없습니다. 그러나 만약 수십 년이 지나면 그를 본 적이 있는 사람은 거의 다 없어질 것입니다. 비록 그의 덕이 두텁고 행실이 아름답더라도 누가 알겠습니까. 이 때문에 슬퍼하는 것입니다."

하고는 이어서 눈물을 흘렸다. 나는 원래 남의 선을 말하기 좋아하는 자이기에 마침내 그러한 실상을 물었더니 이렇게 말하였다.

얼음처럼 맑고 활시위처럼 곧은 것은 그의 심사요, 남의 선악과 일의 시비를 논할 적에 칼로 자른 듯한 것은 그의 논의였다. 또 집안에서의 행실이 돈독하여 형과 형수가 모두 죽고 어린 아들 딸 하나씩만 남았는데, 상을 치를 적에 자기 땅을 전부 팔았고, 조카딸을 시집보낼 때도

23 홍……기록하다 : 이 글은 홍원(洪薳, 1667~1730)의 생애를 기록한 글이다. 홍원은 본관이 남양(南陽), 자가 자이(自邇)이다. 홍원의 행적을 전한 신이의가 동향 사람이라고 하였는데, 그가 전의(全義)에 살았으므로 홍원 역시 전의에 살았던 것으로 보인다.

그렇게 하였다. 임시로 종가의 제사를 지내면서 종가에 대대로 전해오는 토지와 노비를 마음을 다해 수습하고, 하나도 다른 용도로 사용하지 않았다. 재력이 넉넉해지자 고아가 된 조카가 아내를 맞이하여 가정을 이루기를 기다려 전부 넘겨주었으니, 부서진 집 몇 칸 외에는 남은 것이 없었다. 그의 첩이 제정신을 잃고 미쳐서 달아나자 또 첩 하나를 데리고 살았는데, 훗날 그녀 여동생의 남편이 무신년(1728, 영조4) 역적의 무리에 들어가자 즉시 쫓아냈으니, 사람들이 어려운 일이라고 여겼다. 혈혈단신으로 곤궁한 사람이 되었으나 성내는 기색이 없었다. 독서를 좋아하였으나 노년에 한쪽 눈이 보이지 않아 글자를 보기 어려워지자 자기 운명이 궁하다고 더욱 상심하였다.

공의 자는 자이(自邇)이며 남양(南陽) 사람이다. 조부 식(植)은 문화 현령(文化縣令)을 지냈는데, 병자호란 때 나라를 위해 죽어 추증과 정려를 받았다. 부친 사호(賜湖)는 대대로 전의(全義)에 살았다. 공은 나이 64세 되던 경술년(1730, 영조6) 세상을 떠나 천서(川西) 고향 뒤에 묻혔다. 그의 종형 은(蔭)은 소과와 대과에 급제하여 대관(臺官)을 역임하였는데, 공의 문장은 그만 못하였으나 명망은 더욱 높았다고 한다.

가상은 오랫동안 내게 배운 사람으로 한 고을의 착한 선비인 줄 알고 있으니, 그의 말은 참으로 믿을 만하다. 가상의 말에 따르면 또 그의 중부(仲父) 대곡 선생(大谷先生)[24]이 공에게 효성스럽고 우애있는 행실이 있다며 아끼고 중하게 여겼다고 한다. 공 또한 대곡 선생을 시종

24 대곡 선생(大谷先生) : 신후윤(愼後尹, 1640~1713)을 말한다. 본관은 거창(居昌), 자는 동로(東老), 호는 대곡(大谷)이다.

일관 공경히 섬겼다. 나는 요행히 대곡 선생을 만나뵈었는데, 항상 그의 독실한 위기지학은 근세의 학자 중에 거의 미칠 사람이 없다고 생각하였다. 그 분은 필시 구차하게 남을 칭찬할 사람이 아니다. 선생과 같은 어진 분이 이렇게 대우했다면 그 사람을 알 만하다. 옛 교분을 생각하고 곤궁한 처지를 불쌍히 여겨 무덤의 풀이 오래 묵은 뒤에도 숨겨진 덕을 드러낼 방법을 생각하였으니, 가상 또한 어질다고 하겠다. 나는 그러므로 그와 주고받은 이야기를 기록하여 한 통의 글로 만들어 돌아가는 가상에게 준다. 훗날 입언 군자(立言君子)가 나타나 외딴 고을에서 작은 선을 가진 사람조차 빠뜨리지 않고자 한다면 행여 채택할 수 있으리라.

열부 이씨전[25]

烈婦李氏傳

열부 이씨는 고려 직제학 양수생(楊首生)의 아내이다. 양수생이 죽었을 때 이씨는 아직 젊었다. 부모는 일찍 과부가 된 그녀를 불쌍히 여겨 지조를 빼앗아 시집보내려 하였다. 이씨는 그때 임신 중이었는데 울며 말하기를,

"요행히 아들을 낳으면 양씨의 제사는 끊어지지 않을 것입니다. 해산한 뒤에 다른 사람에게 시집가도 늦지 않을 것입니다."

하였다. 아들을 낳은 뒤 부모가 다시 억지로 시집보내려 하자, 이씨가 또 울며 말하기를,

"아이가 아직 젖도 떼지 않았는데 다른 사람에게 시집가면 장성할지 알 수 없습니다. 하늘이 양씨에게 후사가 있게 하였는데 제가 차마 끊어버리겠습니까. 아이가 품을 떠날 때까지 기다려주십시오."

하였다. 아이가 먹을 수 있고 말을 할 수 있게 되자 이씨는 의연히 말하기를,

"충신은 두 임금을 섬기지 않고 열녀는 두 지아비를 바꾸지 않으니, 죽더라도 맹세코 다른 사람에게 가지 않겠습니다."

하였다. 그러나 부모는 여전히 이해해 주지 않았다. 이씨는 처음에

25 열부 이씨전 : 이 글은 고려 사람 양수생(楊首生)의 아내 이씨(李氏)의 열행을 기록한 글이다. 양수생은 양이시(楊以時~1377)의 아들로, 1376년 문과에 급제하여 직제학을 지냈다.

자결하려 하였으나 의리상 할 수 없었다. 마침내 두세 여종과 함께 남편 집안의 남원(南原) 별장으로 도망하였다. 천 리 길을 가며 고생하느라 발에서 피가 흘렀다. 처음에는 고을 서쪽 교룡산(蛟龍山) 아래에서 살았는데, 얼마 못 가 왜적의 난리를 피해 비홍산(飛鴻山)에 올라갔다가 순창(淳昌)의 구악(龜岳)을 바라보고 "산의 기운이 아름답구나." 하고, 마침내 가서 살았다. 그리하여 양씨의 자손이 대대로 그곳에 살게 되었다.

아이가 열 다섯 살 무렵이 되었는데, 사냥을 좋아하여 공부를 하지 않았다. 하루는 이씨가 식음을 전폐하고 이불을 뒤집어 쓰고 누웠다. 아이가 밖에서 들어와 어머니에게 무슨 병이 있냐고 물으니, 이씨가 말하기를,

"병이 아니다. 미망인인 나는 오직 너를 의지하여 살았으니, 독서하고 행실을 가다듬어 조상의 업적을 실추시키지 않는 것이 나의 바람이었다. 그런데 지금 네가 하는 짓이 이와 같으니 성취하기를 바랄 수 없다. 나는 이 때문에 죽고자 한다."

하였다. 아이는 감동하고 깨달아 그날로 사냥 도구를 불태우고 이웃에 사는 김 주서(金注書)에게 배워 마침내 인재가 되었으니, 함평 현감(咸平縣監) 양사보(楊思輔)가 바로 그 사람이다. 이씨는 늙어서 수령이 된 아들의 봉양을 받고, 죽어서는 순창군 동쪽 20리쯤 되는 곳에 묻혔다. 우리나라에서 그 바른 절개를 가상히 여겨 특별히 장사지낸 곳을 표시하여 봉석(封石)이 지금도 완연하고 사적은 《옥천지(玉川誌)》에 실려 있다. 정려를 명한 일은 세조조 때의 일이라고 한다.

아, 우리나라의 풍속은 부인이 정숙하고 신의 있어 음란하지 않으니, 이는 여덟 조목의 가르침[26]에서 말미암은 것이다. 우리 조선에 와서

는 예의가 더욱 밝아져 거의 집집마다 봉할 수 있는 정도[27]에 가깝고, 또 개가한 사람의 자손에게는 동반과 서반의 정직(正職)을 허락하지 않는 법까지 있으니, 이는 가르침과 금령이 나란히 시행되어 서로 의지하는 것이다. 그러나 고려 말에는 이와 같지 못하여 대대로 벼슬한 큰 집안이라도 남편이 죽으면 개가하는 것을 당연한 법도로 여겼다. 옛날 족보에 자녀를 기록한 곳에는 두 번째 남편을 싣기까지 하였으니, 부끄러운 줄 모르고 태연했다는 것을 알 수 있다.

이러한 때에 이씨는 홀로 쇠퇴한 세파를 벗어나 끝내 절개를 온전히 지키고, 뱃속에 있던 아이를 성취하게 하여 후손이 지금까지 번창하니, 참으로 옛날의 이른바 열부이다. 이씨 한 사람만으로도 이미 기특한데, 진사 송극기(宋克己)와 한림 김문지(金問之)의 아내가 같은 시대에 함께 나왔으니, 하늘이 우리나라에 문명의 운세를 열어주어 그러한 것이 아니겠는가.

양씨의 자손 중에 현달한 사람이 많기는 하지만 사계(沙溪 김장생)와 이송(二宋 송시열, 송준길) 같은 사람은 나오지 않았으니, 구양수(歐陽脩)가 이른바 '선행을 하면 보답받지 않는 경우가 없으나 시기는 느리고 빠른 차이가 있다.'라는 말이 옳지 않겠는가. 다만 그녀를 장사지낸 곳에 투장(偸葬)한 무덤 몇 개가 있는데, 법을 집행하는 관원이 오래되

26 여덟 조목의 가르침 : 기자(箕子)가 남겼다고 전하는 여덟 조목의 금령이다. 현재 세 조목만 전한다. 《漢書 卷28下 地理志8 燕》

27 집집마다……정도 : 집집마다 표창할 수 있을 정도로 행실이 훌륭한 이가 많다는 말이다. 《한서(漢書)》 〈왕망열전(王莽列傳)〉의 "성군의 시대에는 나라에 어진 이가 많습니다. 그러므로 요순 시대에는 집집마다 봉할 수 있었습니다."라는 말을 인용한 것이다.

었다는 이유로 내버려두고 따지지 않는다고 한다. 지금 세상에서는 절의를 숭상하고 악행을 징계하는 사람을 더 이상 볼 수 없는 것인가. 참으로 개탄스럽다.

후손 양응수(楊應秀)는 독실한 뜻으로 학문을 향하는 사람으로, 나에게서 배웠다. 나는 예전에 그 일을 자세히 들었기에 마침내 전을 써서 먼 후세에 남긴다. 덕을 좋아하는 마음은 천성에서 나온 것으로 사라지지 않기 때문이다.

정재의 자에 대한 설

鄭梓字說

유생 정재의 예전 자는 미재(美材)인데, 내가 경지(敬之)라고 고쳐주었으니, 《시경》에서 아름다운 나무라고 한 가래나무〔梓〕에서 따온 것이다. 사람이 가래나무를 자라게 하려면 모두 사랑하는 방법을 안다.[28] 그러나 간혹 허허벌판에서 자라는 것으로 부모가 심은 것이라면, 비단 사랑할 뿐만 아니라 반드시 공경한다. 어찌 나무가 공경할 만해서이겠는가.

그대는 그대의 몸이 자라난 경위를 알고 있는가. 신체발부는 부모에게서 받았고, 크고 굳센 기운과 순수하고 튼튼한 덕은 천지에 근본을 두고 있다. 부모가 남겨주신 몸으로 천지의 가운데에 서 있으니 감히 공경하지 않을 수 있겠는가. 머리카락과 피부가 상해도 불효가 되는데, 도끼와 자귀로 천성을 해친다면 사람이 될 수 있겠는가.

공자가 말하기를, "몸이라는 것은 어버이의 지엽이다."라고 하였다. 제 몸을 공경하지 못하면 어버이를 다치게 하는 것이요, 어버이를 다치게 하면 근본을 다치게 하는 것이요, 근본이 다치면 지엽은 따라서 망한다. 아, 두려워할지어다.

《시경》은 선한 마음을 일으키니, 이를 바탕으로 《소학》에서 배양하

28 사람이……안다 : 《맹자》 〈고자 상(告子上)〉의 "한두 줌 굵기의 오동나무와 가래나무를 사람이 자라게 하고자 하면 모두 기르는 방법을 안다.〔拱把之桐梓, 人苟欲生之, 皆知所以養之者.〕"라는 구절을 인용한 것이다.

고, 〈서명(西銘)〉에 이르러 이른바 "받은 몸을 온전히 가지고 돌아간다."[29]라는 말을 추구한다면, 나를 낳고 나를 길러준 어진 부모와 조부모를 저버리지 않을 것이다. 공경하고 공경하라.

정미년(1727, 영조3) 섣달 임진일에 쓰다.

29 받은……돌아간다 : 장재(張載)의 〈서명〉에 나오는 "받은 몸을 온전히 가지고 돌아간 사람은 증삼(曾參)이다.〔體其受而歸全者, 參乎.〕"라는 말을 인용한 것이다.

오관의 자에 대한 설[30]

吳瓘字說

오관 군이 관례를 치르게 되자 그의 형 오원(吳瑗)이 내게 자를 지어달라고 부탁하였다. 내가 대답하기를,

"백옥(伯玉 오원의 자)이여. 그대가 거백옥(蘧伯玉)[31]에게서 자를 따왔으니, 어찌 또 요옹(了翁)[32]의 자로 자를 지어주지 않겠는가?"

하고, 마침내 영중(瑩中)이라고 지어주었다.

옥의 덕은 바탕이 밝고 깨끗하므로 그 모습이 따스하면서도 위엄있다. 속에 있는 것이 밖으로 드러나니, 밖에 드러나는 흠집은 갈아없앨 수 있어도 속에 있는 흠집은 어찌할 수가 없다. 이 때문에 군자는 반드시 몸과 마음을 돌아보며 갈고 닦는 노력을 다한다. 이것이 지극한 경지에 이르면 더러운 것이 모두 사라지고, 사업으로 드러나는 것도 거대하고 찬란하여 겉과 속이 환히 들여다보인다. 《예기》에 이르기를, "군자는 덕을 옥에 비유하였다."라고 하였으니, 요옹이 뜻을 취한 것도 이 때문이리라.

옛적 사마상여(司馬相如)는 인상여(藺相如)를 사모하여 자기 이름

30 오관의……설 : 이 글은 오관(吳瓘, 1703~1740)의 자를 지어 준 경위를 설명한 글이다. 오관은 오원(吳瑗)의 아우이다. 저자는 그의 자를 영중(瑩中)이라고 지어 주었는데, 묘지명에는 영숙(瑩叔)으로 되어 있다.《醇庵集 卷8 從叔父通德郎府君墓誌銘》

31 거백옥(蘧伯玉) : 춘추시대 위(衛)나라 대부이다.

32 요옹(了翁) : 송(宋)나라 학자 진관(陳瓘, 1060~1124)의 호다. 자는 영중(瑩中)이다.

을 지었다. 인상여는 단지 전국시대의 일개 호걸일 뿐이니, 비록 그와 똑같아지더라도 무슨 취할 것이 있겠는가. 지금 사모하는 것은 이와 다르다. 장 자암(張紫巖 장준(張浚))이 말하기를, "원부(元符) 연간의 귀인으로 금대(金帶)를 두르고 보라색 인끈을 늘어뜨린 자들이 어찌 한정이 있겠는가마는 오직 진영중(陳瑩中)의 이름이 해와 달과 빛을 다툰다." 하였다. 그 말을 읊으면 가슴 속이 시원해진다. 그렇게 된 이유를 찾자면 주자가 말한대로 강직하고 방정하며 학문의 힘으로 보완했기 때문이 아니겠는가. 오관은 한갓 그 이름만 취하지 말고 그 덕을 취할 수 있겠는가.

정미년(1727, 영조3) 1월, 덕양 야일(德陽野逸)이 쓰다.

이최중의 자를 고친 설[33]

李最中改字說

이최중 군이 나에게 배우다가 자설(字說)을 청한 적이 있다. 내가 그 이름의 뜻을 물었더니 전혀 해당하는 것이 없었다. 나는 풀이하여 이렇게 말했다.

사람은 천지 사이에서 가장 귀한 존재이니, 이 뜻으로 이름을 삼는다면 자를 인부(仁夫)라고 하면 좋을 것이다. 천지 만물 가운데 사람이 가장 귀하니, 그 이유는 사람의 본성에 인의예지(仁義禮智)의 덕이 있고, 사람의 인륜에 군신(君臣), 부자(父子), 부부(夫婦), 장유(長幼), 붕우(朋友)의 순서가 있고, 사람의 일상생활에 출입하고 기거하고 일에 대응하고 남을 접하는 법칙이 있기 때문이다. 그 순서와 법칙을 말하자면 모두 인(仁) 하나의 관할을 받는다. 그러므로 인은 사덕(四德)의 으뜸이다.

맹자(孟子)가 또 돌이켜 말하기를, "인은 사람이라는 뜻이다."[34]라고 하였다. 본성을 다 발휘한다면 비록 피와 살로 이루어진 껍데기라도 얽매인 기질이 모두 사라지고 공적인 천리가 온전히 내게 있으니, 이른

33 이최중의……설 : 이 글은 1745년(영조21) 저자의 문인 이최중(李最中, 1715~1784)의 자를 고쳐 준 경위를 설명한 글이다. 이최중은 본관이 전주(全州)이며 원래의 자는 계량(季良)이었으나 저자가 인부(仁夫)로 고쳐주었다. 문집 《위암집(韋庵集)》이 전한다.

34 인은 사람이라는 뜻이다 : 《맹자》 〈진심 하(盡心下)〉의 "인은 사람이라는 뜻이니, 합하여 말하면 도이다.〔仁也者, 人也, 合而言之, 道也.〕"라는 말을 인용한 것이다.

바 삼재(三才)에 참여한다[35]는 것이다. 앞서 지어준 글에 나오는 "범인을 뛰어넘어 성인의 경지로 들어간다.〔超凡入聖〕"라는 네 글자가 겉으로 보기에는 비록 너무 높아 미칠 수 없는 경지인 듯하지만, 이렇게 말하자면 내 본분 안의 일이 아니겠는가.

인부는 내 말을 우활하다 여기지 말고, 성인의 경지에 도달할 수 없다고 여기지도 말라. 이른바 본성이라는 것과 이른바 인륜이라는 것의 이치를 먼저 궁구하고, 출입하고 기거하고 일에 대응하며 남을 접할 때 일일이 그 법칙을 다하기를 생각하라. 느슨히 하지도 말고 급하게 하지도 말며 그치지 말고 실천하라. 이와 같이 하고서도 "성인의 경지는 배워서 도달할 수 없다."라고 한다면 나는 믿지 않을 것이다. 힘쓸지어다.

을축년(1745, 영조21) 겨울, 도암이 천식암(泉食菴)에서 쓰다.

35 삼재(三才)에 참여한다 : 《중용장구》 제22장의 "오직 천하에서 지극히 진실한 사람이라야 자신의 본성을 극진히 할 수 있다. 자신의 본성을 극진히 하면 남의 본성도 극진히 할 수 있고, 남의 본성을 극진히 하면 사물의 본성을 극진히 할 수 있으며, 사물의 본성을 극진히 하면 천지의 화육을 도울 수 있고, 천지의 화육을 도우면 천지와 나란히 삼재(三才)에 참여할 수 있다.〔惟天下至誠, 爲能盡其性. 能盡其性, 則能盡人之性; 能盡人之性, 則能盡物之性; 能盡物之性, 則可以贊天地之化育; 可以贊天地之化育, 則可以與天地參矣.〕"라는 말을 인용한 것이다.

사람이 배우지 않으면 안 된다는 설[36]

人不可以不學說

어떤 이가 내게 묻기를,

"선생께서는 사람이 배우지 않으면 안 된다고 말씀하셨는데, 배우지 않으면 안 되는 이유를 듣고자 합니다."

하니, 내가 대답하기를,

"과연 그런 적이 있다. 그대가 듣고자 한다면 내가 자세히 말해주겠다. 사람은 만물의 영장이다. 하늘이 사람을 낳아 금수와 차별을 둔 이유는 실로 사람이 된 이치가 있기 때문이며, 사람이 사람이 되어 금수가 되는 것을 면한 이유는 실로 사람이 하는 일이 있기 때문이다. 사람은 이미 사람이 된 실질적인 이치가 있으므로 반드시 사람의 실질적인 일을 행한 뒤에야 사람이라는 이름에 부합할 수 있다. 그렇지 않으면 이름은 사람이지만 실제로는 사람이 아니다.

이른바 학문이라는 것은 사람 되는 방법을 배우는 것이니, 애당초 우리 사람의 본분을 벗어나는 일이 아니다. 그러나 사람이 사람된 실제를 다하지 못하여 남들이 간혹 자기를 금수에 빗대면, 발끈 성내지 않을 사람이 없다. 금수가 본디 천하고 나쁘기는 하지만, 내가 아는 춥고 덥고 배고프고 배부르고 죽고 살고 나아가고 피하는 따위는 금수도 할 수 있다. 그러나 군신, 부자의 중대한 인륜과 사물의

36 사람이……설 : 이 글은 《국어(國語)》에 실려 있는 진(晉)나라 대부 범헌자(范獻子)의 "사람은 배우지 않으면 안 된다."라는 말의 의미를 풀이한 것이다.

당연한 법칙으로 말하자면 금수는 본디 할 수 없고 나도 할 수 없으니, 저쪽은 막히고 이쪽은 통하며 저쪽은 치우치고 이쪽은 온전한 차이가 어디에 있는가. 다만 둥근 머리와 모난 발의 형체 때문에 스스로 사람이라고 하는 것뿐이다. 금수를 금수에 빗대는데 어찌 성낼 필요가 있겠는가. 몹시 생각이 없는 탓이다.

그러나 금수가 천하고 나쁘다는 것을 알고 자기에게 빗대는 것을 부끄러워하는 이유는 인의예지의 본성을 갖추어 이것이 드러나 측은, 수오, 공경, 시비의 단서가 되기 때문이다. 만약 그 단서를 확충한다면 비단 금수가 되는 것을 면할 뿐만 아니라 성인의 경지라도 순조롭게 도달할 수 있다. 무엇을 꺼려서 하지 않겠는가.

대저 사람이 사람된 실제를 다해야 성인이니, 사람이 배울 적에는 반드시 먼저 성인이 되겠다고 뜻을 정한 뒤에야 진보하는 점이 있다. 그러나 어떤 사람이 스스로 원대한 기약을 하면 무리지어 일어나 비방하기를, '어리석은 사람이 아니면 미친 사람이다.'라고 한다. 사람이 기왕 금수가 되고 싶지 않다면 성인이 되기를 바라는 무리가 되어야 한다. 자기는 비록 하지 못하더라도 어찌 차마 비방하는가. 세상의 자포자기하는 사람은 본디 기질의 강약이 다르지만, 그 근본적인 원인을 따지면 모두 유속(流俗)이 해치기 때문이다. 유속은 우리 학문을 가장 미워하여 배우기 부족하다고 여긴다. 그러나 저들은 성인의 도의 남은 찌꺼기를 얻어 사람이 되었으니, 큰 것을 말하자면 부자, 군신, 장유, 붕우, 부부이고, 작은 것을 말하자면 거처, 음식, 동정, 언어와 침묵이다. 일상생활의 인륜에서 비록 그 당연한 법칙을 실천하지는 못하더라도 성인이 이른바 사람이 되는 도리는 이를 벗어나지 않는다. 저들조차도 이에 바탕하여 일개 사람의 모양을 꾸몄으니, 만약 성인이 이른바 학문이라는 것이 없다면 유속이 무엇을 믿고 스스로 사람들 사이에 설 수 있겠는가. 남이 자기를 사람으로 대우하기를 바라면서 사람이 되는 방도를 배우는 것을 미워하니, 이 또한 미혹된 것이다."

하였다. 어떤 이가 말하기를,

"선생님은 이렇게 말씀하지만 그렇지 않은 점이 있습니다. 외딴 시골의 천한 사람 중에는 눈으로 한 글자도 모르면서 부자와 형제 관계에서는 지극한 행실이 있는 자가 있습니다. 그리고 어떤 이는 만 권의 책을 읽어 유식하다고 일컬어지지만, 평소 집안에서의 행실을 살펴보면 보통 사람에게도 미치지 못합니다. 책이 사람에게 반드시 도움이 되지는 않는다는 사실이 이와 같습니다."

하니, 내가 말하기를,

"그 사람은 본디 하늘이 부여한 본성을 얻은 것이니, 금수도 한 점 밝은 부분이 있는 것과 비슷하다. 바로 주자가 이른바 죽은 효제[37]이다. 다만 이 한 가지 일에 국한되어 미루어 나가지 못하여 죽을 때까지 이와 같을 뿐이다. 독서한다는 이름만 있고 실제 행실이 없는 자로 말하자면, 학문의 이름을 빌려 자기를 속이고 남을 속이는 것에

37 죽은 효제 : 이치를 모르고 효도하고 공경하는 것을 말한다. 주희(朱熹)의 〈증무의에게 답하다〔答曾無疑〕〉에 "이른바 효제(孝悌)와 충서(忠恕)는 비록 한 가지 일이지만 모름지기 천하의 이치를 보아서 안팎으로 환히 통하면 그 효제와 충서가 살아있는 것이 됩니다. 그러나 만약 그렇지 않으면 곧 죽은 효제와 충서가 됩니다. 비록 그 효제와 충서를 비록 종신토록 지켜서 실추시키지 않을 수 있다고 하더라도 또한 시골구석에 사는 사람이나 부녀자의 몸조심 정도가 될 뿐인데, 더 말할 것이 있겠습니까?"라고 하였다.

불과하다. 어찌 말할 가치가 있겠는가."

하였다. 어떤 이가 말하기를,

"그래도 의심스러운 점이 있습니다. 책을 모른다고 하는 세상의 무인(武人)과 속리(俗吏) 중에는 고을을 다스리면 직무를 잘 수행하는 자가 많습니다. 그러나 선비는 정사를 하는 데 우활하여 다스리는 이치를 전혀 모르니, 학문이 정사를 하는 데 도움이 되지 않는다는 사실이 이와 같습니다."

하니, 내가 말하기를,

"무인과 속리가 직무를 잘 수행하더라도 그중에는 반드시 무식을 감출 수 없는 자가 있다. 선비가 고을을 잘 다스리지 못하는 이유는 단지 독서를 잘하지 못했기 때문이다. 어찌 학문의 죄이겠는가. 주자가 말하기를, '다스림은 학문을 근본으로 삼아야 한다.'라고 하였으니, 천하와 국가를 다스리는 일은 결코 학문을 버리고 이룰 수 있을 리가 없다. 학문을 강론하지 않으면 안 되니, 정사를 하는 자는 더욱 급선무로 삼아야 한다."

하였다. 어떤 이가 말하기를,

"선생님의 말씀으로 보건대 사람은 과연 배우지 않으면 안 됩니다. 그러나 선생님의 뜻은 이와 같은데 선생님의 가르침이 집안에서 시행되지 못하여 자손 중에 한 사람이라도 학문을 한다는 이야기를 듣지 못했습니다. 저는 한갓 말 뿐이고 실제가 없을까 두려우니, 누가 그렇다는 것을 믿겠습니까?"

하니, 내가 말하기를,

"부자는 본디 하나의 기운에서 형체가 나뉜 것이다. 그러나 밤낮으로 이야기해도 따르는 자가 있고 따르지 않는 자가 있는 이유는 기운이 다르기 때문이다. 지금 어떤 사람인지도 모르는 자가 천 리 밖에 살면서 한번 내 이야기를 듣고 마치 북소리처럼 신속히 호응한다면, 그것은 이치가 같기 때문이다. 내가 이렇게 이야기하는 것이 어찌 감히 반드시 온 세상 사람들을 몰아서 전부 학문으로 귀의하게 하려는 것이겠는가. 단지 남과 선을 함께 하겠다는 뜻을 스스로 멈추지 못하기 때문이니, 보는 사람이 믿고 믿지 않고에 달려 있을 뿐이다."
하였다.

심곡서원 학규[38]

深谷書院學規

학문이란 사람이 되는 방법을 배우는 것이다. 사람이 되는 방법은 모두 《소학》 한 권에 실려 있다. 그러므로 주자가 말하기를, "이것이 사람을 만드는 틀이다."라고 하였다. 학문에 뜻을 둔 선비가 이 책을 버리고 무엇을 하겠는가.

우리 정암(靜菴 조광조) 문정공(文正公) 선생께서는 실로 동방 도학의 종주이다. 그의 학문은 한결같이 《소학》을 위주로 하여 사서(四書)와 《근사록(近思錄)》에 미쳤다. 한훤(寒暄 김굉필) 김 선생(金先生)이 노년에도 여전히 소학동자로 자처하였다고 들었는데, 선생이 젊어서 한훤에게 배웠기 때문에 이 책을 이처럼 독실히 믿었으니, 유래한 연원이 있는 것이다. 우리 고을에서는 요행히 선생을 얻어 이곳에서 강학하고 이곳에 묻히고 이곳에서 제사지내니, 우리 선비라면 누군들 소문을 듣고 흥기하지 않겠는가. 지금부터 선생의 서원에서 공부하는 자는 선생이 읽은 책을 읽어야 하고, 선생이 읽은 책을 읽고자 하는 자는 또 《소학》부터 시작해야 한다. 어찌 서로 권면하지 않겠는가.

1. 독서하는 차례는 먼저 《소학》, 다음은 《대학》,-《혹문》을 겸한다.- 다음은 《논어》, 다음은 《맹자》, 다음은 《중용》, 다음은 《시경》, 다음은

38 심곡서원 학규 : 이 글은 조광조(趙光祖)를 제향한 용인 심곡서원의 학규이다. 심곡서원은 1605년(선조38) 건립되었으며, 1673년(현종14) 송시열이 강당의 건립을 기념하여 지은 글이 있다. 《宋子大全 卷143 龍仁縣深谷書院講堂記》

《서경》, 다음은 《역경》을 읽는다. 《심경》, 《근사록》, 《가례》 등의 책은 먼저 또는 나중에 돌아가며 읽는다.

1. 장의(掌議)는 문장과 행실이 있어 선비들의 인망을 받고 있는 자를 각별히 고르고, 직월(直月) 역시 경학이 있는 사람을 골라 강하는 일을 담당하게 한다. 일이 없으면 절대 교체를 허락하지 말고, 오래 임명하여 성과를 요구하는 데 주안점을 둔다.

1. 강생(講生)은 종전에 강에 응시한 인원을 뽑아 강안(講案)을 만들고, 강안에 실린 사람이 재실(齋室)에서 지내기를 자원하면 허락한다.

1. 서원은 본디 선비들이 무리지어 살며 강학하기 위해 만들어진 것이다. 그런데 근래 서원에 오는 자는 단지 봄 가을 제사에 참여하는 것만 중요시한다. 그러므로 서원은 단지 선현을 제사지내는 곳이 되어 이름만 남고 실제가 없어졌다. 종종 재실에 기거하는 자가 있더라도 과거 문장을 익히고 잡서를 보는 데 불과하여 강습하는 아름다움을 볼 수 없으니 탄식을 견딜 수 있겠는가. 앞으로 재실에 기거하는 자는 이단의 책을 읽지 말고, 또 재실에서 과거 문장을 짓지 말며, 오직 의리의 학설에 전념하여 아침저녁으로 익혀야 한다.

1. 백록동서원은 서원의 조상이며, 주부자의 학규는 말이 간략하면서도 뜻이 지극하다. 그리고 유생들이 스스로 수양하는 방법은 율곡 선생의 〈학규모범〉과 〈은병정사학규〉, 〈은병정사약속〉보다 나은 것이 없다. 모두 써서 벽에 걸고, 재실에 기거하는 자와 출입하는 자는 한결같이 이 방법대로 하되 혹시라도 단계를 뛰어넘지 않는다.

1. 재실에 기거하는 유생은 매일 새벽 모두 평상복 차림-갓과 직령, 또는 관건에 직령 따위이다.-으로 묘정(廟庭)에 나와 중문을 열지 않고 재배만 하고, 동서로 나누어 서서 서로를 향해 읍례를 행한다.

1. 매달 초하루에 분향한 뒤 장의와 직월은 재실에 기거하는 유생과 강회를 연다. 청금록에 실린 사람은 항상 재실에 기거하지는 못하더라도 기일에 맞추어 와서 모여야 한다. 강할 때는 먼저 벽에 걸린 여러 글을 읽되, 한 사람이 소리 높여 읽으면 유생들은 귀 기울여 듣는다.

1. 강회를 할 적마다 먼저 한달 동안 읽어야 하는 장수(章數)와 어느 장부터 시작하여 어느 장에서 마칠지 정하고, 다음 차례의 강회에서 그중에 한 장을 뽑아서 강송한다.-40세 이하는 배강(背講)하고, 장의와 직월이 함께 생(栍)을 뽑아 고하를 정한다. 40세 이상이라야 임강(臨講)을 허락하되, 임강하는 자 역시 생을 뽑는다. ○장의와 직월은 생을 뽑는 자이니 강을 면제하도록 허락하고, 연로한 유사는 하지 않는다. 색장은 유생들과 똑같이 한다.-

1. 강할 때마다 강안에 실린 사람의 성명을 나란히 쓰고, 이름 아래에 시작한 부분과 마친 부분, 통(通), 약(略), 조(粗), 부(不) 따위를 기록하여 한 건은 서원에 두고 한 건은 원장에게 올려 각기 근태(勤怠)를 살피게 한다.

1. 한달 동안 정하는 장수는 반드시 많지도 적지도 않게 하되, 숙독하고 정밀히 연구하는 데 주안점을 둔다. 강할 때는 한바탕 외우고 지나가는 것으로 끝내지 말고 글뜻을 반복하여 토론하며, 직월은 그 강한 내용을 기록하여 원장에게 올려서 옳고 그름을 물어 훗날 강하는 자가 참고할 수 있도록 한다.

1. 강안에 실린 사람은 사람들이 모두 알고 있는 대단한 일이 아니면 감히 공공연하게 불참하지 못한다. 불참한 자는 장의가 일이 있었는지 없었는지 살펴 책벌한다.

1. 강학 외에 다른 일이 있어서는 안 되니, 만약 소란을 일으키는 사람이 있으면 장의가 곧장 중벌을 시행한다.

1. 여름과 겨울이 끝날 때마다 그간 강생의 점수를 전부 계산하여 상을 주거나 벌을 준다.-40세 이하를 대상으로 한다.-

1. 원장은 일이 없을 때에는 서원에 나와서 유생들을 모아 시강하여 근태를 점검한다.

1. 강학할 때는 반드시 재물을 넉넉히 마련한 뒤에야 선비를 대접할 수 있다. 유사는 이 일을 전담하니, 반드시 부지런하여 직무를 수행할 수 있는 사람을 각별히 가려 뽑아 오래 맡겨야 한다. 서원의 돈과 곡식은 예전에 빌려주는 규례가 많았으나 걸핏하면 포흠이 되었다. 앞으로는 일절 엄금하고 혹시 어기는 자가 있으면 받은 사람과 함께 책벌을 시행한다.

1. 서원의 물력이 피폐하여 재실에 기거하는 자를 대접하기가 참으로 어렵지만, 강회가 있을 때 요기할 밑천은 힘닿는 대로 마련하지 않으면 안 된다.

1. 서원의 서책 중에 잃어버린 것이 많으니, 남은 것은 일일이 기록하여 하나의 책자를 만들고, 재임(齋任)이 서원에 나올 때 종종 포쇄(曝曬)하고 점검한다. 재임이라도 서원 문 밖으로는 한 권이라도 멋대로 가지고 나갈 수 없으니, 어긴 자는 책벌한다.

1. 봄가을로 제사를 지낼 때 재실에 들어간 유생은 먼저 제사 의식을 연습하고, 다음으로 퇴계 선생이 지은 행장 또는 율곡 선생이 지은 묘지문을 읽는다.

충렬서원 학규[39]

忠烈書院學規

우리 포은 선생(圃隱先生 정몽주)은 앞장서서 도학을 밝혔으니 실로 백대의 종사(宗師)이다. 우리나라 사람이라면 누군들 똑같이 망극한 은혜를 입지 않았겠는가. 더구나 우리 고을은 선생의 묘소가 있는 곳이니, 제사를 지내며 존숭한지 지금까지 수백 년이 되었다. 우리 선비들이 선생의 학문에 뜻을 두고 선생의 책을 읽지 않는다면 무슨 낯으로 선생의 사당에 들어가겠는가.

예전에 듣기로 선유(先儒)가 선생의 학문을 일컬어 "횡설수설(橫說竪說) 하여도 모두 이치에 맞는다."[40]라고 하였으니, 한결같이 주부자를 위주로 삼았기 때문이다. 지금 선생의 학문에 뜻을 두고 선생의 책을 읽고자 한다면 단지 주자의 독서하는 차례에 따라 《소학》을 먼저 하고 사서를 다음으로 하여 도에 들어가는 문로로 삼아야 한다. 만일 이를 계기로 학문을 진흥하고 풍속을 선하게 하는 단서가 된다면, 이는 선생의 도움이다. 어찌 서로 권면하지 않겠는가. -절목은 심곡서원의 강학 규정에 자세하다.-

39 충렬서원 학규 : 이 글은 정몽주(鄭夢周)를 제향한 용인 충렬서원의 학규이다. 충렬서원은 1608년(광해군즉위년) 건립되었다. 《月沙集 卷37 龍仁圃隱先生書院記》

40 횡설수설(橫說竪說)……맞는다 : 이색(李穡)이 정몽주를 칭찬한 말로, 어떠한 방식으로 이야기를 하더라도 이치에 맞는다는 뜻이다. 《三峯集 卷3 圃隱奉使稿序》

도기서원 학규[41]

道基書院學規

우리 문원 선생(文元先生 김장생)은 높은 학행을 성취하고 도덕을 완비하여 우뚝히 한 시대 선비의 종장이 되었다. 이렇게 된 이유를 따져보면 실로 진심으로 오랫동안 노력하여 잘하지 못하면 그만두지 않았기 때문이니, 참으로 근거삼아 지킬 기준이 있다고 하겠다. 훗날 학문에 뜻을 둔 자가 선생을 버리고 누구를 본받을 것인가.

이 지방은 요행히 선생을 수령으로 얻었고, 또 이어서 제사를 지내고 있으니, 영원히 교화를 받을 수 있을 것이다. 그런데 근래에 들어 더 이상 글 읽는 소리가 나지 않고 조용하다. 《시경》에 이르기를, "수많은 선비가 문왕의 덕을 지켜 사당의 신주를 분주히 받든다."라고 하였다. 지금 선생을 제사지내는 자가 선생의 책을 읽고 선생의 덕을 지키지 못하고, 한갓 분주히 제사를 지내는 것만 공경한다고 여긴다면 선생의 영령이 어찌 이곳에서 제사를 받겠는가.

앞으로 서원을 출입하는 선비는 속히 선생의 행장을 가져다 읽고, 독서하는 차례와 힘쓰는 과정은 한결같이 선생을 모범으로 삼아야 한다. 만에 하나 이를 바탕으로 유교(儒敎)가 다시 밝아지고 고을 풍속이 크게 변한다면, 이는 선생의 덕택이다. 어찌 서로 권면하지 않겠는가. 서원에 옛적 동춘 선생(同春先生 송준길)이 정한 학규가 있으니, 하나하

41 도기서원 학규 : 이 글은 김장생(金長生)을 제향한 안성 도기서원의 학규이다. 도기서원은 1663년(현종4) 건립되고 1669년 사액을 받았다.

나 준수해야 마땅할 뿐, 달리 찾을 것이 없다. 다만 강학의 절차와 재계하는 규칙은 조금 미비한 점이 있으므로 여기 또 다음과 같이 나란히 기록한다.

1. 매달 초하루-초하루에 일이 있으면 보름- 유생들이 모두 모여 읽은 책을 강한다.-먼저 《소학》, 다음은 사서오경으로 하되, 《가례》, 《심경》, 《근사록》을 사이에 한다. ○강록(講錄)에는 반드시 각자 읽은 책의 시작 부분과 마친 부분을 기록하여 근태를 살피고, 만약 의심나는 뜻이 있으면 직월이 기록하여 원장에게 질정한다. ○과거 문장을 익힐 때라도 강하는 책을 함께 공부하여 달마다 한번 모임에 참석한다.-

1. 네 번의 맹월(孟月)마다 장의가 회강하고 검찰하는 등의 일을 한결같이 서원의 학규대로 한다.

1. 봄가을로 원장은 유생들을 모아 시강(試講)한다.-유생 중에 나이 30세 이하는 배강하고, 30세 이상은 임강한다. 암송하겠다고 자원하는 자는 허락하고, 장로는 시강하지 않으나 보기를 원하면 허락한다.-

1. 직월은 매달 강회를 점검하고, 만약 규칙을 어기는 자가 있으면 일일이 규찰하여 경계한다. 행여 이유 없이 누차 불참하는 자가 있으면 논하여 벌한다.-직월은 한 달에 한 번 교체할 필요는 없고, 선비들의 인망이 있는 자를 각별히 가려뽑아 오래 임명하여 성과를 요구한다.-

1. 강회할 때는 서원에서 유생들을 대접해야 하나 서원의 재력이 넉넉하지 않아 실로 계속하기 어려운 근심이 있다. 일단 사람마다 각기 양식을 가져오고, 힘을 쌓아 천천히 논의하는 것이 마땅하다.

1. 백록동서원은 서원의 조상이며, 주부자의 학규는 말이 간략하면서도 뜻이 지극하다. 또 동춘이 정한 서원의 규약은 실로 율곡 선생의 〈학교모범(學校模範)〉과 〈은병정사약속(隱屛精舍約束)〉을 재단하여 바로잡은 것으로, 모두 써서 벽에 걸어놓았다. 재실에 기거하는 자

및 출입하는 자는 항상 눈여겨보고 일일이 몸소 실천한다.

1. 매달 초하루와 보름에 분향한 뒤 유생들은 강당에 모여 벽에 걸린 글을 읽는다. 한 사람이 소리 높여 읽으면 유생들은 귀 기울여 듣는다.

1. 향사를 위해 재실에 들어올 때 유생들은 먼저 제사지내는 의식을 연습하고, 다음으로 우암 선생이 지은 선생의 행장을 읽는다. 총론한 부분은 더욱 외고 익혀 잊지 말아야 한다.

1. 제사를 지낼 때 술을 마시지 않고 냄새나는 채소를 먹지 않는 것이 예법이다. 재실에 들어온 뒤로는 술에 취하는 것을 경계하고 냄새나는 음식을 금지하는 일을 감히 조금도 게을리하지 않는다.

1. 치재(致齋)할 때부터 음복(飮福)할 때까지 일절 정숙하고, 떠들거나 잡담하지 않는다.

용인 향숙의 절목
龍仁鄕塾節目

사장(社長) 1인 또는 2인, 동몽훈회(童蒙訓誨) 1인, 직월(直月) 1인-직월은 매달 한번 교체한다.-을 선정한다. 본현의 두 서원은 초하루 또는 보름에 매달 강회를 여니, 향숙에서는 5일과 20일 두 차례 강회를 연다. 강회의 규칙은 아래에 기록한다.

1. 강회하는 날마다 직월이 먼저 서숙(書塾)에 가서 방과 마루, 뜰을 청소하고 서책 및 붓, 벼루 등의 도구를 정돈하여 강원들이 오기를 기다린다.

1. 사장이 서당 북쪽 벽에 가서 서면 강원들이 그 앞에 와서 두 번 절한다. 사장은 답례로 두 번 절하거나 읍을 한다. 강원들은 동서에 서서 서로를 향하여 읍례를 하고 각기 자리에 앉는다. 동몽은 모두 남쪽 줄에 서서 사장 이하 강원을 향해 두 번 절한 다음 자리에 앉는다.

1. 강하는 책은 반드시 《소학》을 먼저 하고, 다음으로 사서, 다음으로 육경을 하며, 중간에 선현의 성리 문자 및 《사기》를 한다. 나이 30세 이하는 배강한다.

1. 강할 때는 반드시 율곡 선생의 〈학교모범〉 한 통을 먼저 읽는다. 직월이 소리 높여 읽으면 유생들은 엄숙하고 공경한 태도로 듣는다.

1. 사장이 강하는 책에서 생(栍)을 뽑아 시강(試講)한다. 한 사람의 암송이 끝나면 또 생을 뽑아 고하를 구별한다. 사장이 없으면 강원들이 상의하여 한다. 동몽 중에 누차 수석을 차지하거나 연거푸 하(下)를 맞은 자가 있으면 그때마다 상벌을 논한다.

1. 훈회는 동몽을 거느리고 기일에 앞서 익히고 암송하여 강회에 나아간다. 동몽 중에 불통을 맞은 이가 반을 차지하거나 전체가 조(粗)를 맞으면, 훈회는 사장 앞으로 가서 부복(俯伏)하고 면책을 받는다. 절반이 넘게 불통을 맞으면 훈회는 말석으로 가서 부복하고 모든 사람이 있는 자리에서 면책을 받는다.

1. 강할 때 어른과 아이는 모두 의관을 바로하고 손을 모아 단정히 앉는다. 감히 돌아보거나 감히 떠들거나 감히 자주 드나들지 않는다. 평소 친하게 지내던 자라도 이야기할 때는 서로 공경하도록 힘쓴다. 사장이 출입하면 강원들이 모두 일어서고, 동몽은 강원들이 출입할 때도 반드시 일어선다. 좌중에 예의를 잃는 일이 생기면 직월이 반드시 통렬히 꾸짖는다.

1. 강할 때는 사색하여 확고하게 논하도록 힘쓰는 것을 주안점으로 삼는다. 만약 글뜻이 애매하거나 견해가 각기 다르면 직월이 일일이 기록하여 서원의 원장에게 질문한다. 원장이 없으면 향선생(鄕先生) 또는 다른 사우도 좋으니, 반드시 모르면 그만두지 않겠다는 마음을 먹는다.

1. 강을 마치면 반드시 하면의 시작과 끝을 의논하여 훗날 이어서 강할 바탕으로 삼는다. 혹 새로 들어온 사람이 있으면 역시 《소학》 처음부터 시작하게 한다.

1. 《소학》 읽기를 마친 뒤 다른 책을 이어서 강하더라도 반드시 《소학》의 처음으로 가서 편수의 많고 적음에 따라 미리 모월 모일에 한 편을 마치겠다고 정하고, 강하는 날 종종 생을 뽑아 복습하여 익숙해지도록 힘쓴다. 끝나면 다시 시작하고 끊임없이 순환하여 각기 제대로 알고 실천하기를 기약하고야 만다.

1. 강을 파하면 어른과 아이는 한결같이 위의 의식대로 각기 읍하고 물러난다.

1. 강원이 실제로 병을 앓거나 멀리 나갈 일이 있으면 기일에 앞서 단자를 올려 강에 나올 수 없는 이유를 고한다. 이유 없이 참석하지 않는 자가 있으면 첫 번째는 사장 앞에서 면책을 받고, 두 번째는 모든 사람이 있는 자리에서 면책을 받고, 세 번째는 사장이 회초리를 약간 쳐서 마음을 부끄럽게 한다.

1. 초하루와 보름마다 강원들은 일제히 서원에 나와 강한다. 대단한 병이나 일이 아니면 감히 혹시라도 그만둘 수 없다. 또 연달아 나오지 않으면 직월이 사장에게 고하여 책벌한다.

영광군 강학 절목[42]

靈光郡講學節目

조중직이 군수로 있을 때이다.

1. 본군의 24방(坊) 48면(面)에서 면마다 훈장 한 사람을 뽑되, 문장과 행실이 있는 자를 선정한다. 적임자를 얻는 것이 중요하니, 구차하게 수를 채울 필요는 없다. 두세 면을 합쳐 한 사람의 훈장을 두어도 좋다.
1. 면내의 유생 중에 젊고 총명하여 학문을 할 만한 자를 공론에 따라 뽑거나 자원에 따라 기록하여 한 책으로 만들고, 강안(講案)이라 명명한다. 열 살 이상의 동자부터 뜻있는 자는 모두 들어가도록 허락하고, 강안이 완성되면 수령에게 보고한다. 신분이 낮은 사람도 들어오기를 원하면 허락하되, 분수를 모르게 할 수 없으므로 성균관의 규례대로 말석에 앉는다.
1. 향교의 장의 2원을 선비들의 인망이 있는 자로 따로 골라 강하는 일을 주관하게 한다. 또 직월 한 사람을 뽑아 보좌하게 한다.
1. 강하는 책은 먼저 《격몽요결》-입지장에서 시작하여 처세장에서 마친다.-, 다음은 《소학》, 다음은 《대학》, 다음은 《대학혹문》, 다음은 《논어》, 《맹자》, 《중용》이다. 마치면 이어서 《시경》, 《서경》, 《역경》을 강한다.

42 영광군 강학 절목 : 이 글은 1743년(영조19) 영광 군수로 부임한 조중직(趙重稷)에게 준 글이다. 부임한 이듬해에 보낸 것으로 보이며, 이 글과 함께 보낸 편지가 본서 권19에 실려 있다.

1. 주자의 백록동서원 규약은 말이 간략하고 뜻이 지극하니 참으로 학교의 법도이다. 정밀하게 한 통을 베껴서 강할 때 반드시 먼저 한 번 읽어 유생들이 익숙하게 하여 제대로 알고 실천할 바탕으로 삼는다.

1. 매달 초하루 수령이 문묘(文廟)에 나아가 전배(展拜)하고, 이어서 관복 차림으로 명륜당에 앉는다. 각 면의 훈장은 각기 면내의 유생 중에 강안에 들어 있는 자를 인솔하여 의관을 갖추고 기일에 맞추어 모인다. 장의와 직월은 동쪽 섬돌 아래에 서고, 훈장들 및 동행한 유생들은 나이 순으로 서쪽 섬돌 아래 서서 서로 마주보고 읍한 뒤, 차례로 읍하고 사양하며 올라간다. 수령 앞으로 나아가 두 번 절하면 수령은 서서 답례로 읍한다.

1. 직월이 서안 앞으로 가서 무릎을 꿇고 소리 높여 백록동서원 규약을 읽는다. 유생들은 귀 기울여 들은 뒤 강회를 연다.

1. 30세 이상은 임강하고 30세 이하는 배강한다. 배강하는 자의 경우 주석은 임강하고, 임강하는 자의 경우 본문과 주석을 똑같이 임강한다. 30세 이상이라도 배강을 자원하는 자는 허락한다.

1. 강할 때 마루 가운데 서안(書案)을 설치하며, 수령은 북쪽 벽에 앉고, 장의와 직월 및 훈장들은 동쪽 벽에 앉고, 유생들은 서쪽 벽에 앉는다.-서쪽 벽에 사람이 많아 다 앉을 수 없으면 남쪽 벽에 앉는다.- 동쪽 벽에 앉은 사람들이 차례로 서안 앞으로 나와 강송하고, 이어서 유생들이 한다. 나이 많은 훈장은 하지 않고, 유생들은 한결같이 생(栍)을 뽑아 선후를 정한다.

1. 강할 때마다 강해야 하는 편의 생을 뽑은 사람이 이어서 강송하되, 한 장을 기준으로 삼는다. 사람이 많고 장이 적으면 편을 다 마친 뒤 또 생을 뽑아 아직 강하지 않은 사람이 다시 제1장부터 돌아가며 강하

고 그친다. 사람이 적고 강이 많으면 다 읽은 뒤 또 생을 뽑아 이미 강한 사람이 이어서 그 다음을 외고, 전편을 다 외면 그만둔다.

1. 강할 때 수령이 생을 뽑되 글뜻을 위주로 하도록 힘쓰고, 한갓 암송에 익숙한 것만 취하지 않는다.

1. 강을 마치면 장의 이하 유생들이 수령에게 나아가 두 번 절한다. 수령은 일어서서 답례로 읍한다. 또 뜰 아래로 내려가 위의 의식처럼 동서로 서로 마주보고 읍한 뒤 물러난다.

1. 처음 강회할 때는 반드시 1년 동안 달마다 강할 책을 분배한다. 예컨대 어느 달에는 《격몽요결》 몇 편을 강하고, 어느 달에는 《소학》 〈입교〉를 강하고, 어느 달에는 〈명륜〉을 강하는 따위이다. 유생들로 하여금 미리 익혀서 기일이 되면 강에 응하게 한다. 정하는 편수는 반드시 많지도 적지도 않아야 하니, 요컨대 숙독하고 정밀히 연구하는 데 주안점을 둔다.

1. 강할 때마다 모인 사람의 성명을 줄지어 쓰고, 이름 아래에 강한 내용의 시작과 끝을 기록한다. 한 건은 향교에 두고 한 건은 수령에게 올려 각기 근태를 살피게 한다.

1. 강안을 성책할 때 참석해야 하는데 참석하지 않은 자가 많으면 뽑아서 보고하는 일을 주관하는 사람을 논책한다. 강회하는 날 이유 없이 오지 않은 자는 강안을 일일이 점검하여 두 번 어기면 그 사람은 정거(停擧)하고 훈장도 논책한다.

1. 사계절의 마지막 달마다 강안을 가져다 획수의 많고 적음을 모두 계산하여 상벌을 논한다. 상은 관청의 재력에 따라 풍성하거나 박하게 하고, 벌은 젊은이의 경우 회초리를 치고, 조금 나이가 많으면 모두가 있는 자리에서 면책한다.

도봉서원의 원임에게 타이르다

諭道峰院任

서원이라는 것은 본디 선비들이 무리지어 지내며 학업을 익히기 위해 만든 것이다. 무리지어 지내며 학업을 익히는 곳에 스승을 세우지 않을 수 없으니, 또 반드시 향선생 중에 모범적인 스승이 될 만한 사람을 골라 제사를 지내 우러러보고 본받도록 하였다. 말세에 이르자 선비의 풍습이 날로 무너져 무리지어 지내며 학업을 익히는 아름다운 모습은 볼 수가 없으니, 서원은 선현을 제사지내는 집에 불과하게 되었다. 이것은 이름은 서원이지만 서원의 실제는 없는 것이다.

본원의 경우는 두 선생의 신위를 봉안하여 서울 선비들이 학업을 닦는 곳으로 삼았으니, 그 높고 무거운 체모가 성균관에 버금간다. 그런데 근래부터 비단 무리지어 지내며 학업을 익힌다는 이야기를 듣지 못했을 뿐만 아니라 제사지내는 일까지 의식대로 하지 못하고 있다. 봄가을로 석채례(釋菜禮)를 지낼 때도 한두 원임이 책임을 면하려고 제사를 지내니, 사림의 수치가 된 지 오래이다. 어찌 개탄스럽지 않겠는가.

아, 서원이 있는데 독서하지 않는다면 서원이 없는 것만 못하다. 선비된 자가 이곳에서 독서한다면 또 반드시 선현을 존숭하여 제사에 공경을 다할 것이다. 그런데 독서를 하지 않아 제사에 있어서도 자연히 소홀해지는 것을 면치 못하니, 이는 당연한 형세이다. 내 생각이 본디 이와 같으므로 매번 이러한 뜻을 벗들에게 전하였다. 몇해 전부터 본원의 원장이 된 뒤로 군자들에게 이 점을 힘쓰게 하고자 하였는데, 믿음을 얻지 못하고 말을 하면 그 효과를 보기가 어려우므로 감히 대뜸 발설하지 못하였다.

지난 겨울, 율곡 선생이 지은 서원 중수기를 인용하여 대략 경계하고 권면한 바가 있다. 선생의 말씀에,

"이 서원에서 지내는 자가 한결같이 경(敬)에 거하고 이치를 궁구하며 힘써 실천하는 것으로 깊이 나아가는 과정으로 삼아 날마다 거처가 편안하고 도움이 깊어지는 경지[43]로 나아간다면, 선생의 은혜에 보답하는 것이라 할 수 있으니, 묘정을 바라보아도 부끄럽지 않을 것이다. 만약 세운 뜻이 독실하지 않아 옛버릇이 빌미가 되어 배고프면 먹고 배부르면 노느라 시간을 아까워하지 않는다면, 선생을 크게 저버리는 것이다. 무슨 면목으로 사당 문에 들어올 수 있겠는가."[44]

하였으니, 그 말씀이 지극히 간곡하고 통절하여 사람을 감동시키기에 충분하다.

내가 이 말씀을 군자들에게 고하는 것은 실로 지극한 정성에서 나온 것이니, 강학의 단서를 꺼내기 위해서이다. 그런데 군자들은 비단 유념하고 실천하지 않을 뿐만 아니라 지금 거의 한 해가 지났는데도 끝내 한 마디도 대답하지 않는다. 내가 경시당하는 것이야 본디 말할 필요도 없지만, 선현을 존경하는 도리가 이와 같아서야 되겠는가. 이렇게 되었

43 깊이……경지 : 맹자가 "군자가 깊이 나아가기를 도(道)로써 하는 것은 스스로 터득하고자 해서이니, 스스로 터득하면 거처가 편안해지고, 거처가 편안해지면 도움이 깊어지며, 도움이 깊어지면 좌우에서 가져다 쓰면서 근원을 만나게 된다."라고 한 말을 인용한 것이다. 《孟子 離婁下》

44 이……있겠는가 : 이상의 내용은 이이의 〈도봉서원기(道峯書院記)〉에 보인다. 《栗谷全書 卷13 道峯書院記》

으니 내가 다시 원장으로 자처해서는 안 되지만, 구구하게 사림을 위해 기대하는 마음이 여전히 사라지지 않아 또 이렇게 자세히 이야기하니, 내 말을 노망이라 여기지 말고 자세히 들으라.

지금 본원의 일로 말하자면 대거 진작하고 대거 경장하여 지난 자취를 일체 바꾸지 않으면 서원이라 하기에 부족하다. 그중에 가장 긴급하고 결코 그만두거나 늦출 수 없는 것은 강학 한 가지 일 뿐이다. 그러나 이것은 갑작스레 행할 수 있는 일이 아니다. 또 선비가 있어야 강학을 이야기할 수 있는데, 서원은 양주(楊州)에 있고 주관하는 자는 서울에 있다. 주객의 형세가 다르니 서울의 선비는 제사에 참여하는 한두 원임 외에 서원에 오는 자가 드물고, 본주의 경우는 스스로 관계가 없다고 여긴다. 선현을 존경하고 사모하는 데 어찌 서울과 지방의 차이가 있겠는가. 그러나 초청하지 않은 손님은 형세상 제발로 오기 어려우니, 강학은 본디 논할 것도 없거니와 제사가 모양을 이루지 못하는 것은 바로 이 때문이다. 본원의 청금록(靑衿錄)에 관한 규정은 시행하지 않고 폐지된 지 오래이며, 원임 6명이 있을 뿐이다. 6명의 원임이 일년 내내 재실을 지키더라도 강학하는 규칙을 따르기 어려운데, 더구나 봄 가을 제사 이외에는 서원에 오는 사람이 없으니 어떻겠는가.

지금은 청금록을 다시 작성하되, 인원수의 많고 적음에 구애받지 말고 오직 학문에 뜻이 있는 선비를 골라 기록해야 한다. 또 본원은 성균관과 다르므로 벼슬한 자도 원임을 그대로 맡은 전례가 있다. 독서에 뜻이 있다면 환로에 있는 자라도 기록하지 못할 이유가 없다. 본주의 유생 중에 총명하여 성취를 기대할 수 있는 자 역시 가려 뽑지 않을 수 없으니, 본주의 향교에 통문을 보내 그곳 재임을 시켜 전적으로 공론을 따르게 하고 자원하는 것도 허락하되 매우 지당하게 되도록 힘써서 기록하여 본원으로 보내게 한다. 그 뒤 서울과 지방의 유생들을 합쳐 하나의 책으로 엮어 강안(講案)이라 명명하고, 강안에 기록된 사람들이 편한대로 와서 머물며 아침 저녁으로 학업을 익히게 해야 한다.

초하루와 보름의 분향은 반드시 원임이 돌아가며 거행하고, 그날 이어서 강회를 열고 강록을 원장에게 보고한다. 그 사이의 상세한 조목은 그때 가서 의논하여 정한다. 강하는 일을 시작하면 제사가 구차할 걱정은 저절로 없어진다. 이 일은 소홀히 처리해서는 안 되고, 여러분이 모두 모여 함께 상의한 뒤 한두 재임이 와서 얼굴을 마주하고 의논하면 규약을 만들 수 있다. 만약 여러분이 끝내 내 말이 우활하여 시행할 수 없다고 여긴다면, 나는 감히 구차하게 원장의 직임을 맡을 수 없으니, 스스로 처신하는 방도가 있을 것이다. 군자들은 양해하기 바란다.

서원의 유생이 모여서 강학을 한다면 재물을 넉넉히 하는 방도를 생각해야 하는데, 근래 본원의 재력이 고갈되어 지난날에 비할 바가 아니라고 한다. 이는 한결같이 서울의 고지기와 시골의 유사에게 맡기고 그다지 살피지 않아 아무도 모르는 새에 없어졌기 때문이다. 이 또한 바로잡지 않을 수 없으니, 역시 얼굴을 맞대고 상의하여 처리하겠다. 이 글을 다 읽거든 서원 사람을 시켜 양주 향교로 보내고, 온 고을 사람들에게 두루 보이도록 하라.

도봉서원에서 강하는 유생에게 타이르다

諭道峰講儒

서원이 있으면 독서를 해야 한다. 이것은 내가 한 말이 아니라 율곡 선생의 뜻이니, 서원의 기문을 보면 알 수 있다. 내가 원장을 맡은 이래 강하는 일을 권유한 지 이미 3년이 되었다. 처음에 사람들은 서울 선비들이 즐거이 올 리가 결코 없다고 하였으나, 나는 감히 미리 포기할 필요는 없다고 여겼으니, 그 우활함은 나 또한 참으로 우스웠다.

처음에 십수 명이 와서 모인 것은 참으로 애당초 생각하지 못한 일이었다. 나는 연달아 설행하여 멈추지 않고 노력하면 익숙해져 새로운 풍조를 이루어 크게 변하는 실효를 거둘 수 있을 것이라 생각하였다. 그런데 몇 달이 지나자 인원수가 점차 줄어들어 혼자 강하는 지경에 이르렀다. 아, 사람들의 말이 과연 증명되었다. 서울이 아무리 영예와 이익을 추구하는 곳이라지만 덕을 좋아하는 천성은 본디 똑같이 부여받은 것이니, 어찌 전부 영예와 이익을 추구하는 마음에 빼앗겨 그러한 것이겠는가.

나는 유속(流俗)의 폐해가 이단보다 심하다고 생각한다. 이는 다름이 아니라 유속이 해치기 때문이다. 간혹 서원에 가는 사람이 있어도 앞에서 조롱하고 뒤에서 비웃으며 갖가지 방법으로 저지하므로, 선한 단서가 발현된 자가 있더라도 우뚝이 자립하지 못한다. 이래서야 무슨 일을 할 수 있겠는가.

삼가 들으니, 성상께서 특별히 사서삼경과 《주자대전》, 《강목》 등의 책을 하사하셨다고 한다. 이는 참으로 세상에 드문 성대한 은전이다. 책을 하사한다는 것은 서원에 필시 학문을 좋아하는 선비가 있을 것이라 여겨 이 책을 읽게 하려는 것이다. 이름은 선비인데 책을 읽으려 하지 않아 문치를 우선하고 도를 숭상하는 우리 성상의 아름다운 뜻을 저버린다면, 어찌 이런 이치가 있겠는가.

앞으로는 마음을 바꾸고 다시 생각하여 혹시라도 비난하고 비웃는 말에 흔들리지 말고, 먼 길을 오가는 수고를 꺼리지 말라. 억지로 오기 대단히 어려운 질병이나 사고가 아니면 마음을 합쳐 용감히 나와서 아름다운 산수 사이에서 경전의 뜻을 연구한다면 어찌 세상의 좋은 일이 아니겠는가. 권유한 뒤에도 다시 예전처럼 게을리하여 분발하지 않는다면, 나는 참으로 이 직임을 그대로 맡을 면목이 없다. 이에 널리 알리니 유생들은 어찌 생각하지 않는가.

도봉서원의 유생에게 타이르다

諭道峰院儒

아, 우리나라는 유현이 무리지어 나와 낙(洛), 민(閩)[45]의 성대한 시절에 가까워졌다. 그러나 광명정대하고 마음이 청천백일 같은 분으로는 정암(靜菴)과 우암(尤菴) 두 선생처럼 훌륭한 이가 없었다. 그 출처와 사업은 시대를 뛰어넘어 법도가 한결같으니, 남곤(南袞), 심정(沈貞), 윤휴(尹鑴), 허목(許穆) 따위와 달리 덕을 좋아하는 양심을 똑같이 가진 사람이라면 누군들 감히 기묘사화와 기사환국의 화를 애통하게 생각하며 바삐 달려와 일체 제향하지 않겠는가.

불행히 선비의 기풍이 쇠퇴하여 유현을 존숭하는 절차도 예전만 못하여 봄가을 두 차례 제사도 전혀 모양을 갖추지 못한다. 종종 지나가는 유생을 임시로 데려와 제사를 지내는 때도 있으니 어찌 한심하지 않겠는가. 근래의 강학은 그들의 선한 마음을 배양하고 선비의 행실을 요구하려는 것인데, 몇 년 동안 시행하였으나 즐거이 오는 자가 적다. 그러니 제사를 지내는 날 많은 선비가 모이는 아름다운 광경을 바랄 수 있겠는가. 이로 미루어보건대, 가령 두 선생이 지금 세상에 태어나 동대문 밖에 산다면, 과연 목마른 자가 샘으로 가듯 소문을 듣고 덕 있는 분을 뵈러 와서 이문공(李文公)이 탄식했던 것처럼 '어진 이를 좋아하는 것이 여색을 좋아하는 것만 못하다.'라는 지경에 이르지 않을

45 낙(洛), 민(閩) : 낙은 낙수(洛水)로 정자(程子)를 의미하며, 민은 민중(閩中)으로 주자(朱子)를 의미한다.

수 있겠는가.[46]

《논어》에 이르기를, "귀신에게 제사지낼 때는 귀신이 그 자리에 있는 것처럼 하였다."라고 하였다. 성인은 모든 일에 공경을 다하였지만 외신(外神)[47]을 제사지낼 때는 더욱 정성을 다했다는 말이다. 《시경》에 이르기를, "수많은 선비들이 문왕의 덕을 지켜 하늘에 계신 분을 대하고 사당에 있는 신주를 분주히 받든다."라고 하였다. 지금 유생들이 선생의 책을 읽고 선생의 도를 실천하여 나아가 제사에 참여하여 옛날에 이른바 '문왕의 덕을 지킨다.'라는 말에 부끄럽지 않게 한다면, 선생의 영령이 어찌 기뻐하며 더욱 은혜를 베풀지 않겠는가. 만약 이와 반대로 한다면 요행히 집사의 수를 채우더라도 이마에 땀이 나고 얼굴이 붉어지지 않겠는가. 나는 이 때문에 제군들이 모두 모이기를 바라는 것이며, 아울러 스스로 수양에 힘써 제사지낼 때 부끄럽지 않기를 바라는 것이다. 가을 제향이 박두하였기에 널리 타이른다.

46 이문공(李文公)이……있겠는가 : 이문공은 당나라 이고(李翶)이다. 그가 말하기를, "성인은 여색을 좋아하지 않고 어진 이를 좋아한 자이다. 여색을 좋아하더라도 어진 이를 더 좋아하는 자는 그 다음이고, 어진 이와 여색을 똑같이 좋아하는 자는 또 그 다음이고, 어진 이를 좋아하지만 여색을 좋아하는 것만 못한 자는 하등이다. 가장 심한 자는 어진 이를 좋아하지 않고 여색만 좋아하는 자이다." 하였다. 《李文公集 卷8 薦所知於徐州張僕射書》

47 외신(外神) : 조상신이 아닌 교사(郊社), 산천 따위의 신을 말한다.

흥현서원의 유생에게 타이르다[48]

諭興賢院儒

서원이라는 것은 본디 선비들이 여럿이 지내며 강학하기 위해 만든 것이다. 여럿이 지내며 강학하는 곳에 스승을 두지 않을 수 없으니, 또 반드시 고을 선생 중에 모범적인 스승이 될 만한 사람을 골라 제사 지내 우러르고 본받을 대상으로 삼는다. 말세가 되어 선비들의 풍습이 점차 무너져 이미 여럿이 지내며 강학하는 일이 없으니, 서원은 옛스승을 제사지내는 집에 불과하다. 이는 이름은 서원이지만 서원의 실제는 없는 것이다.

우리나라는 유학을 숭상하여 서원이 팔도에 두루 퍼져 있다. 그러나 그 실제를 따져보면 한갓 이름만 있을 뿐이니, 이는 지금 세상의 공통적인 근심거리이다. 감히 모르겠으나 그대들의 고향은 이렇게 심한 지경에 이르지 않았는가?

본원은 비록 황폐하고 외진 고을에 있지만, 이미 두 노선생을 봉안하였다. 선생이 남긴 풍도와 은택은 비록 오랜 세월이 지나도 사라지지 않을 것이니, 필시 호걸다운 선비가 소문을 듣고 일어날 것 같은데 어찌 이다지도 한결같이 조용한가.

48 흥현서원(興賢書院)의 유생에게 타이르다 : 이 글은 함경도 영흥(永興)에 있는 흥현서원의 유생에게 보낸 글이다. 흥현서원은 1612년(광해군4) 건립되었다. 1617년 사액을 받았으며 정몽주(鄭夢周)와 조광조(趙光祖)를 제향하였다. 《新增東國輿地勝覽 卷48 咸鏡道 永興大都護府》

북방은 풍토가 몹시 순후하고 기질이 굳세고 용감하다. 이곳에 태어난 자는 그 좋은 자질이 다른 도보다 낫다. 만약 학문의 힘으로 돕는다면 공자가 말한 '군자의 강함'[49]을 이루기 어렵지 않다. 강당(講堂)을 다시 새로 지었다고 들은 듯한데, 큰 흉년을 겪은 뒤 이처럼 큰 일을 이루었으니 어찌 사림의 다행이 아니겠는가. 다만 강당만 있고 강학하는 선비가 없다면 강당을 어디에 쓰겠는가.

지금 본원의 청금록에서 총명하고 성취를 기대할 만한 선비를 골라 따로 강안(講案)을 만들어야 한다. 청금록에 빠져 있더라도 자원하면 허락하며, 나이의 많고 적음과 이 고을 출신인지 다른 고을 출신인지 따지지 말고, 다만 뜻이 있는가를 주안점으로 삼아 정밀하게 선발하도록 힘쓰고 많이 선발하기를 힘쓰지 말아서 반드시 온 고을의 공론에 부합하도록 한다. 강안이 완성된 뒤 한 건은 원장에게 보내고 강안에 기록된 사람은 편한대로 서원의 재실에 와서 지내면서 아침저녁으로 학업을 익히도록 한다. 초하루와 보름에는 재임이 분향한 뒤 강회를 열고, 선비들의 인망이 있는 고을의 장로 한 사람을 강장(講長)으로 삼아 생(栍)을 뽑게 하여 유생들의 고하를 정한다. 매달 강록(講錄)을 만들어 두었다가 제사 고기를 원장에게 보내는 인편에 보낸다.

다만 서원의 물력이 피폐하여 선비를 대접하기 어려울 듯하니, 와서 머무는 선비들은 각기 양식을 싸 가지고 오고, 그중에 뜻은 있으나

49 군자의 강함 : 《중용》의 "군자는 조화롭되 휩쓸리지 않으니 강하다, 꿋꿋함이여. 가운데 서서 치우치지 않으니, 강하다, 꿋꿋함이여. 나라에 도가 있으면 곤궁한 시절의 지조를 바꾸지 않으니, 강하다, 꿋꿋함이여. 나라에 도가 없으면 죽어도 지조를 바꾸지 않으니, 강하다, 꿋꿋함이여."라고 한 말을 인용한 것이다.

양식이 없는 자가 있으면 서원에서 먹여준다. 강회를 열 때의 요기할 밑천 또한 힘닿는대로 마련한다.

강하는 책은 《소학》, 《대학》 및 《혹문》, 《논어》, 《맹자》, 《중용》, 《시전》, 《서전》, 《주역》, 《심경》, 《근사록》, 《가례》 등을 모두 이 차례대로 강하되, 한 책이 끝나면 다른 한 책을 계속한다. 강할 때마다 시작과 마치는 부분은 모두 똑같이 하여 행여 지나치게 많지 않도록 한다. 그중에 의심나는 곳은 각자 뽑아 기록하여 서원의 인편이 오갈 때 일일이 원장에게 질문하면 즉시 답하여 보낼 것이다. 문답한 내용은 모두 서원에 기록해 두어 훗날 와서 독서하는 자가 참고하여 힘을 얻도록 한다.

내가 원장이 된 지 이미 여러 해가 되었다. 군자들 중에 강학을 청하는 자가 있을 것이라 생각하였는데, 아직까지 듣지 못했다. 매년 천리 밖에 앉아서 제사 고기를 보내주는 성대한 예를 받고 있으니, 시위소찬(尸位素餐)한다는 시인의 부끄러움[50]을 이루 말할 수 있겠는가. 이에 깨우치지 않을 수 없으니, 만약 이 말이 우활하여 실천할 수 없다고 여긴다면 원장으로 대우하지 말기를 바란다.

50 시위소찬(尸位素餐)한다는 시인의 부끄러움 : 《시경》 〈벌단(伐檀)〉의 "저 군자여, 공밥을 먹지 않는다.〔彼君子兮, 不素餐兮.〕"라는 말을 의미한다.

충렬서원과 심곡서원에서 강학하는 유생에게 권면하는 글
忠烈深谷兩院講儒勸諭文

내가 생각하기에 서원을 오가는 선비는 학문을 하지 않으면 안 되니, 마치 사람이 배고프면 반드시 밥을 먹고 추우면 반드시 옷을 입는 것처럼 하루라도 빠뜨려서는 안 되는 것이다. 더구나 향선생을 표창하여 제사지내는 곳이 아닌가.

우리 포은(圃隱) 선생은 실로 동방 이학(理學)의 조상이다. 그리고 정암(靜菴) 문정공(文正公) 선생이 또 이어서 일어나 천명하여 이곳에서 의지하고 우러르며 이곳에서 학문하고 수양할 수 있으니, 이것이 어찌 이 고을에 사는 우리들에게 다행한 일이 아니겠는가.

나는 형편 없는 자로서 원장을 맡은 이래 위로는 선생이 남긴 뜻을 유념하고 아래로는 무지한 고을 풍속을 걱정하여 강학을 권면한 지 지금 이미 십여 년이 되었다. 위엄 있고 법도에 맞는 행동과 강론하고 문답하는 이야기가 강학하기 전보다 조금 나아졌다고 들은 듯한데, 덕을 사랑하는 내가 어찌 다만 이와 같은 정도에 그치고 말기를 바라겠는가. 다만 시행한 지 오래되었으므로 사람의 마음이 게을러지기 쉽고 마무리를 잘 하지 못하여, 매달 강원(講員)이 줄어들기만 하고 늘어나지 않으니, 형세상 필시 철폐되고야 말 것이다. 어찌 대단히 애석한 일이 아니겠는가.

학문이라는 것은 자기를 위한 것이지 남을 위한 것이 아니다. 안으로는 어버이를 사랑하고 형을 공경하는 도리와 밖으로는 고을에 살고 벗을 대하는 법도가 모두 학문에 있다. 비록 한달에 한 번 강에 참석하더라도 과연 진심으로 읽는다면 자기의 본분에 얼마나 많은 보탬이 되겠는가. 만약 과거에 얽매여 전념하지 못한다고 하더라도, '한달 중에 열흘은 과거 공부를 하고 남은 날에 학문을 할 수 있다.'라는 정자의 가르침이 있으니, 굳이 핑계대고 스스로 한계를 그을 필요는 없다. 더구나 경전을 강독하는 자는 의리가 분명하고 문장이 유창하여 외가(外家)의 잡서(雜書)를 읽은 자에 비할 바가 전혀 아니다. 이익과 손해가 이처럼 쉽게 드러나는데도 여전히 모르는 채로 돌아보지 않으니, 이 또한 몹시 의혹된 것이다.

내가 만약 병들지 않은 때라면 때때로 가서 보고 상벌을 주어 흥기시키고 성취시키기를 기대할 수 있을 것인데, 지금은 그럴 수 없다. 고향으로 돌아가고픈 생각이 늙을수록 더욱 간절해지니, 하루아침에 이곳을 떠난다면 비록 강학을 권면하는 말을 듣고자 하여도 들을 수 없을 것이다. 한 고을에 20년 동안 살면서 강학이라는 이름만 있고 강학하는 실제가 없어 나 또한 부끄러우니 남들은 무어라 하겠는가. 내가 여러분을 볼 낯이 없을 뿐만 아니라 여러분은 장차 무슨 낯으로 나를 볼 것인가. 깊이 유념하기 바란다.

지은이 **이재(李縡)**

본관은 우봉(牛峰), 자는 희경(熙卿), 호는 도암(陶菴), 한천(寒泉)이다. 부친은 이만창(李晩昌), 모친은 민유중(閔維重)의 딸로 인현왕후(仁顯王后)의 동생이다. 1680년(숙종6) 9월 28일 한양 훈도방(薰陶坊) 주자동(鑄字洞) 외가에서 태어났다. 5세에 부친상을 당하여 중부(仲父) 이만성(李晩成)의 훈도를 받았다. 1702년(숙종28) 문과에 급제하여 예문관 검열, 이조 정랑, 함경북도 병마평사, 수원 부사, 대사성, 예조 참판을 역임하였다. 1722년(경종2) 중부가 신임옥사에 연루되어 옥사하자 인제(麟蹄)에 은거하였다. 영조 즉위 후 대제학, 이조 참판에 임명되었으나 모두 사직하고, 1728년(영조4) 모친상을 계기로 용인에 한천정사(寒泉精舍)를 짓고 강학에 몰두하였다. 이후 대사헌, 공조 판서, 좌참찬에 임명되었으나 모두 사직하였다. 1746년(영조22) 10월 28일 광주(廣州)에서 세상을 떠났다. 문집 《도암집(陶菴集)》과 함께 《사례편람(四禮便覽)》, 《서사윤송(書社輪誦)》, 《삼관기(三官記)》, 《주형(宙衡)》, 《검신록(檢身錄)》, 《사서강설(四書講說)》 등 많은 저술을 남겼다. 시호는 문정(文正)이다.

옮긴이

최예심(崔禮心)

1967년 충북 제천 출생. 민족문화추진회 국역연수원 연수부 및 상임연구부를 졸업하였다. 민족문화추진회를 거쳐 단국대학교 동양학연구원 선임연구원으로 재직 중이다. 《승정원일기》(공역), 《월정집》(공역), 《용주유고》(공역), 《어우집》(공역) 등을 번역하였다.

장유승(張裕昇)

1976년 서울 출생. 성균관대학교 한문학과를 졸업하고, 한국학중앙연구원 한국학대학원을 거쳐 서울대학교 국어국문학과에서 〈조선후기 서북지역 문인 연구〉로 박사학위를 받았다. 한국고전번역원 고전번역교육원 전문과정을 마치고 한국고전번역원 번역위원을 거쳐 현재 단국대학교 동양학연구원 책임연구원으로 재직 중이다. 《정조어찰첩》(공역), 《영조 승정원일기》(공역), 《동국세시기》, 《현고기》, 《한국산문선》(공역) 등을 번역하였다.

권진옥(權津鈺)

1979년 경북 영천 출생. 고려대학교 한문학과를 졸업하고, 동 대학교 국어국문학과에서 〈택당 이식의 변문·고문 연찬과 산문 창작의 실제〉로 석사학위를 받고 〈귤산 이유원의 학문 성향과 유서·필기 편찬에 관한 연구〉로 박사학위를 받았다. 고려대학교 민족문화연구원 연구원을 거쳐 현재 단국대학교 동양학연구원 선임연구원으로 재직 중이다. 《낙전당집》(공역), 《어우집》(공역), 《한비자집해》(공역), 《오천집》 등을 번역하였다.

이승용(李承容)

1981년 경북 의성 출생. 영남대학교 한문교육과를 졸업하고, 성균관대학교 한문학과에서 《조선후기 강화학파 한시연구》로 박사학위를 받았다. 한국고전번역원 고전번역교육원 연수과정과 전문과정을 마치고 단국대학교 동양학연구원 선임연구원으로 재직 중이다. 《완구유집》, 《정관정요》(공역), 《낙전당집》(공역), 《완역정본 택리지》(공역) 등을 번역하였다.

권역별거점연구소협동번역사업 연구진

연구책임자 **김문식**(단국대학교 사학과)
공동연구원 **윤재환**(단국대학교 국어국문학과)
김우정(단국대학교 한문교육과)
책임연구원 **허호구**(단국대학교 동양학연구원)
장유승(단국대학교 동양학연구원)
최예심(단국대학교 동양학연구원)
선임연구원 **권진옥**(단국대학교 동양학연구원)
이승용(단국대학교 동양학연구원)
연구보조원 **신윤수**(단국대학교 동양학연구원)

도암집 6

이재 지음 | 최예심 · 장유승 · 권진옥 · 이승용 옮김
2019년 12월 31일 초판 1쇄 발행
편집 · 발행 학자원
등록 2011.4.6 제2011-14호
주소 (05355) 서울시 강동구 천호대로 1121
전화 02-6403-1000 | 팩스 02-6338-1001 | 이메일 hakjaone@daum.net

값 40,000원
ISBN 979-11-6247-143-2 94810
979-11-6247-088-6 (세트)